LES BASES DE LA COMMUNICATION INTERPERSONNELLE
UNE APPROCHE THÉORIQUE ET PRATIQUE

Gail E. Myers
Michele Tolela Myers
Trinity University

Traduction et adaptation française par
Pierre Racine, M. Ps.
Cégep de Sainte-Foy

Consultation technique
Françoise Trudel, C.C.P.E.

McGRAW-HILL, ÉDITEURS

Montréal   Toronto   New York   Saint Louis   San Francisco
Auckland   Bogotá   Guatemala   Hambourg   Lisbonne
Londres   Madrid   Mexico   New Delhi   Panama
Paris   San Juan   Sao Paulo   Singapour   Sydney   Tokyo

Les photographies de cet ouvrage ont été prises par
Jean-Louis Boudou, sauf la photographie de la page 154
qui est de **Martyn Beaupré** du cégep de Sainte-Foy et celle
de la page 168 qui est d'**André Dussault** du même cégep.

THE DYNAMICS OF HUMAN COMMUNICATION
A LABORATORY APPROACH, THIRD EDITION
Copyright © 1980, McGraw-Hill, Inc.
All rights reserved

LES BASES DE LA COMMUNICATION INTERPERSONNELLE
UNE APPROCHE THÉORIQUE ET PRATIQUE
Copyright © 1984, McGraw-Hill, Éditeurs

Dépôt légal: 2e trimestre 1984
Bibliothèque nationale du Québec
Imprimé et relié au Canada
    5 6 7 8 9 0   BI84   9 8 7
ISBN 0-07-548611-3

Cet ouvrage a été composé en souvenir 10 points par
Conversion Plus inc. et imprimé sur les presses de **Boulanger inc.**
Annie Sentieri en a été l'éditrice. **Michel Legault** a assuré la révision.
Et **Gilles Piette** a conçu et réalisé la maquette de couverture.

TABLE
DES MATIÈRES

CONTENU DU MANUEL DE LABORATOIRE

AVANT-PROPOS

Au cours des dernières années, les cours de communication interpersonnelle (relations humaines, interrelations dans le monde du travail, dynamique des comportements interpersonnels, etc.) ont pris dans les collèges et les universités beaucoup d'ampleur, combinant adroitement apprendre et faire, la connaissance et l'action, la théorie et la pratique — ce qu'en pédagogie nous appelons la méthode didactique-expérientielle. Dans le cadre de l'apprentissage de la communication, ce volume a adopté et laissé une place importante à sa partie laboratoire, afin de favoriser vraiment une approche interpersonnelle. Nous croyons donc, sur le plan du contenu et de la méthodologie proposée, que ce volume innove et qu'il répond adéquatement aux besoins actuels d'apprentissage des étudiants et étudiantes en communication.

Les livres en communication traitent d'une foule de points et de dimensions importantes; cependant, celui-ci est conçu spécialement pour vous aider à mieux communiquer à un niveau interpersonnel. À sa première édition, en 1973, ce livre était unique quant à sa manière d'intégrer les notions théoriques sur la communication et par l'aspect pratique qu'il proposait. Une telle approche est quelque peu différente des autres livres ayant trait à la communication et utilisés dans l'enseignement. À notre avis, cette approche permet aux étudiants et étudiantes d'apprendre à communiquer plus efficacement, tout en privilégiant l'acquisition des notions importantes en communication.

LE CONTENU DE CE LIVRE

Les deux tiers de ce livre sont consacrés à la description des bases de la communication interpersonnelle. Ces parties incluent le chapitre sur la perception, le contenu du chapitre sur les attitudes, les croyances et les valeurs, celui sur la communication non verbale, celui sur l'écoute et celui sur les groupes. Ces chapitres sont presque des classiques sur le plan du contenu et de la méthodologie.

Trois chapitres sont aussi très importants. Ce sont les chapitres sur le concept de soi, le langage et les pièges sémantiques. Enfin, trois chapitres plus « nouveaux » sont inclus. Ils sont là pour refléter adéquatement les nouveaux développements du côté théorique et pratique de ce qu'on nomme maintenant l'entraînement ou l'apprentissage de la communication interpersonnelle. Ces chapitres sont ceux sur les transactions interpersonnelles, les conflits et la négociation interpersonnelle, et celui sur les habiletés interpersonnelles.

Ce livre a donc tout ce qu'il faut pour être aussi apprécié que l'édition américaine : un style direct et informel et surtout l'approche pratique de la partie laboratoire, où l'on a choisi des activités stimulantes et bien adaptées.

Au chapitre 3, on traite du développement et du maitien du concept de soi. On y retrouve aussi une discussion sur le problème de la motivation et celui des besoins.

Le chapitre 5 est en quelque sorte une synthèse de plusieurs aspects du langage dans la communication. On y parle de symboles, du processus d'abstraction, de classification et de signification.

Le chapitre 6 intègre également plusieurs dimensions importantes. On y décrit certains pièges de la communication et la façon de les éviter, et on y a inséré une présentation des habiletés jugées importantes en rapport avec ces dificultés.

L'analyse la plus courante des transactions interpersonnelles et des règles de la communication est présentée au chapitre 8. La structure des transactions et le processus de définition mutuelle des rôles rencontrés dans les échanges interpersonnels, y sont décrits. Enfin, une discussion de ce qu'est un conflit de rôle, de même que différents autres problèmes de communication, est aussi incluse.

Au chapitre 10, nous effectuons un survol du problème et de la théorie des conflits, des types de conflits et des différentes stratégies, méthodes et manières de les aborder et de les régler. Nous décrivons les habiletés nécessaires pour résoudre efficacement un conflit et présentons un système de négociation interpersonnelle qui met l'accent sur : (1) les habiletés diagnostiques; (2) les habiletés de confrontation; (3) les habiletés d'écoute; (4) les habiletés de résolution de problèmes.

La confiance et son rôle dans la communication interpersonnelle sont traités au chapitre 11. Des idées intéressantes par rapport à différents styles de communication et leur impact sur les transactions interpersonnelles accompagnent ce chapitre.

LE MANUEL DE LABORATOIRE

Toute technique, activité ou exercice, lorsqu'il est surutilisé, peut devenir une caricature ou un cliché. Nous avons donc voulu éviter d'inclure des activités et des exercices trop connus dans notre manuel de laboratoire, car ils ont souvent perdu leur potentiel et leur pouvoir de stimuler l'apprentissage.

Nous avons ajouté de nouvelles expériences et, à partir d'expériences traditionnelles, nous avons suggéré des applications ou des variantes nouvelles que vous pourrez essayer. À chaque exercice proposé, nous avons également ajouté une « discussion », c'est-à-dire un ensemble de questions structurées qui, croyons-nous, pourront faciliter des échanges plus dynamiques et une expression encore plus poussée de vos idées et de vos sentiments dans vos groupes. Nous sommes convaincus que les exercices sont plus appréciés et l'apprentissage meilleur lorsque les personnes peuvent parler de ce qui s'est passé. La partie laboratoire a été organisée de façon plus serrée, et une division plus marquée a été faite entre les activités plus appropriées en classe et celles qui doivent ou peuvent être faites à l'extérieur.

Pour les exercices très structurées, c'est-à-dire ceux impliquant de la planification, des jeux de rôle, des discussions, des observateurs, etc., nous n'avons retenu que les meilleurs, sinon les plus populaires à notre avis. Les feuilles de rétroaction et d'appréciation personnelle permettront de confirmer ou non nos choix et de les modifier, au besoin.

Pierre Racine

1

NOUS ET NOTRE COMMUNICATION

 EN RÉSUMÉ Les caractéristiques de la communication interpersonnelle:

1 Elle est partout. Mots, gestes, silences, tout ce qui vient de nous communique quelque chose;
2 Elle est continue, un processus sans début ni fin précise;
3 Elle permet la création et le partage de significations;
4 Elle est prévisible. *on peut prévoir les résultats d'une communication*

Quatre règles de base de la communication interpersonnelle:

1 Nous ne pouvons pas *ne pas* communiquer;
2 Nous communiquons à deux niveaux: le *contenu* et la *relation*, c'est-à-dire le *quoi* et le *comment* de la communication;
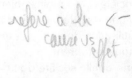 3 La communication est comme le dilemme de la poule et de l'oeuf; il est difficile de savoir lequel de deux événements de communication vient en premier;
4 La communication se fait d'égal à égal ou à la verticale.

Dans ce volume, nous traiterons de la communication en tant que processus transactionnel.

INTRODUCTION Ce volume traite de la communication humaine. On y parle du comportement spécifique qui différencie l'humain des autres espèces: l'utilisation de symboles dans le but de communiquer. Communiquer est au coeur de notre nature humaine, car c'est le processus essentiel par lequel chacun devient ce qu'il est et entre en relation avec les autres. La communication est effectivement liée de très près à la fois au besoin que nous avons d'être individualisés tout en étant en relation avec d'autres. C'est donc par le biais de ces besoins majeurs que sera abordée l'étude de la communication interpersonnelle et de ses processus.

Ce chapitre, contrairement à l'usage, ne commencera pas par une définition de la communication. La communication interpersonnelle est si présente dans notre vie quotidienne qu'il est difficile d'en formuler une définition brève. De façon générale, d'abord, nous tenterons de voir comment les connaissances dans ce domaine peuvent être utilisées dans la vie de tous les jours ou lors de rencontres professionnelles, formelles et autres.

Dans ce tour d'horizon, nous inclurons d'abord quelques caractéristiques du processus de la communication interpersonnelle. Les règles et axiomes fondamentaux de la communication humaine tels qu'issus de différentes approches théoriques seront ensuite présentés. Enfin, nous proposerons ce que nous croyons être un modèle très prometteur de la communication interpersonnelle, soit un modèle qui décrit cette dernière comme un processus transactionnel.

La communication est partout Les gens sont ordinairement peu conscients des choses omniprésentes dans leur vie; ils portent peu attention aux phénomènes familiers. Un peu comme le poisson tient pour acquis l'eau dans laquelle il baigne, les gens vivent tellement dans un monde de communication qu'ils ne la remarquent même plus. Par contre, comme le poisson se ressent de l'absence de l'eau lorsqu'il en est retiré, les gens peuvent également souffrir d'un manque de communication s'ils en sont subitement coupés.

La plupart des comportements humains impliquent l'utilisation d'un système de symboles. Nous parlons avec des symboles verbaux, écrivons avec des symboles écrits et utilisons un système très structuré de signes non verbaux (corporels, gestuels) pour exprimer ce que nous voulons transmettre à une autre personne.

La caractéristique humaine universelle qu'est l'utilisation de symboles est très développée dans certaines sociétés et moins bien dans d'autres. Toutefois, que ce soit au coeur d'une grande ville ou d'un petit village d'une région primitive du monde, l'utilisation de symboles est ce qui nous relie aux autres et aux activités qui nous entourent.

Les anthropologues disent que n'importe quelle société doit développer un système de symboles pour assurer sa survie. Si le besoin de symboles est lié seulement à la nécessité d'obtenir la nourriture et le logis, cette société développera uniquement les symboles correspondant à ces besoins. Il est cependant important de noter que nous ne devrions pas nous sentir supérieurs à une culture qui n'a pas nos moyens sophistiqués de communication, ou avoir l'impression que notre système linguistique est meilleur parce qu'il renferme des mots ou des symboles qu'une autre culture ne contient pas. En fait, il n'existe pas de langage « primitif » car, quel que soit le langage qu'une société utilise, celui-ci sera adapté pour répondre aux besoins de cette société et ne peut, par conséquent, être appelé primitif. Il ne faut pas confondre le degré de développement d'une société avec son niveau d'avancement technologique. D'ailleurs, plusieurs langues permettent d'exprimer en un seul mot des concepts et des notions que la langue française ne peut exprimer qu'avec plusieurs mots. Les systèmes de symboles et de communication émergent ainsi en relation avec les besoins qu'ont les gens d'exprimer leur vécu dans le monde.

Il n'y a pas que le besoin et l'utilité de la communication, mais aussi sa présence, que l'on retrouve tout autour de nous. Une journée, par exemple, commence souvent avec le son du réveille-matin, de la radio ou de quelqu'un qui nous appelle. Mais, quel que soit ce son, le message est le même: il est temps de se lever. S'habiller et faire sa toilette est en grande partie aussi un produit de communications. Personne n'est né avec le besoin de se brosser les dents, de prendre une douche ou de se peigner les cheveux. Si ces gestes sont devenus inhérents à notre comportement, c'est que nous les avons appris et qu'à travers un système de communication appelé « éducation de l'enfant » ils nous ont été transmis.

Nous choisissons nos vêtements pour la journée; ceux-ci, nous le savons également, font partie de notre communication avec les autres. Nous tenons compte du fait que certains vêtements sont acceptables dans certaines situations et d'autres non. Nous avons appris par des communications précédentes qu'un message peut être transmis si nous nous rendons en classe vêtus de façon trop élégante ou si nous nous présentons à un mariage traditionnel habillés d'un T-shirt. Les vêtements que nous portons font partie intégrante de notre communication avec les autres, et révèlent beaucoup de nous-mêmes: nos goûts, nos possibilités financières, les groupes auxquels nous voulons être identifiés. Ils influencent également les réactions et comportements des autres envers nous. Les bijoux que nous portons, notre style de coiffure et tout autre accessoire personnel traduisent une partie de nous-mêmes et peuvent déclencher des réactions de la part de ceux avec qui nous entrons en communication.

Voici venu le moment de déjeuner: allons-nous manger ou partir l'estomac vide? Écouterons-nous la voix intérieure de nos parents ou celle d'une publicité à la télévision? En fait, quelles que soient nos décisions sur les céréales, la marque de café utilisée ou même la quantité de ce que nous absorbons, toutes auront été conditionnées jusqu'à un certain point par ce que notre environnement nous a communiqué.

Ensuite, nous irons possiblement dehors et entrerons encore plus en communication, mais, cette fois, avec un environnement naturel. Le bruit, la tranquillité, l'ennuagement ou la clarté influenceront ce que nous ferons durant le reste de la journée. La rencontre d'une autre personne nous amènera peut-être à choisir un comportement: par exemple, lui parler ou pas. Si nous choisissons de parler à cette personne, nous sélectionnerons un ton de voix et un message: « Allô », « Bonjour! », « Il fait beau aujourd'hui » ou un grognement quelconque, mais chaque parole ou attitude pourra véhiculer un message important.

En route pour le travail ou l'école, nous communiquons encore beaucoup avec les autres et ce, au fur et à mesure que nous les côtoyons et évitons de les bousculer. Effectivement, en ville, lorsque nous marchons dans une rue fréquentée, nous utilisons un système de communication radar qui nous avertit de faire un détour quand nous sommes sur le point d'entrer en collision avec quelqu'un. Parfois, nous interprétons mal les signaux, et nous nous retrouvons pris dans une espèce de danse face à quelqu'un, alors que nous essayons de le contourner mais allons du même côté que lui. La recherche dans ce domaine a en effet démontré que le simple fait de marcher sur un trottoir encombré, alors que nous croyons ne porter aucune attention à nos mouvements et à ceux des autres, constitue en réalité un acte de nature communicative. Cette dimension cachée de notre communication a été traitée par Edouard T. Hall[1] et vulgarisée de façon intéressante par l'auteur Julius Fast[2]. Ainsi, notre communication peut être silencieuse et si automatique que nous pouvons ne pas être conscients que nous communiquons. Nous transmettons constamment toutes sortes de messages à tous ceux et celles qui nous perçoivent. *Nous ne pouvons pas ne pas communiquer.* Même certains de nos silences et de nos manoeuvres qui visent à montrer à quelqu'un d'autre que nous ne voulons pas communiquer sont en fait des communications de nature particulière.

Illustrons encore ces principes en reprenant l'exemple du trajet effectué pour nous rendre à l'école ou au travail. Si nous avons déjà effectué quelques fois ce trajet, notre réponse aux symboles et aux signaux extérieurs deviendra presque automatique. Nous avançons dans la rue, surveillons le trafic aux intersections, remarquons une affiche « Ralentissez » au croisement suivant, puis arrivons à une autre intersection dangereuse; nous nous demandons si le feu de circulation changera de couleur ou non, anticipons la zone de 40 km souvent surveillée par un radar; nous entrons dans le terrain de stationnement; nous nous dirigeons vers un emplacement habituellement disponible et le trouvons occupé; finalement, après avoir cherché un peu, nous trouvons un emplacement un peu éloigné de l'endroit où nous nous garons d'habitude. Pendant tout ce temps, nous avons réagi à des symboles assimilés antérieurement, à des signaux de l'environnement, à des indices donnés par les autres conducteurs et à des normes de circulation fixées par les autorités de la ville. Durant ce trajet, la communication était encore constamment présente partout.

Transportons-nous maintenant dans une classe. Là, nous pourrons saisir encore plus clairement les processus de la communication. Nous assistons à un cours, nous écoutons l'exposé ou les directives d'un professeur, exécutons peut-être certains exercices, parlons avec un autre étudiant et posons peut-être des questions. Nous constatons dans tout ceci,

1. Edouard T. Hall, *La dimension cachée*, Paris, Seuil, 1971.
2. Julius Fast, *Le langage du corps*, Paris, Stock, 1970.

plus que jamais, que ces actes impliquent de la communication, car ils sont basés sur des échanges verbaux et sur notre intention de communiquer. Toutefois, il y a un autre niveau implicite dans toute cette communication apparente. En effet, ce qui se passe à l'intérieur de nous, nos pensées, nos perceptions visuelles et auditives sont aussi des éléments de communication. Les écritures au tableau, les bruits venant d'une autre salle, les mouvements et les bâillements de la personne devant nous ou les tâtonnements du professeur attirent momentanément notre attention et font par conséquent partie de la communication. Les notes que nous décidons ou non de prendre tout au long du cours constituent autant de décisions importantes reliées à la communication. De plus, évidemment, le fait de poser des questions ou d'écouter les autres étudiants nous implique activement dans tout un réseau de communication.

Le reste de la journée pourra aussi élargir le champ de notre communication. Écouterons-nous la radio, la télévision, parlerons-nous au téléphone? Ce sont là des gestes qui nous mettent en relation et en communication avec les autres. Un message publicitaire à la radio tentera de nous toucher personnellement en se basant sur le fait qu'il peut répondre aux besoins de quelques-uns des auditeurs. C'est une inondation de communications dans un but précis. D'autres médias comme les journaux et revues nous procureront quantité d'informations sur ce qui se passe à Washington, Moscou, Montréal, Londres, Paris ou Chibougamau. En fait, beaucoup de gens sont prêts à nous communiquer des événements lointains ou à nous parler de personnes que nous ne connaissons même pas. Toutefois, les moyens électroniques de communication dépassent largement notre potentiel de réceptivité. Nous n'écoutons qu'un poste de radio à la fois, nous ne lisons que quelques journaux et revues parmi des centaines de publications, nous ne sélectionnons que quelques émissions de télévision à travers un réseau de canaux et une programmation énorme. Enfin, un ami téléphonera pour demander une information ou nous échangerons des propos avec une personne pour garder le contact. Tous ces gestes sont de la communication.

Pendant cette journée, nous répondrons à plusieurs symboles, nous aurons des échanges verbaux, non verbaux ou écrits et nous pourrons être satisfaits de cette journée dans la mesure où nous sentons que la communication a été bonne; avons-nous négligé de contacter quelqu'un à qui nous aurions aimé parler? Avons-nous été confus lors d'un cours? En fait, parmi toutes les possibilités qui se seront présentées au cours de cette journée, nous aurons choisi de faire des choses et d'en ignorer d'autres. Dans un certain sens, nous aurons fonctionné comme une radio, c'est-à-dire dirigé une attention particulière vers certaines longueurs d'onde, certains postes, car nous ne pouvons tout capter en même temps. Dans les chapitres suivants, ces deux principes seront plus particulièrement développés: *la communication est partout et inévitable* et *la communication ne se fait pas au hasard*, car nous sélectionnons et choisissons nos comportements de communication. Tous ces aspects de communication devraient nous rendre plus sensibles et plus conscients que nous ne pouvons pas ne pas communiquer.

La communication est un processus continu

Toute notre communication émerge du passé et se dirige vers le futur. Elle n'a pas de fin ni de début précis. Elle est partie intégrante de notre vie et de notre environnement en perpétuel changement. Nos besoins de communication changent aussi et doivent s'ajuster constamment à notre expérience et à nos désirs. En fait, la communication est un processus continu. Comme Don Fabun[3] l'explique, en réalité, aucune expérience n'a de début véritable, car elle a toujours été précédée d'une expérience antérieure. Ce qui, pour nous, est le commencement n'est en fait que la prise de conscience du déroulement d'un processus.

Tous les comportements de communication trouvent leurs racines dans le passé. Nous avons été conditionnés à parler de certaines choses d'une certaine manière, et à penser selon certaines habitudes. Un énoncé du genre «Veux-tu m'épouser?» possède une histoire et évidemment plusieurs implications futures; il est plus qu'un simple assemblage de mots. À des communications pourtant simples comme «Téléphone-moi ce soir», «Lisez le prochain chapitre» ou «Qu'aimeriez-vous manger?», nous pouvons d'abord retracer une série d'associations antérieures, mais aussi tenter de cerner quelles peuvent être les conséquences de nos réponses. Par exemple, si nous ne téléphonons pas, si nous ne lisons pas le chapitre exigé ou si nous devons manger quelque chose que nous n'aimons pas, que se passera-t-il?

Lorsque nous conseillons un ami sur un film, un vêtement, une relation interpersonnelle quelconque, ce sera inévitablement sur la base des valeurs que nous avons développées par rapport au cinéma, l'habillement ou les relations interpersonnelles. Nous donnons généralement assez facilement notre opinion à un ami qui sollicite cette dernière, qu'il soit question d'achat, de loisir ou d'amitié. Cette opinion, toutefois, est certainement basée de prime abord sur nos expériences passées. D'ailleurs, les valeurs que nous véhiculons sont habituellement bien perçues par nos interlocuteurs. Toutes nos communications traduisent donc en quelque sorte un passé d'attitudes, de valeurs, de principes et d'expériences diverses qui constituent un peu comme la marque de notre comportement présent.

Dans le processus de la communication, la rétroaction est essentielle. La communication a besoin, pour être maintenue, d'être guidée par un signal rétroactif sur elle-même. Effectivement, pour orienter nos communications nous devons nous baser sur les effets qu'elles produisent ou non. Nous devons observer et enregistrer les résultats de nos communications et les comparer avec les résultats attendus. En somme, le terme rétroaction (ou «feed-back») renvoie à tous ces comportements de communication qui visent à vérifier les effets de nos messages et qui nous permettent de décider quels seront les prochains comportements que nous adopterons.

L'exemple classique de la rétroaction est celui d'un thermostat dans une maison. On le règle à une température désirée et celui-ci envoie un

3. D. Fabun, *Communication: The Transfer of Meaning*, Beverly Hills, Calif., Glencoe Press, 1968, p. 4.

signal à la chaudière pour augmenter ou baisser la chaleur. Ainsi, le système de chauffage en est un d'autorégulation, car la chaudière se déclenche ou arrête en fonction du besoin de chaleur. Notre désir de chauffer un appartement ou notre maison peut se comparer aux buts que nous voulons atteindre en communiquant, soit obtenir des renseignements, en donner, maintenir un niveau de contact ou interagir de façon plus satisfaisante avec les gens, etc. Pour savoir si notre but a été atteint, nous avons donc besoin de surveiller et d'enregistrer les rétroactions, c'est-à-dire d'être sensible aux réactions des autres à notre comportement afin de modifier ce dernier s'il s'avère qu'il ne correspond pas à notre but fixé ou à nos intentions.

Les gens impliqués dans notre communication peuvent nous parler, nous répondre avec un sourire, un signe de tête ou autre chose. Ils nous indiquent ainsi comment notre message est reçu. Tout comme nous devons contrôler une automobile, une bicyclette ou un bateau, nous devons apprendre à orienter et contrôler notre communication.

La rétroaction est donc une composante essentielle de nos contacts avec les autres. Nous posons des questions et attendons des réponses. Ordinairement, lorsque nous parlons à quelqu'un, nous attendons sous une forme verbale ou non verbale un signe nous indiquant que nous avons tout au moins été entendus. Selon l'interprétation que nous ferons de la rétroaction obtenue, nous pouvons alors ajuster le message ou la communication suivante. « Aimerais-tu un café? » peut engendrer un « Oui », un « Non », un « Peut-être » ou un autre genre de réponse, mais ce que nous faisons alors est déterminé par la manière dont nous avons reçu la réponse. Si cette dernière est « Non », nous pourrons peut-être offrir un thé ou un jus, mais nous aurons ainsi ajusté notre communication.

La continuité de la communication dépend donc de la manière de donner et de recevoir les rétroactions, de même que de la conservation de ces informations en vue d'une utilisation future. Dans ce volume, la notion de rétroaction est plus qu'importante et nous y aurons souvent recours afin d'avoir à l'esprit que ce que nous disons ou signalons à une autre personne a des conséquences, et que c'est seulement par une interprétation adéquate des rétroactions reçues que nous pouvons maintenir une communication efficace.

Une autre caractéristique du processus de la communication est l'irréversibilité. Ce qui est dit est dit, ce qui est fait est fait. Les mots, comme les gestes hostiles rapidement regrettés, ne peuvent malgré beaucoup d'efforts être vraiment effacés; tout comportement fait partie intégrante de notre histoire. Nous devons aussi nous rappeler cette caractéristique.

La communication est un partage de significations

Dans une description de la communication, il est important de mettre l'accent sur le but de cette dernière. Quoique la plupart des théoriciens s'accordent sur le fait que la communication soit liée à une manipulation de symboles, ils ne sont pas toujours d'accord sur ses buts. Certains la conçoivent comme faite pour la transmission d'informations et l'échange d'idées. Pour notre part, nous rejoignons l'idée de ceux et celles pour qui la *créa-*

tion de signification, plutôt que la transmission d'informations, est centrale dans l'étude de la communication.

Nous vivons dans un monde souvent assez confus où nous sommes assaillis de toutes parts par une multitude de messages et de stimuli. Toutefois, ce monde nous devient compréhensible dans sa beauté et sa laideur parce que nous donnons une signification à ce que nous percevons de tous ces bruits et de tout ce qui nous atteint. Avec l'expérience, c'est-à-dire parce que nous donnons un sens aux choses, nous arrivons à mettre chaque chose à sa place, et, avec l'aide de certains signes, à nous retrouver dans le chaos du départ.

Prenons l'exemple d'un supermarché. Pour nous orienter dans un tel endroit, nous nous servons d'un système de classification connu et mémorisé, mais nous sommes aussi aidés par l'arrangement des comptoirs et l'affichage. Nous ne nous attendons habituellement pas à retrouver les haricots frais avec les haricots en conserve tout simplement parce que ce sont des haricots. De même, il serait surprenant de retrouver le lait avec le café et le thé pour la simple raison que ce sont des boissons. En fait, la classification utilisée dans la majorité des supermarchés repose sur les besoins de présentation, certes, mais aussi sur les besoins de préserver les aliments, d'où le fait que les légumes et le lait frais sont disposés dans un comptoir réfrigéré et sont séparés des mêmes articles en conserve ou en poudre.

Quand nous communiquons avec notre environnement, nous cherchons des significations aux stimuli et aux signaux qui émergent de l'extérieur et de l'intérieur de nous. Parce qu'il est impossible de répondre à tous les signaux qui nous parviennent, nous avons développé une manière *sélective* de répondre, de même qu'un système de classification pour les organiser. Ce système de classification est propre à chaque être humain. Lorsque nous recevons un message, c'est-à-dire lorsque nous sélectionnons et portons attention à un signal, nous tentons de le lier à une expérience antérieure. Il en est de même pour les objets que nous tentons d'associer et d'identifier à d'autres que nous connaissons déjà. C'est ainsi que notre expérience augmente de jour en jour, que notre univers de relations avec les choses s'accroît et devient de plus en plus signifiant.

Dean Barnlund[4] croit que la communication est un effort pour *signifier* ainsi qu'un geste créateur, amorcé par l'individu, par lequel celui-ci cherche à discriminer et organiser des signaux pour ainsi s'orienter dans son milieu et satisfaire ses besoins. Communiquer est alors une façon de transformer des données brutes en informations significatives. L'acte créateur, qui consiste à générer des significations, remplit donc aussi la fonction de réduire *l'incertitude.* Les signaux sélectionnés dans notre milieu social, physique et interne servent à clarifier les situations rencontrées pour faciliter notre adaptation à celles-ci.

Deux personnes peuvent sélectionner différemment, ainsi qu'utiliser des systèmes de classification distincts; elles vivront donc évidemment des

4. Dean C. Barnlund, *Interpersonal Communication: Survey and Studies,* Boston, Houghton Mifflin Company, 1968.

expériences différentes mais, surtout, elles auront un univers de significations différentes. Or, communiquer c'est essayer de trouver à l'intérieur de nous des significations à ce qui se passe à l'extérieur de nous et les partager avec d'autres au moyen de signes et de symboles, en espérant que les autres attribueront les mêmes significations que nous aux mêmes événements. Cette définition peut paraître quelque peu compliquée, mais elle décrit avec réalisme ce qu'est la communication.

Dans notre approche de la communication, nous croyons fermement que les premières théories de la communication basées simplement sur la transmission de l'information et le transfert de signification sont moins utiles pour comprendre la communication humaine que celles qui soulignent les processus de perception des stimuli et d'élaboration des significations et qui expliquent que nos comportements sont basés sur la transformation des informations issues de notre environnement. L'efficacité de notre communication repose selon nous sur le nombre et la sorte de stimuli perçus et sur la façon dont nous développons des significations. Ce sont deux processus que nous étudierons attentivement dans le prochain chapitre.

Pour l'instant, rappelons-nous que, dans la confusion qui nous entoure, nous sélectionnons des phénomènes sur lesquels notre attention se porte. Nous organisons ces phénomènes en groupes, en catégories ou nous les amassons en vrac avec d'autres expériences déjà connues de nous. Chacun de nous possède son système propre et unique pour grouper, classifier et organiser. Certes, ce système se développe avec l'aide de certaines personnes et est influencé par les autres, mais nous avons notre manière personnelle de l'utiliser. Nous utilisons ce système pour mettre les informations à leur place; les informations nouvelles seront ordonnées de façon que nous les comprenions et les anciennes seront assignées à leur place habituelle ou « unique ». Nous construisons ainsi des significations de façon délibérée et personnelle en espérant que, une fois édifiées, elles pourront être partagées avec d'autres, dans la mesure où nous voulons communiquer, bien sûr.

La communication est prévisible Dans ce volume, nous essaierons de vous fournir des moyens pour comprendre davantage ce qu'est la communication, de façon à vous aider à mieux en prévoir les résultats. Pendant plusieurs années, des recherches visant à étudier les effets de la communication sur les autres ont été effectuées mais, plus récemment, les chercheurs se sont concentrés sur les processus internes de l'individu lorsqu'il communique. Les résultats de certaines de ces études serviront de base à des chapitres ultérieurs. Signalons toutefois que l'expérience de ces années de recherche a amené les théoriciens de la communication à croire que ce qui se passe quand un message particulier est émis d'une source particulière et atteint un auditoire particulier, peut être prévisible. Malgré toutes les incertitudes inhérentes aux relations humaines, nous pouvons donc en arriver à recevoir et envoyer des messages avec beaucoup plus d'exactitude si nous connaissons les processus de la communication. La communication n'est pas le fruit du hasard. Elle ne nous apparaît ainsi que lorsque nous ne comprenons pas bien comment les différentes séquences du processus sont liées les unes aux autres et interagissent ensemble.

Nous sommes tous familiers avec les sondages touchant les hommes politiques et les problèmes sociaux. Cette information émise par les maisons de sondage indique l'orientation que peut prendre une élection ou le degré d'acceptation d'une idée ou d'un geste politique. De façon plus modeste, nous conduisons également nos propres sondages lorsque nous parlons avec les autres et lorsque nous sommes sensibles aux rétroactions provenant de nos messages. Ainsi, nous ajustons continuellement notre communication en fonction de ce que nous apprenons.

En étudiant davantage les facteurs impliqués dans les comportements de communication, nous pouvons arriver à mieux ajuster notre communication. Pour cette raison, ce volume tentera de faire le point sur les facteurs qui affectent la communication: nos propres perceptions et présomptions, le langage lui-même et la classification qui en découle, tout aussi bien que les façons dont nous fixons des barrières à la communication. Les chapitres qui suivent donneront de l'information sur la communication et ce que nous pouvons en attendre, tandis que les exercices en laboratoire fourniront l'occasion de faire une expérience concrète de ces phénomènes et de voir comment ils s'articulent dans notre vie de tous les jours. En intégrant ces connaissances, nous acquerrons de l'habileté à prévoir les effets de notre communication.

Nous insistons ici sur un principe: la communication commence à l'intérieur de nous. Effectivement, nous croyons que *nous seuls pouvons améliorer notre habileté à communiquer*. Les gens n'apprennent pas par ce qui leur est dit mais en découvrant par eux-mêmes. C'est en découvrant le fonctionnement de notre propre système de communication que nous pouvons comprendre le système des autres individus et ainsi mieux communiquer.

Étant donné que nous apprenons à communiquer de façon informelle, c'est-à-dire en commençant par imiter nos parents et nos aînés, nous pouvons avoir contracté de mauvaises habitudes. Malgré leurs meilleures intentions, il est peu probable que ceux-ci nous aient parlé de notre façon de percevoir, de la manière dont notre langage affecte notre communication ou de la façon dont nos pensées affectent notre efficacité à communiquer. Ainsi, nous avons érigé certaines barrières de communication en nous-mêmes ainsi qu'avec les autres; or ces barrières ne sont peut-être pas nécessaires. Heureusement, en devenant conscient de ces barrières et de la façon dont elles s'installent, nous pouvons les éviter. Aux chapitres 5 et 6, nous résumerons comment notre relation avec le langage et la pensée rend notre communication insatisfaisante et nous suggérerons des façons d'éviter ces pièges de la communication.

**La communication:
une définition
pratique**

Comme nous l'avons dit au début de ce chapitre, un volume sur la communication devrait normalement inclure une définition. Jusqu'à présent, nous avons esquissé certaines des caractéristiques de la communication qui seront décrites de façon plus explicite dans les chapitres ultérieurs. Avec les exemples du début, nous avons voulu montrer l'omniprésence et l'influence de la communication dans notre vie quotidienne.

Ensuite, nous avons établi que la communication est un processus continu plutôt qu'un acte statique et linéaire. Parce qu'elle prend place en nous, nous avons aussi énoncé que la communication est un partage de significations et que si nous la connaissions davantage, nous pourrions l'améliorer. Enfin, parmi les phénomènes prévisibles dans la communication il en est un des plus importants: nul autre que nous ne peut connaître et changer nos processus et notre manière de communiquer.

Il existe plusieurs définitions de la communication. Celles-ci varient selon les buts poursuivis par celui ou celle qui émet la définition, et selon les comportements que cette définition veut mettre en évidence. Mais, en fin de compte, si dans ce volume nous devons faire référence à une définition, ce sera la suivante: *la communication est un processus prévisible, continu et toujours présent, de partage de signification à travers une interaction de symboles.*

LES RÈGLES OU AXIOMES

Watzlawick et autres[5] ont établi plusieurs règles ou axiomes concernant la communication. Nous les exposerons ici brièvement. Au chapitre 8, nous les décrirons plus longuement alors que nous verrons ce qu'elles signifient plus exactement sur le plan de la communication interpersonnelle.

Règle 1: nous ne pouvons pas ne pas communiquer

La communication n'a pas d'opposé ou de contraire. En effet, un être humain ne peut pas ne pas se comporter et tout comportement a une valeur communicative. Verbalement ou silencieusement, par le geste ou l'inaction, d'une manière ou d'une autre nous affectons toujours les autres, qui en retour répondent inévitablement à nos comportements. Par exemple, en lisant un livre à la bibliothèque vous communiquez habituellement que vous ne voulez ni parler ni que la parole vous soit adressée. Normalement, les autres comprennent le message et vous laissent tranquille.

La communication n'a pas lieu uniquement lorsqu'elle est planifiée, consciente ou réussie. Nous communiquons de nombreux messages que nous n'avons même pas l'intention de communiquer et nous ne sommes pas toujours conscients de ce que nous communiquons réellement. En dépit de cela, nous communiquons constamment et ce, de plusieurs manières. Nous utilisons l'écrit et le verbal. Nous varions le ton de notre voix, le rythme de nos phrases, accentuons certains mots ou utilisons l'intensité d'un cri ou celle d'un chuchotement. Notre visage exprime différentes émotions qui vont du plus grand sourire jusqu'au froncement de sourcils le plus réprobateur. Nous utilisons aussi tout le contexte de nos communications — l'espace, le temps, les objets, etc. Tous ces comportements de communication sont souvent utilisés simultanément et chacun apporte alors une signification à l'autre, accentuant, atténuant,

5. Paul Watzlawick, Janet Beavin et Don Jackson, *Une logique de la communication*, Paris, Seuil, 1972.

précisant ainsi le message communiqué. Par exemple, le « Bonjour! » d'un ton de voix modéré, accompagné d'un sourire et d'un signe de la main à quinze heures pendant la pause café, regroupe des comportements qui vont bien ensemble, qui se renforcent l'un l'autre et qui transmettent un message particulier à quelqu'un. Mais un « Oui, allô! » d'une voix bourrue au téléphone à quatre heures du matin communique autre chose. Un simple « non » peut vouloir dire « oui » ou « peut-être » selon la façon dont il est dit et le contexte de la communication, lequel inclut non seulement les dimensions du temps et de l'espace présents, mais souvent aussi l'histoire antérieure. Toutes ces composantes d'un comportement de communication peuvent s'organiser de façon très complexe et être *congruentes* les unes avec les autres, comme lorsqu'un commentaire amical nous est fait accompagné d'un ton de voix et d'un geste appropriés; toutefois, les éléments peuvent aussi être *incongruents* lorsque les signes verbaux et non verbaux véhiculent des messages contraires. Nous reviendrons à ces notions de congruence et d'incongruence dans le chapitre 7.

Règle 2: la communication se fait à deux niveaux

Selon Watzlawick et ses collaborateurs, « la communication ne fait pas que véhiculer de l'information, mais…elle impose aussi un comportement[6] ». Une communication permet de véhiculer un *contenu* d'information. Toutefois, en plus de véhiculer un contenu, une communication quelle qu'elle soit implique toujours une définition de la relation entre les deux personnes qui communiquent et contient toujours des directives sur la manière d'interpréter le contenu de cette communication. Cet autre niveau est le niveau *relationnel*. Il indique comment le contenu doit être compris et comment est définie la relation entre les deux personnes concernées. Des phrases comme « Je voulais seulement te taquiner », « Je suis très sérieux », ou « C'est un ordre » illustrent un niveau de relation différent dans la communication. Ce niveau de communication est cependant, plus souvent qu'autrement, exprimé de façon non verbale. Effectivement, nous donnons simultanément l'information sur le contenu de notre communication, ainsi que *sur* cette information; je transmets d'une certaine manière si c'est une conversation sérieuse, amicale, une réprimande, une critique, une taquinerie, une plaisanterie, etc. Les indices contextuels et non verbaux m'aident à déterminer ce qu'est cette communication et m'indiquent donc comment me comporter envers la personne. Le vendeur dans un magasin de chaussures n'a pas besoin d'un préambule à son « Puis-je vous aider? » pour définir sa relation avec son client. Il est clair qu'il est là pour aider le client à trouver quelque chose d'assez précis et le lui vendre. Les indices contextuels et les signes non verbaux tels qu'un porte-nom, un uniforme ou simplement l'air et la tenue d'une personne contribuent donc à notre compréhension de la situation.

Cette distinction entre le niveau du contenu et le niveau relationnel n'est pas là uniquement pour compliquer intellectuellement les choses.

6. Paul Watzlawick, Janet Beavin et Don Jackson, *Une logique de la communication*, Paris, Seuil, 1972.

Elle a d'énormes implications sur la compréhension de notre comportement communicationnel. Au chapitre 8, nous discuterons plus longuement l'utilité de cette distinction.

Règle 3:
la communication est
un processus
continu

La communication est malheureusement rarement perçue comme un flot ininterrompu d'échanges. Notre pensée linéaire est plutôt habituée à voir les phénomènes en termes de cause et d'effet, de stimulus et de réponse, d'action et de réaction, d'émetteur et de récepteur, de début et de fin. Ainsi, même si la notion de feed-back est sous-tendue par l'idée de circularité (exemple du thermostat), la communication demeure souvent perçue comme un phénomène linéaire de réaction à une action et devient comme le dilemme de la poule et de l'oeuf. En communication, ce dilemme renvoie au regroupement et à la division des événements en séquences que nous faisons pour organiser la communication en unités significatives. Ainsi, la manière dont est effectuée une organisation dépend beaucoup de celui ou celle qui la fait. De plus, ce que nous considérons comme la cause d'un comportement peut n'être en réalité que l'effet d'un événement précédent. Ce que nous considérons comme le début d'une séquence de communications peut ne pas correspondre à ce qu'une autre personne désignera comme le début de cette séquence de communications. Prenons l'exemple d'un patron qui surveille et contrôle ses employés. Il décrit la situation de la façon suivante: il sent qu'il doit surveiller étroitement le travail de ses employés *parce que* ceux-ci ne sont pas fiers de leur travail, sont négligents et font des erreurs s'il ne les surveille constamment. Selon lui, donc, leur négligence est la cause de sa stricte surveillance. Cependant, si nous demandons aux employés de décrire comment ils voient la situation, nous pourrons obtenir un tableau différent; non parce que les événements en eux-mêmes sont perçus différemment (en effet tous admettent jusqu'à un certain point la négligence des employés et l'autoritarisme du patron),mais parce que la séquence de ces événements est perçue différemment. Ainsi, les employés disent qu'ils sont nerveux parce qu'ils sont toujours surveillés; parce qu'on ne leur fait pas confiance on les amène à commettre des erreurs et parce qu'ils n'ont pas la chance de prendre des initiatives ils sont ainsi peu enclins à être fiers de leur travail. En d'autres mots, ils considèrent que le comportement du patron est la cause de leurs propres comportements. Pour résumer, le patron est strict parce que les employés sont négligents et ceux-ci sont négligents parce que le patron est strict. C'est le problème typique de la poule et de l'oeuf où il est en fait impossible de trouver qui fait quoi. La communication est un système, et les parties de ce système sont interdépendantes, comme dans une interaction *mutuelle et causale.* Lorsque nous ne voyons pas ces séquences d'action dans la communication et n'entrevoyons dans notre comportement que la réponse à celui d'un autre, nous oublions que notre comportement est aussi un stimulus et un renforcement pour l'autre personne. À moins que nous ne voulions discuter la nature d'une telle relation avec les autres, nous risquons de nous retrouver pris dans une argumentation sans fin où chacun dira que c'est l'autre qui a commencé et qui est la cause de ce qui se passe.

**Règle 4:
la communication se
fait d'égal à égal ou
à la verticale**

Entre les gens, les relations peuvent être d'égal à égal ou inégales. Prenons la relation mère-enfant; elle est selon nous une relation inégale. La mère prend soin de l'enfant alors que celui-ci reçoit les soins. Dans ce cas, il ne peut y avoir *quelqu'un qui prend soin* s'il n'y a *quelqu'un qui se laisse soigner*. Les relations inégales impliquent deux positions différentes. Une des personnes qui communiquent est dans la position supérieure ou au-dessus et l'autre est dans une position inférieure ou en dessous. Il est très important de ne pas associer les mots *au-dessus* et *en dessous* avec *bon*, *mauvais*, *fort* ou *faible*. Les relations inégales sont souvent créées par des facteurs culturels ou sociaux, comme dans le cas de la relation médecin-patient ou professeur-étudiant. Habituellement, la personne au-dessus définit la relation alors que celle en dessous l'accepte. Évidemment, ces questions de statut et de rôle inégaux sont complexes et nécessiteraient davantage d'explications. Il faut simplement ici retenir l'aspect hiérarchique que revêtent certaines relations.

Dans les relations d'égal à égal, les gens qui communiquent échangent ordinairement le même type de comportement. Ils se respectent mutuellement et ont le sentiment d'être partenaires dans la relation. Les amis, les pairs, les collègues de travail sont des exemples courants de relation entre personnes égales.

**UN MODÈLE
TRANSACTIONNEL
DE LA
COMMUNICATION
HUMAINE**

Plusieurs influences ont contribué au développement du champ de la communication humaine. De la tradition rhétorique à la perspective mécaniciste offerte par le modèle mathématique; de la théorie de l'information, en passant par les contributions psychosociologiques et la théorie générale des systèmes, la communication humaine continue de susciter la curiosité des théoriciens et spécialistes en communication tout autant que celle des profanes. En fait, aucun domaine ne nous touche plus profondément, étant donné notre nature d'être en communication et d'être social. La communication n'est donc pas seulement au coeur de notre vie mais elle est aussi, nous l'avons déjà dit, le véhicule de nos intentions et de nos attentes envers les autres. Ce n'est que par la communication que nous réalisons notre potentiel social comme ce n'est que par elle que nous nous socialisons. Sans elle, nous serions inadaptés et sans possibilité d'évolution. Mais avant d'élaborer ce que nous savons actuellement sur les processus de la communication humaine, il est sans doute pertinent de revoir brièvement les courants majeurs qui traversent les différentes approches dans ce domaine.

**Le point de vue
action: la théorie de
la cible**

La tradition rhétorique et la perspective des premières théories de l'information ont décrit la communication comme un acte à sens unique, semblable à celui de décocher une flèche sur une cible. On atteint le milieu, le bord ou on manque carrément la cible. Toute l'activité de communication doit ou devrait donc, selon cette perspective, se centrer sur l'action à faire ou la chose à dire, mais ce à sens unique. La performance dépend principalement du talent de l'archer, c'est-à-dire, en ce qui concerne la communication, de notre talent de locuteur. L'accent est mis sur l'émetteur et sur son habileté à bien coder ses messages. Autrement dit, la façon de construire, d'organiser et de livrer le message équivaut à aiguiser sa flèche, vérifier ses plumes, bien tenir et bien tendre son arc pour viser au centre de la cible. La question importante est de savoir ce que le locuteur doit faire pour persuader, vendre, aider ou échanger avec une autre personne. Ce point de vue, rencontré encore aujourd'hui, est basé sur le principe que les mots ont des significations univoques et que, si l'émetteur connaît la signification correcte de ces mots, il ne devrait pas y avoir de malentendu. Notons ici le mot « devrait », car, en fait, il est normal et naturel qu'il y ait parfois et même souvent des malentendus dans la communication. Mais, toujours selon la théorie de la cible, il est considéré que, si la communication n'a pas été réussie, c'est que, quelque part en cours de route, la performance du locuteur n'a pas été adéquate; les mots choisis n'étaient pas « bons », le message n'était pas organisé de façon claire ou le locuteur ne possédait pas assez de crédibilité (comme si cette crédibilité était une qualité que le locuteur devait posséder). En résumé, selon cette conception, la cible n'a pas bien été visée et a, par conséquent, été manquée. On retrouve ce point de vue et cette conception de la communication dans certaines situations lorsqu'on entend des choses comme: « Je ne sais pourquoi il ne comprend pas; je lui ai expliqué au moins vingt fois! » ou « Je ne comprends pas pourquoi ils ne savent pas cela; je leur ai dit. »

Le point de vue interaction: la théorie du ping-pong

Une autre façon courante de voir la communication est de la comparer à un match de tennis sur table. Vous dites quelque chose; je réponds. Vous en dites plus; je réplique. Vous faites le service; je réagis. Selon cette façon de voir, nous sommes tour à tour émetteur et receveur. Certes, ce point de vue traduit déjà mieux la complexité de la communication humaine. Il inclut notamment la personne qui reçoit le message et ajoute ainsi l'idée d'une rétroaction qui permet à l'émetteur d'exercer un meilleur contrôle sur sa communication. Toutefois, le processus de la communication est ici encore trop simplifié, car il est abordé uniquement comme un processus linéaire de cause à effet: je parle, on me répond.

La faiblesse de ce point de vue consiste à diviser la communication en « ping » et « pong », en stimulus et réponse, tir et retour du tir, action et réaction. Or les gens qui émettent une communication et ceux qui la reçoivent ne font pas simplement qu'échanger leurs rôles d'émetteur et de récepteur. Le modèle linéaire simple de cause à effet ne réussit donc pas à expliquer les complexités de la communication.

Le point de vue transactionnel: la

Le point de vue transactionnel en communication signifie qu'il y a plus qu'une simple interaction entre les émetteurs et les récepteurs lors d'une

théorie de la spirale

communication. Une transaction implique l'interdépendance et une causalité mutuellement réciproque des parties du système. La communication humaine, comme tout processus dynamique, se fait ainsi mieux comprendre à notre avis dans un système où l'émetteur est simultanément receveur et où le receveur est simultanément émetteur. La communication n'est pas comme l'image statique d'une photographie, mais ressemble plutôt au déroulement continu d'un film. Le processus de la communication se caractérise non par les actions d'un émetteur et les réactions subséquentes d'un récepteur, mais par la *simultanéité de leurs réponses réciproques*. Savoir qui commence le processus n'est pas pertinent, car les processus n'ont ni commencement ni fin donnés. La communication humaine vient de quelque part et se dirige quelque part. Les comportements que nous isolons pour fin d'analyse ont un passé et un futur. Ils ont pris naissance dans le cerveau de la personne qui parle et ils sont aussi irrémédiablement liés au cerveau des personnes qui reçoivent cette communication: la conscience de la communication n'apparaît donc pas tout à coup entre deux personnes simplement parce que des paroles sont échangées. Tout processus de communication implique des personnes qui ont été déjà façonnées et influencées par plusieurs interactions antérieures et diverses. Dans une perspective transactionnelle de la communication, nous sommes à la fois cause et effet, stimulus et réponse, émetteur et récepteur. Nous sommes le produit de comportements antérieurs et dépendants de la perception que nous avons de nous-mêmes, mais nous savons que cette perception est affectée par la perception que nous avons du comportement des autres envers nous. Enfin, cette perception que nous avons des réactions des autres envers nous est elle-même le produit de perceptions et de réactions que nous avons eues lors de nos communications antérieures. Ainsi se déroule la spirale de la communication. Isoler une partie de communication est peut-être parfois nécessaire pour mieux la comprendre, mais il ne faut pas oublier que c'est assigner tout à fait arbitrairement un début ou une fin à un processus, en quelque sorte le dénaturer, et cela contribue malheureusement à perdre la richesse du flot de communication entre les gens. En somme, adopter un point de vue transactionnel en communication semble mieux rendre justice à la complexité de ce processus que toute autre conceptualisation de la communication.

BIBLIOGRAPHIE BARNLUND, D. *Interpersonal Communication: Survey and Studies*, Boston, Houghton Mifflin Company, 1968, 1, p. 3-29.

BERLO, D.K. *The Process of Communication*, New York, Holt, Rinehart and Winston, 1960.

CAMPBELL, J.H. et H.W. HEPLER. *Dimensions in Communication*, Belmont, Calif., Wadsworth, 1971.

DEUTSCH, K.W. «On Communication Models in the Social Sciences», *Public Opinion Quarterly*, vol. 16, 1952, p. 356-380.

MILLER, G.R. *Speech Communication: A Behavioral Approach*, Indianapolis, Bobbs-Merrill, 1966.

MILLER, G.R. « On Defining Communication: Another Stab », *Journal of Communication*, vol. 19, n° 2, 1966, p. 88-98.

MORTENSEN, C.D. *Communication: The Study of Human Interaction*, New York, McGraw-Hill, 1972.

NEWCOMB, T.M. « An Approach to the Study of Communicative Acts », *Psychological Review*, vol. 60, 1953, p. 393-404.

NILSEN, T.R. « On Defining Communication », *The Speech Teacher*, vol. 6, 1957, p. 10-18.

SCHRAMM, W. *The Science of Human Communication*, New York, Basic Books Publishers, 1963.

SERENO, K.K. et C.D. MORTENSEN. *Foundation of Communication Theory*, New York, Harper and Row, 1970.

SHANNON, C.E. et W. WEAVER. *The Mathematical Theory of Communication*, Urbana, University of Illinois Press, 1949.

WATZLAWICK, P., J.H. BEAVIN et D. JACKSON. *Une logique de la communication*, Paris, Seuil, 1972. Traduction de *Pragmatics of Human Communication*, New York, W.W. Norton & Company, 1967.

WIENER, N. *Cybernetics*, New York, John Wiley & Sons, 1948.

WIENER, N. *The Human Use of Human Beings*, Garden City, N.Y., Doubleday & Company, 1956.

2

LA PERCEPTION: L'OEIL DU SPECTATEUR

EN RÉSUMÉ   Ce que nous connaissons de la réalité et du monde dans lequel nous vivons nous vient à travers la perception — un processus de sélection, d'organisation et d'interprétation des stimulations sensorielles en un tableau cohérent du monde.

Nos perceptions sont des *théories* de la « réalité » et devraient être considérées comme des *prédictions* sur la nature du monde réel.

Nos perceptions sont déterminées par: (1) les limites physiques de nos sens; (2) les limites psychologiques de nos intérêts, besoins et expériences passées.

Nous donnons une signification à nos perceptions en les interprétant en relation avec leur contexte. Plus le contexte est ambigu, plus nous nous projetons dans ce que nous percevons.

Dans la mesure où nos perceptions de la réalité sont différentes de celles des autres gens, nous aurons de la difficulté à les communiquer. Si, par contre, nos perceptions sont semblables à celles des autres, il sera plus facile de se faire comprendre et de comprendre les autres.

INTRODUCTION

Au chapitre 1, nous avons survolé brièvement le champ de la communication interpersonnelle. Dans le passé, les théoriciens de la communication ont fait une distinction entre communication intrapersonnelle et communication interpersonnelle. *Intra*personnel renvoyait aux processus qui se déroulent à l'intérieur de la personne, tels que percevoir le monde, acquérir de l'information, créer des significations, apprendre et utiliser une langue. La communication *inter*personnelle se rapportait aux processus qui se produisent lorsque deux ou plusieurs personnes échangent ensemble à l'aide du langage. La distinction était plutôt arbitraire et amenait plus de questions que de réponses. À cause de la nature transactionnelle de la communication, il est très difficile de séparer ou de distinguer ce qui appartient à l'intérieur de l'individu et ce qui appartient à l'environnement. Par exemple, la perception est un processus interne, mais une grande partie de ce qui détermine notre façon de percevoir vient de ce que nous avons appris par l'intermédiaire du contexte socio-culturel dans lequel nous vivons. La perception est à la fois quelque chose d'interne et de transactionnel. Ainsi, plutôt que d'utiliser l'ancienne dichotomie entre intra et interpersonnel, laquelle a finalement peu de valeur théorique[1], nous centrerons notre analyse sur les deux éléments fondamentaux du processus de la communication: les significations et les transactions.

Le but de ce chapitre est d'étudier comment nous percevons le monde et comment chacun de nous construit sa propre expérience des événements auxquels il participe. Nous devons nous fier à nos sens pour nous dire ce qui se passe autour de nous. Nous voyons des choses, des gens, des situations, des événements. Nous entendons des bruits et des mots. Nous goûtons des nourritures et des boissons. Nous sentons des odeurs et des parfums. Par notre peau, de même que par les divers organes internes (de digestion, d'élimination, etc.) de notre corps, nous parviennent aussi des sensations. Nous disons alors que nous avons perçu quelque chose — un son, un goût, une image, une sensation tactile.

Ne vivant pas en vacuum, nous sommes constamment bombardés de sensations. Nous sommes littéralement entourés de choses, de personnes, d'odeurs, de goûts et d'événements. Il y a toujours quelque chose à voir et à entendre. Que ce soit pendant le sommeil ou l'état d'éveil, nous sommes au centre d'une multitude de bruits, d'odeurs et autres stimulations sensorielles.

Nous avons tendance à nous considérer comme des récepteurs passifs de toutes ces stimulations venant « du dehors », « du monde empirique », dirons-nous. Nous pensons que ces choses sont là et « nous arrivent ». Nous adoptons une attitude résignée du genre « Je n'y peux rien » et agissons comme si nous étions les témoins impuissants d'un drame se déroulant sous nos yeux. C'est l'attitude « Je suis une caméra » qui capte le film des événements, sans sélection ni discrimination.

La perception humaine est beaucoup plus compliquée qu'une telle attitude passive le laisse percevoir, tout comme le démontrent les bribes de

---

1. Gérard Miller, « The Current Status of Theory and Research in Interpersonal Communication », *Human Communication Research*, vol. 4, n° 2, 1978, p. 164-178.

conversation suivantes:

> «Eh! as-tu vu le film avec Jean Lapointe? C'est fameux, j'ai adoré ça!
> —Ouais, je l'ai vu. Je ne peux pas sentir Jean Lapointe.
> —Merveilleux, absolument merveilleux. Le genre d'art qui me touche à plein.
> — Art? Tu appelles ça de l'art? C'était plutôt très vulgaire, mon ami. »

> « Tu vois, je lui ai parlé et il m'a dit que c'était correct. C'est vraiment un professeur gentil.
> — Tu parles de Tremblay? Pas Tremblay? Tremblay, un bon professeur? C'est un imbécile. Il ne peut pas enseigner même quand il essaie… »

> « Je sais que c'est arrivé comme ça. J'étais là. Je l'ai vu.
> — Mon amie était là et elle a dit que c'était différent. »

Des conversations comme celles-là sont familières à la majorité d'entre nous. Elles montrent toutes que la même chose, la même personne ou le même événement peut ne pas avoir été perçu de la même façon par différentes personnes. Vous regardez une peinture et c'est de l'art; je la regarde et c'est un fatras. Vous aimez le professeur Tremblay; je le déteste. Vous aimez les films de Jean Lapointe; je ne les aime pas. Pourquoi deux personnes qui regardent la même chose ne voient-elles pas la même chose? Qui dit vrai à propos de la peinture? Y a-t-il un vrai ou faux? Qu'est-ce qui vous rend si sûr de vous-même dans la description d'un événement auquel vous avez assisté? Le simple fait d'avoir été là et de vous fier à vos sens est-il suffisant? Voyez-vous les choses *comme elles sont*, comme vous voudriez qu'elles soient ou comme vous êtes? La beauté est-elle dans l'oeil du spectateur? Si c'est le cas, que communiquez-vous vraiment lorsque vous parlez à quelqu'un des mérites du professeur Tremblay, d'une peinture ou d'un film?

Notre expérience du monde est en quelque sorte unique et à la fois partagée en commun avec celle des autres. C'est le but de cette partie de chapitre de démêler ce qui est unique de notre expérience de la réalité, des éléments communément partagés par les gens autour de nous. La communication est essentiellement un processus de structuration de la réalité à travers la perception et la symbolisation. Notre manière de faire cette structuration façonne l'information que nous retirons de toutes les stimulations qui nous entourent et, de là, façonne l'image que nous nous faisons du monde. Cet énoncé est fondamental parce que notre comportement est basé sur *l'image* que nous nous formons du monde, sur *l'expérience* que nous tirons des événements, des personnes et des choses, sur *la perception* que nous avons de la réalité.

La perception n'est pas quelque chose qui nous arrive au hasard. Nous ne sommes ni des récipients d'information, ni des non-participants, ni des contenants passifs de stimulations. En fait, nous sommes des partenaires actifs et des acteurs importants de ce qui se passe « au dehors ». Effectivement, nous sélectionnons et choisissons ce que nous percevons, ce que nous regardons; nous *organisons* les stimulations sensorielles et nous les interprétons dans le cadre d'une image cohérente et significative du monde[2]. Nous faisons tout cela très rapidement, automatiquement et souvent inconsciemment, mais néanmoins nous le faisons. Littéralement, nous créons ce que nous voyons.

Tout ceci peut paraître assez surprenant, car, comme la majorité des gens, nous avons une expérience de la réalité du dehors et il est probable que nous soyons convaincus que nous ne fabriquons pas ce que nous voyons. Si nous voyons quelque chose, c'est que c'est réel. Après tout, nous sommes des personnes raisonnablement normales et il n'est pas dans nos habitudes d'halluciner! Toutefois, nous maintiendrons ici que nous créons ce que nous voyons. Expliquons ce qui semble être un paradoxe et discutons ce que nous percevons lorsque nous répondons à des stimulations de l'environnement.

CE QUE NOUS PERCEVONS[3]

Nous sommes probablement convaincus que le monde est plein de choses, d'objets et de personnes qui sont séparés de nous. Nous savons ce qu'ils sont, ce qu'ils font et ce que nous pouvons faire avec eux. Nous ne nous attendons pas à ce que ces choses changent soudainement ou disparaissent. Si cela était, nous serions enclins à nous croire victimes de magie.

Cette connaissance de ce que les choses « sont », leur « identité » et leur « permanence », est pour nous vraiment précieuse. Elle nous donne non seulement un sentiment de sécurité mais nous permet aussi de réagir rapidement et habituellement de façon appropriée, étant donné nos expériences antérieures de ces phénomènes. Mais demandons-nous un instant comment nous connaissons ces objets et comment nous savons qu'ils demeureront les mêmes. Évidemment, nous pouvons les regarder et remarquer qu'ils ne changent pas, ou alors lentement, au fur et à mesure que le temps passe. Mais nos yeux et nos autres sens ne jouent qu'un rôle partiel dans notre perception des choses. Examinons ce rôle.

Lorsque nous regardons autour de nous les objets sur lesquels se portent nos yeux, une certaine lumière est alors réfléchie vers nous. La lumière parvient à ces objets par le soleil ou une source de lumière artificielle quelconque. Ces radiations varient de longueurs d'onde, et les longueurs d'onde de la lumière ainsi réfléchie varient. Le pouvoir de réflexion de la surface des objets varie également. Voilà comment les différences de couleur et de brillance que nous voyons sont produites. La lumière qui atteint les yeux est ensuite focalisée par le cristallin dans la partie de l'oeil sensible à la lumière, la rétine. Les cellules de la rétine réagissent et envoient des influx nerveux aux nerfs de l'oeil, lesquels sont transmis par le nerf optique à une région donnée du cerveau. Il se produit alors un transfert de vibrations ou de radiations. Ce qui parvient au cerveau n'est toutefois qu'un « pattern » d'impulsions, c'est-à-dire un ensemble structuré d'impulsions électriques dont la fréquence varie dans le

2. Bernard Berelson et Gary A. Steiner, *Human Behavior and Inventory of Scientific Findings*, New York, Harcourt, Brace & World, 1964.
3. Discussion basée sur le livre de M.D. Vernon, *The Psychology of Perception*, Baltimore, Penguin, p. 11-15.

temps et l'espace, et dont les variations correspondent plus ou moins aux variations de brillance et de couleurs de la lumière atteignant l'oeil. Ce qui est enregistré dans le cerveau n'est pas plus l'événement ou la chose réelle que l'image à la télévision n'est le vrai comédien ou le vrai annonceur. La vision à elle seule ne peut nous donner l'image que nous nous faisons du monde. Un processus mental complexe convertit les *patterns* enregistrés au cerveau en une perception du monde tel que nous le connaissons.

DIFFÉREND AU SUJET DE LA DESCRIPTION D'UN ÉLÉPHANT

Il existe une légende sur trois Hindous qui vivaient au pays où l'éléphant est la principale bête de somme. Ces trois hommes, aveugles de naissance, n'avaient donc jamais vu un éléphant. Un jour, ils se mirent à se demander à quoi ressemblait un éléphant. Décidés à satisfaire leur curiosité, ils se dirigèrent vers la grand-route et marchèrent jusqu'à ce qu'ils rencontrent un éléphant.

Il arriva que le premier plaça sa main sur l'immense flanc de la bête; le second, cherchant de la main, toucha la trompe de l'éléphant; alors que le troisième attrapa la queue de l'animal.

En revenant, un des aveugles dit à ses compagnons: « À ma grande surprise, un éléphant, c'est comme un grand mur lisse. » « Tu fais erreur, dit le second, c'est plutôt comme un tronc d'arbre. » « Mais non, dit le troisième, vous êtes tous les deux dans l'erreur. J'ai constaté qu'un éléphant, c'est comme un bout de câble. »

Chacun de ces hommes s'était fait une idée très limitée d'un éléphant. S'il avait simplement pu tenir dans ses mains une sculpture miniature d'un éléphant et en palper la forme du bout des doigts, il se serait mieux représenté la forme d'un éléphant. Mais, même alors, aucun des trois aveugles n'aurait pu en concevoir le volume.

Ajoutons à ces faits que les *patterns* visuels qui parviennent au cerveau sont loin d'être statiques. Ils bougent et changent, car les radiations lumineuses sont constamment en mouvement et ce qui nous semble être un objet solide est composé de particules également en mouvement constant. Les impressions de constance, d'immobilité et de permanence sont *le produit d'un processus mental complexe qui se déroule dans le cerveau*. Ce que nous voyons est une création intime de notre cerveau. La permanence n'est pas dans les objets du dehors mais dans notre cerveau.

Heureusement, toutefois, un ordre assez curieux gouverne nos perceptions. Quoique nous ne puissions jamais savoir si notre perception d'un rouge ou d'un *mi* bémol est exactement la même que celle d'une autre personne, *nous pouvons agir et de fait agissons avec le postulat que la plupart des gens voient les couleurs et entendent les sons plus ou moins de la même façon*. Nous postulons que les autres se bâtissent un monde extérieur semblable à notre propre monde. Dans une large mesure, ces postulats se vérifient, mais nous ne devons pas oublier que nos perceptions ne sont rien d'autre que des théories ou des hypothèses sur ce qu'est le monde. La plupart du temps, nos théories se vérifient bien et nos perceptions de la réalité sont renforcées. Toutefois, lorsque quelqu'un défie ou conteste notre vision du monde, un malaise et une impression de dissonance s'emparent de nous. Nous pouvons même éprouver une certaine anxiété lorsque nous découvrons que tout le monde ne perçoit pas les objets, les gens ou les événements exactement comme nous. L'expérience est plus ou moins désagréable selon l'importance de la personne qui nous remet en question ainsi que les perceptions en cause. Pour certains jeunes enfants, découvrir que le Père Noël n'existe pas peut être une expérience traumatisante, car ils doivent alors réévaluer toutes les perceptions de ce qui est vrai et de ce qui est de l'ordre de la fantaisie. Découvrir que nous avons été trompés par un ami intime peut être une expérience très pénible et peut amener une réévaluation assez draconienne de nos perceptions, non seulement de cet ami particulier, mais aussi des autres en général. Une fois « blessé », nous pouvons nous dire par exemple que nous ne ferons plus jamais suffisamment confiance à quelqu'un pour nous impliquer émotivement en profondeur.

En somme, nos perceptions nous appartiennent. Elles peuvent être partagées ou non avec les autres. Dans la mesure où elles sont semblables à celles de la plupart des gens, nous nous sentons sur un terrain solide et sécurisant et nous croyons que ce que nous percevons est là en réalité. Nous oublions que ce consensus sur nos perceptions n'est obtenu que parce que plusieurs personnes déclarent percevoir les mêmes choses que nous. Cette « réalité » en apparence solide n'est rien de plus qu'une réalité consensuelle, c'est-à-dire une réalité acquise par convention. Cette réalité est en fait créée. Mais, comme notre création correspond à celle des autres, nous sommes amenés à postuler erronément qu'elle est exacte et nous conformons nos comportements à cette vision.

Répétons-nous: ce que nous percevons est une production ou une construction de notre cerveau, une création stimulée par les choses extérieures. Malgré tout, nous ne pouvons jamais connaître ces choses telles qu'elles le sont vraiment. Le mieux que nous puissions faire est de deviner et de présumer ce qu'elles sont pour ensuite vérifier nos hypothèses en agissant et en les comparant avec celles des autres. La réalité que nous tenons comme acquise n'est rien d'autre qu'une réalité de convention, une réalité consensuelle. Notre agir est basé sur notre perception de la réalité et l'agir des autres est basé sur leur perception de la réalité. Dans la mesure où nous voulons comprendre pourquoi une personne agit de telle ou telle manière, nous devons d'abord chercher à comprendre comment elle voit le monde et comment est sa réalité. Nous ne vivons pas tous dans le même monde.

Maintenant que nous avons discuté le *quoi*, regardons *comment* nous percevons et comment nos processus mentaux fonctionnent pour appréhender le monde.

COMMENT NOUS PERCEVONS
Nous sélectionnons

La plupart du temps, nous ne sommes conscients et ne remarquons qu'une petite partie de ce qui se passe autour de nous. Lorsque nous portons attention à quelque chose, c'est que notre attention n'est pas sur autre chose. Les raisons de cette sélection sont le produit de plusieurs facteurs autant environnementaux qu'internes.

FACTEURS ENVIRONNEMENTAUX

Ces facteurs constituent des influences telles que l'intensité, la grandeur, le format ou le volume, les contrastes, la répétition, le mouvement, la familiarité ou la nouveauté.

L'intensité

Plus une stimulation est intense, plus nous courons la chance de la percevoir. Un bruit fort dans une pièce plutôt silencieuse, une lumière vive dans une rue obscure attireront infailliblement notre attention. Les publicitaires misent sur ce phénomène lorsqu'ils nous présentent des emballages mirobolants ou lorsqu'ils augmentent l'intensité de volume d'un message à la télévision. Le sergent d'armée crie souvent ses ordres et plusieurs professeurs doivent hausser le ton lorsqu'ils veulent attirer l'attention d'une classe turbulente.

La dimension *(grandeur - grosseur)*

Le principe de dimension est assez simple. Plus quelque chose est volumineux, plus cette chose attirera notre attention. Une page remplie de gros caractères d'imprimerie est plus captivante que les petites lettres d'imprimerie des annonces classées. Les jouets pour enfants sont souvent empaquetés dans de grosses boîtes pour donner une impression de volume qui dépasse la réalité. Même si les manufacturiers sont maintenant obligés d'indiquer sur la boîte les dimensions réelles du jouet, peu d'enfants lisent effectivement ces indications en petits caractères. Ils sont plutôt attirés par les dimensions de la boîte. Plus c'est grand et gros, mieux c'est.

Contrastes

Les choses présentées sur un fond très contrastant attirent habituellement l'attention. Une enseigne de sécurité faite de lettres noires sur fond jaune ou de lettres rouges sur fond blanc attirent l'attention. Une femme parmi une assemblée d'hommes, ou l'inverse, attirera l'attention.

Répétition

Un stimulus répété attire plus l'attention qu'un stimulus émis une seule fois. Ceci est particulièrement vrai dans un contexte ennuyeux où l'attention peut faiblir. Nous nous rappelons une histoire intéressante longtemps après l'avoir entendue, alors que des mots illogiques, un discours sans suite ou un matériel ennuyeux devront nous être répétés plusieurs fois si nous voulons les retenir. Ainsi, les publicitaires savent qu'un message de courte durée répété plusieurs fois est plus efficace qu'un message long émis une seule fois.

Mouvement

Nous portons plus d'attention à un objet qui bouge devant nos yeux qu'au même objet immobile. Encore une fois, la publicité utilise ce principe lorsqu'elle ajoute du mouvement à ses enseignes ou panneaux publicitaires. Les signaux clignotants des automobiles de police ou des ambulances sont là expressément pour attirer notre attention.

Familiarité et nouveauté

Ce principe peut être simplement l'extension du principe de contraste. Des objets nouveaux dans un environnement familier, tout comme des objets familiers dans un environnement nouveau, sont susceptibles d'attirer notre attention. L'idée de rotation des emplois est basée sur ce principe. Le changement d'emploi de façon périodique augmente l'attention du travailleur qui, sinon, est souvent démotivé par la routine ou la familiarité des tâches qu'il doit accomplir.

Les facteurs environnementaux décrits plus haut ne représentent qu'une petite partie de ce qu'est la perception sélective. Les facteurs internes de nature physiologique ou psychologique sont aussi très importants, car ils déterminent non seulement ce que nous percevons et comment nous percevons, mais également ce que nous ne pouvons pas percevoir.

FACTEURS INTERNES

Facteurs physiologiques (Les sens — leurs limites)

Comme nous le savons, nous sommes stimulés par ce qui vient de l'extérieur à travers nos sens: la vue, l'ouïe, l'odorat, le goût, le toucher. Ces sens ne sont toutefois pas tout-puissants. L'être humain ne peut tout voir, certains sons lui échappent et il ne peut distinguer que certains goûts ou certaines sensations. Pour compléter une information et déterminer la nature d'un objet, par exemple, un toucher devra accompagner la vue. Bien des animaux ont des sens beaucoup mieux développés que les nôtres. La survie de plusieurs animaux dépend d'ailleurs de l'acuité de leurs sens, qui sont donc beaucoup plus raffinés que les nôtres. Il en est de même pour l'aveugle qui, pour compenser son infirmité, tend à mieux utiliser son sens du toucher et de l'ouïe.

Le système nerveux humain est constitué de telle manière que nos sens ne peuvent enregistrer que partiellement ce qui se passe autour de nous. Nous ne pouvons entendre certains sons — ceux au-dessous de 20 cycles par seconde et ceux au-dessus de 20 000 cycles par seconde. Les sifflets pour chiens, notamment, émettent des sons inaudibles pour les êtres humains, mais aisément perceptibles par les chiens. Nous n'entendons pas ces sons, car leur fréquence est supérieure à nos seuils auditifs. Nous ne voyons que 1/17 du spectre lumineux total. Nous ne pouvons voir ni les rayons X ni les rayons infrarouges ou ultraviolets. L'oeil humain n'est sensible qu'à une étroite bande de radiations, allant du rouge au violet. Un écart aussi petit que 1 mm dans la longueur d'onde fait la différence entre ce que nous pouvons voir et ce que nous ne voyons pas.

Naturellement, il y a beaucoup de radiations que nous ne pouvons percevoir. Les rayons infrarouges ont une longueur d'onde de 0,0008 mm à 3,2 mm et sont trop longs pour donner à la rétine une impression de lumière. Les rayons ultraviolets, eux, sont trop courts pour être perçus (0,0003 à 0,00001 mm). Les rayons X, les rayons gamma et les rayons cosmiques sont encore plus courts, alors que les ondes de chaleur, de radar ou les ondes radio sont longues et ne diffèrent de la lumière visible que par leur longueur d'onde. Ce que nous pouvons percevoir de la réalité est déterminé par les limites de nos organes sensoriels. Pensons à ce qu'aurait l'air le monde si nous pouvions percevoir les rayons X ou les rayons gamma.

La plupart d'entre nous ne pouvons percevoir les nuances gustatives trop fines. Ainsi, nous ne portons pas attention à certaines choses simplement parce que nous ne pouvons les percevoir.

Ces limites sont naturellement partagées par tous les humains. En plus des limites de notre espèce, certaines différences physiologiques individuelles affectent ce que chacun de nous peut percevoir. Tout le monde n'a pas une vision de 20/20 ni n'entend parfaitement bien. L'oreille fine du musicien professionnel permet à ce dernier de discriminer des tonalités avec plus d'exactitude et plus facilement qu'un non-musicien. Le connaisseur de vins distingue des variations très fines de goût que la plupart des gens ne perçoivent pas.

Facteurs psychologiques

Motivation

Les besoins, motivations, désirs de tous diffèrent et chacun tend à percevoir ce qui correspond à ses propres besoins, motivations ou intérêts. Si nous avons faim, nous remarquons plus facilement les affiches de restaurants ou les odeurs de nourriture qui, autrement, restent inaperçues. Dans notre culture, entre autres, les stimulations liées au sexe attirent fortement l'attention. Une fois encore les publicitaires, toujours intéressés à capter notre attention, savent qu'ils y parviendront s'ils manipulent nos besoins, notamment nos besoins sexuels et sociaux fondamentaux. Il peut être difficile d'attirer l'attention sur un dentifrice, mais si le dentifrice est associé à des personnes attirantes, souvent des femmes, la tâche devient plus facile.

Nous avons tendance à porter attention à ce qui nous intéresse. Quelquefois nous déformons les choses pour qu'elles correspondent à ce que nous voulons. Nous ne voyons bien que ce que nous voulons voir et n'entendons bien que ce que nous voulons entendre. À une personne qui se sent menacée et inquiète, tout apparaît potentiellement dangereux. Si, seul dans une maison la nuit, nous nous sentons tout à coup mal à l'aise et nerveux, chaque petit bruit renforce notre peur alors qu'en plein jour ces mêmes bruits apparaissent tout à fait normaux et sans danger.

Expérience passée et apprentissage passé — grille perceptuelle

Les gens sont susceptibles d'être davantage attentifs aux aspects de l'environnement qu'ils anticipent plutôt qu'à ceux qu'ils n'anticipent pas ou auxquels ils ne s'attendent pas. De plus, les gens attendent et anticipent de percevoir les choses qui leur sont familières. Par exemple, nous ne réagissons pas à une conversation entre deux personnes situées derrière nous, jusqu'à ce que l'une d'elles prononce notre nom. Ce nom, lui, nous l'entendons très bien. Il se dégage du reste de la conversation parce qu'il nous est familier.

Lorsque vous aurez accompli les directives de la figure 2.1 et de la figure 2.2, les commentaires suivants vous intéresseront sans doute.

L'habitude peut donc affecter notre façon de percevoir les choses, tandis que l'apprentissage peut influencer notre appareil de perception en générant des attentes quant à ce que nous percevons. Nous voyons ce que nous nous attendons à voir. N'avons-nous pas tous vécu l'expérience d'avoir acheté un objet d'une marque ou d'un style particulier pour avoir aussitôt après l'impression que tout le monde possède l'objet de la même marque ou du même style? Ce phénomène de « familiarisation », où notre attention s'accentue sur le même type d'objet, vise le renforcement de notre décision. Ainsi très souvent nous ne faisons pas que regarder les choses « en général », mais nous regardons et cherchons quelque chose en particulier.

Les apprentissages effectués et la formation que nous avons acquise influencent ce que nous percevons. L'éducation est d'ailleurs un processus de différenciation et un apprentissage de la discrimination. Deux choses qui semblent pareilles au profane sont souvent pleines de différences significatives pour un spécialiste. Par exemple, en ouvrant le capot d'une automobile, quelqu'un qui ne connaît pas la mécanique ne verra qu'une masse huileuse assemblée avec des boulons. Pour cette personne, tous les moteurs se ressemblent. Pour un mécanicien, les moindres parties seront différenciées. Pour un bijoutier, ce sera la même chose pour deux diamants qui nous semblent identiques. Un médecin remarquera des différences entre des symptômes apparemment identiques. Un professeur de français percevra des différences dans les textes de deux étudiants qui, pour un autre, semblent d'égale valeur. En fait, la formation particulière de chacun affecte sa perception. Un médecin, un mécanicien et un agent de police commenteront un même accident auquel ils ont assisté en faisant ressortir des faits différents. Le médecin aura certainement remarqué les gens et leurs blessures, le mécanicien commentera les dégâts subis par les automobiles et l'agent de police désignera le responsable. Chacun aura sélectionné les aspects qui lui semblent importants. C'est ainsi que nous voyons ce que nous sommes entraînés à voir et que, à travers la perception, c'est tout un passé d'apprentissages et d'expériences qui s'exprime, c'est-à-dire une grille perceptuelle.

Donnons encore un autre exemple. Supposons que nous devions faire un relevé et un rapport sur la taille des poissons dans une rivière donnée et que, pour ce faire, nous n'ayons qu'un filet de 6 cm. Notre rapport donnerait quelque chose comme: « Dans cette rivière se trouvent des poissons de 6 cm ou plus. » Imaginons maintenant que nous répétions la tâche avec un filet de 12 cm. Le rapport pourrait cette fois se lire: « Dans cette rivière les poissons mesurent 12 cm ou plus. » Souvenons-nous ici que nous faisons un rapport sur les mêmes poissons et dans la même rivière. Lequel de ces rapports est exact? Les deux? Ni l'un ni l'autre? De quoi parlons-nous en réalité? De la taille du poisson? Non. En fait nous rendons compte de la taille du filet utilisé. La grandeur du filet détermine la grandeur des poissons que nous pouvons attraper.

D'une certaine manière nous avons aussi des « filets » dans nos têtes. Ces filets ne sont évidemment pas faits de corde mais de tout ce qui nous rend un individu unique: nos composantes physiologiques, nos motivations, aspirations, besoins, intérêts, peurs, désirs, apprentissages et expériences passées, formation, etc. Ces filets agissent comme des filtres et toutes les stimulations de notre environnement passent à travers ces filtres avant d'être perçues. Chacun de nous possède son propre système de filtres. Quoique nous partagions le même environnement que les autres gens, souvent nous en filtrons des aspects différents. La réalité que nous percevons est dans une certaine mesure différente de celle des autres.

Certaines personnes ont des filtres défectueux — des filtres qui sont si obstrués qu'elles ne voient que très peu ce qui se passe; d'autres ont des filtres qui déforment les stimuli de l'environnement. En somme, dans la mesure où nos filtres sont comme ceux des autres gens, nous captons de l'environnement à peu près les mêmes choses qu'eux. Toutefois, un ingénieur, un représentant et un directeur de la production peuvent appartenir à la même organisation et percevoir qu'ils travaillent dans « trois compagnies très différentes ».

Il est important de se rappeler que *chaque fois que nous parlons de quelque chose, ce n'est pas cette chose que nous décrivons mais bien une de nos grilles ou un de nos filtres.* Lorsque nous disons par exemple que Jean Belleau est un type consciencieux, nous ne parlons pas tellement de Jean Belleau comme tel, mais de nous-même et de notre système de valeurs. Cela n'est pas sans importance. En fait, la plupart des problèmes de communication entre les gens émanent de deux croyances non fondées: 1) tout le monde voit ce que nous voyons; 2) nous avons directement accès à la réalité. Dans les meilleures conditions, pourtant, l'accès à la réalité est indirect, filtré par nos propres observations ainsi que par nos limites physiologiques et psychologiques.

Dans la plupart des rapports scientifiques écrits ou oraux, les chercheurs prennent soin de décrire les conditions dans lesquelles ils ont effectué leurs observations et en particulier les instruments qu'ils ont utilisés pour effectuer leurs observations. La plupart d'entre nous, par contre, ne décrivons pas dans quelles conditions nous avons fait les observations que nous communiquons aux autres, ni les « instruments » que nous avons utilisés, c'est-à-dire avec quoi et comment nous déduisons et observons le comportement des autres ou des choses qui nous entourent. Un scientifique doit indiquer quelle grandeur et quel genre de filet il a utilisé alors que nous ignorons allégrement ces aspects dans nos rapports destinés aux autres. Néanmoins, il serait important que les autres connaissent la grandeur et le genre de nos filets — en termes scientifiques, les conditions et l'équipement utilisés pour faire nos observations — si nous désirons qu'ils comprennent vraiment ce que nous disons.

Le scientifique est également conscient du fait (cela est difficile à saisir pour qui n'a pas une formation scientifique) que les « qualités » des choses telles que la couleur, le son, le goût, même le temps et l'espace n'ont pas de réalité objective complètement indépendante de nos sens, lesquels sont les instruments qui mesurent ces qualités. La couleur, par exemple, n'est ni à l'intérieur, ni intrinsèque aux choses que nous regardons. Elle est la réflexion d'une petite portion d'une longueur d'onde visible particulière, et est produite par notre propre système nerveux.

Déjà, en 1927, le physicien Werner K. Heisenberg, avec son fameux « principe d'incertitude », anéantissait l'espoir de déterminer la « vraie » nature du microcosme. Il y a une indétermination fondamentale inhérente à l'univers atomique qu'aucune mesure, aussi raffinée soit-elle, ne pourra jamais faire disparaître. Ainsi, Heisenberg a démontré que la position et la vitesse d'un électron sont impossibles à déterminer, parce que le simple fait d'observer sa position change sa vitesse et vice versa. Cette démonstration a choqué la science traditionnelle, qui était basée sur la causalité et le déterminisme, et les probabilités ont alors remplacé la notion selon laquelle la nature exhibe une séquence de cause à effet déterminée entre les événements. L'autre importante implication du principe Heisenberg est qu'à chaque fois que nous essayons d'observer le « vrai » monde objectif, nous le changeons et le déformons par le processus même de notre observation.

Lorsque nous parlons de sélection des stimuli de notre environnement, nous ne renvoyons pas seulement à différentes sortes de sons ou d'images à sélectionner mais aussi, le plus souvent, au fait que nous sélectionnons les différents stimuli sensoriels à partir de nos différents sens. Ainsi, nous développons des habitudes de regard ou d'écoute, notre processus de sélection triant alors activement toute une série de sons ou d'images. Mais, en même temps, il oscille constamment entre une écoute intense et une vision attentive. Sélectionner n'est donc pas seulement un processus sous-jacent à la communication, c'est aussi une combinaison de choix physiques et de préférences psychologiques interreliés.

NOUS ORGANISONS   Une fois « sélectionné » ce que nous allons percevoir, nous l'organisons habituellement d'une certaine manière. Même la plus simple expérience demande que ces éléments soient ordonnés. Notre façon d'ordonner ou d'organiser ne se fait pas au hasard ou arbitrairement; nous suivons certaines « règles ». Selon les psychologues de la Gestalt, ces règles sont innées. Les psychologues behavioristes, eux, affirment que ces règles sont apprises à travers l'expérience sociale. Il y a des faits en faveur de chacun de ces points de vue et notre intention ici n'est pas de clore le débat. Ce qui est évident, toutefois, c'est que ces règles ont des effets importants sur notre façon de percevoir. Regardez les figures 2.1, 2.2 et 2.3.

Que voyez-vous? Dans un premier temps, peut-être ne percevez-vous que des ombres blanches et noires. Une forme se dégagera peut-être. Dans ce cas, vous venez d'organiser les formes en une image en mettant

Figure 2.1 Que voyez-vous? Le vase ou les deux figures?

Figure 2.2 Décrivez la femme sur cette photo. Quel âge a-t-elle, est-elle belle ou laide, quel genre de chapeau porte-t-elle?

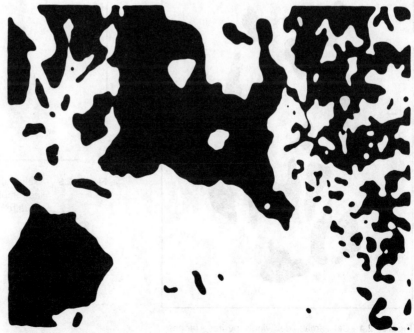

Figure 2.3 Dans ces taches noires et blanches, voyez-vous le visage du Christ?

certaines de ces formes en arrière-plan et d'autres en avant-plan. Évidemment, vous pouvez ne pas organiser les formes de la même manière que tout le monde. Certains ne réussissent pas à organiser les stimuli visuels en une image cohérente. Ainsi, beaucoup de gens ne voient pas la face du Christ dans la figure 2.3. Certains ne voient pas non plus la vieille femme dans la figure 2.2 et d'autres ne voient pas la jeune femme. Toutefois, chaque image contient toutes les lignes et formes nécessaires pour constituer les deux images en question. L'organisation des lignes et des formes en une image spécifique dépend seulement de la personne qui perçoit.

Habituellement, c'est en donnant priorité à ce qui est frappant ou saillant que nous organisons ce que nous percevons. Dans les relations figure-fond, nous avons tendance à identifier les figures à l'aide des couleurs habituellement dominantes. Cependant, lorsqu'il n'y a pas assez de contraste entre la figure et le fond, comme dans l'image du Christ, il est difficile de décoder quoi que ce soit.

Nous avons aussi tendance à organiser en une figure complète ce que nous percevons. Si ce que nous regardons est incomplet, nous remplissons les vides. Ce processus est appelé « fermeture ». Regardez la

Figure 2.4 Cet amas de vingt petites taches compose l'image d'un chien.

Figure 2.5 Même si les coins sont manquants, on les remplit avec notre imagination pour en faire un carré.

figure 2.4 . Vous verrez un chien et non une vingtaine de taches séparées. Regardez la figure 2.5 . Vous verrez un carré complet, en dépit du fait que les lignes ne se rejoignent pas.

NOUS INTERPRÉTONS   Ce que nous regardons ou entendons est souvent ambigu, soit parce que la lumière est insuffisante, soit parce que ce que nous regardons bouge trop rapidement, soit que nous ne pouvons voir distinctement. « Maintenant vous le voyez, maintenant vous ne le voyez plus » disent les magiciens, capitalisant sur la distraction et la vitesse du mouvement pour créer une illusion.

Les objets les plus simples peuvent « produire » une variété de stimuli visuels (une tasse et une soucoupe vues à différents angles) et des objets différents peuvent « produire » le même stimulus (un orchestre et un haut-parleur). Conséquemment, il est nécessaire d'interpréter quel objet représente ce que nous regardons. Cette interprétation n'est pas facile et elle est rarement consciente. Plus un objet est ambigu, plus il y a place à l'interprétation. Les tests projectifs utilisés par les psychologues illustrent ce principe. Regardez la tache d'encre de la figure 2.6 et dites ce que vous voyez. Habituellement, ce que vous percevez révèle ce que vous projetez dans cette tache, à savoir vos expériences personnelles, vos besoins, vos intérêts, etc.

Souvent, nous interprétons ce que nous voyons à partir du contexte dans lequel se trouve l'objet. Par exemple, dans la figure 2.7, la forme 13 se lira comme la lettre B si elle est précédée de la lettre A. Mais, si elle est précédée par le chiffre 12, elle sera perçue comme le nombre 13. Sou-

Figure 2.6   Ce test de projection sert d'écran à notre imagination.

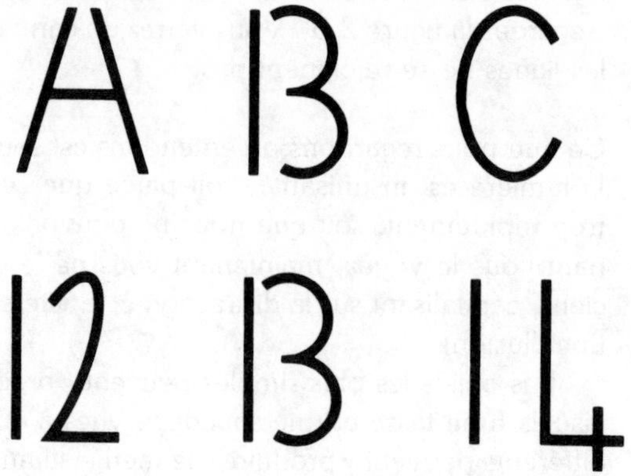

A B C
12 B 14

Figure 2.7 Voici un exemple de l'effet du contexte sur la perception. La figure du milieu, selon la séquence dont elle est entourée, peut représenter la lettre « B » ou le chiffre « 13 ».

vent, ce ne sont donc pas les faits eux-mêmes qui sont à la base de différentes perceptions d'un même événement. C'est plutôt l'interprétation des faits à la lumière de contextes différents qui crée la plupart des difficultés de communication lors d'échanges interpersonnels.

Ce que nous disons depuis le début de cette section, c'est que l'environnement dans lequel nous vivons est uniquement le nôtre. Notre vision du monde nous appartient parce que nous l'avons créée et construite à partir de ce que nous avons sélectionné, organisé et interprété des stimulations venant de l'extérieur. La façon dont nous sélectionnons, organisons et interprétons est due en grande partie à la façon dont nous l'avons effectué dans le passé, car nous sommes le produit de ces perceptions antérieures. C'est avec tout notre passé que nous regardons ce qui se passe dans le monde. Notre cadre de référence, comme disent les psychologues, nos grilles ou nos filtres, comme nous les appelons ici, sont ce qui nous permet de donner un sens aux stimulations que nous expérimentons. Arthur Tremblay ne voit pas le monde de la même façon que son voisin Michel Lachance.

PERCEPTION, LANGAGE ET CULTURE

Notre sélection, organisation et interprétation des indices de l'environnement est très liée à notre habilité à symboliser, c'est-à-dire utiliser le langage. Nous discuterons plus loin, au chapitre 5, la relation entre le langage et la perception. D'ici là, la petite expérience suivante tentera d'appuyer ce principe. Lisez attentivement ce qui suit à deux ou trois reprises.

IL Y A DES CHAUSSURES À VOS PIEDS

Vous venez de lire cette phrase et peut-être êtes-vous maintenant plus conscients de vos pieds. Quelques secondes auparavant, à moins que vous n'ayez eu une douleur aux pieds, par exemple, vous étiez probablement peu conscients de ceux-ci. Après avoir lu la phrase, vous avez possiblement commencé à « percevoir » vos pieds et à les sentir, ou alors peut-être avez-vous regardé vos souliers ou fait bouger vos orteils. Le langage a influencé votre perception en dirigeant votre attention sur quelque chose que vous n'enregistriez pas avant.

Comme le langage, les facteurs culturels influencent aussi la perception de façon très directe. Vers la fin des années 1800, par exemple, l'usage de rouge à lèvres ou la consommation de cigarettes par les femmes étaient tellement mal vus que seules des prostituées pouvaient en faire usage, étant donné qu'aucune femme se disant respectable n'aurait osé s'afficher de la sorte. La perception des femmes maquillées était pour ainsi dire colorée par les tabous culturels de l'époque. Un autre exemple de l'influence du langage est cette tendance à relier le comportement humain à celui des animaux pour décrire de bons ou de mauvais traits. Si une personne en qualifie une autre de vipère, d'agneau ou de chat, elle véhicule des connotations (qualités et défauts) souvent assez précises. Dit-on de quelqu'un qu'il est têtu comme une mule, rusé comme un renard ou malin comme un singe, nous aurons d'emblée une image de cette personne.

Comme nous le verrons au chapitre 5, le langage est une façon spéciale de regarder le monde et d'interpréter notre expérience. Il est plus qu'un véhicule pour échanger des idées et des informations sur le monde extérieur, plus qu'un moyen d'expression ou un moyen de contrôler les autres. Même si tout cela est déjà énorme, la structure cachée du langage traduit en plus les principes inconscients qui organisent notre expérience et nos perceptions de l'univers. Selon notre langage, nous organisons notre expérience de différentes façons.

Par exemple, dans une langue où la personne qui parle est habituellement active et participante (à cause de la structure et de la grammaire de son langage), la personne qui adopte cette langue devra assumer un certain genre de responsabilités pour ce qui lui arrive: « J'ai manqué mon autobus ». Dans une autre langue (une construction différente), la personne sera plutôt une victime passive des événements et n'assumera jamais la responsabilité de ce qui lui arrive: « Un autobus m'est passé au nez » ou « L'autobus ne m'a pas attendu ». Certaines langues renferment des noms pour chaque type de lien de parenté, liens qui n'ont aucun équivalent en français ou en anglais; ainsi, les usagers de cette langue portent attention à des aspects de la structure familiale que nous ignorons ou qui nous laissent indifférents. Ainsi, un oncle, dans nos structures, peut, si on y regarde de près, être relié au côté familial du père comme il peut être relié à celui de la mère; le mot « oncle » ne fait cependant pas une telle différence. Or, pour un Indien d'Amazonie, cette lacune est impensable, car son langage tient compte de cette distinction en ayant les mots appropriés pour un oncle du côté paternel et un oncle du côté maternel.

UN MONDE EN MOUVEMENT

Nous vivons dans une époque de relativité et d'incertitude. Depuis Planck, Einstein et Heisenberg, une nouvelle ère de la pensée scientifique s'est amorcée. Une ère que nos perceptions quotidiennes, basées sur nos sens, nous empêchent de rejoindre. « La certitude que la science peut expliquer comment les choses se passent est disparue depuis 20 ans, écrivait Lincoln Barnett en 1948; présentement, la question est de savoir si nous sommes quelque peu en contact avec la réalité et si nous pouvons espérer l'être un tant soit peu un jour[4]. »

Tout ce dont nous parlons n'est qu'hypothèse. Même avec de puissants microscopes électroniques, les scientifiques n'arrivent pas à voir et connaître suffisamment bien le fonctionnement subatomique de l'univers pour pouvoir tirer des conclusions irréfutables. Des questions surgissent lorsque des astronomes mesurent des traits sur une plaque photographique et en infèrent des activités cosmiques ayant eu lieu il y a quelques billions d'années-lumière. Il faut de l'humilité pour admettre que même avec de bonnes méthodes, de bons instruments et beaucoup de soins, persiste malgré tout un problème d'exactitude et de signification. Il faut donc considérer comment il peut être difficile pour nous, sans méthode stricte et sans l'habitude de décrire les circonstances de nos observations, d'en arriver à rendre compte de *notre* univers. Pensons aussi aux difficultés rencontrées dans la majorité des situations de communication interpersonnelle où nous parlons d'événements impliquant des gens, sans utiliser aucune méthode scientifique.

Certes, une discussion sur les théories de la relativité, de l'incertitude et de la physique quantique n'est pas l'objet de ce livre, mais l'impact de notre vision du monde et les implications qui en découlent sur nos communications ne doivent être ignorés si nous voulons mieux comprendre ce que nous percevons, et de quelle manière.

La science moderne nous dit que notre monde est dynamique et en perpétuel changement, qu'il est fait de radiation en mouvement et de transformation d'énergie; que ce qui nous apparaît solide et immuable à l'oeil nu est en réalité une construction de notre cerveau; que nous ne pouvons connaître la réalité comme telle, étant donné que le fait même de l'observer, c'est déjà la changer; que nous devons jongler avec ce qui se passe dans le monde en termes de probabilités et abandonner l'idée de séquence de cause à effet dans les événements; que les phénomènes physiques sont indéterminés et que le futur est imprévisible; que ni nous-mêmes ni les scientifiques ne connaissons le « vrai » monde; que des équations mathématiques sont tout ce que nous pouvons utiliser pour décrire le « vrai » monde; et que les équations de la théorie des quanta définissent présentement beaucoup mieux ce qui est au-delà de nos sens que le modèle mécanique de Newton.

Avoir une vue du monde en mouvement, c'est se dire que ce que nous considérons comme statique, solide, par exemple une table ou une chaise, consiste en fait en une multitude de particules constamment en mouvement qui gardent une certaine constance dans l'ensemble, mais dont les parties individuelles changent et bougent de manière imprévisible.

Il doit être assez évident maintenant que la perception n'est pas un processus simple. Les variations perceptuelles sont causées en partie par la

4. Lincoln Barnett, *The Universe and Dr. Einstein,* New York, Time, 1962.

grande complexité du monde qui nous entoure et par nos propres limites. On ne peut voir qu'une petite partie de notre environnement à la fois; même lorsque nous regardons intentionnellement, il y a des aspects que nous avons tendance à regarder davantage, d'autres à percevoir de façon incomplète ou inadéquate. Pendant notre vie, toutefois, nous apprenons à percevoir de plus en plus adéquatement, particulièrement lorsque nous sommes intéressés ou que nous suivons un entraînement spécial. Malheureusement, encore une fois, les effets de la connaissance et de l'expérience tendent à entraîner une perception sélective. Il en résulte que deux observateurs peuvent percevoir une même scène de façon semblable ou être en total désaccord sur sa nature ou son contenu.

Heureusement, plusieurs personnes ont des perceptions communes; dans une certaine mesure, les « réalités » de ces personnes sont les mêmes, ce qui leur permet de bien se comprendre lorsqu'elles communiquent ensemble à propos de ces « réalités ».

Les différences individuelles existent cependant. Certes, nous pouvons ressembler aux autres de plusieurs façons, mais nous demeurons uniques. Il en est de même pour notre univers perceptuel. Nous en partageons une grande partie avec les autres et une grande partie de notre « réalité » est celle de plusieurs. Néanmoins, plusieurs éléments de notre monde sont uniques et, dans ce sens, nous pouvons agir indépendamment des autres.

Tout cela soulève d'importantes questions. Si la réalité, telle que nous la connaissons, est perçue à travers nos filtres et que nos filtres soient différents de ceux des autres, comment peut-on évaluer les perceptions et décider que certaines sont meilleures que d'autres, c'est-à-dire représentent plus exactement le monde extérieur? Y a-t-il des filtres meilleurs que d'autres? Comment vérifions-nous nos propres perceptions?

IMPLICATIONS POUR LA COMMUNICATION

C'est toujours notre perception du monde que nous communiquons. Lorsque nous nous sommes créé une perception de quelqu'un ou d'un événement, nous essayons alors de *re-créer* pour d'autres, par l'intermédiaire d'un langage oral, écrit ou non verbal, ce que nous avons perçu.

Nous espérons toujours que les gens avec qui nous communiquons traduiront notre langage en quelque chose de similaire à ce que nous avons perçu. Dans la mesure où ils aboutissent aux mêmes conclusions, nous disons alors que nous avons communiqué avec succès.

Le processus de communication interpersonnelle comprend deux phases: premièrement, les perceptions que quelqu'un (peut-être nous) a de quelque chose; deuxièmement, une description à l'aide de symboles (le langage) afin de recréer dans l'esprit d'une autre personne ce que nous avons originellement perçu.

Examinons la première phase et posons certaines questions importantes: comment évaluons-nous nos perceptions et celles des autres? Comment savons-nous que nous avons perçu un phénomène tel qu'il est « vraiment » et jusqu'à quel point ne l'avons-nous pas déformé? Sur quoi nous fions-nous pour croire nos perceptions et celles de quelqu'un d'autre? Jusqu'à quel point pouvons-nous tirer des conclusions de ce que nos sens ou ceux des autres enregistrent?

Toute perception ou observation implique une certaine distorsion. Nous ne pouvons jamais être absolument certains d'avoir perçu une chose telle qu'elle est. Lorsque ce sont les observations des autres que nous utilisons, nous pouvons toujours être sûrs qu'elles contiennent également des distorsions additionnelles.

Vérification de nos perceptions

En pratique, alors, comment pouvons-nous vérifier nos perceptions? Comment vérifier nos théories? Une manière est de trouver d'autres personnes qui semblent percevoir la même chose de la même façon que nous. Avec le support des autres, nous acquérons le sentiment de percevoir correctement. Nous dépendons des autres pour trier ce qui est « vrai » de ce qui ne l'est pas. Il y a cependant un danger dans cette dépendance envers les autres. Si nous ne vérifions nos perceptions qu'avec ceux et celles dont les distorsions correspondent aux nôtres, nous ne pourrons nous rapprocher davantage de l'événement ou de l'objet « réel ». De plus, nous pourrions être trompés par ceux ou celles qui voudraient nous piéger. Si, par exemple, tous les gens autour de nous disent qu'ils ont vu un couteau sur la table alors que nous n'en avons pas vu, s'ils insistent et qu'ils aient l'air sérieux, nous pourrons commencer à douter de notre propre santé mentale. Le même phénomène se produirait si tout le monde se mettait à prétendre que des martiens s'infiltrent dans l'Assemblée nationale; nous nous sentirions sans doute un peu mal à l'aise.

Nous pouvons maintenant comprendre de quelle façon nous vérifions habituellement nos perceptions. Si suffisamment de gens sont d'accord avec nous sur une perception quelconque, nous avons confiance en cette perception. On appelle ce processus *validation consensuelle,* ce qui signifie simplement que d'autres personnes sont d'accord avec nous et nos perceptions.

Nous avons également tendance à faire confiance aux perceptions que nous avons de façon répétitive, qui reviennent dans notre champ perceptuel. Une perception qui revient sans cesse et qui est toujours la même crée la confiance. Si, par exemple, nous voyons un arbre à un endroit donné, et un peu plus tard ne le voyons plus, nous pouvons penser avoir eu une vision, mais si à chaque fois que nous regardons, nous voyons ce même arbre au même endroit, nous deviendrons certains qu'il est effectivement là.

Une autre façon de vérifier nos perceptions est d'utiliser plusieurs de nos sens. Dans l'exemple de l'arbre, si nous touchons à celui-ci en plus de le regarder, nous obtiendrons une confirmation supplémentaire que nous ne sommes pas l'objet d'une vision.

Enfin, une autre manière de vérifier nos perceptions est par la comparaison. Si nous voyons une chose qui ressemble à une autre déjà vue, nous aurons tendance à faire confiance à ce que nous percevons. Nous avons la capacité d'accumuler des données sur nos expériences antérieures. À cause de notre habilité à symboliser, nous classifions, catégorisons et organisons nos expériences. Cette capacité d'emmagasiner et de classifier nous permet de *comparer* nos nouvelles perceptions avec les anciennes. Lorsque nous percevons une nouvelle expérience, nous y retrouvons habituellement des éléments semblables contenus dans celles déjà emmagasinées dans notre cerveau. Nous pouvons alors assigner cette nouvelle expérience à une catégorie déjà connue. En d'autres termes, nous comparons le présent au passé en vérifiant et surveillant les similitudes.

Ce processus est, d'une certaine façon, lié à l'idée de «perception répétée» mais en diffère un peu. La nouvelle expérience, c'est-à-dire l'événement ou la chose, peut ne pas avoir lieu au même endroit ou être quelque peu différente. C'est là que, en traitant tout nouvel événement comme s'il était exactement le même qu'un autre que nous connaissons déjà, nous risquons de rencontrer un problème. Car, comme le disait quelqu'un: «Pour une souris, un fromage, c'est un fromage, qu'importe qu'il y ait un piège dessous. C'est pour cela que les souricières fonctionnent». En fixant son attention sur les similitudes qu'elle perçoit — du fromage, c'est du fromage — la souris oublie de remarquer une différence pourtant significative dans l'environnement, soit la souricière. Dans ce cas, c'est pourtant une question de vie ou de mort. À la limite, nous pouvons nous aussi nous comporter de la sorte. Par exemple, un réservoir d'essence vide nous semble inoffensif parce que nous nous appuyons sur le fait qu'un contenant vidé de sa substance devient sans danger. Nous commettons là une erreur qui pourra s'avérer fatale au moment où, forts de cette généralisation, nous y jetterons un mégot de cigarettes. En effet, nous aurons oublié le fait, également vital, que les gaz contenus dans un tel contenant «vide» sont plus explosifs que l'essence elle-même. L'avertissement contenu ici consiste donc à être certain que les différences ne sont pas plus importantes que les similitudes.

Le processus de comparaison et le processus de répétition sont semblables, car ils sont tous deux fondés sur notre capacité à emmagasiner et classifier de l'information. Ils diffèrent toutefois en ce que le processus de comparaison est basé sur les *similitudes perçues* entre le présent et le passé et non sur la réplique exacte d'une expérience identique. En fait, la validation répétitive de notre expérience est rarement possible. Dans un monde de processus et de changements constants, l'expérience ne se répète pas. Comme Héroclite le soulignait il y a 2000 ans, le même homme ne se baigne pas dans la même rivière deux fois. L'homme change et la rivière aussi. Dans un sens absolu, la répétition est donc une illusion. Dans un sens relatif, par contre, nous percevons une répétition de deux événements lorsque les similitudes dépassent les différences.

Finalement, nous vérifions nos théories en les mettant en pratique et en observant si les résultats que nous obtenons correspondent aux suppositions que nous avons faites. Par exemple, nous percevons une chambre et son mobilier. Nous construisons alors un genre de théorie sur la disposition des meubles dans cette pièce et, de là, nous avançons dans cette pièce *comme si* notre théorie était exacte. Si elle s'avère vraie, nous ne nous heurterons pas aux meubles.

En somme, nous validons nos perceptions comme suit:

Type de validation	Méthode
1 Consensuelle	Nous vérifions avec les autres gens.
2 Répétitive	Nous vérifions avec nous-mêmes en répétant nos observations.
3 Multisensorielle	Nous vérifions avec nous-mêmes en utilisant plusieurs sens.
4 Comparative	Nous vérifions nos expériences présentes avec des expériences passées semblables, mais sans nécessairement avoir des perceptions identiques.
5 Empirique	Nous agissons en présupposant que nos théories perceptuelles sont exactes et nous enregistrons les conséquences de nos actions.

Lorsque nous obtenons les mêmes résultats à toutes ces vérifications, nous détenons quelque chose de sûr à communiquer. Ainsi, nous voyons l'arbre, nous le touchons, nous le regardons encore et nous le touchons encore plusieurs fois. Nous obtenons la confirmation des autres qu'un arbre est effectivement là et qu'ils en possèdent la même représentation. Nous y montons, car, comme le dit la théorie, s'il y a un arbre et qu'il soit assez gros, nous pouvons y monter. Enfin, nous serons tout à fait certain de la présence de l'arbre. Pour toutes ces raisons partiques, cet arbre pourra alors faire partie intégrante de notre communication.

Vérification de notre communication

La vérification de la communication, soit la deuxième phase du processus de communication, demande une attention spéciale. Lorsqu'une perception s'est stabilisée en nous, nous pouvons alors en parler, mais comment pouvons-nous savoir que nous avons communiqué avec succès? Autrement dit, comment pouvons-nous savoir si l'autre personne a recréé en elle la même perception que nous? Avons-nous suffisamment bien fait passer notre message et transmis notre perception?

Notre communication peut être écrite, orale ou non verbale. Une fois que nous avons écrit, parlé ou agi à propos d'une chose, nous surveillons ce qui se produit. Nous pouvons obtenir, à notre tour, un message écrit, une réponse en paroles ou en grognements, ou nous pouvons simplement observer les réactions. Nous obtenons alors une *rétroaction*.

Pour vérifier quelle partie de notre message a été bien captée, nous utilisons encore une fois nos sens. À ce moment, il est devenu impossible de ne pas être en communication, car, même si l'autre personne ne fait rien, nous apprenons quand même alors quelque chose sur notre communication. Être ignoré est une rétroaction très claire pouvant signifier que l'autre ne nous a pas vu, entendu, ou qu'il ne veut pas nous donner de réponse.

À chaque fois que nous communiquons avec d'autres, en fait, nous faisons un genre d'énoncé public de nos perceptions intimes. Les réactions des autres nous disent alors non seulement quelque chose sur nos perceptions et celles des autres, mais nous donnent aussi une indication sur le « climat » de la communication. Les gens peuvent être en accord, en désaccord, douter, ou même nous tourner le dos. Chacune de ces réponses nous apprend quelque chose sur la façon dont les autres nous écoutent, nous entendent, ainsi que sur nos propres perceptions.

Les implications
Qu'est-ce que tout cela a à faire avec nous? Voici quelques commentaires qui font ressortir l'utilité de la discussion précédente sur notre façon de communiquer et d'être en relation avec les autres.

Il y a plusieurs façons de faire l'expérience de la « réalité ». Nous ne sommes pas deux personnes à en avoir une expérience identique. Dans la mesure où plusieurs de nos perceptions sont communes à plusieurs personnes, notre « réalité », c'est-à-dire nos « théories » de la réalité seront les mêmes et nous serons susceptibles de bien nous comprendre lorsque nous communiquerons. Dans la mesure où nos perceptions de la réalité seront différentes, parce que chacun de nous est unique, nous pourrons avoir de la difficulté à partager et la communication deviendra plus difficile.

Parce que toutes les méthodes de validation de nos perceptions impliquent toujours davantage d'autres perceptions, elles-mêmes sujettes à validation (une spirale presque sans fin), nous ne pouvons jamais être sûr à cent pour cent que ce que nous percevons est identique à ce qui est vraiment là. Nous ne pouvons que présumer des probabilités sur la ressemblance entre nos perceptions et la réalité. Quoique la certitude ou l'objectivité absolue soient impossibles, les prédictions de certaines personnes sur le monde et les choses sont souvent meilleures que celles d'autres personnes. Tous les gens sont biaisés, mais certains le sont plus que d'autres et d'autres encore ne sont même pas conscients qu'ils le sont. Pour augmenter la probabilité que nos perceptions rendent une meilleure information du monde: (1) nous devons devenir conscients du rôle que nous jouons lorsque nous percevons; (2) nous devons nous rendre compte que nous sommes biaisés et que nos filtres influencent, limitent et déforment l'information que nous recevons; (3) nous devons autant que possible interpréter et corriger nos perceptions à la lumière de nos biais et de nos filtres; (4) nous devons avoir à l'esprit que le simple fait de percevoir quelque chose ne nous donne pas obligatoirement accès à la vérité sur cette chose. La perception, ou plutôt notre expérience de la réalité, est un concept fondamental pour comprendre la communication interpersonnelle. Notre expérience du monde est subjective et nous lui donnons des significations; de là, il y a toujours une différence entre les messages qui sont envoyés et les messages qui sont reçus. Les gens qui croient que les autres *devraient* tout simplement comprendre ce qu'ils ont dit ou écrit sont naïfs. Ce n'est pas parce que nous disons quelque chose à quelqu'un que cette personne va bien entendre et bien comprendre nos intentions.

Le « même » événement social n'est pas « lu » de la même manière par tout le monde. Le même projet ou le même rapport sera lu différemment, il sera compris et interprété différemment par les gens à qui il est présenté.

Ce n'est pas nécessairement par malice, mais parce que les gens ont différents cadres de référence et différents systèmes de filtres. Nous devons comprendre que le comportement des gens est fondé sur leurs perceptions et leur image mentale du monde à un moment donné. Si notre travail exige que nous ayons de nombreux échanges interpersonnels, nous nous devons de comprendre ces facteurs qui influencent de façon fondamentale le comportement humain.

BIBLIOGRAPHIE ALLPORT, F. *Theories of Perception*, New York, John Wiley & Sons, 1955.

AMES, A., Jr. «Visual Perception and the Rotating Trapezoidal Window», *Psychological Monographs*, vol. 65, 1951, p. 1-31.

BERELSON, B. et G.A. STEINER. *Human Behavior, An Inventory of Scientific Findings*, New York, Harcourt, Brace & World, 1964.

BROADBENT, D.E. *Perception and Communication*, New York, Pergamon Press, 1958.

CANTRIL, H. «Perception and Interpersonal Relations», *American Journal of Psychiatry*, vol. 114, 1957, p. 119-126.

DELORME, A. *Psychologie de la perception*, Montréal, Études Vivantes, 1982.

HANEY, W. *Communication and Organizational Behavior*, Homewood, Ill., Richard D. Irwin, 1967.

HASTORF, A.H. et H. CANTRIL. « They Saw a Game: A case Study », *Journal of Abnormal and Social Psychology*, vol. 49, 1954, p. 129-134.

ITTELSON, W.H. et F.P. KILPATRICK. « Experiments in Perception », *Scientific American*, août 1951.

KILPATRICK, F.P. « Perception Theory and General Semantics », *ETC.*, vol. 12, 1955, p. 257-264.

KILPATRICK, F.P. *Explorations in Transactional Psychology*, New York, University Press, 1961.

SEGALL, M.H., D.T. CAMPBELL et M.J. HERSKOVITS. *The Influence of Culture on Visual Perception*, Indianapolis, Bobbs-Merrill, 1966.

TECH, H. et M.S. MACLEAN Jr. « Perception and Communication: A Transactional View », *Audio Visual Communication Review*, vol. 10, 1967, p. 55-77.

VERNON, M.D. « Perception, Attention, and Consciousness », *Advancement of Science*, 1960, p. 111-123.

VERNON, M.D. *The Psychology of Perception*, Baltimore, Penguin, 1962.

WITTREICH, W.J. « The Honi Phenomenon: A case of Selective Perceptual Distortion », *The Journal of Abnormal and Social Psychology*, vol. 47, 1952, p. 705-712.

3

LE CONCEPT DE SOI:
QUI SUIS-JE?

EN RÉSUMÉ   Nous apprenons qui nous sommes et comment nous percevoir par un processus de communication interpersonnelle. Notre perception de nous-même est le produit de la façon dont les autres nous voient.

Nous maintenons ou changeons l'image que l'on se fait de nous par ce même processus de communication interpersonnelle.

Les autres peuvent confirmer ou ébranler l'image que nous avons de nous-même.

Lorsque les autres confirment notre image et lorsque ce que nous faisons correspond à notre image, nous pouvons acquérir un sentiment d'estime de soi. L'estime de soi se développe et se maintient à travers l'ouverture de soi et la rétroaction.

L'ouverture de soi, lorsqu'elle est appropriée, permet d'améliorer nos relations avec les autres.

La hiérarchie des besoins de Maslow est utile pour comprendre pourquoi nous agissons de telle manière. Notre comportement est motivé par le désir de satisfaire nos besoins physiologiques, besoins de sécurité, besoins sociaux, besoins d'estime et besoins d'actualisation de soi. Schutz discute nos besoins interpersonnels d'inclusion, de contrôle et d'affection.

**UNE INTRODUCTION
À SOI-MÊME**

Au chapitre précédent, nous avons vu comment nous développons notre vision de la réalité, nos perceptions du monde et la signification que nous attachons à nos expériences. Dans ce chapitre, nous verrons un aspect important du système de filtrage que nous utilisons pour comprendre notre environnement: notre perception de nous-même. Peu de domaines nous touchent d'aussi près que la communication interpersonnelle et notre concept de soi. Après tout, nous vivons constamment avec des gens qui nous modèlent et des gens que nous influençons, nous avons besoin des autres pour vivre et, ultimement, la communication interpersonnelle est notre seule source pour vérifier et valider ce qui se passe pour nous.

Beaucoup de choses ont été écrites sur l'aliénation et la solitude. Ces sentiments proviennent très probablement de notre difficulté à développer et maintenir des relations satisfaisantes et signifiantes avec les autres. Selon nous, la solution à ce problème réside dans le développement de saines habitudes de communication. Nous espérons d'ailleurs que ce livre pourra aider chacun de vous à développer et renforcer sa capacité d'établir des relations constructives et responsables avec les autres.

Dans l'étude de la communication interpersonnelle, nous nous devons d'abord d'explorer l'agent principal de ce processus, c'est-à-dire soi-même. Qui sommes-nous, comment les autres nous voient-ils, quel(s) rôle(s) jouons-nous devant chacun, quels sont nos besoins et nos valeurs? Ce sont des questions fondamentales parce que notre façon d'y répondre détermine nos actions et les rôles que nous choisissons de jouer. De plus, qui nous pensons être est déterminé par les réponses à nos comportements que nous obtenons des autres. Ces réponses conditionnent de plusieurs façons la manière dont nous nous voyons. Nous faisons de la sorte un tour de plus dans la spirale de ce processus transactionnel appelé communication.

Notre comportement est aussi le produit de sentiments complexes, exprimés par les interrogations suivantes: qui *il faut* être, quel rôle *il faut* jouer et quelles sont les transactions interpersonnelles qu'*il faut* faire. Tous ces *il faut* représentent nos valeurs. Nous verrons plus loin comment nous formons, maintenons et changeons ces valeurs et, en particulier, comment elles affectent notre image de nous-même et notre comportement.

Nos actions sont déterminées en partie par la personne que nous croyons être. Qui nous croyons être est en retour influencé par la façon dont les autres répondent à notre comportement. Ainsi, nos manières d'être en relation avec les autres jouent un rôle important dans la façon dont ces images de nous-même sont élaborées.

Notre thèse fondamentale est que notre comportement n'est pas seulement influencé par l'accumulation de nos expériences antérieures, mais aussi de façon importante par *les significations personnelles que nous attachons à ces expériences*. Notre comportement n'est pas seulement fonction de ce qui se passe à l'extérieur, il est surtout fonction aussi de ce que nous ressentons à l'intérieur de nous-même. Nous organisons notre environnement pour qu'il ait une signification personnelle et notre perception du monde est en grande partie dictée par notre concept de soi et notre cadre de référence symbolique.

Tout le monde se pose un jour ou l'autre la question « Qui suis-je? » La réponse à cette question déterminera si nous décrivons notre vie comme heureuse et productive, ou malheureuse et frustrante. Plus important encore, elle déterminera comment nous entrerons en relation avec les autres. La question « Qui suis-je? » n'exprime pas qu'une recherche de soi inhérente à l'adolescence. C'est une question à laquelle nous devons faire face à chaque jour, et à laquelle nous sommes confrontés de façon très significative lors des crises et des décisions importantes de notre vie.

Chez plusieurs d'entre nous, le concept d'identité évoque peut-être la vision d'une créature intérieure qui doit être découverte et apprivoisée à un moment donné de la vie. Or cette personne mystérieuse n'existe pas comme telle. Même si la question, au départ, nous laisse quelque peu confus, nous avons tous beaucoup de choses à dire, de nombreuses images de nous dans notre tête. Ce sont ces images qui forment notre *concept de soi*.

COMMENT NOTRE CONCEPT DE SOI SE DÉVELOPPE

Le développement de soi et du concept de soi a été et est encore l'objet de nombreuses spéculations et recherches. À la base, les psychologues et sociologues disent que le concept de soi est appris, maintenu et changé à travers des processus de communication interpersonnelle. Examinons comment ce processus fonctionne.

Le concept de soi s'acquiert à travers la communication interpersonnelle

Ce postulat fondamental est partagé par des sociologues comme George Herbert Mead et Charles Horton Cooley, par des psychiatres et psychologues comme Harry Stack Sullivan, Karen Horney, R.D. Laing, Carl Rogers et Abraham Maslow.

Globalement, ce postulat soutient que l'image de nous-mêmes est le produit de la façon dont nous croyons que les autres nous voient. Pour Cooley[1], par exemple, le soi inclut l'ensemble des personnes, des idées et des activités que l'individu fait siennes et auxquelles il s'identifie. Le concept de soi est alors un produit de l'interaction avec les autres où l'imagination joue un rôle essentiel. Ainsi, les « idées que les individus ont les uns à l'égard des autres sont des faits pratiques et presque réels de l'interaction sociale ». L'enfant acquiert progressivement la capacité d'imaginer comment il apparaît aux autres et comment il est jugé par eux. Il se « socialise » en percevant les réactions qu'il produit chez autrui et il se perçoit lui-même ainsi, comme nous pouvons percevoir notre image dans un miroir. C'est ce que Cooley appelle le « miroitement de soi ». Autrement dit, l'enfant parvient au sentiment de soi en se voyant avec les yeux des autres.

Selon G.H. Mead[2], le développement du concept de soi dépend de la capacité de l'individu à être un objet pour lui-même. En communiquant avec l'environnement, il perçoit quelles réactions il engendre chez les

1. Charles H. Cooley, *Human Nature and the Social Order,* New York, Charles Scribner's Sons, 1902.
2. George H. Mead, *Mind, Self and Society,* Chicago, University of Chicago Press, 1934.

autres. Il apprend aussi à imiter, puis à intérioriser les rôles de ceux-ci à son égard, c'est-à-dire qu'il prend les rôles des autres envers lui-même. Il en vient à se voir lui-même comme les autres le voient. Cette prise de conscience du rôle social est, pour Mead, un aspect essentiel du développement de l'enfant. Les petits enfants «prennent» (assimilent) les rôles de leur père, de leur mère, de leur grand frère. Ils jouent au papa, à la maman, au soldat, etc., en se mettant dans les souliers d'autrui. À travers le processus de socialisation, nous apprenons ce qui est bon ou mauvais, comment nous comporter, comment voir le monde et comment se percevoir soi-même. La perception qu'a un petit enfant de lui-même, c'est-à-dire comme bon ou mauvais, est totalement dépendante des interprétations que font les gens autour de cet enfant de son comportement et des réponses qu'ils ont envers lui. Notre façon de penser qui nous sommes nous vient de la façon dont les gens nous ont traités lors de notre croissance d'enfant.

À la naissance, nous n'avons aucun sens de nous-même, de notre soi. La façon dont nous avons été traités éduqués a établi les bases sur lesquelles nous avons édifié les sentiments et pensées à propos de qui nous sommes. Si nous avons été chanceux, nous avons reçu des messages d'amour et d'affection, avons été bien nourris, avons eu de l'attention aux bons moments et avons acquis ainsi une confiance fondamentale en l'existence. Certains enfants ne sont pas aussi chanceux et sont presque ignorés pendant de longues périodes. La tragédie pour ces enfants est qu'ils n'acquièrent pas le sentiment du droit à l'existence et qu'ils ont l'impression qu'ils ne valent pas la peine qu'on prenne soin d'eux.

De la naissance jusqu'à l'âge de deux ans, le langage permettra à l'enfant de développer une certaine permanence de l'objet ainsi que de discerner, puis de généraliser ses expériences. L'enfant apprendra à connaître de façon fragmentaire ses «différents» parents: souriants, fâchés, tranquilles, taciturnes ou occupés. Ce qui était perçu dans la phase d'indifférenciation comme des expériences différentes (tous les différents parents) pourra être perçu comme un même parent jouant des rôles différents dans son interaction avec l'enfant. Ce processus de personnification[3] se développe dans le cadre des perceptions que nous avons de nous-même. Ce sont les «je» résultant de l'interaction et des interprétations des autres à notre endroit. Ces interprétations s'amalgament et favorisent l'expérience de soi comme une série de rôles que nous assumons dans une variété de situations interpersonnelles. C'est une phase durant laquelle la façon dont les autres parlent de nous crée des impressions durables et façonne littéralement notre perception de nous-même. Nous apprenons ainsi certains stéréotypes comme un vrai garçon ne pleure pas, les garçons ne jouent pas avec les poupées ou les filles aident leur mère dans la cuisine. La façon dont nous commençons à nous percevoir devient fonction des attentes des autres envers nous et de l'efficacité avec laquelle ils nous conditionnent à ces identités.

3. Harry Stack Sullivan, *The Interpersonal Theory of Psychiatry*, New York, W.W. Norton, 1953.

De 10 mois à 18 mois, environ, l'enfant passe aussi par une phase de simple *imitation*[4] sans compréhension des gestes ou des mots qu'il répète. Certains de ses comportements ou de ses mots seront renforcés et demeureront dans son répertoire de rôles et dans son vocabulaire. Un peu plus tard, il y aura une phase où il s'essaiera à *jouer des rôles* ou des comportements tels qu'il les observe autour de lui, et auxquels il devient capable d'associer une signification. Il suffit de regarder un enfant de trois ans jouer à la maison; il est très habile à jouer le rôle de père ou de mère avec une poupée ou encore avec un autre enfant. Observer discrètement ses enfants peut être une révélation pour bien des parents qui se retrouveront alors face à eux-mêmes.

Entre l'âge de trois et cinq ans, les enfants commencent en général à comprendre les dimensions des rôles qu'ils jouent. Cette habileté au jeu de rôle est directement liée au degré de développement du langage de l'enfant. Par ces jeux de rôle, les enfants élaborent la capacité d'imaginer comment d'autres se comportent dans certaines situations. Lorsque la petite fille joue à la maman, par exemple, elle imagine en fait comment sa mère agirait dans une situation. C'est une habileté cruciale qui permettra aux enfants d'imaginer leur propre comportement en relation avec les autres. Si la petite fille peut imaginer ce que sa mère ferait dans une situation, elle peut alors, dans le cas réel de cette situation, développer des attentes vis-à-vis du comportement de sa mère en relation avec elle. Les transactions interpersonnelles sont fondées sur notre habileté à imaginer ce que les autres pensent et attendent de nous et comment ils auront tendance à réagir à notre comportement.

Finalement, nous atteignons une phase où il n'est plus nécessaire de jouer le rôle d'une personne pour savoir comment elle sera portée à réagir face à nous. Nous effectuons alors symboliquement le processus dans notre tête. Le processus de la *prise de rôle symbolique*, comme Berlo le décrit[5], permet de nous comporter conformément à ce que nous croyons que les autres pensent de nous. Nous incorporons en quelque sorte tous les rôles que nous imaginons que les autres attendent de nous dans toutes les situations. Plus notre capacité d'imaginer augmente, plus les situations deviennent complexes: le nombre de gens que nous devenons capables d'imaginer augmente et nous ne pensons plus en fonction des comportements sous-jacents au rôle d'une personne donnée, mais plutôt en fonction des personnes *en général*. Cet *autre généralisé*, comme en parle Mead[6], est à la base de toutes nos transactions. En tant qu'adultes, nous n'agissons pas seulement sur la base de notre perception d'une situation, mais aussi à partir de *ce que nous imaginons que les autres attendent de nous*. Si nous pensons à nous en termes positifs, nous aurons tendance à nous imaginer que les autres nous perçoivent de façon positive. Si nous nous percevons négativement, nous anticiperons des réactions négatives de la part des autres. La chose importante à retenir est que dans les deux

---

4. George H. Mead, *Mind, Self and Society*, Chicago, University of Chicago Press, 1934.
5. David K. Berlo, *The Process of Communication*, New York, Holt, Rinehart and Winston, 1960.
6. George H. Mead, *Mind, Self and Society*, Chicago, University of Chicago Press, 1934.

cas, nous agissons selon la façon *dont nous pensons que les autres nous voient* et non selon *comment effectivement ils nous voient.*

Vous commencez sans doute à saisir la nature transactionnelle de l'identité. Notre façon de nous percevoir est déterminée par les perceptions que les autres ont de nous, alors que notre perception de ce que les autres voient de nous est elle-même grandement fonction de notre concept de soi, qui agit comme filtre de nos perceptions des réactions des autres envers nous. Le cycle dans son entier devient fréquemment vicieux, et dégénère en une sorte de prophétie qui se réalise parce que l'on se conforme à ce qui a été prévu. Nos attentes quant à ce que les autres perçoivent de nous, nous amènent à agir de telle manière qu'elles peuvent développer chez ces autres les attentes que nous pensons qu'ils ont. Nous trouvons alors dans leur comportement envers nous l'évidence finale que nous avions raison au point de départ. L'exemple du garçon qui se sent inadéquat et qui croit que les autres, particulièrement les filles, le voient automatiquement comme cela, illustre ce genre de prophétie qui se réalise d'elle-même, car il finira sûrement par se comporter de cette manière; croyant qu'il est inadéquat, il anticipera d'être rejeté par les filles et ne trouvera pas le courage de demander à une de celles-ci si elle veut sortir avec lui. En se retirant et en agissant de la sorte, il communique aux autres, aux filles en particulier, qu'il n'est pas intéressé à communiquer socialement. Peu de gens l'inviteront à des fêtes ou rechercheront sa compagnie pour des occasions sociales. Qu'il demeure un genre d'isolé social renforcera sa vision de lui-même qu'il est inadéquat, non attirant, et il continuera de croire que les autres le rejettent, d'autant plus convaincu qu'il trouvera alors des évidences de cela dans ce qu'il perçoit et interprète comme du rejet de la part des autres. « Personne ne me porte attention, ne me regarde, je suis inadéquat, je ne suis pas attirant, je l'ai toujours su » dira-t-il, convaincu de ses propos mais s'enfermant de plus en plus dans le cercle vicieux qu'il a lui-même aidé à créer. Le fait est qu'il est fort possible qu'il perçoive correctement les réactions des gens. Ceux-ci peuvent effectivement le trouver retiré et ne pas chercher sa compagnie; mais, comme c'est souvent le cas dans ce genre d'affaire, le comportement des autres n'est que la réponse à la mauvaise volonté du garçon d'établir des contacts sociaux. S'il avait voulu agir d'une manière plus directe, plus ouverte, il aurait pu obtenir des réactions plus favorables pour ainsi augmenter son sentiment de confiance sociale en lui-même et finalement agir de plus en plus ouvertement, directement, trouver des preuves de son acceptabilité ou même de sa popularité et savoir qu'il avait les habilités sociales nécessaires. L'auto-réalisation de la prophétie aurait joué en sa faveur. Tout cela nous amène à un deuxième postulat clef à propos du concept de soi.

Le concept de soi se maintient ou se change à travers la communication interpersonnelle

La perception de la personne que nous sommes n'est pas statique. Parce qu'il se développe par la communication interpersonnelle, le concept de soi se maintient et se change également par celle-ci. Chaque personne que nous rencontrons et chaque expérience que nous vivons confirment jusqu'à un certain point notre vision du monde, des gens et de soi-même, mais peuvent aussi la changer. L'impact de gens nouveaux ou de nouvelles expériences dans notre vie peut être énorme et très apparent à certains moments, mais, la plupart du temps, il est subtil et passe inaperçu. Toutefois, au fur et à mesure que nous expérimentons de nouveaux comportements dans de nouveaux environnements et que nous rencontrons des gens qui réagissent différemment à nos attentes, le concept de soi et de notre identité peut changer. Racontons l'histoire d'une jeune étudiante plutôt tranquille qui assistait silencieusement à ses cours et qui n'avait que très peu d'interaction avec les autres étudiants. Elle approchait rarement quelqu'un, riait peu et, en général, paraissait plutôt introvertie. Personne ne lui parlait vraiment et elle ne se joignait à personne pour prendre les pauses café ou faire des travaux scolaires. Après un cours sur le concept de soi, un groupe de cinq étudiants décidèrent de faire l'expérience de traiter cette fille et de l'approcher comme si elle était une personne importante et attirante. Ils lui parlèrent à chaque fois qu'ils le purent. Au début, elle ne savait que faire de cette attention qu'on lui accordait. Cependant, elle s'ouvrit peu à peu et, après quelques semaines, elle se mit même à aller au devant des autres. Un à un, les garçons l'invitèrent à des sorties et, au bout de quelques mois, on put observer un changement remarquable chez cette jeune femme. Elle s'habillait et se coiffait de façon attirante, elle souriait davantage et parlait plus.

Nous ne savons pas si cette histoire est vraie, mais ce qu'on appelle l'effet Pygmalion, lui, est réel. L'expérience de cette jeune femme fut de rencontrer des réactions positives de façon consistante et soutenue. Au début, elle avait de la difficulté à porter attention aux rétroactions positives, étant donné que son concept de soi négatif, jouant le rôle de filtre, ne laissait passer que les réactions négatives correspondant à l'image d'elle-même. Après un certain temps, il lui fut difficile d'ignorer les réactions positives qu'elle obtenait. Comme ces réactions persistaient, elle put commencer à changer progressivement l'image qu'elle avait d'elle-même et *agir différemment*, soit parler, sourire et prendre soin davantage de son apparence. Les réactions qu'elle obtenait n'étaient pas seulement verbales, les étudiants *se comportaient* envers elle comme s'ils la percevaient attirante et importante. Au cours de ce processus, elle le devint effectivement. Le concept de soi est ainsi le résultat de nos expériences et de nos communications interpersonnelles, lesquelles agissent pour maintenir ou changer notre perception de nous-même.

CONFIRMATION ET NON-CONFIRMATION DE SOI

L'image que nous avons de nous-même a besoin de vérification et de support de la part des autres et notre communication contient souvent des demandes indirectes ou subtiles de vérification de cette image. Virginia Satir, Paul Watzlawick, Don Jackson et autres soutiennent qu'à peu près tous nos messages contiennent une demande de « validation de soi ». Nous recherchons non seulement la confirmation de l'image que nous avons de nous-même, mais aussi l'attestation de notre vision des autres et de notre expérimentation du monde qui nous entoure. Ce processus de confirmation ou de non-confirmation a été décrit par plusieurs auteurs dont Sieburg, qui écrit ceci:

> La communication avec les autres est un besoin humain fondamental, car c'est par elle que les relations sont formées, maintenues et exprimées. Nous avons émis la théorie que pour établir des relations, les individus s'engagent dans un comportement où ils formulent des messages avec l'attente d'une réaction ou d'une réponse. Si on répond à cette attente — si la réponse est directe, ouverte, claire, congruente et pertinente à ladite communication, les personnes auront le sentiment d'un dialogue authentique et pourront ressentir les avantages d'une « communication interpersonnelle thérapeutique »… Si la réponse est nulle, tangentielle, ambiguë ou inadéquate, les participants risquent fort de se sentir confus, insatisfaits, incompris et aliénés[7].

Les exemples suivants clarifieront encore davantage ce qu'on entend par réponses affirmatives et négatives du soi.

Réponses affirmatives du soi

Elles incluent: (1) *la reconnaissance directe*, lorsque notre réponse est directe au message de l'autre personne et indique que nous reconnaissons cette personne comme faisant partie de notre monde perceptuel; (2) *un accord sur le contenu*, lorsque nous renforçons ou supportons les opinions ou idées exprimées par l'autre personne; (3) *une réponse de support*, lorsque nous encourageons ou exprimons de la compréhension (ou toute autre tentative du même genre afin que la personne se sente mieux et encouragée); (4) *une réponse de clarification*, lorsque nous essayons d'amener une personne à s'exprimer davantage, à décrire plus ses sentiments ou son information, ou lorsque nous cherchons à faire répéter pour clarifier; (5) *l'expression de sentiments positifs*, lorsque nous partageons des sentiments positifs à propos de ce qu'une personne a fait ou dit.

Réponses négatives du soi

Ce sont: (1) *les réponses incompréhensibles ou impénétrables*, lorsque nous ignorons ou ne donnons aucune indication sur ce qui est dit; (2) *les réponses interruptives*, lorsque nous coupons la parole à quelqu'un ou changeons brusquement de sujet; (3) *les réponses non pertinentes*, lorsque nous introduisons une nouvelle idée ou un nouveau sujet, ou lorsque nous laissons entendre que ce que le locuteur précédent a dit était tellement insignifiant que ça ne vaut pas la peine d'être commenté; (4) *des réponses tangentielles*, lorsque nous essayons de faire un lien avec ce qui vient d'être dit, mais qu'en fait nous amenons la discussion dans une autre

---

7. Evelyn Sieburg, *Dysfunctional Communication and Interpersonal Responsiveness in Small Groups*, Thèse de doctorat, Université de Denver, 1969.

direction. C'est donc dans cette catégorie que sont rangés les «Oui... mais» ou les «D'ailleurs, cela me rappelle que»... où l'histoire a peu de liens avec la discussion en cours; (5) *les réponses impersonnelles*, lorsque nous utilisons abondamment les généralisations, les clichés, les expressions toutes faites ou les intellectualisations; (6) *les réponses incohérentes*, lorsque nous divaguons, lorsque nous utilisons des mots ou expressions incompréhensibles pour ceux et celles qui écoutent, lorsque nous ne finissons pas nos phrases ou que nous parlons tellement que nous perdons l'idée principale de notre discours; (7) *les réponses incongruentes*, lorsque notre communication non verbale est complètement contraire à notre expression verbale.

Ce que nous pensons être est donc confirmé ou dénié par les réponses et réactions des autres à notre communication avec eux. À moins d'obtenir des messages clairs et confirmatifs, il est peu probable que nous ayons des expériences de communication efficace. Nous devons reconnaître que notre interaction avec les autres affecte nos sentiments envers nous-même et, de plus, l'estime de soi affecte la qualité de ce que nous accomplissons, car, sans support interne, les choses ne peuvent être accomplies.

La raison de cette longue discussion sur la formation, le maintien et le changement du concept de soi à travers le processus de communication interpersonnelle est que la perception de soi est un mécanisme de filtre majeur. Ce mécanisme joue un rôle très important dans notre perception du monde en général et, de là, sur notre comportement.

Une grande partie du développement du concept de soi est intimement liée au travail et aux rôles appris dans la participation aux organisations et institutions formelles de notre société. Le sentiment de notre valeur interne, de notre valorisation vient de l'accomplissement de rôles sociaux. Nous nous voyons en tant qu'avocat, ingénieur, professeur, secrétaire, camionneur ou comptable et nous apprenons les comportements «appropriés» à ces occupations. Lorsque ce que nous faisons correspond aux standards, nous nous sentons bien, compétent et valorisé. Nous savons que nous avons atteint les standards lorsque les autres le confirment. «C'est un bon rapport, monsieur Tremblay», une note «A» à un travail scolaire, une promotion, l'inclusion dans un groupe sélectif sont des exemples de messages qui confirment notre sentiment d'être adéquat.

L'anxiété liée à un nouvel emploi ou à la rencontre des gens nouveaux est rattachée à l'incertitude de savoir si nous serons à la hauteur de la situation. Nous pouvons être un finissant brillant mais nous demander si nous pourrons vraiment nous comporter correctement dans un emploi éventuel. Si nous ne réussissons pas, le risque n'est pas seulement de perdre l'emploi, mais de perdre aussi une grande partie de l'estime de soi. Nous avons tous le désir marqué de protéger notre concept de soi face à une négation de soi par d'autres ou face à un échec éventuel. Nous voulons tous agir de façon consistante avec notre concept de soi. Si pour une raison ou pour une autre nous devons faire face au fait que la perception de nous-même est inadéquate, nous chercherons sans doute à défendre plutôt qu'à modifier notre concept de soi. Par une variété de *mécanismes de défense*, nous serons capables d'expliquer les inconsistances de notre comportement par rapport à notre image. Ces mécanismes de protection et de défense seront expliqués plus en détail au chapitre 11.

ACCEPTATION DE SOI ET ESTIME DE SOI

Dans le processus de développement de l'image de soi, nous formons des impressions et des sentiments à propos de qui nous sommes et en recherchons la confirmation chez les autres. Cette confirmation nous est nécessaire pour nous sentir bien avec nous-même. Regardons comment se construit l'estime de soi.

L'estime de soi est le sentiment que nous ressentons lorsque ce que nous faisons correspond à l'image que nous avons de nous et lorsque cette image particulière se rapproche de la *version idéalisée* que nous entretenons de nous-mêmes. Par exemple, nous pouvons nous percevoir comme un(e) amateur(e) de plein air (image de soi). Nous pouvons nous imaginer dans la peau d'un grand ingénieur forestier (image de soi idéalisée). Enfin, nous nous rendons à une école de foresterie pour demander notre admission (action). Ce cheminement correspond à l'image de soi et à l'image idéalisée de soi. Si nous sommes admis et réussissons bien cette formation, nous serons confirmés par les autres (pairs et professeurs) et cela renforcera notre estime de nous-mêmes.

Le maintien de l'estime de soi est une chose complexe. Souvent, nous réussissons à maintenir des sentiments positifs envers nous-mêmes, mais, quelquefois, ces tentatives échouent. Nous devenons alors défaitistes envers nous-mêmes.

Nous cachons souvent des aspects de nous-mêmes aux autres, de peur d'être rejetés. C'est quelque chose comme: « J'ai peur de te dire qui je suis parce que si je te le dis et que tu ne m'aimes pas, je n'ai pas autre chose à t'offrir. » Nous cachons par exemple de ces aspects de nous-même lorsque nous accumulons des sentiments de colère et de frustration sans vouloir absolument rien en montrer. Certes, par notre comportement non verbal, nous réussirons à ne pas décevoir les autres, mais ces sentiments s'accumulent (souvent dans l'estomac et produisent des ulcères) et alors, au moment où une goutte fait déborder le vase, nous explosons.

Quelquefois nous portons des masques pour paraître différent de ce que nous sommes. Nous distribuons des indices trompeurs aux gens autour et donnons de fausses impressions. Ce petit jeu que certains jouent à temps plein consume beaucoup d'énergie et de concentration; pour être rentable, il doit être joué sans faute jusqu'au bout. La plupart d'entre nous ne sommes toutefois pas des comédiens professionnels et nos masques, si réussis soient-ils pendant un certain temps, finissent par être percés par les autres. Plus on essaie d'être autre que soi-même, plus on se crée un langage faux et plus on perd contact avec la réalité.

La façon efficace de maintenir l'estime de soi est fondée sur un processus en deux temps où d'abord on *s'expose* personnellement, pour ensuite recevoir de la rétroaction. On expose des parties de nous aux autres à travers notre comportement; les autres nous donnent alors des rétroactions et des réactions à ces comportements, nous confirmant ainsi d'une certaine manière. Les doutes à propos de qui nous sommes ne peuvent être écartés qu'en vérifiant avec les autres et en nous exposant directement et honnêtement aux rétroactions.

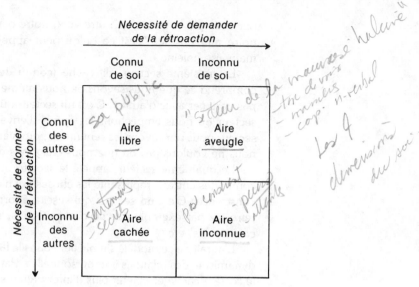

Tableau 3.1   La fenêtre de Johari.

La fenêtre de Johari   En rapport avec ce que nous venons de dire, la fenêtre de Johari[8] est un outil très utile pour analyser ce processus transactionnel d'ouverture de soi, de rétroaction et d'estime de soi. Comme nous l'avons souligné au premier chapitre, il y a une relation essentielle entre les divers facteurs de la communication. Un changement dans un facteur, l'émetteur, par exemple, implique un changement dans le message. Un changement des perceptions signifiera un changement des significations. La nature « transactionnelle » de la découverte de soi est démontrée dans le schéma de la fenêtre de Johari, où on ne peut envisager un changement dans un des quatre secteurs sans que cela implique un changement dans un autre. Regardez la figure 3.1.

La fenêtre représente une manière de se regarder. Les cadrans ou secteurs sont formés par l'intersection de deux dimensions de la conscience de soi. Il y a des choses connues de soi et d'autres inconnues de soi. Il y a des choses de soi connues des autres et inconnues des autres. Lorsque les quatre secteurs sont rassemblés, ils représentent les différentes dimensions du soi.

Le premier secteur, celui appelé d'activité libre (connu de soi, connu des autres) représente le soi public: c'est la conscience et la connaissance partagées de qui nous sommes. Il comporte notre nom, état civil, numéro d'assurance sociale et autres renseignements du même type. Ces informations étant évidentes ou accessibles, nous ne ressentons pas d'anxiété lors de leur divulgation.

Le deuxième secteur, appelé aveugle (connu des autres, inconnu de soi), comporte l'information qu'ont les autres à notre sujet, mais dont nous ne sommes habituellement pas conscients. Dans ce secteur, on retrouvera

8. Joseph Luft, *Of Human Interaction*, Palo Alto, Calif., National Press Books, 1961.

par exemple le timbre de notre voix, notre comportement non verbal ou notre maniérisme. C'est ce qu'on peut appeler aussi le «secteur de la mauvaise haleine».

 Le troisième secteur, dit caché (connu de soi, inconnu des autres), comprend ce que nous savons de nous-même mais que nous ne voulons pas partager avec d'autres. C'est un secteur où nous nous protégeons, un secteur où nous empêchons les autres d'envahir notre intimité. Dans ce secteur nous retrouvons les sentiments, motivations, fantaisies, secrets que nous ne voulons pas ou que nous craignons de partager avec les autres.

 Le quatrième secteur, appelé le secteur inconnu (inconnu de soi, inconnu des autres), représente les choses qui n'ont pas encore atteint notre conscience. C'est un secteur qui suscite énormément de curiosité. On y retrouve par exemple nos besoins profonds, nos attentes, nos peurs inconscientes, etc.

L'attrait de ce modèle simple tient dans le fait qu'il rend bien compte du dynamisme des relations interpersonnelles. Par *l'ouverture* on peut rétrécir le secteur caché et obtenir plus d'information sur soi et agrandir le secteur libre. Par la rétroaction, les autres peuvent nous aider à diminuer notre secteur aveugle pour agrandir encore le secteur libre. Les autres sont les seuls à posséder ou percevoir certains faits.

Le début d'une relation, une rencontre à un cocktail sont des exemples caractéristiques d'un secteur libre assez restreint. De prime abord nous ne faisons pas confiance à un étranger, pas plus que nous ne partageons des choses très intimes lors d'un premier contact avec quelqu'un. Nous restreignons habituellement la conversation à des sujets neutres (le temps qu'il fait, les films à l'affiche ou la mode). Nous avons tendance à entrer en relation avec les autres en leur exposant des masques et des façades afin de protéger notre «moi réel» d'une trop grande exposition. Les rétroactions des autres à notre égard sont aussi généralement réservées ou touchent des sujets plutôt neutres: «Vous avez une belle voiture.» Beaucoup d'énergie est mise de part et d'autre pour conserver la façade: «J'ai peur de te dire qui je suis parce que si je te le dis et que tu ne m'aimes pas, je n'ai pas autre chose à t'offrir.»

Au fur et à mesure que des risques sont pris par l'ouverture et la rétroaction, la confiance s'installe, les relations deviennent plus mûres, les masques et façades s'effritent lentement et le secteur d'activité libre s'accroît. Après tout, on ne peut parler éternellement du temps qu'il fait. Mais, de plus, nous croyons qu'il existe chez l'être humain un désir ardent et universel de rapprochement, d'intimité et de relations humaines profondes. Quoique nos tentatives puissent être parfois faibles ou maladroites, la plupart des gens préfèrent des contacts significatifs à des rencontres superficielles.

 Voici quelques remarques sur la rétroaction. Nous en dirons encore davantage au chapitre 6.

1 La rétroaction est une information dont on a besoin pour vérifier si les résultats de notre communication correspondent aux résultats anticipés.

2 La rétroaction est absolument nécessaire à notre survie et à notre croissance.

3 La rétroaction est, idéalement, un processus de partage non évaluatif qui respecte le droit et la liberté qu'a l'autre personne d'accepter ou de rejeter une perception et d'agir à partir d'elle.

4 La rétroaction n'est pas le genre de bombardement interpersonnel retrouvé dans certains groupes ou stéréotypé dans certaines émissions à la télévision. Ce n'est pas un échange d'insultes, de mesquineries, ni un pseudo-jeu de la vérité.

5 La rétroaction ne consiste pas à contraindre une autre personne à épouser le moule de nos conceptions ou de nos attentes.

6 La rétroaction n'est pas seulement une demande pour qu'une personne change son comportement. Ce peut être aussi, dans le cadre de relations humaines, le début d'un processus d'acceptation mutuelle.

L'OUVERTURE DE SOI

Êtes-vous une personne facile à connaître? Vous dévoilez-vous beaucoup avec vos amis, vos relations, vos intimes? Vous sentez-vous libre que les autres sachent qui vous êtes, comment vous vous sentez, ce que vous pensez?

Sans ouverture de soi, il n'est vraiment pas possible de développer une relation personnelle avec quelqu'un. Le partage, la révélation de soi est à la base même de l'intimité et du rapprochement. Sans révélation de soi, on ne peut vraiment se rapprocher de l'autre. Garder le silence sur soi, c'est demeurer un étranger pour les autres.

La révélation de soi peut prendre plusieurs formes. Nous pouvons partager nos expériences intimes, nos sentiments et réactions par rapport à une personne ou à une situation, nos opinions des choses en général (politique, religion, éducation, etc.). Nous pouvons partager nos valeurs et croyances personnelles: la façon dont nous serions prêt à mourir, qui nous voudrions être ou devenir. Nous pouvons également partager nos intérêts, nos réalisations, nos habilités, nos talents spéciaux. Nous pouvons aussi, évidemment, partager à propos des choses que nous détestons ou que nous voudrions changer.

L'ouverture de soi est habituellement à la base de saines relations. Cacher des choses à quelqu'un peut endommager ou nuire à cette relation. De plus, cacher ou masquer qui nous sommes et ce que nous ressentons, de peur d'être blessé ou rejeté, peut nous amener à la solitude. Plusieurs auteurs en psychologie humaniste et principalement Jourard[9] ont émis ces idées et soutiennent l'importance de l'ouverture de soi. Par exemple, plus nous nous ouvrirons à une autre personne, plus cette personne nous appréciera et plus nous aurons de chances que cette personne s'ouvre également face à nous. En somme, le degré de notre ouverture détermine celle de l'autre personne. En termes plus directs, l'ouverture de soi amène l'ouverture de l'autre.

9. Sidney Jourard, *La transparence de soi*, Sainte-Foy, Éd. St. Yves, 1972.

La recherche sur l'ouverture de soi montre que la personne qui s'ouvre facilement est probablement compétente et consciente de l'importance de l'interaction avec les autres. Elle est aussi probablement flexible, avec une bonne capacité d'adaptation et est peut-être un peu plus intelligente que les personnes qui ne veulent pas s'ouvrir. Elle aura aussi tendance à percevoir la nature humaine comme généralement bonne plutôt que fondamentalement mauvaise. Ces énoncés sont évidemment des généralisations et ne sont pas nécessairement vrais pour toute personne qui s'ouvre.

Pratiquer la révélation de soi c'est être ouvert, désireux de se faire connaître tel qu'on est, sans masque, façade ou autre. La révélation de soi et l'ouverture de soi sont fondées sur l'honnêteté et l'interaction authentique, c'est pourquoi elles sont un préalable à toutes relations signifiantes. En plus d'être ouverts aux autres, nous voudrons certainement être réceptifs à l'ouverture des autres. Nous serons intéressés aux autres, à ce qu'ils disent, à ce qu'ils pensent, à ce qu'ils sentent. Cela ne veut pas dire que nous nous immiscerons inopinément dans leur vie, mais que nous voudrons simplement les écouter.

L'ouverture de soi est-elle toujours appropriée?

L'ouverture de soi n'est certes pas toujours appropriée. À certains moments ou dans certaines circonstances, une ouverture de soi trop grande, trop hâtive ou avec les mauvaises personnes peut avoir de fâcheuses conséquences pour soi. Il est important de voir et de sentir dans quelles situations l'ouverture de soi est souhaitable et quand elle ne l'est pas. « S'ouvrir » dans une situation non appropriée risque d'apeurer certaines personnes et nous risquons même d'être blessé dans l'aventure.

Voici quelques situations où une ouverture de soi peut être appropriée:

1 Lorsqu'elle n'est pas un incident isolé mais qu'elle s'insère dans une relation déjà amorcée;
2 Lorsque l'autre personne réagit en s'ouvrant elle-même;
3 Lorsque l'ouverture de soi concerne ce qui se passe entre nous et une autre personne dans le moment présent;
4 Lorsqu'elle permet d'améliorer une relation;
5 Lorsqu'elle est graduelle — un peu d'ouverture de soi à la fois;
6 Lorsque nous sommes conscients de ses conséquences possibles sur l'autre personne;
7 Lorsque nous avons confiance en l'autre personne.

Encore une fois, soulignons que l'ouverture de soi n'est pas toujours appropriée. Il est quelquefois nécessaire de garder pour soi certaines informations, pensées ou sentiments. L'ouverture de soi servira à améliorer une relation lorsque les facteurs suivants existent:

1 Lorsque nous nous ouvrons à cause d'un désir réel d'améliorer ou d'approfondir une relation;

2 Lorsque nous voulons que l'autre sache ce que nous «comprenons» de notre relation avec lui, et que nous désirons savoir comment lui-même perçoit la relation;

3 Lorsque nous sommes prêt à prendre des risques et à en accepter certaines conséquences. Dire à un autre comment nous nous sentons peut, dans certains cas, le rendre en colère ou le blesser. Nous devons être capable de faire face à ces sentiments et aux nôtres;

4 Lorsque nous n'utilisons par l'ouverture de soi comme un moyen de forcer un autre à changer. Ce que nous pensons ou sentons par rapport à un autre doit lui être présenté comme une information et non comme une évaluation;

5 Lorsque le moment est approprié. Nous devons être sensible au moment et à la place pour dire certaines choses. Il y a aussi certaines situations où l'autre n'est tout simplement pas prêt à entendre ce que nous avons à lui dire. On ne doit pas forcer l'information;

6 Lorsque nous utilisons les rétroactions de façon adéquate. Voir les spécifications à ce sujet au chapitre 6.

L'ouverture de soi est un élément important dans la construction de bonnes relations. Nous devons toutefois être très sensible à nos besoins et à ceux des autres. L'ouverture de soi faite de manière sensible peut nous faire accomplir un pas de géant hors de la solitude. Nous sommes notre propre instrument pour apprendre comment communiquer, partager et aimer.

HABITUDES VERBALES L'étude du comportement verbal de personnes dont le concept de soi est faible ou élevé révèle certaines tendances. Il ne s'agit pas ici de classer les gens ou de penser qu'ils agissent toujours de la même manière. La perception de soi peut varier en fonction d'une situation ou d'un sujet, de même qu'en relation avec ceux et celles avec qui l'on communique. Un étudiant très loquace en dehors de ces cours peut être très silencieux en classe, car il se sent plutôt un étudiant médiocre. Une fille sensible, sérieuse et ouverte avec ses amies peut être tout à fait embarrassée face à des garçons. Un adolescent pourra accepter des conseils de certains professeurs mais ne sera pas capable d'accepter les mêmes conseils ou explications venant de ses parents. La façon dont chacun se perçoit en relation avec certains autres peut changer sa façon de communiquer.

CONCEPT DE SOI PEU ÉLEVÉ Les comportements verbaux suivants caractérisent souvent un concept de soi peu élevé:

— Une utilisation fréquente de clichés ou d'expressions neutres qui n'aident pas vraiment à partager avec les autres, car la personne avec un faible concept de soi ne fait pas confiance à son originalité, à sa différence, à son unicité;

— Un besoin de parler en termes critiques de soi, de faiblesses ou d'expériences difficiles qui justifient et expliquent pourquoi on n'est pas meilleur;

— Une difficulté à accepter les compliments ou les éloges, souvent exprimée par une demande de preuves supplémentaires;

— Une telle peur du blâme que la personne est trop anxieuse pour accomplir son travail;

— Un cynisme ou une attitude hypercritique face à ses propres réalisations et celles des autres;

— Une attitude toujours un peu méprisante ou tout au moins moqueuse envers le succès, la réussite ou les biens matériels;

— Un ton de voix souvent plaintif, des gestes et postures manifestement spéciaux;

— Une attitude pessimiste à propos de la compétition.

CONCEPT DE SOI ÉLEVÉ

D'autre part, certains comportements verbaux caractérisent un concept de soi élevé:

— L'utilisation d'expressions originales, un vocabulaire riche et approprié aux situations, la bonne manière d'aborder les autres ou de nommer les gens par leur nom ou prénom;

— Une tendance à ne pas parler de soi de façon prétentieuse ou trop accaparante pour les autres; une capacité de fonctionner sans avoir constamment besoin de l'approbation des autres;

— La capacité d'accepter les louanges ou le blâme; dans un travail de groupe, être capable de prendre des risques et de verbaliser une position marginale;

— Pouvoir examiner des réalisations et décerner le crédit qui revient à chacun;

— Un ton de voix confiant; l'évitement d'une attitude condescendante; pouvoir dire « Je ne sais pas » ou « J'étais dans l'erreur »;

— Une capacité à exprimer des sentiments et de l'empathie, même dans une situation délicate;

— Une attitude optimiste face à la compétition; un désir d'essayer des choses nouvelles, d'amorcer une conversation sur un sujet nouveau, de poser des questions, en somme une disponibilité à faire l'effort d'apprendre;

— Une attitude non dogmatique; une faible tendance à biaiser les choses, à stéréotyper les autres ou à classer les événements d'une façon trop générale.

Évidemment, cette liste est partielle et ne sert pas nécessairement à décrire une personne. C'est une description de comportements verbaux qui, dans certaines circonstances ou lorsqu'ils sont persistants, indiquent une estime de soi faible ou élevée dans une relation particulière. Nous ne vous encourageons pas ici à utiliser cette liste pour analyser vos amis. Nous vous incitons toutefois à essayer de l'utiliser pour voir comment votre comportement verbal se rapproche de ces comportements dans certaines circonstances. N'allez pas conclure que vous *êtes* l'une ou l'autre de ces personnes. Vous pouvez conclure par contre que parfois vous *agissez* d'une certaine manière et que vos actions peuvent changer si vous le voulez.

Comportements Dans ce qui précède, nous avons fait attention de distinguer la personne (comme entité) de son comportement. C'est une distinction importante. Si nous voulons traiter les gens de façon appropriée, nous devons reconnaître que l'on ne voit jamais *tout* ce que la personne est et que toute personne change avec l'expérience. Autrement dit, il est incorrect d'étiqueter quelqu'un comme malhonnête, égoïste, fanatique, brillant, gentil, etc. Il serait plus exact de *décrire les comportements* d'une personne et de limiter nos jugements à ceux-ci.

La question de savoir si nous devons ou non donner de l'information sur soi-même n'est peut-être pas la bonne question. Nous livrons constamment quelque chose de nous-même par nos comportements — quelquefois intentionnellement et parfois non. Même si nous essayons de cacher des choses sur soi, il y a quand même souvent des chances que nos comportements nous trahissent. Il y a aussi de fortes chances que nous ne connaissions pas les effets de nos comportements à moins que: (1) nous ne tentions de comprendre notre comportement en tant que part de nous-même; (2) ne désirions ajuster nos comportements à partir des rétroactions reçues. De cette manière, les comportements servent aux gens à s'entraider.

Nos comportements émergent de nos sentiments envers nous-mêmes et des rôles que nous choisissons de jouer en diverses circonstances. Nos orientations se traduisent habituellement par des comportements typiques. À partir de ces comportements, les autres jugent de notre « personnalité » et, au cours de ces interactions, ils réussissent à se faire une image de nous — bonne ou mauvaise. C'est aussi à partir de ces modèles de comportements typiques que nous pouvons « catégoriser » un autre, faire des prédictions sur son comportement et nous vanter de le « connaître ». Dans une partie d'échecs, il est par exemple plus utile de connaître le style de l'autre joueur que de connaître toutes les stratégies du jeu. Si nous pouvons prévoir les coups de l'autre, nous jouerons plus efficacement.

L'interaction humaine nous confronte souvent à un dilemme. D'une part, la société valorise à un tel point l'uniformité, la prédictibilité, la constance, la régularité, la fiabilité que nous avons l'impression que nos comportements devraient toujours être prévisibles. D'autre part, la nouveauté, l'imagination, la créativité et la spontanéité sont également très prisées et l'on veut être une personne moins prévisible. Pour résoudre ce conflit, rappelons-nous que nos comportements ne sont pas seulement une source pour les jugements des autres, mais aussi une excellente base pour tester la réalité. Si nous ne développons pas de type de comportement, nous aurons peu à vérifier, certes. Mais si nous n'ajoutons rien de nouveau à nos comportements, nous n'apprendrons rien de nouveau sur nous-mêmes. Il semble que nous devions aller dans les deux sens, soit adopter des comportements familiers et typiques dans certaines circonstances, et en essayer de nouveaux dans d'autres. Il est en outre important de se rappeler que nos comportements ne doivent pas être nécessairement « consistants » à travers tous nos rôles et ne peuvent être considérés comme représentatifs de notre personne entière dans notre interaction avec différents groupes.

Nos comportements sont des pièces détachées, émises un peu à la fois dans des circonstances choisies avec des personnes choisies. En somme, pour ce chapitre sur le concept de soi, il sera utile d'ajouter les caractéristiques suivantes, touchant le comportement:

1 Les comportements, quoique n'étant que des portions de nous-mêmes, sont quand même *nôtres*. Ils sont notre responsabilité. Nous les avons inventés. Nous devons en assumer les conséquences;

2 Les comportements peuvent ne pas être toujours les mêmes et varier, tout comme nos relations varient;

3 Les comportements peuvent toutefois révéler des tendances ou des habitudes qui amènent les autres, souvent de façon erronée, à nous étiqueter ou nous catégoriser dans la mesure où la prévisibilité de nos comportements augmente;

4 Nos comportements sont des tests de réalité que nous utilisons avec ou sur les autres;

5 Nos comportements sont une source de jugement des autres sur nous-même;

6 Nos comportements sont, pour le meilleur ou pour le pire, une expression de nos intentions;

7 Nos comportements sont sujets à changement comme nous le voulons et les autres peuvent nous donner l'occasion de changer;

8 Nos comportements sont une monnaie d'échange avec les autres qui nous permet d'apprendre davantage sur nous-même si nous restons ouvert aux rétroactions.

Les « il faut » et « il faudrait »

Nous avons dit plus tôt que nos comportements émergeaient des sentiments que nous entretenons à propos de nous-même et des rôles que nous choisissons de jouer dans certaines situations. Notre comportement est aussi le produit des sentiments à propos de qui *il faudrait* être, quels rôles *il faudrait* jouer et quelles transactions interpersonnelles *il faudrait* faire. Ces « faudrait » se rattachent aux valeurs. Au prochain chapitre, nous verrons comment nos valeurs sont formées, maintenues et changées. Nous verrons en particulier comment elles affectent notre image et nos communications.

CE QUI NOUS MOTIVE

La plupart des spécialistes en comportement sont d'accord sur le fait que nous sommes motivés par le désir de satisfaire plusieurs besoins, mais tous ne sont pas d'accord sur ce que sont ces besoins et sur la perception individuelle de leur importance. Connaître ces besoins est important, car une bonne part de nos comportements peut être expliquée par l'existence de ces besoins. Qu'est-ce qui nous motive? Qu'est-ce qui nous fait agir d'une certaine manière? Qu'est-ce qui nous a fait faire telle et telle chose? Ce sont des questions que nous nous posons lorsque nous ne sommes pas trop certains de la raison pour laquelle nous avons fait telle et telle chose.

Pour nous aider à comprendre tout cela, nous verrons maintenant la hiérarchie des besoins de Maslow et la théorie des besoins interpersonnels de Schutz.

Maslow et la hiérarchie des besoins[10]

La théorie de Maslow repose sur deux postulats fondamentaux:

1 Les gens ont tous des besoins fondamentaux qui sont organisés en une hiérarchie d'importance. Ce n'est que lorsque les premiers niveaux de besoins sont satisfaits que les gens peuvent consacrer de l'énergie à satisfaire les besoins du niveau suivant.

2 Seuls les besoins insatisfaits peuvent motiver un comportement. Lorsqu'un besoin est satisfait, il n'agit plus comme motivateur.

Maslow identifie cinq niveaux de besoins fondamentaux.

BESOINS PHYSIOLOGIQUES

Ces besoins comprennent les éléments de base nécessaires à la vie: les besoins d'air, d'eau, de nourriture, de sommeil, d'élimination, de sexe. Ce sont les besoins les plus fondamentaux et ils ont préséance sur tous les autres lorsqu'ils sont frustrés. Une absence de nourriture ou de sommeil prolongée déterminera notre comportement avant toute autre chose ou avant que nous ne puissions penser satisfaire un besoin de niveau supérieur. L'intelligence fonctionne difficilement l'estomac vide.

BESOINS DE SÉCURITÉ

À ce deuxième niveau, la hiérarchie de Maslow place le besoin de sécurisation ou, si l'on veut, le désir de se protéger des dangers, menaces et privations. D'un point de vue organisationnel, les besoins de sécurité correspondent au désir d'avoir un emploi stable et bien rémunéré.

BESOINS SOCIAUX

Lorsque les besoins physiologiques et de sécurité sont relativement bien satisfaits, les besoins sociaux peuvent commencer à motiver et influencer le comportement des gens. Les besoins sociaux correspondent aux désirs de relations interpersonnelles, d'appartenance, d'acceptation, d'amitié, d'amour. Certaines personnes feront de grands efforts pour appartenir à un groupe qu'elles valorisent. Le désir d'appartenir, de façon formelle ou informelle, à certains groupes est une puissante motivation pour ceux et

10. Abraham Maslow, *Motivation and Personality*, New York, Harper & Brothers, 1954.

celles qui tirent leur identité de leur appartenance à des groupes sociaux ou professionnels.

BESOINS D'ESTIME

Ces besoins n'agissent pas comme motivation tant que les niveaux précédents n'ont pas été raisonnablement satisfaits. Les besoins d'estime correspondent: (1) au besoin *d'estime de soi*, caractérisé par un désir de confiance en soi, de respect de soi et des sentiments de compétence, de réussite et d'indépendance; et (2) au besoin *d'estime des autres*, incluant le désir d'être reconnu, apprécié, d'avoir un statut et du prestige. Dans la plupart des grandes organisations, l'individu rencontre peu d'occasions, à travers le réseau formel, de satisfaire ces besoins d'estime aux niveaux inférieurs de l'organisation. Toutefois, une des fonctions du système informel qui existe dans toutes les organisations est de fournir les moyens de satisfaire ces besoins à tous les niveaux de la structure organisationnelle. Ainsi, le respect venant des collègues et des pairs est souvent plus important que la reconnaissance des patrons ou des supérieurs.

BESOINS D'ACTUALISATION

Ces besoins incluent la réalisation de notre potentiel, l'accomplissement de soi et l'expression créative. Il n'est pas rare de voir des gens très respectés dans leur domaine, ayant des besoins premiers assez satisfaits, qui se sentent quand même mécontents et ne peuvent connaître le repos! On voit par exemple des femmes d'affaires qui réussissent bien soudainement devenir artistes ou encore d'éminents académiciens qui tout à coup décident de se lancer en affaires. Ces gens qui changent aussi radicalement de carrière au cours de leur vie professionnelle sont souvent motivés par des besoins d'actualisation.

En général, les grandes organisations de notre pays, malgré certaines difficultés, réussissent à satisfaire relativement bien les besoins de base de leurs membres. Les niveaux de salaires, quoique toujours discutables et négociables, permettent généralement la satisfaction des besoins physiologiques et de sécurité de leurs membres et employés. Certaines organisations vont plus loin et permettent aussi de satisfaire les besoins sociaux d'appartenance par l'interaction et la communication au travail ou encore par la création d'associations ou de ligues. Si la théorie de Maslow est exacte et que ce qui vient d'être soit vrai, ces besoins n'agissent plus comme facteurs de motivation. Les implications sur l'administration de ces organisations sont donc énormes. De meilleurs salaires, plus d'avantages, plus d'activités sociales n'encourageront plus les gens à produire davantage ou à être encore meilleurs dans leur travail. Si un besoin satisfait ne motive plus, il est clair que les administrateurs doivent chercher à satisfaire les besoins supérieurs des membres de leur organisation.

Cela est plus vite dit que fait. D'abord, un besoin ne motive une personne à agir que lorsqu'il n'est pas comblé. Nous sommes les seuls à connaître nos besoins particuliers et leur importance. Nous pourrons d'ailleurs parfois ne pas chercher immédiatement la satisfaction d'un besoin même fondamental et ce, pour atteindre la réalisation d'un besoin de niveau plus élevé. Nous choisirons par exemple de nous priver de sommeil et d'activités sociales pendant de longues périodes afin d'atteindre certains objectifs professionnels qui demandent beaucoup de travail. L'étudiante qui travaille durant de longues heures restreint sa vie sociale et se dédie à ses études. Cette étudiante est essentiellement motivée par des besoins d'estime aux dépens de la satisfaction de ses besoins sociaux et même parfois de ses besoins physiologiques. Évidemment, tous ne feront pas ce choix: la motivation diffère beaucoup d'un individu à l'autre. Il est utile de savoir que, *généralement*, les gens ont cinq besoins fondamentaux et qu'*habituellement* un besoin satisfait ne motive plus. Ceci ne répond toutefois pas à la question « Que faudrait-il faire pour motiver Claude à travailler davantage? »

Quel est le lien entre la satisfaction des besoins fondamentaux et le domaine de la communication? C'est par la communication transactionnelle que les gens nous font connaître ce qui est important *pour eux* et c'est par notre sensibilité et notre attention aux messages des autres que nous sommes capables de déterminer: (1) ce que sont leurs besoins; (2) quels besoins sont particulièrement importants à un moment donné; (3) si oui ou non ils perçoivent correctement nos tentatives pour répondre à ces besoins. Nous pouvons faire tout ce qui est « correct », mais si les autres perçoivent mal nos intentions, ils interpréteront nos actions de façon non productive.

Schutz et la théorie des besoins interpersonnels

William Schutz[11] identifie trois besoins interpersonnels fondamentaux qui sont sous-jacents à notre comportement avec les autres. Idéalement, ces besoins devraient être présentés comme des dimensions ou continuums sur lesquels les gens s'alignent. Ce sont: le besoin d'inclusion, le besoin de contrôle et le besoin d'affection.

INCLUSION

Selon Schutz, le besoin d'inclusion renvoie au besoin d'être reconnu comme un individu distinct des autres. Une personne avec un besoin élevé d'inclusion a besoin de l'attention et de la reconnaissance des autres. Une telle personne aime être en lumière, être singulière et remarquée. À une des extrémités de ce continuum on trouve la prima donna, la grande vedette ou encore l'enfant haïssable qui fait tout pour se faire remarquer, même s'il en résulte des punitions. Être puni devient mieux que d'être ignoré. À l'autre extrémité, c'est-à-dire là où la personne dont le besoin d'inclusion est bas, on retrouve le grand effacé, le tranquille, la personne qui n'aime pas recevoir d'attention ni être vue du public.

Selon Schutz, aux deux extrêmes se retrouvent des gens motivés par la peur de ne pas être reconnus des autres. Les gens avec un fort besoin d'inclusion combattent cette peur en forçant l'attention des autres à leur égard. Ceux dont le besoin d'inclusion est faible sont convaincus qu'ils n'obtien-

11. William Schutz, *The Interpersonal Underworld*, Palo Alto, Calif., Science and Behavior Books, 1966.

dront pas d'attention et qu'ils le veulent ainsi. La majorité se situe probablement quelque part au milieu de ce continuum. Nos besoins d'inclusion varieront sans doute en fonction des gens et des situations rencontrés. Par exemple, nous pourrons ne pas vouloir attirer l'attention d'un professeur pour lequel nous sentons peu d'intérêt alors qu'en même temps nous essaierons de nous faire remarquer par notre voisin ou notre voisine pendant ces cours.

Le besoin d'inclusion influence le processus de communication interpersonnelle. Imaginons la situation où plusieurs personnes ayant un grand besoin d'attention forment un groupe de travail. Dans ce contexte, il est fort possible que chacun consacre beaucoup d'énergie à tenter d'obtenir dans le groupe une position où il aura l'attention qu'il désire. Toutefois, plusieurs ayant le même besoin, il sera difficile d'y arriver. Il faudra beaucoup de temps pour se synchroniser et être efficace. Habituellement, un groupe composé de gens avec un besoin élevé et de gens avec un besoin plus faible d'inclusion fonctionnera plus facilement.

CONTRÔLE

Le besoin de contrôle renvoie à la recherche du pouvoir, au désir d'être en charge, de mener et d'influencer l'environnement. Le besoin de contrôle n'est pas nécessairement lié au besoin d'inclusion. Certaines personnes aiment prendre en charge et être responsables de choses sans que tout le monde le sache. Ces gens ont un besoin de contrôle élevé mais peu de besoin d'inclusion. C'est le type de personne qu'on retrouve immédiatement derrière ceux ou celles qui exercent le pouvoir — le genre premier secrétaire ou bras droit. Certaines personnes peuvent par contre rechercher le leadership ou les positions de prestige non pour le pouvoir, mais pour l'attention qu'ils procurent. Il n'est donc pas facile de déterminer si le comportement d'une personne est influencé par un besoin ou par l'autre. Nous devrions d'ailleurs faire attention de ne pas jouer à l'analyste avec nos amis et de ne pas les catégoriser.

Naturellement, certaines personnes ont un besoin peu élevé de contrôle et ne sont pas du tout intéressées à prendre des initiatives, assumer des responsabilités, prendre des décisions ou diriger un groupe. Comme pour le besoin d'inclusion, un groupe composé de façon mixte aura de meilleures chances de bien fonctionner.

Trop de « leaders » et pas assez de « participants », cela peut amener une lutte incessante pour le leadership et créer un climat de compétition peu productif. D'autre part, trop de « participants » et pas de « leaders », cela peut amener une certaine apathie et encore une fois ne rien donner de productif.

AFFECTION

Le besoin d'affection renvoie à la distance sociale que les gens veulent garder entre eux. Certains aiment être très intimes et chaleureux dans toutes leurs relations, même celles de passage. Ces personnes aiment parler d'elles-mêmes et s'attendent à un comportement semblable de la part des autres. Elles veulent et ont besoin d'être aimées. Quelquefois, ces personnes sont perçues comme trop amicales ou trop dérangeantes.

D'autre part, bien sûr, certaines personnes aiment garder les autres à distance. Elles n'aiment pas devenir familières trop rapidement. Elles n'aiment pas trop partager sur un plan personnel avec les autres qu'elles ne connaissent pas. Peut-être auront-elles même un dégoût de l'intimité et du rapprochement, si ce n'est avec des personnes qu'elles auront précautionneusement choisies. Ces gens sont habituellement perçus comme froids, hautains ou « supérieurs ».

Dans le cas de l'affection, un groupe mixte n'est peut-être pas la meilleure combinaison pour des relations interpersonnelles productives. Des gens distants et froids se mêlent mal avec des gens chaleureux et ouverts; chacun rend l'autre inconfortable et personne n'est capable de satisfaire les besoins de l'autre.

RÉSUMÉ La communication interpersonnelle est satisfaisante lorsque nous réussissons à satisfaire nos besoins. Dans le cas des besoins interpersonnels nous dépendons entièrement des autres. Lorsque les autres nous procurent la reconnaissance que nous cherchons, nous donnent une chance d'exercer notre influence ou nous procurent et acceptent l'atmosphère intime que nous aimons, nous sommes satisfaits et nous recherchons ces gens. Nous évitons lorsque c'est possible les situations de communication interpersonnelle où nos besoins sont généralement niés.

Comprendre les besoins interpersonnels est essentiel non seulement pour faciliter des prises de conscience en termes de vie de groupe, mais aussi pour nous aider à prédire les situations qui seront plus ou moins satisfaisantes et productives pour nous-mêmes.

BIBLIOGRAPHIE   BADIN, P. *Les aspects psycho-sociaux de la personnalité*, Socio-guides, Centurion, 1977.

COOLEY, C.H. *Human Nature and the Social Order*, New York, Charles Scribner's Sons, 1902.

COOPERSMITH, S. *The Antecedents of Self-Esteem*, San Francisco, W.H. Freeman and Company, 1967.

GOFFMAN, E. *The Presentation of Self in Everyday Life*, New York, Doubleday-Anchor, 1959.

GOFFMAN, E. *Encounters*, Indianapolis, Bobbs-Merrill, 1961.

GROSS, N., W.S. MASON et A.W. McEACHERN. *Explorations in Role Analysis*, New York, John Wiley & Sons, 1958.

HAMACHECK, D.E. *Encounters with the Self*, New York, Holt, Rinehart and Winston, 1971.

JOURARD, S. *The Transparent Self*, Princeton, N.J., D. Van Nostrand Company, 1964.

KOMAROVSKY, M. « Cultural Contradictions and Sex Roles », *The American Journal of Sociology*, vol. 52, n° 3, 1964, p. 184-189.

LAING, R.D. *The Divided Self*, Chicago, Quadrangle Books, 1960.

LINTON, R. *Le fondement culturel de la personnalité*, Paris, Dunod, 1968.

LINTON, R. *The Self and Others*, London, Tavistock Publications, 1961.

MACCOBY, M. *The Gamesman*, New York, Simon and Schuster, 1976.

MASLOW, A. *Motivation and Personality*, New York, Harper & Brothers, 1954.

McCLELLAND, D.C. *The Achieving Society*, New York, Van Nostrand Reinhold, 1964.

POWELL, J. *Why Am I Afraid to Tell You Who I Am?* Chicago, Argus Communications, 1969.

REEDER, L.G., G. DONAHUE et A. BIBLARZ. « Conception of the Self and Others », *The American Journal of Sociology*, vol. 66, n° 2, 1960, p. 153-159.

SATIR, V. *Conjoint Family Therapy*, Palo Atlo, Calif., Science & Behavior Books, 1967.

STRAUSS, A. *Mirrors and Masks*, New York, The Free Press of Glencoe, 1959.

TAGIURI, R. et L. PETRULLO (sous la direction de). *Personal Perception and Interpersonal Behavior*, Stanford, Calif., Stanford University Press, 1958.

WAPNER, S. et H. WERNER. *The Body Percept*, New York, Random House, 1965.

4

ATTITUDES, CROYANCES ET VALEURS: QUI DEVRAIS-JE ÊTRE?

EN RÉSUMÉ Nous développons nos valeurs, attitudes et croyances à travers un processus de communication interpersonnelle. En retour, ces valeurs, attitudes et croyances affectent notre manière d'agir et de communiquer.

Nos valeurs sont les conceptions que nous nous faisons des choses et événements, et l'importance que nous leur attribuons. Nos croyances représentent notre vision du monde, ce que nous pensons être vrai et ce avec quoi nous sommes d'accord. Nos attitudes reflètent nos tendances à agir de certaines manières.

Les valeurs, attitudes et croyances ne peuvent être observées directement. Elles ne peuvent être qu'inférées de notre comportement. Toutes sont apprises par l'entremise des autres et particulièrement de nos groupes de référence. Un groupe de référence est un groupe constitué de gens que nous admirons, que nous aimons et auxquels nous nous identifions. Ils sont la source de nos aspirations et nous les utilisons aussi pour établir nos buts.

À certains moments, nous pouvons ressentir de la dissonance dans nos valeurs, croyances, attitudes et comportements. Par exemple, nous ne pouvons maintenir deux croyances contradictoires, ou encore croire une chose et faire le contraire. Lorsque nous vivons une expérience de dissonance, nous essayons de réduire la tension provoquée par celle-ci en utilisant une variété de stratégies de rationalisation ou parfois en modifiant notre comportement ou nos valeurs.

Nous avons souvent l'impression que notre expérience du monde ou qu'un de nos sentiments est unique, particulier, et que nous ne pouvons pas le partager. Même si nous réussissons à décrire verbalement ce sentiment, nous restons avec l'impression que les autres ne peuvent en venir vraiment à le saisir ou à le connaître comme nous. Pour un Noir dans un ghetto, par exemple, la vie est pleine d'expériences qu'aucun Blanc ne réussira jamais vraiment à comprendre aussi bien qu'une autre personne noire peut le faire.

Toutefois nous sommes assez singuliers. En effet, en même temps que nous croyons intuitivement en notre individualité, nous présumons que nous vivons dans le même monde que les autres. Nous supposons que nous voyons ce que les autres voient. Ainsi, en dépit de notre sentiment d'unicité, nous passons plus de temps dans notre vie quotidienne à assumer ce que nous partageons avec les autres plutôt que ce qui nous est unique.

C'est peut-être là une des fonctions vitales de la communication. Sans communication ni contact humain, nous vivrions seuls, exclusivement dans notre monde, sans obtenir confirmation de nos expériences.

La confirmation de nos expériences implique non seulement celles du monde physique — lorsque nous vérifions nos perceptions avec celles des autres pour tester la réalité — mais aussi celles du monde social — lorsque nous comparons nos idées religieuses, politiques, morales, etc., avec celles des autres pour tester leur validité.

Les humains sont des créatures qui utilisent des symboles, dès lors ils peuvent créer des règles de conduite qui dépassent les besoins de l'espèce. Lorsqu'une femelle animale prend soin de son petit, elle le fait d'une façon qui a déjà été programmée et qui assurera la survie du petit, donc de l'espèce. Chez l'humain, nous retrouvons beaucoup plus d'implications et d'engagements sur le plan des sentiments, des attentes sociales, des lois, etc. Les êtres humains se créent des systèmes de valeurs, se forment des croyances et, de là, apprennent à répondre à leur environnement de certaines façons plutôt que d'autres.

Nous examinerons dans ce chapitre comment les valeurs, les croyances et les attitudes — les ingrédients fondamentaux du système d'action de chaque personne — s'acquièrent, se maintiennent et sont modifiées par la communication *interpersonnelle*.

QUELQUES DÉFINITIONS

Valeurs

Une valeur est une conception assez durable de ce qui est bon ou mauvais et de l'importance relative que nous attribuons aux choses, aux gens et aux événements de notre vie. Les valeurs sont habituellement regroupées dans des systèmes de valeurs morales ou religieuses, systèmes que toute culture ou société, des plus « primitives » aux plus complexes et industrialisées, possède. Les valeurs définissent les paramètres d'action des gens. Elles indiquent, pour qui les partage, ce qui est désirable, à quel degré, ainsi que ce que chacun devrait faire. Elles procurent aussi aux gens une ligne de conduite à adopter lorsqu'il est difficile de choisir la « bonne » solution.

Les étiquettes « bon », « mauvais », « moral », « immoral » et tous les autres mots que nous utilisons pour véhiculer des jugements de valeurs ne sont que des termes appliqués aux objets et ne résident pas « dans » les objets comme tels. Une chose est bonne pour un individu ou un groupe en particulier uniquement parce qu'il le définit ainsi.

Sans l'habileté à communiquer et sans langage, les jugements de valeur seraient impossibles; sans symbole, nous ne pourrions nous faire dire ce qui est bon et ce qui est mauvais. C'est la communication qui rend un système moral possible. Les jugements sur la beauté ou la laideur sont dans la même catégorie que ceux sur le bien et le mal. « La beauté réside dans l'oeil du spectateur » écrivait Shakespeare. On ne peut pas découvrir la beauté, mais seulement comment les gens la définissent. C'est une dimension créée par les êtres humains.

Les valeurs émergent d'une interaction complexe entre les besoins fondamentaux et la spécificité d'un environnement donné. Par exemple, tous les humains mangent pour survivre, mais ils ne privilégient pas tous la même nourriture. En Amérique on mange du boeuf, alors qu'en Inde il est interdit de toucher aux vaches car elles sont sacrées. Ce qui est privilégié dans une région ou un pays est évidemment partiellement déterminé par la disponibilité de certaines nourritures. Les valeurs diffèrent donc d'un endroit à l'autre parce que les besoins particuliers peuvent être satisfaits de plusieurs façons.

Les valeurs qu'ont les gens à un moment donné sont également fondées sur les besoins qu'ils ont à satisfaire à ce moment. Le « matérialisme » de la génération ayant vécu en Amérique la dépression de 1929, suivi du mode de vie d'une certaine génération connaissant l'abondance d'après la Deuxième Guerre mondiale, reflètent sans doute un changement sur le plan des valeurs. Lorsque les gens connaissent un certain niveau d'abondance matérielle qui satisfait leurs besoins physiologiques et leurs besoins de sécurité, ils peuvent rejeter ce dont ils n'ont plus besoin et s'attaquer au niveau de besoin suivant.

Parce qu'elles sont liées aux besoins humains fondamentaux et qu'elles sont apprises très tôt et de façon souvent absolutiste, les valeurs sont très résistantes au changement.

Toutefois, plusieurs valeurs partagées par le même groupe peuvent être conflictuelles. Pour agir, nous devons alors décider laquelle de ces valeurs conflictuelles est la plus importante ou plus fondamentale. Par exemple, choisir entre « Tu ne dois pas tuer ton prochain » et « Tu peux tuer ton ennemi en temps de guerre ».

Croyances Les croyances représentent la façon dont les gens voient leur environnement. Elles sont caractérisées par un continuum vrai-faux et par une échelle de probabilité. L'existence des fantômes, par exemple, serait sur cette échelle plus vraie pour certaines gens que pour d'autres. Que l'homme descende du singe est une question encore débattue; certains placent la théorie évolutionniste de Darwin vers le faux du continuum et situent l'histoire de la Genèse et la théorie créationniste plus près du vrai.

Les croyances représentent donc ce avec quoi nous sommes d'accord et ce que nous pensons vrai. Nous croyons certaines choses absolument vraies, d'autres probables et d'autres fausses. Selon Milton Rockeach, psychologue social, un système de croyances peut être défini comme « l'organisation psychologique interne, mais pas nécessairement logique, que chacun élabore des innombrables croyances sur le monde physique et sur les réalités sociales[1] ».

Nous ne pouvons pas observer directement une croyance. Nous ne pouvons qu'observer le comportement d'une personne et présumer qu'il est issu d'une croyance particulière. Les croyances ne sont pas nécessairement logiques. Elles sont grandement déterminées par ce que nous voulons croire, par ce que nous sommes capables de croire, par ce que nous avons été conditionnés à croire et par nos besoins fondamentaux, lesquels peuvent nous influencer à croire certaines choses et à adopter certaines croyances pour satisfaire ces besoins.

Certaines croyances sont plus centrales ou plus importantes que d'autres. Plus une croyance est centrale et importante pour un individu, plus elle résistera au changement. Si, toutefois, une croyance change, les répercussions se feront sentir sur tout le système de croyances.

Il n'est pas facile de déterminer quelles sont les croyances centrales d'un individu et quelles sont celles qui sont de moindre importance. Selon Rockeach, plus une croyance aura de *liens* et de *conséquences* profondes avec les autres croyances du système, plus elle aura d'importance pour l'individu. Les liens et les conséquences sont susceptibles d'être d'autant plus forts s'ils sont rattachés à notre existence et à qui nous sommes. C'est une des difficultés que nous rencontrerons dans l'histoire de Michel Lemieux (*voir pages 176 à 179*) où apparaît la question de notre existence et de notre identité comme partie fondamentale de notre système de croyances. Les croyances apprises par expérience et celles partagées par d'autres sont aussi centrales et très souvent liées à nous. En examinant certaines de nos croyances et leur centralité par rapport à nous, nous pouvons sans doute distinguer les cinq types de croyances décrites par Rockeach et identifiées ci-après.

CROYANCES PRIMITIVES — CENT POUR CENT DE CONSENSUS

Ce sont les croyances les plus centrales de toutes. Nous les apprenons par l'expérience directe. Elles sont supportées et renforcées par le consensus unanime des gens auxquels nous sommes associés. Elles sont fondamentales, peu souvent remises en question ou controversées. C'est quelque chose comme « Je crois cela et je pense également que tout le monde le croit ». La croyance dans l'existence et dans la constance des choses est une croyance primitive. Par exemple, même si nous pouvons voir une table rectangulaire sous plusieurs angles, nous continuons de croire que c'est une table et que sa forme ne change pas. La croyance que les choses dans le monde physique et dans notre monde social demeurent les mêmes

1. Milton Rockeach, *Beliefs, Attitudes and Values*, San Francisco, Calif., Jossey-Bass, 1968.

est importante pour développer un sentiment de cohérence et d'unicité de soi. Si de telles croyances sont dérangées, nous commençons alors à questionner la validité de nos propres sens, notre compétence à saisir la réalité et quelquefois même notre santé mentale. Cela suscite tant de questions et de problèmes que tout dérangement de croyance primitive apparaît en fait peu souvent. Ce sont — les croyances primitives — les plus centrales, les plus importantes et celles auxquelles nous sommes le plus attachés. Elles sont, nous le répétons, très résistantes au changement. Elles incluent certaines choses que nos parents nous ont apprises et qui ont été renforcées par nos professeurs, par la télévision ou par nos amis et nos propres expériences. Les jours de la semaine, l'heure du jour sont encore de ces croyances vérifiées sur lesquelles nous basons nos activités quotidiennes. Pensons aux problèmes causés lorsque nous oublions quel jour de la semaine nous sommes ou lorsque nous changeons de fuseau horaire en oubliant de corriger l'heure de nos montres...

CROYANCES PRIMITIVES — CONSENSUS ZÉRO

Certaines croyances primitives ne sont pas partagées par les autres et ne dépendent pas du consensus social, mais proviennent d'expériences personnelles profondes. Elles n'ont pas besoin d'être partagées par d'autres pour être conservées et elles sont habituellement difficiles à changer. Plusieurs de ces croyances inébranlables concernent nous-mêmes. Certaines sont positives (ce dont nous sommes capables); d'autres sont négatives (ce dont nous avons peur). Ces croyances sont maintenues si l'on peut dire par la pure foi. Par exemple, nous pouvons nous croire tout à fait inaptes en mathématiques, peu importe ce que d'autres nous diront sur cette habilité. Nous conservons ces croyances en dépit des évidences. Autre exemple: si nous croyons vivre dans un monde uniquement hostile qu'importe ce que nous entendrons, notre croyance demeurera. En fait, même si nous voulons changer ces croyances sur nous-mêmes parce que nous devenons convaincus intellectuellement du contraire, elles demeurent extrêmement résistantes au changement. Il est parfois nécessaire d'obtenir de l'aide d'un thérapeute, d'un conseiller ou d'un autre type de professionnel pour modifier ces convictions profondes.

CROYANCES D'AUTORITÉ

Lorsque nous étions enfants, toutes nos croyances étaient de nature primitive et nous tenions pour acquis qu'elles étaient partagées par tout le monde. Non seulement pouvions-nous croire au Père Noël mais aussi nous imaginer que tout le monde y croyait. À un moment donné, par contre, nous nous sommes rendu compte que tous ne partageaient pas les mêmes croyances. À ce moment, nous nous sommes possiblement tournés vers une autorité pour résoudre ce dilemme. Au fil de notre maturation, en effet, nous cherchons à quelle autorité faire confiance et à quels groupes de référence nous identifier. Nous sommes aussi généralement soucieux de savoir comment évaluer l'information qui nous parvient. La famille sert naturellement de premier groupe de référence, mais, avec le temps, nous aurons des expériences diversifiées et nous augmenterons le nombre de groupes de référence auxquels nous nous identifions.

Ces croyances n'ont pas le même caractère inébranlable que les croyances primitives. Nous apprenons à faire face aux controverses et aux différentes opinions émanant des sources d'autorité. Nous apprenons à investir notre confiance de façon différenciée. Ces croyances d'autorité sont donc d'une certaine manière plus faciles à changer.

CROYANCES DÉRIVÉES

Lorsque nous avons fait confiance à une autorité quelconque à propos d'une croyance particulière, nous aurons tendance à accepter d'autres croyances émanant de cette même source d'autorité, même dans des domaines non reliés à celle-ci. Les croyances dérivées peuvent donc n'être fondées sur aucune expérience directe mais seulement sur la confiance investie dans une autorité. Ce principe est celui de certaines publicités. Si mon joueur de hockey favori se rase avec telle marque de mousse, je suis susceptible de croire davantage son témoignage et d'acheter le produit en question.

CROYANCES SANS CONSÉQUENCE

Les goûts de chacun sont habituellement considérés comme sujets sans conséquence, car ils ont peu de liens avec les autres croyances. Si elles changent et lorsqu'elles changent, ces croyances n'affectent pas les autres. Dire que ce sont des croyances sans conséquence ne veut pas dire cependant que nous les laissons aller facilement ou que nous les jugeons sans importance. Elles le sont parfois. Nous pouvons être absolument convaincus que des vacances en montagne valent mieux que des vacances au bord de la mer; toutefois cette croyance est sans grande conséquence, car si nous changeons d'idée sur ce sujet, cela ne nécessitera pas une réorganisation massive de tout notre système de croyances.

Attitudes

Une attitude est une organisation relativement stable de croyances, qui nous amène à réagir de façon particulière. En fait, nous ne pouvons jamais observer directement les attitudes. Nous inférons leur existence à partir de ce que les gens font. Ainsi, si quelqu'un agit d'une manière consistante et habituelle dans un type de circonstance, nous inférons l'existence d'une attitude qui le prédispose à agir de cette manière. Les attitudes incluent les évaluations positives ou négatives, les réactions émotives et certaines tendances en relation avec des objets, des gens ou des événements.

Les attitudes sont des réactions bien humaines qui peuvent être examinées dans trois dimensions: leur direction, leur intensité, leur importance.

DIRECTION

La direction d'une attitude renvoie simplement au comportement favorable, défavorable ou neutre que nous avons tendance à adopter en relation avec un objet, une personne ou une situation. Elle renvoie à la question de savoir si nous sommes attirés, repoussés ou simplement indifférents à une certaine ligne d'action. C'est une évaluation plus ou moins positive ou négative des choses ou des personnes; par exemple, aimer beaucoup quelqu'un, ne pas l'aimer ou se sentir indifférent face à lui. Ou encore, cela peut être quelque chose comme: approuver l'avortement, ne pas l'approuver, être ambivalent. Nous manifestons des attitudes face à presque tout ce qui nous arrive et nous jugeons en outre ce qui nous arrive en fonction des attitudes que nous avons déjà. Enfin, lorsque nous ne connaîtrons pas un sujet ou un objet, ce que les autres nous communiqueront contribuera à nous bâtir une attitude.

B) INTENSITÉ

L'intensité d'une attitude renvoie à sa force, c'est-à-dire jusqu'à quel point nous aimons ou détestons quelque chose ou quelqu'un. Nous pouvons par exemple ne pas aimer beaucoup les cours de sciences, mais ne pas détester autant la biologie que les mathématiques.

C) IMPORTANCE

La troisième dimension d'une attitude renvoie à l'importance qu'elle prend pour une personne. Comme il a été mentionné plus tôt, nous « avons » des attitudes à propos de presque tout; toutefois, nous n'attachons pas la même importance à toutes choses. Il ne faut pas confondre importance et intensité. Nous pouvons éprouver une forte réaction (attitude intense) envers une chose, une personne ou une idée, sans toutefois que cette attitude soit tellement significative pour nous, c'est-à-dire très importante. Par exemple, nous pouvons être convaincus des mérites d'un dentifrice et n'acheter que celui-là, mais les dentifrices en général ne revêtiront pas dans notre vie une grande importance. Nos attitudes envers la sexualité, les droits civils, la pollution, seront probablement beaucoup plus importantes pour nous.

FORMATION DES VALEURS, CROYANCES ET ATTITUDES

Le point sur lequel nous voulons fortement insister ici est que les valeurs, croyances et attitudes sont *apprises*. Les gens ne naissent pas racistes, conservateurs, athées ou maniaques de hockey. Ils ne naissent pas non plus avec la croyance en Dieu, ou avec le sentiment de l'importance de la liberté et de la dignité humaines; ils ne naissent pas non plus avec la conviction que s'ils utilisent telle marque de shampooing ils seront chanceux socialement. Toutes les valeurs, attitudes et croyances sont apprises des gens avec lesquels nous vivons. Par contre, si elles sont apprises, elles peuvent être désapprises, c'est-à-dire changées. Ces changements, comme nous le verrons plus loin dans ce chapitre, sont cependant difficiles à effectuer.

C'est essentiellement à travers la communication interpersonnelle que les gens développent les préjugés, présupposés et visions de ce que la vie est ou de ce qu'elle devrait être. Nos valeurs, croyances et attitudes sont formées parce que nous avons appartenu et appartenons à des groupes et que nous sommes exposés à être « endoctrinés » par ceux et celles que nous chérissons.

Communiquer avec les autres c'est les influencer et être influencés par eux, car, dans tout contact humain avec d'autres, ce qu'ils font et ce qu'ils nous disent nous affectent. Jusqu'à un certain point, à chaque fois que nous apprenons quelque chose de nouveau, nous changeons et nous devenons un peu pareils à ceux qui nous apprennent. C'est ce qui rend une société possible. La communication interpersonnelle entretient donc l'uniformité minimum nécessaire pour que les gens vivent et travaillent ensemble. Quelquefois l'endoctrinement réussit, quelquefois il a un effet inverse; le fils d'un homme ultraconservateur devient un radical. Ce phénomène peut s'expliquer par ce qu'en psychologie sociale on appelle la théorie du groupe de référence.

Groupes de référence   Personne n'est une île. Nos attachements, engagements, aspirations et buts sont reliés d'une quelconque manière aux autres. Nous nous identifions à plusieurs groupes de gens — notre famille, nos amis, les membres de notre club ou de notre organisation, etc. Certains de ces groupes ont plus d'importance que d'autres et nous influencent parce que notre besoin d'appartenance à ces groupes est élevé et que nous avons de l'admiration pour ces membres que nous voulons imiter. Les groupes de référence sont ces groupes auxquels nous sommes liés comme membres, auxquels nous nous identifions, auxquels nous aspirons d'appartenir et auxquels nous nous attachons physiquement ou psychologiquement[2].

Les groupes de référence sont la source de nos buts, aspirations, standards et critères pour évaluer ce que nous faisons. Et, puisque nous les utilisons pour nous vérifier nous-mêmes et pour juger de nos succès et de nos échecs, ils sont extrêmement importants.

Différencier un membre et un non-membre de groupes de référence semble être couper les cheveux en quatre, mais cette distinction est justifiée. Effectivement, être membre d'un groupe ne signifie pas nécessairement que c'est un groupe de référence pour nous; on peut être chez soi et trouver l'herbe plus verte dans le pré du voisin. D'autre part, certains groupes ne satisfont pas entièrement nos besoins et nous nous identifions alors à des groupes auxquels nous n'appartenons même pas « officiellement ». En outre, à cause du type de société dans lequel nous vivons, il peut arriver, suite à un changement de milieu, que nous fassions partie d'un groupe que nous n'avons pas forcément choisi. Ainsi, notre appartenance à un groupe ne signifie pas nécessairement qu'il soit un groupe de référence car, de même qu'un enfant radical dans une famille conservatrice s'identifie apparemment davantage à un groupe de référence quelconque plutôt qu'à sa famille, de même un collègue de travail qui ne va absolument jamais aux réunions sociales organisées par les gens de son bureau a probablement choisi de s'identifier à un autre groupe de gens pour se faire des amis.

Il y a une autre remarque à faire à propos des groupes de référence; elle est liée aux rôles que nous jouons. Dans une société complexe et avec les vies occupées que nous menons, nous avons plusieurs groupes de

2. M. Sherif, C. Sherif, *Social Psychology*, New York, Harper & Row, 1969.

référence à l'intérieur desquels chacun de nous joue un rôle précis. Nous verrons au chapitre 8 la description de Michel Lemieux, l'homme du milieu. Il est père, mari, employé, patron, partenaire de golf, membre d'un comité scolaire et de bien d'autres choses. Il ne jouera le même genre de rôle qu'à l'intérieur de quelques-uns de ces groupes de référence.

Même si tous les groupes de référence auxquels nous appartenons ou auxquels nous nous identifions ne nous demandent pas de changer de rôle, ils ont souvent des attentes de rôles conflictuelles envers nous. Pour constater cela, il suffit de porter attention à la façon dont nous agissons ou sentons le besoin d'agir différemment d'un groupe à l'autre. Les valeurs diverses de ces multiples appartenances peuvent aussi parfois être incompatibles. Habituellement, le groupe auquel nous nous identifions le plus fortement réussira le mieux à modeler nos valeurs et à influencer nos comportements.

Nous avons toutefois une forte tendance avec les différents groupes de référence à conserver une position consistante. Par exemple, si nous ne trouvons pas d'emploi qui corresponde à notre niveau d'instruction, nous nous sentirons mal à l'aise, car nous cherchons à jouer un rôle constant par rapport à soi. Plusieurs études démontrent qu'une personne surqualifiée ou surentraînée dans un emploi risque d'être insatisfaite. Cela renvoie en partie à la manière dont nous nous voyons en relation avec nos groupes de référence et s'explique aussi par les théories de la dissonance et de la consonance.

Sommaire   Le fils radical ou extrémiste peut jouer ce rôle seulement pour être en opposition avec son père, ou parce que le radicalisme est bien vu de ses amis et qu'il est gratifié lorsqu'il se comporte de la sorte. De toute façon, sa croyance et son attitude sont conditionnées par les autres, son père inclus.

Lorsqu'une attitude est formée, plusieurs facteurs jouent pour la stabiliser. Plusieurs gens résistent au changement et ne s'exposent que de manière sélective à de nouvelles informations. Ainsi, nous lirons un journal et des magazines qui reflètent nos idées sociales, politiques et économiques et nous écouterons les orateurs politiques pour qui nous préférons voter.

Plusieurs recherches[3] ont démontré que les gens cherchent activement des renforcements et s'impliquent dans les situations où consciemment ou inconsciemment ils espèrent faire renforcer leurs attitudes, leurs croyances et leurs valeurs. Cela a d'importantes implications pour notre communication interpersonnelle. Nous avons tendance à rechercher les gens qui, croyons-nous, adoptent les mêmes attitudes, croyances et valeurs que nous.

Si nous ne pouvons éviter de rencontrer des points de vue opposés aux nôtres, nous écoutons alors sélectivement et ne retenons que ce qui confirme nos croyances; parfois, nous ne nous rendons même pas compte

3. J. Mills, E. Aronson, H. Robinson, « Selectivity in Exposure to Information », *Journal of Abnormal and Social Psychology*, vol. 59, 1959, p. 250-253.

que des points de vue contraires aux nôtres sont émis. Dans ce domaine qu'est l'information sélective, il serait sans doute aussi intéressant d'analyser nos attitudes par rapport aux choix des émissions de télé que nous faisons. Nous pourrions alors sans doute découvrir que nous choisissons souvent de renforcer nos préjugés et de consolider nos valeurs et croyances, car nous ne voulons pas être conscients de certains messages.

THÉORIES DE LA CONSONANCE ET DE LA DISSONANCE COGNITIVES

Comme nous l'avons souligné plus tôt, une personne peut avoir différentes attitudes, croyances et valeurs, et il est courant que certaines d'entre elles soient en conflit les unes avec les autres. Quelques théories psychologiques[4], appelées théories de la consonance (théorie de l'équilibre, théorie de la dissonance, théorie de la congruence), tentent de cerner ce phénomène. Ces théories disent: (1) que les gens ont besoin de consonance dans leurs valeurs, croyances et attitudes; (2) qu'une prise de conscience des dissonances produira des tensions; (3) que les gens feront quelque chose pour réduire ces tensions.

Léon Festinger[5], dans sa théorie de la dissonance cognitive, se réfère à ces mêmes idées et il énonce: (1) que l'existence d'une dissonance motive la personne à essayer de la réduire pour rétablir la consonance; (2) que, lorsqu'une dissonance est présente pour une personne, cette dernière, en plus de chercher à la réduire, évitera activement les situations ou l'information qui pourraient augmenter cette dissonance. Toujours selon lui, deux facteurs majeurs expliquent l'apparition d'une dissonance: (1) de nouveaux événements ou de nouvelles informations font ressortir un contraste entre ce qu'une personne fait et ce qu'elle connaît ou ce qu'elle croit; ou font ressortir une différence entre deux croyances; (2) rares sont les choses très clairement définies, nos opinions et comportements sont le plus souvent un mélange de contradictions.

Beaucoup de situations peuvent provoquer une dissonance; par exemple, nous obtenons une note faible d'un professeur que nous admirons et pour lequel nous avons beaucoup travaillé, nous achetons un système de son et découvrons le lendemain qu'il est beaucoup moins cher dans un autre magasin, nous découvrons qu'une personne que nous admirons est engagée activement dans un mouvement politique que nous n'aimons absolument pas. Ces faits se heurtent et nous causent un conflit, une tension que nous chercherons certainement à réduire.

Réduction de la dissonance

Nous utilisons plusieurs stratégies pour réduire la tension générée par les situations dissonantes. Si nous avons deux valeurs ou deux croyances

4. F. Heider, *The Psychology of Interpersonal Relations*, New York, John Wiley and Sons, 1958. T.M. Newcomb, «An Approach to the Study of Communicative Acts», *Psychological Review*, vol. 60, 1953, p. 393-404. P.Lecky, *Self Consistancy: A Theory of Personality*, New York, Shoe String Press, 1961. C. Osgood et P.H. Tannenbaum, «The Principle of Congruity in the Prediction of Attitude Change», *Psychological Review*, vol. 62, 1955, p. 42-55.
5. Léon Festinger, *A Theory of Cognitive Dissonance*, Evanston, Ill., Row, Peterson & Compagny, 1957.

conflictuelles, nous aurons tendance à réduire la dissonance en changeant une des deux croyances ou valeurs, et généralement ce sera celle qui est la moins importante ou la moins intense des deux. Disons, par exemple, que nous croyons que le LSD est absolument sans danger, et que nous lisons un article médical très convaincant qui dise le contraire. Si notre croyance initiale est très forte, il y a des chances que nous rejetions ce texte. Ce rejet peut toutefois prendre plusieurs formes. Nous pouvons: (1) minimiser, dégrader ou dévaloriser la source (« Ils ne savent pas de quoi ils parlent, ils n'ont pas de bonnes preuves »); (2) accuser la source de malhonnêteté ou d'être biaisée (« C'est de la propagande, ce sont des « straights »); (3) trouver de l'information qui correspond à ce que nous pensons (« J'ai lu un autre article qui disait tout à fait le contraire »); (4) nous échapper psychologiquement et physiquement, c'est-à-dire escamoter la lecture, de manière à ce qu'elle ne crée aucune impression.

Prenons l'exemple de l'ami que nous admirons et au sujet duquel nous découvrons l'engagement dans une cause que nous avons en aversion. Pour réduire la dissonance nous pouvons utiliser plusieurs stratégies. D'abord nous pouvons changer mentalement un des deux éléments conflictuels, soit notre ami ou notre attachement à la cause politique en question. Si nous choisissons de changer d'ami, nous nous disons qu'après tout cette personne ne valait pas vraiment la peine d'être admirée ni respectée, que nous nous sommes laissé berner et qu'en définitive elle ne sera plus notre amie. La consonance est alors rétablie. Nous avons maintenant une personne qui nous est indifférente et qui travaille pour une cause qui nous laisse insensible.

Nous pouvons toutefois évidemment changer l'autre élément de la dissonance, soit la cause politique. Nous avons encore ici plusieurs options: (1) prétendre que la source qui nous a appris ce fait est en réalité peu fiable, nous a menti ou ne savait pas vraiment de quoi elle parlait. En fait, nous nous disons que notre ami ne peut pas vraiment appartenir à cette organisation. La consonance est encore une fois rétablie. Évidemment, ce genre de stratégie ne peut être utilisé lorsque c'est l'ami en question qui nous apprend lui-même la chose. Souvent, nous essayons alors de réduire la dissonance en nous disant qu'il blague, etc. Il peut toutefois apparaître rapidement que l'ami ne blague pas, qu'il est sérieux et nous devons faire face au conflit. (2) Une autre manière de réduire la dissonance est de trouver des excuses à notre ami. Nous nous disons qu'il ne sait pas vraiment ce qu'il fait, qu'il a été manipulé d'une certaine manière, ou même, peut-être, que l'éducation de son enfance est responsable de cette affaire. (3) Une autre stratégie consiste à se dire qu'après tout si un ami brillant comme celui-là fait partie de cette organisation, cette dernière n'est certainement pas aussi mauvaise que cela. (4) Une autre option souvent utilisée est de compartimenter notre amitié et les vues politiques de notre ami. Ce processus consiste en quelque sorte à ne pas tenir compte des vues politiques de notre ami et à l'accepter sur la base de certains autres mérites (sa sincérité et sa fidélité dans sa relation avec nous). Ses vues politiques sont comme rangées quelque part dans notre cerveau, mais consciemment « oubliées » ou ignorées. (5) Finalement, nous pouvons nous engager dans une communication interpersonnelle avec cet ami en espérant rétablir plus de consonance. La motivation pour résoudre ce désaccord dépendra jusqu'à quel point nous aimons cet ami et quelle intensité atteint ce conflit pour nous. Nous pourrons discuter du sujet jusqu'à ce que l'un des deux, connaissant les sentiments et les arguments de l'autre, change d'opinion. Un des aboutissements possibles est que nous aimions notre ami un peu moins, et sa cause un peu plus. Le changement sera plus marqué du côté où notre attitude est moins intense. Présumons que l'échelle ci-dessous reflète l'appréciation positive que nous faisons de notre ami et jusqu'à quel point nous détestons la cause politique:

+ 3   attitude envers l'ami
+ 2
+ 1   attitude envers l'ami et la cause
               après communication
  0
- 1
- 2   attitude envers la cause
- 3

Comme résultat de la communication interpersonnelle avec notre ami, nous l'avons dit, il est possible que nous l'aimions un peu moins (+ 1) et sa cause, elle, un peu plus, également (+ 1). Par contre, il y a un écart plus grand entre - 2 et + 1 qu'entre + 3 et + 1.

Les quatre premières stratégies sont fondées sur des *rationalisations*. En somme, les gens ont malheureusement beaucoup de capacité à se berner eux-mêmes, volontairement ou involontairement. Nous nous croyons nous-même souvent, simplement parce que nous avons besoin de nous croire et qu'il est alors ainsi plus facile de se protéger. Toutefois, la rationalisation implique souvent un élément de déception de soi et, utilisée trop souvent, cette stratégie risque de nous déphaser par rapport à la réalité.

Résistance au changement

La réduction de la dissonance n'implique pas toujours une stratégie de rationalisation. Au lieu de rationaliser une nouvelle information conflictuelle pour nous, nous pouvons changer notre comportement. Par exemple, lorsque quelqu'un qui fume se rend compte du danger et des problèmes de santé concomitants, il peut simplement, pour réduire la dissonance, arrêter de fumer.

Il n'est jamais facile toutefois de changer un comportement, une attitude, une croyance ou une valeur. Nous avons tendance à résister au changement à cause des difficultés qu'il suscite; nous l'envisageons avec des sentiments partagés. Ce à quoi nous sommes habitués, quoique insatisfaisant par moments, demeure plus facile que de faire face à l'inconnu et procure davantage d'assurance. Nous nous sentons plus confiants envers ce qui est connu parce que nous savons quoi faire. Nous savons comment tirer des satisfactions et éviter ce qui est désagréable. Lorsqu'une nouvelle situation se présente (un nouvel emploi, un déménagement, une nouvelle participation ou de nouvelles idées), nous devons faire face à un dilemme. D'un côté le changement a plusieurs aspects positifs: essayer de nouvelles choses est excitant, c'est une évasion du quotidien ou de l'ennui, une aventure, la possibilité de faire de nouveaux rêves, etc. De l'autre côté les risques sont grands, car le changement représente toute une série d'inconnus. Nous avons généralement peur de ces inconnus et avons donc souvent et malheureusement trop tendance à nous accrocher à ce qui est familier.

Comme Thelen le souligne[6], le groupe auquel nous nous identifions peut générer soit la résistance au changement, soit l'encouragement à changer.

1 Nous résistons souvent au changement pour maintenir nos illusions quant à notre compétence — changer un comportement ou un mode de pensée peut impliquer que ce que nous faisions auparavant n'était pas bon et cela est difficile à admettre. Nous pouvons rationaliser nos échecs et en faire des succès pour réduire la dissonance (« Je n'ai rien fait aujourd'hui, mais j'ai eu du plaisir »).

2 Nous avons le sentiment que le changement requis est une tâche qui nous demande trop d'énergie par rapport à celle dont nous disposons. En fait, nous ne voulons pas faire d'efforts et rationalisons que nous n'avons pas le temps d'entreprendre un tel changement, ou que nous l'entreprendrons plus tard.

3 Nous pouvons craindre que les changements impliquent des modifications de comportements dans les rôles et positions que nous maintenons avec les autres. Même si nous sommes enclins à essayer de nouveaux comportements, nous pouvons craindre de déranger les autres, de nous voir donner trop de nouvelles responsabilités ou, à l'inverse, de perdre notre place dans un système.

IMPLICATIONS POUR LA COMMUNICATION: VALEURS, DISCOURS ET COMPORTEMENT

Les réactions des autres à notre égard déterminent largement qui nous sommes. Notre choix de faire ou de ne pas faire certaines choses est fortement influencé par notre façon de juger, de définir les situations sociales que nous rencontrons. Ces définitions sont en retour issues des valeurs et croyances que nous partageons avec les autres et que nous adoptons au cours de nos communications interpersonnelles.

Un cercle est donc complété. C'est en interagissant, en communiquant avec les autres que nous décidons de ce qui est bon ou mauvais, beau ou laid, ou du dentifrice qui peut le mieux combattre la carie. Ces décisions et ces valeurs affectent en retour nos jugements, nos définitions des situations sociales, nos attentes envers les autres, nos perceptions de ce que les autres attendent de nous et finalement comment nous choisissons d'agir.

6. H.A. Thelen, *Dynamics of Groups at Work,* Chicago, The University of Chicago Press, 1954.

Nos présomptions, valeurs et croyances affectent tellement ce que nous sommes et ce que nous faisons, qu'elles ont souvent besoin d'être révisées.

Il est important de bien savoir ce que nous valorisons et ce en quoi nous croyons, comment nous en sommes venus à soutenir telles valeurs ou croyances, si des valeurs ou croyances sont adéquates dans les situations actuelles et comment elles sont congruentes avec notre discours et notre action.

Peut-être connaissez-vous l'histoire de la jeune mariée qui rôtissait un jambon pour la première fois et qui coupa les deux bouts avant de le mettre dans sa rôtissoire. Son mari, surpris, la première fois, ne dit rien. La seconde fois, alors que les deux bouts étaient encore coupés, il lui demanda pourquoi. Elle lui répondit que sa mère faisait toujours cela. La fois suivante, lorsqu'il rencontra sa belle-mère, il lui demanda pourquoi elle coupait toujours les deux bouts de son jambon. Elle lui répondit qu'elle ne savait pas pourquoi, mais que sa mère le faisait toujours. Quand on demanda à la grand-mère pourquoi elle coupait toujours les bouts de ses jambons, cette dernière répondit d'un trait: «Oh!... parce que ma rôtissoire était trop petite.» Il en est ainsi pour plusieurs de nos croyances et valeurs. Nous n'en vérifions pas la pertinence. Nous croyons certaines choses et agissons de certaines manières simplement parce que nos mères, nos pères, nos enseignants ou nos amis croient et agissent de la sorte. Peut-être, comme la grand-mère, ont-ils des raisons valables. Mais, lorsque les situations de la vie changent et que les vieilles croyances et valeurs sont conservées de façon indiscriminée et rigide, on peut aboutir à couper les bouts de jambon sans aucune raison.

Nous ne disons pas ici que les vieilles valeurs et croyances ne sont pas utiles. Une telle affirmation serait inexacte. Disons toutefois que nos valeurs et croyances, plutôt que d'être acceptées et suivies à la lettre, devraient être examinées, clarifiées et choisies davantage en fonction de nos besoins et des circonstances.

Très souvent, nous croyons à certaines valeurs mais nous *disons des choses* qui ne reflètent pas ces valeurs; c'est ce qu'on appelle notre *rhétorique* ou notre *discours*. Par exemple, nous pouvons parler de la liberté et de l'égalité humaines, mais à un niveau profond entretenir les pires préjugés.

Nous allons même plus loin *en faisant des choses* qui parfois correspondent, et d'autres pas, à nos valeurs et à notre discours. Par exemple, nous pouvons faire du non-sexisme une valeur importante à défendre. Nous tenterons de refléter cette valeur au niveau de ce que nous disons (notre rhétorique ou discours) et au niveau de ce que nous faisons (notre comportement). Dans ce cas, la valeur, le discours et le comportement sont alignés et congruents les uns avec les autres. Par contre, il arrive fréquemment que ces trois composantes ne soient pas corrélées. Par exemple, nous entendons quelquefois: «Faites ce que je dis, pas ce que je fais», cela pour démontrer que certains individus n'agissent pas en fonction des valeurs qu'ils prônent. Lorsque nos valeurs tentent de refléter la perfection, nous tendons encore plus à agir de cette façon. Ainsi, nous valorisons presque tous l'honnêteté et l'intégrité, mais nous mentons tous et agissons de façon un peu malhonnête en certaines occasions. Notre comportement n'est alors pas en concordance avec nos valeurs. Pour une communication et une interaction appropriées, il est important de viser la congruence entre ce que nous valorisons et nos croyances, notre discours et notre action.

Si notre comportement est constamment différent de notre discours et de nos valeurs, nous devons nous demander si nous tenons vraiment à ces valeurs ou si nous ne les gardons pas uniquement pour la forme. Si, par exemple, nous disons adorer les sports mais que nous ne jouons au tennis qu'une fois par année, ne nageons qu'une ou deux fois pendant l'été et ne regardons jamais un match de quoi que ce soit à la télévision, nous devons constater que notre « amour » des sports est plutôt faible et que nous nous mentons à nous-même.

Les adolescents en particulier ont souvent dénoncé avec justesse « l'hypocrisie » des adultes, qui disent une chose et en font une autre. Évidemment, personne n'est parfait et ne pas vivre en fonction de certains de nos idéaux ne veut pas dire les abandonner tous. Cette épithète est justifiée toutefois s'il existe une incongruence permanente entre nos dires et notre pratique. Nous nous trompons alors nous-mêmes, mais ne trompons certainement pas les autres.

Une manière de regarder l'interaction entre valeurs (V), discours (D) et comportement (C) est d'utiliser un système d'équation simple qui nous permettra de les analyser. Nous pouvons utiliser cette séquence pour analyser toute relation que nous vivons dans un système ou avec des individus. Voici des exemples:

Je crois que la lecture est une activité merveilleuse et je la valorise beaucoup; je parle aux autres de ce que je lis et, très souvent, je les encourage à lire; j'achète des livres, je les lis, je les fais circuler auprès de mes amis. Mes valeurs, mon discours et mon comportement tendent à être congruents: $V \cong D \cong C$.

Supposons maintenant que je considère la religion comme une partie importante de ma vie et que même, à l'occasion, je parle aux autres de l'importance de la croyance et de l'activité religieuses, mais que, toutefois, je ne vais jamais à l'église, ne participe à aucune activité religieuse. L'équation ressemblerait à $V \cong D \not\equiv C$.

Un autre exemple: je suis contre l'usage de tout alcool, mais je dis aux autres qu'ils peuvent faire comme il leur plaira et que, finalement, cela est plus ou moins important. À la limite, je sers même des boissons aux autres sans jamais parler de mes convictions. L'équation devient $V \not\equiv D \not\equiv C$.

Il n'y a pas d'âge pour l'incongruence. Jeunes ou vieux, nous essayons tous d'aligner nos valeurs, notre discours et nos comportements. Nous recommandons ici que chacun examine son comportement dans les situations interpersonnelles et vérifie son discours face à ses valeurs pour voir s'il agit en conformité avec ce qu'il valorise ou s'il fait l'inverse.

BIBLIOGRAPHIE BENNIS, W.G., K.D. BENNE et R. CHIN. *The Planning of Change*, New York, Holt, Rinehart and Winston, 1961.

BIDERMAN, A.D. et H. ZIMMER. *The Manipulation of Human Behavior*, New York, John Wiley & Sons, 1961.

FESTINGER, L. *A Theory of Cognitive Dissonance*, Evanston, Ill., Row, Peterson & Company, 1957.

FESTINGER, L., H.W. RIECKEN et S. SCHACHTER. *When Prophecy Fails*, Minneapolis, University of Minnesota Press, 1956.

HOVLAND, C.I. et M. SHERIF. *Social Judgment*, New Haven, Conn., Yale University Press, 1961.

LECKY, P. *Self-Consistency: A Theory of Personality*, New York, The Shoe String Press, 1961.

LIPPITT, R., J. WATSON et B. WESTLEY. *The Dynamics of Planned Change*, New York, Harcourt, Brace & World, 1958.

PACKARD, V. *The Hidden Persuaders*, New York, David McKay Company, 1957.

ROKEACH, M. *Beliefs, Attitudes and Values*, San Francisco, Calif., Jossey-Bass, 1968.

ROCKEACH, M. *The Nature of Human Values*, New York, The Free Press, 1973.

SHERIF, M., N. SHERIF et R. NEBERGALL: *Attitude and Attitude Change*, Philadelphia, W.B. Saunders, 1965.

5

LE LANGAGE: COMMENT TRADUIRE LES PERCEPTIONS EN COMMUNICATION

langage à realité
= carte à territoire
☆

EN RÉSUMÉ   Il n'y a pas vraiment de manière absolue de connaître la réalité. Nos perceptions ne sont que des prédictions et théories à propos de la réalité. Nous avons besoin du langage pour traduire nos perceptions en quelque chose de communicable aux autres. La relation entre le langage et la réalité qu'il décrit n'est toutefois pas exacte. Le langage est à la réalité ce qu'une carte est à un territoire. La correspondance entre les deux ne peut jamais être parfaite.

Les mots ne signifient rien, les gens, eux, signifient quelque chose. Une signification est une relation faite entre un mot et ce que ce mot représente. La relation est créée par les gens et elle est arbitraire, mais elle fait souvent l'objet d'un accord entre les membres d'une même société. Une signification a deux niveaux: la *dénotation*, qui renvoie à la relation que l'on s'entend pour donner à un mot, et la *connotation*, qui renvoie aux sentiments personnels et individuels associés à notre expérience de la chose représentée par ce mot.

Les mots ont plusieurs usages qui peuvent être inférés des différents contextes dans lesquels les gens les utilisent.

Quoique chacun puisse donner une signification personnelle à certains mots, c'est seulement dans la mesure où nos significations peuvent être partagées avec d'autres que nous pouvons communiquer.

LE LANGAGE ET NOTRE EXPÉRIENCE DE LA RÉALITÉ

Le langage est une partie essentielle de l'effort que nous faisons pour nous représenter le monde. Bien que nous soyons habitués à penser au langage comme un moyen d'exprimer nos idées, nos perceptions et nos émotions, cela est pourtant une croyance assez naïve. La signification que nous donnons aux choses est fonction du système de symboles à travers lequel nous organisons et ordonnons ces choses. Le langage dirige (téléguide) nos perceptions, et nos images du monde sont « colorées » par les symboles que nous utilisons. *Le contenu de ce que nous disons, notre manière de parler influencent ce que nous voyons.*

Considérons le nombre de fois que l'humanité, dans le cours de son histoire, a été changée et modelée par de nouvelles idées. Que s'est-il produit pour l'humanité lorsque certains jouèrent avec des pierres et eurent l'idée révolutionnaire de la roue? Que s'est-il passé lorsqu'un certain « illuminé » a introduit l'idée que la terre tournait autour du soleil et non l'inverse? ou encore lorsque Darwin pensa que l'homme, à travers un processus d'évolution, descendait du singe? ou quand on se mit à défendre l'idée que gouverner un peuple pouvait se faire démocratiquement? ou lorsque quelques Blancs se rendirent compte que les Noirs pouvaient avoir des droits au même titre qu'eux?

De telles idées n'ont pas été, et ne sont pas toujours, d'ailleurs, encore acceptées facilement et rapidement, parce que les gens savent intuitivement qu'elles changent certaines choses. Toutefois, ces idées laissent leurs traces dans l'histoire de notre civilisation; nous ne pouvons plus jamais être tout à fait les mêmes après.

Le langage est le médium pour penser et parler de telles idées. En fait, ce que nous appelons « connaissance » est langage. Ce que chacun de nous « sait » est le produit du langage. Le langage est plus qu'une simple manière de nommer les choses de notre environnement. Il nous aide à rêver de choses qui n'ont jamais existé et qui n'existeront peut-être jamais. Il est le facteur majeur dans la production de nos perceptions, de nos jugements, de notre connaissance. Il est le médium à travers lequel nous organisons, signifions et parlons de notre réalité. C'est d'être aveugle à la relativité et l'incertitude de l'univers que de ne pas comprendre la relation entre le langage (monde symbolique) et notre environnement (monde empirique).

L'étude du langage est donc une étude réelle de notre façon de vivre et de percevoir la réalité. Même si les perceptions de chacun sont uniques et importantes, nous avons besoin de savoir si les visions et les conceptions de certaines personnes ne sont pas meilleures que d'autres. Nous avons besoin de reconnaître et de distinguer les lunatiques, les observateurs négligents, les penseurs de salon, les charlatans de ceux et celles qui prennent soin d'observer le monde de façon plus systématique, plus objective, plus ordonnée et qui rapportent leurs observations de façon honnête. Nous avons besoin de faire ces différences pour savoir reconnaître lorsque nos perceptions et observations induisent les autres en erreur et lorsque ce sont les perceptions et représentations mentales des autres qui nous induisent en erreur. En fait, certains iront même jusqu'à dire de façon crue qu'il nous faut apprendre à « détecter les saloperies[1] ».

Dans ce chapitre et le prochain, nous voulons regarder de près cette relation entre le langage et notre perception de la réalité, entre le langage et notre comportement de communication. Plus spécialement, dans ce chapitre, nous voulons décrire comment la structure du langage doit correspondre à celle de notre expérience si: (1) nous voulons obtenir de l'information claire sur notre façon de voir les choses et (2) communiquer honnêtement avec les autres. Nous espérons donc avec ce chapitre augmenter la conscience de chacun face au langage. Évidemment, notre but n'est pas de disséquer le langage pour étudier ses structures syntaxiques et grammaticales mais plutôt, comme nous l'avons déjà dit, de mettre l'accent sur la relation qui existe entre celui-ci et la réalité, soit entre le monde symbolique et le monde empirique.

Deux mondes Nous vivons dans deux mondes: un symbolique et un empirique. « L'empirique » est celui, pour ainsi dire, de notre vie de tous les jours. C'est le monde de nos expériences directes et de nos observations personnelles. C'est celui que nous apprenons à connaître avec nos sens. C'est le monde des objets, des personnes, des événements et des situations que nous pouvons observer en dehors de nous. C'est aussi cependant le monde des sensations et des sentiments que nous pouvons connaître à l'intérieur de nous.

Il y a ensuite le monde « symbolique », celui du langage, celui des mots que nous utilisons pour nommer et renvoyer aux objets, personnes, événements et situations à l'extérieur de nous, mais celui aussi des mots utilisés pour traduire nos sensations et sentiments internes. C'est l'immense monde des symboles.

SYMBOLES Un *symbole* est tout ce qui représente ou tient lieu de quelque chose d'autre. Les objets peuvent être symboles; par exemple, un anneau comme symbole de mariage, un uniforme comme symbole d'une occupation ou un drapeau comme symbole d'un pays. Une personne peut aussi être un symbole; un prêtre pour représenter une religion, un premier ministre pour signifier l'autorité politique d'un pays. Une image peut *être* ou *contenir* un symbole. Un geste comme le poing fermé en l'air ou une expression comme un sourire sont des symboles. Un mot écrit ou parlé est un symbole. Le mot « chaise » représente et sert à renvoyer à un objet réel extérieur de l'environnement. Le nom Albert Einstein renvoie à la personne qui a écrit la théorie de la relativité.

Les symboles sont d'une certaine façon des raccourcis. Imaginons ce qui se passerait si nous n'avions pas les mots pour communiquer les uns avec les autres; au moment où je voudrais par exemple vous parler d'un objet sans disposer du mot pour le nommer, je devrais, pour que vous me

---

1. Neil Postman et C. Weingartner, *Teaching as a Subversive Activity*, New York, Delacorte Press, 1969.

compreniez, vous montrer l'objet. Notre conversation, s'il pouvait y en avoir une, serait strictement limitée aux objets, aux personnes ou aux événements présents à nos sens au moment de cette conversation. En fait, nous serions peu différents des animaux pour qui la survie dépend principalement de leur habileté à se procurer de la nourriture et pour lesquels la communication (quoique parfois assez sophistiquée) se limite quand même à des grognements et des cris. Heureusement pour nous, nos prédécesseurs ont développé lentement à travers l'histoire des sons et des séquences de sons qui nous permettent maintenant, après consensus, de renvoyer par des mots à certains objets, événements, personnes, sentiments ou sensations.

À ces sons et séquences de sons, les membres des groupes humains ont donné des « significations » et les ont partagées. C'était le début du langage oral et, par conséquent, notre premier pas dans l'humanité, étant donné qu'il devenait alors possible de communiquer au-delà des limites du présent ou de l'immédiat. Il devenait possible, par le monde symbolique et l'utilisation des mots, de parler non seulement, par exemple, de la nourriture directement accessible aux sens des gens en présence, mais aussi de parler de la nourriture mangée hier et de celle qu'il faudrait manger demain.

Les mots font office de lien entre le passé et le futur. Il est devenu possible d'emmagasiner des expériences dans notre cerveau, de les enregistrer dans une mémoire pour les utiliser plus tard au besoin pour soi ou avec les autres. Tout cela peut paraître insignifiant, mais attention: c'est surtout l'habileté à se communiquer des expériences qui a rendu possible la civilisation humaine. C'est lorsque les gens sont devenus capables de transmettre oralement leur connaissance à leurs enfants, et ces enfants aux leurs, et ainsi de suite d'une génération à l'autre, que la civilisation a commencé.

Nous, de la fin du vingtième siècle, sommes le produit de ces générations antérieures. Nous n'avons pas eu à commencer notre éducation à zéro à notre naissance. Nous avons pu bénéficier des découvertes et connaissances antérieures emmagasinées grâce à des systèmes de symboles et principalement celui du langage et de l'écriture. Nous avons appris à lire, à écrire et à compter sans avoir à réinventer un alphabet ou un système numérique. Nous sommes tous les héritiers et héritières d'une chaîne humaine qui s'est perpétuée avec le langage et un peu plus tard avec l'écriture, lorsque l'humanité s'est sophistiquée.

LES SYMBOLES ET NOTRE COMMUNICATION

Ce que les symboles nous servent à accomplir, c'est donc de pouvoir transformer nos expériences immédiates du monde empirique en une version communicable de ces expériences. Ce que nous communiquons aux autres *n'est pas* l'expérience elle-même, mais une représentation ou si l'on veut une image symbolique de cette expérience; les mots utilisés pour renvoyer aux objets, aux personnes, aux événements, aux situations ou sentiments de notre monde empirique *ne sont pas* les objets, personnes, événements, situations ou sentiments comme tels. C'est une chose que de ressentir un mal de dents et une autre que de dire « J'ai mal aux dents ».

Les mots ne décrivent et n'expriment qu'imparfaitement la douleur et ne sont qu'une image symbolique de la sensation personnelle ressentie.

Cette distinction n'est peut-être pas tout à fait évidente. Continuons donc un peu plus loin.

Nous avons dit que nous communiquons avec nous-même (ce que nous appelons penser) et avec les autres en utilisant des représentations ou images symboliques de ce que nous voulons véhiculer. Évidemment, lorsque nous communiquons avec nous-même, ce processus est extrêmement rapide. Par exemple, nous ressentons du froid ou du chaud et presque simultanément au moment où nous avons cette sensation, nous la nommons et nous nous disons « J'ai chaud » ou « J'ai froid ». Si c'est quelque chose d'extérieur à nous, c'est la même chose. Il est très difficile de sentir quelque chose et de ne pas le nommer immédiatement. La plupart du temps, ce processus est inconscient. Lorsque nous communiquons aux autres, le processus de l'utilisation de symboles devient nécessaire et conscient parce qu'il n'y a pas, semble-t-il, d'autre manière connue de communiquer une expérience à quelqu'un d'autre. *Pour être communiquée, toute expérience doit être transformée en une image symbolique, qu'elle soit orale, écrite ou non verbale.* Les trois genres de communication, soit l'oral, l'écrit et le non-verbal, sont des représentations symboliques, car ils renvoient à l'expérience mais ne sont pas l'expérience telle qu'elle est ressentie. Ce que nous soulignons ici, en fait, est que la communication implique l'utilisation de symboles pour représenter, décrire, ou renvoyer à tout ce que nous ressentons, percevons ou mémorisons. Les symboles nous permettent de transformer et de traduire nos perceptions en communication.

Carte et territoire Pour plus de clarté encore nous allons utiliser l'analogie de la carte et du territoire[2]. Que ferions-nous, par exemple, si nous voulions entreprendre un voyage dans une région ou un territoire qui nous est inconnu? Il est fort possible que nous essaierions d'obtenir une carte de cette région ou de ce territoire pour ne pas nous y perdre lorsque nous y serions.

Or, qu'est-ce qu'une carte? C'est une représentation d'un territoire ou d'une région donné, faite par des experts. Ce n'est pas une représentation ou une image telle qu'un artiste pourrait en dessiner. C'est une représentation à l'échelle qui se veut la plus exacte possible du territoire et surtout une représentation des relations spatiales entre les différents points et éléments du territoire représenté qui soit maintenue constante. Les avantages sont grands: nous obtenons en miniature, mais quand même de façon adéquate, les renseignements nécessaires qui nous permettent de « visionner » le territoire et qui nous aident à prévoir ce que nous retrouverons dans le voyage réel. Nous insisterons ici toutefois sur le fait que la carte ne sera utile que dans la mesure où *sa structure et sa composition reflètent adéquatement et exactement le territoire ou la région qu'elle représente.*

2. Alfred Korzybski, *Science and Sanity*, Lakeville, Conn., The International Non-Aristotelian Library, 1958.

CARTE ET EXACTITUDE

Une carte ne devrait pas mentir. Si elle le fait, elle nous dirige mal. Si nous sommes mal dirigés, nos prédictions deviennent fausses et nous pouvons devenir confus ou même perdus. Pour être utiles, les cartes doivent donc nous aider à faire des prévisions valides, et *elle doivent représenter le plus exactement possible le territoire qu'elles décrivent.* Pour ce qui est de la communication humaine, le langage et les mots sont comme des cartes. Ce sont des cartes symboliques; ils décrivent et renvoient au monde empirique de la même manière que les cartes décrivent et renvoient à un territoire empirique. Si nous disons à un enfant «Christophe Colomb a découvert l'Amérique», nous faisons une carte symbolique qui décrit un territoire empirique d'il y a quelque 500 ans. Si nous disons à un ami que demain nous arrêterons de fumer, nous faisons là une carte symbolique d'un territoire futur. Si je dis «J'ai mal à la tête», je fais alors une carte symbolique d'un territoire que je suis seul à vraiment couvrir. Par contre, si je dis «Paul mesure deux mètres» ou «Jean-Pierre est un très bon professeur», je fais là la carte verbale d'une vraie personne.

Exactement comme une carte, le langage et les mots peuvent décrire plus ou moins précisément le monde empirique. Ainsi, encore exactement comme une carte qui décrit mal le monde empirique peut mal nous diriger et nous induire en erreur, les mots et le langage peuvent faire la même chose. Si, dans nos communications avec nous-même et avec les autres, nous utilisons des représentations ou des cartes inadéquates et inexactes, nous risquons de nous induire nous-même en erreur, d'induire les autres en erreur et nous devenons incapable d'anticiper avec succès les événements du monde empirique.

Regardons certains exemples de cartes symboliques inadéquates qui engendrent des difficultés. Prenons ces parents qui pensent que leur garçon ferait un bon ingénieur et qui, de plus, sont persuadés que celui-ci aimerait cela. Ils construisent pour ainsi dire autour du garçon un monde symbolique où celui-ci doit devenir ingénieur et aimer cela. Il sera en quelque sorte poussé à se conformer à ce monde symbolique. Il prend alors des cours pour devenir ingénieur, mais il réussit mal. En réalité, il déteste les mathématiques et la physique et il adore la musique. Il ressent un profond conflit entre ses propres sentiments, sa performance scolaire (monde empirique) et le rêve de ses parents (monde symbolique).

Les parents ont une image inadéquate de leur fils. La «carte» qu'ils se font de lui est déformée. Ils le voient s'intéressant aux mathématiques et à la physique, alors qu'il penche plutôt pour la musique. Cette représentation symbolique inadéquate les amène à le pousser vers une carrière pour laquelle il n'est pas fait et qui le rendrait malheureux.

Ce genre d'exemple, où la carte symbolique ne correspond pas à la réalité et génère conflits et ressentiments, n'est pas rare. Il suffit de demander à n'importe lequel conseiller d'orientation pour savoir que leurs bureaux débordent de ces jeunes gens qui sont poussés dans une direction alors que leurs talents et leurs intérêts vont dans un sens différent.

Prenons un autre exemple assez commun. Un ami nous parle d'un film qu'il juge extraordinaire et nous exhorte à aller le voir. C'est *le* plus beau film de l'année. Vous y allez et c'est un fiasco. Vous ne réussissez vraiment pas à voir ce qui est si extraordinaire à propos de ce film.

Que s'est-il produit, selon les termes de notre analogie de la carte-territoire? Le film en lui-même correspond ici au monde empirique, le territoire. La description du film par l'ami correspond au monde symbolique, la carte. Différentes personnes peuvent tracer des cartes différentes des mêmes événements: les critiques de cinéma ou de littérature le prouvent régulièrement. Quelle est la bonne carte? Cela étant une question de valeur personnelle, il n'y a pas de bonne ou d'unique réponse. Toutefois, si nous pouvions savoir *comment* nos amis en viennent à tracer ou composer leur représentation, image ou carte des choses, nous serions en meilleure position pour évaluer ce qu'ils nous disent, et ainsi ne pas croire aveuglément leur opinion ou prendre nécessairement comme valide pour nous ce qui est valide pour eux.

Un dernier exemple. Nous commettons une erreur dans notre petite comptabilité personnelle et croyons avoir 150 $ dans notre compte en banque alors que nous n'avons que 100 $; un de nos chèques est alors déclaré sans provision et retourné. Dans ce genre de cas, si l'erreur se répète trop souvent la banque pourra douter de notre intégrité et il est donc important que notre carte (comptabilité) corresponde à notre territoire (argent).

Nous venons de mettre en évidence plusieurs points importants. Plusieurs sont d'ailleurs directement reliés à notre discussion sur la perception.

Premièrement, *il n'y a pas de façon absolue de connaître ce qu'est vraiment la réalité*. Il est impossible de savoir si nous possédons une image « correcte » du monde empirique, car le mot « correct » implique que nous ne saurions comment est le monde empirique *et que nous* pourrions juger de l'exactitude ou de la qualité de nos perceptions. Nos perceptions n'étant que des théories et des prédictions sur le monde empirique, le mieux que nous puissions faire est de tester nos théories en agissant et en communiquant *comme si* elles étaient correctes, pour ensuite observer les résultats que nous obtenons.

Deuxièmement, *pour décrire nos perceptions de la réalité (monde empirique) nous dépendons du langage (monde symbolique).*

Troisièmement, *le langage est à la réalité ce qu'une carte est à un territoire*. La carte n'est utile que dans la mesure où sa structure reflète adéquatement la structure du territoire.

Quatrièmement, et c'est le point crucial, parce que la structure du langage est relativement statique et que la structure de la réalité elle, est constamment changeante et en mouvement, *il ne peut y avoir de correspondance exacte entre le langage et la réalité, entre les cartes et représentations symboliques et la réalité empirique*.

Alors nous voilà, être humains imparfaits, limités à tout jamais par nos sens et plus encore par notre outil symbolique qu'est le langage, dont nous avons pourtant besoin pour décrire et comprendre un monde en changement perpétuel et une réalité insaisissable.

Que le langage et la réalité, les cartes et les territoires ne puissent jamais correspondre pleinement ne veut pas dire que nous ne réussissons jamais à prédire notre environnement ni à y évoluer de manière adéquate. Effectivement, en dépit de nos limites perceptuelles, nous ne nous heurtons pas constamment contre les murs ou les gens; et, en dépit de nos limites symboliques, nous réussissons généralement assez bien à nous faire comprendre ou à obtenir ce que nous voulons par le langage.

Ce que nous disons, cependant, c'est que, comme nous sommes parfois trompés ou illusionnés par nos sens, ou que nous déformons ce que nous voyons pour le faire correspondre à nos idées préconçues, notre langage peut transmettre un mensonge ou une illusion ou nous pouvons ne pas parvenir à dire ni à obtenir ce que nous désirons vraiment. Par exemple, même si nous achetons le super rince-bouche d'une réclame publicitaire, nous pouvons nous rendre compte que nous n'obtenons pas la popularité dont on a parlé. Nous suggérons donc de traiter le monde symbolique — comment sont verbalisées nos perceptions — avec une extrême prudence. La carte n'est pas le territoire. Le mot n'est pas la chose. La carte verbale de quelqu'un sur quelque chose peut être utile à cette personne et à nous, mais pas aux autres. Les cartes ou représentations verbales doivent être attentivement examinées. Souvent, en dehors de l'expérience directe avec les phénomènes, c'est tout ce que nous avons pour nous adapter à notre environnement. C'est pour cela que nous nous devons d'évaluer attentivement les propres cartes ou représentations verbales que nous faisons pour les autres et celles que les autres font pour nous. C'est pour cela qu'il est si important de développer des critères d'évaluation sur l'exactitude et l'utilité des représentations verbales. Ce sont ces éléments que nous développerons davantage au chapitre 6, alors que nous parlerons des pièges sémantiques.

Pour l'instant, nous allons continuer de décrire les imperfections de la relation entre le langage et la réalité, et les implications de cette relation sur notre communication.

Le processus d'abstraction

Ce monde est plein de stimulations et de sensations. Il y a une infinité de sons, d'odeurs et de choses à regarder. Le monde empirique, selon notre expression, ne cesse de générer des phénomènes autour de nous. Nous en captons certains et en ignorons d'autres. Nous avons des limites et pour cette raison nous sélectionnons et portons attention à ce qui nous intéresse. Mais ce que nous appelions perception sélective au chapitre 2 prendra désormais le nom de processus d'abstraction.

Il y a une séquence dans ce processus d'abstraction que nous voulons décrire. Disons par exemple que nous allons à la caféteria et que nous voyons là une centaine de personnes en mouvement. Cette caféteria avec ses occupants, et même le grand blond qui marche dans l'allée avec sa tasse de café, représente alors un environnement total. Ce que nous appellerons alors le premier niveau, c'est *le niveau de ce qui se passe*.

Le deuxième niveau, ce sera *ce que nous, nous voyons* de ce qui se passe car évidemment nous ne voyons pas tout, nous ne portons attention qu'à certaines choses et peut-être même déformons-nous ce que nous regardons.

Les deux premiers niveaux sont silencieux et nous n'avons rien dit. Nous n'avons pas encore mis d'étiquette au grand blond et les mots ne sont donc pas encore impliqués. Ce type, au niveau deux, n'est en quelque sorte qu'un objet que notre oeil a capté parce qu'il bougeait.

Pour aller plus loin dans l'abstraction, nous devrons utiliser un langage ou un système symbolique. Ainsi, nous pourrons nous mettre à remarquer des détails chez ce grand type blond et nous utiliserons des mots pour penser ces observations, même si nous ne parlons à personne.

Au niveau trois, donc, nous commençons à étiqueter et à nommer ce qui bouge. En l'occurrence, ici, ce seront les mots suivants: grand, maigre, blond, qui transporte une tasse de café, etc. Cela pourra inclure ou non, selon que nous nous le dirons intérieurement ou pas, des qualificatifs sur ses vêtements, ses yeux ou la couleur de ses cheveux, etc.

Au niveau quatre, à partir des observations précédentes, mais aussi à partir d'autres choses, nous ferons davantage abstraction et nous pourrons peut-être penser de ce type qu'il a l'air d'un étudiant.

Enfin, au niveau cinq, nous pourrons généraliser encore plus et ainsi nous dire que c'est un mâle, un être humain ou l'assigner à toute autre catégorie davantage englobante et abstraite.

Pour résumer ces niveaux, nous pourrons dire que le niveau un représente ce qui se passe; le niveau deux, ce que nous voyons de ce qui se passe; le niveau trois, ce que nous disons de manière descriptive de ce qui se passe; le niveau quatre et les niveaux subséquents, les généralisations verbales que nous faisons, basées sur les abstractions précédentes.

Nos abstractions sont personnelles. Sentir une douleur est une chose, mais dire « J'ai mal aux dents » en est une autre. Ainsi, cet énoncé implique trois niveaux différents d'abstractions. La sensation de douleur est au niveau deux, car nous reconnaissons que parmi tout ce qui se déroule au niveau un, quelque chose de douloureux pour nous se passe. Ce n'est toutefois qu'au niveau trois que nous nous disons, précisons à nous-même ce qui se passe. Effectivement, l'énoncé sur le mal de dents est au niveau trois, alors que le niveau des mots et de l'interprétation de l'expérience intérieure silencieuse est au niveau deux, parce qu'entre la sensation de douleur et l'énoncé il y a une réduction, une perte, une simplification que l'expression « mal de dents » ne représente pas. L'élancement, l'étourdissement, etc. liés foncièrement au mal de dents n'apparaissent pas dans cette transformation, c'est-à-dire dans l'expression elle-même.

Souvenons-nous de l'analogie de la carte et du territoire. Le territoire en lui-même peut être appelé le niveau un. C'est là où les choses se passent, où sont situées les routes, les villes, etc. La carte est cependant une description symbolique, abstraite du territoire et elle peut se situer à des niveaux successifs d'abstraction. Prenons par exemple le cas où nous aurions à nous situer sur un campus avec une carte de ville. Certes, le campus pourrait y figurer bien en évidence, mais peut-être serions-nous déjà à un niveau d'abstraction trop élevé, cette carte ne contenant pas les détails suffisants pour repérer l'édifice que nous cherchons. Une carte du pays serait encore plus inefficace, car à un niveau d'abstraction vraiment trop avancé pour notre besoin. En fait, au fur et à mesure que nous passons d'un niveau à un autre plus élevé, nous couvrons plus de territoire, mais nous laissons aller des détails.

Autre exemple, en sens inverse, cette fois. Supposons que je vous dis que je possède « un moyen de transport ». C'est une expression très générale, à un niveau très élevé, un terme qui recouvre les avions, les automobiles, les trains, les bateaux, les autobus, les patins à roulettes, les motocyclettes, etc. L'expression « moyen de transport » ne fournit pas assez d'information pour vraiment dire de quoi je parle. Alors je peux vous spécifier que c'est « une automobile ». Vous éliminez alors les autres types de transport mentionnés, mais vous n'avez pas encore une idée très exacte de ce dont je parle. Nous sommes dans le territoire, mais peut-être pas suffisamment pour pouvoir communiquer. Est-ce une voiture neuve, une voiture ancienne, une américaine, une japonaise, une européenne, une voiture sport ou une familiale? Quelle marque et quelle année?

Le mot « automobile » est plus précis que « moyen de transport » mais reste quand même à un niveau d'abstraction trop élevé pour transmettre l'information nécessaire pour communiquer. Finalement, *pour être le plus descriptif possible, je vous montrerais l'automobile en question pour que vous puissiez en avoir une expérience au plus bas niveau d'abstraction*. S'il n'y avait pas moyen de le faire, je pourrais vous la décrire en détail pour ainsi nous situer à un niveau verbal qui soit le plus près possible du territoire.

Un principe de communication émerge de ces exemples. Plus le niveau d'abstraction est bas, c'est-à-dire plus nous sommes descriptifs et précis, plus la communication peut être efficace. D'autre part, plus le niveau d'abstraction est élevé, c'est-à-dire plus nous restons généraux et abstraits, plus on risque, accidentellement ou intentionnellement, d'amener la confusion.

Classification Que se passe-t-il lorsque nous parlons? Lorsque nous utilisons le langage, même à un très bas niveau d'abstraction ou à un niveau descriptif, essentiellement, nous classifions. Le langage nous sert à organiser en une séquence ordonnée de stimuli la multitude des choses observées à un moment donné. La vue d'une seule personne ou d'un seul objet nous expose à une grande variété de stimuli. Nous pouvons alors avoir plusieurs réactions et sentiments en même temps. Toutefois, dès que nous communiquons en nous-même à propos de ce que nous percevons, le choix même des caractéristiques que nous utilisons pour décrire notre perception nous contraint, de façon subtile mais efficace, à ordonner de manière cohérente nos diverses sensations.

SIMILITUDES ET DIFFÉRENCES À quoi le mot « classification » renvoie-t-il? Lorsque nous classifions un objet, une personne, une situation, nous disons en fait de cette chose, personne ou situation qu'elle entre dans une catégorie qui comprend des objets, des personnes ou des situations semblables à celle dont nous parlons; nous nous centrons sur les similitudes. Regardez le livre que vous avez présentement entre les mains. Maintenant prenez-en un autre. Regardez les deux. Au niveau de votre perception, ils sont probablement différents;

différentes couleurs, différents formats, différentes typographies, différents contenus, *etc.*, tout, de l'un à l'autre, est différent au niveau de la perception et le serait aussi au niveau de la description. Toutefois, lorsque vous nommez « livres » ces deux objets, *vous négligez les différences* pour vous centrer sur ce qu'ils ont en commun. Ce qu'il est important de retenir ici est donc que le processus de classification est *arbitraire*. Nous classons « livres » certains objets, probablement parce que nous adoptons la définition qu'en donne le dictionnaire: « un assemblage d'un assez grand nombre de feuilles portant des signes destinés à être lus ». Pour les services postaux, un livre peut être défini autrement: « Tout ce qui est relié de 24 feuilles ou plus et qui ne contient pas de publicité », le reste entrant pour eux dans la catégorie des envois personnels. En d'autres termes, le fait de remarquer l'imprimé et la reliure dans votre processus de sélection personnelle pour classifier en « livres » deux objets, peut pour une autre personne être ignoré au profit d'un autre critère plus important pour elle, soit le poids, et être classifié en envoi ou texte personnel ordinaire. *Le même objet peut être classifié dans plusieurs catégories selon les caractéristiques auxquelles nous portons attention.*

NB·

Les classifications ne sont pas bonnes ou mauvaises. Elles reflètent simplement les différents critères sur lesquels repose le processus d'abstraction. Elles ne sont pas neutres non plus. Elles nous affectent et affectent ce que nous classifions. Un homme classé « coupable » par un jury subit des conséquences très différentes que s'il est classé « non coupable ». Un colis postal est protégé par la loi et ne peut être manipulé que par certains tant qu'il est classé colis postal, mais le même objet, s'il est jeté au dépotoir, peut être ramassé par n'importe qui.

Ce sur quoi nous voulons vraiment insister, c'est que lorsque nous classifions, nous focalisons les similitudes et nous négligeons les différences. Nous pouvons dire qu'« une chaise c'est une chaise », mais toutes les chaises ne sont pas pareilles et certaines sont même beaucoup plus confortables que d'autres. Au niveau empirique, soit au premier niveau d'abstraction, tout est différent, tout bouge, tout change, toute chose et toute personne sont uniques. Si nous choisissons de grouper des phénomènes ou des gens dans une belle petite catégorie faite sur mesure, nous jouons un jeu verbal. Ce jeu est évidemment très utile, car nous pouvons par exemple parler d'habitations sans avoir à renvoyer constamment à une maison en particulier. Les catégories deviennent des raccourcis importants. Si nous disons de quelqu'un que c'est un « conservateur », par exemple, nous focaliserons alors certaines caractéristiques de cet individu, et cela peut être utile. Mais n'oublions pas que cette même personne peut être classifiée et nommée différemment: père, mari, ami, client, étudiant, citoyen, contribuable, cinéphile, *etc.* Dans chaque cas, nous focalisons certaines caractéristiques.

LANGAGE ET PERCEPTION

Comment le fait de classifier et de catégoriser constamment affecte-t-il notre comportement? Nous utilisons le langage pour nous décrire à nous-même et aux autres ce qu'est le monde autour. Ce langage influence notre manière de regarder le monde et les gens qui le composent. Nos perceptions sont filtrées et conditionnées par nos structures de langage. Le langage n'est pas qu'un instrument qui nomme ce que nos yeux voient et nos oreilles entendent, il agit sur le processus perceptuel lui-même pour modeler ou conditionner ces perceptions.

Si je dis « Elle est intelligente », il semble qu'il y ait quelque chose à l'intérieur de cette personne que nous appelons de l'intelligence. Ce que je vous dis, en fait, c'est que: (1) j'ai une catégorie dans mon système à propos d'une qualité que je nomme intelligence; et (2) que cette personne que je décris se situe dans ma catégorie. Si je dis « Il y a une auto », je catégorise et je localise un objet extérieur par mon système linguistique. Dans les faits, cependant, « Je vois une auto » serait un meilleur énoncé, car il tiendrait compte dans cette transaction du-fait-qu'il-y-a-là-une-auto et en même temps du fait que c'est-moi-qui-la-vois.

Les anthropologues le soulignent: « Un langage est une façon de voir le monde et d'interpréter nos expériences[3]. » La structure de chaque langage cache toute une série de postulats inconscients sur la façon de voir le monde. Comme les anthropologues, les linguistes ont aussi observé que les idées que nous avons du monde ne sont pas « données » par les événements extérieurs. Ils disent que nous voyons ce que le langage nous a sensibilisé et entraîné à voir.

Erich Fromm[4] explique comment nos filtres linguistiques agissent et permettent à certaines expériences de devenir conscientes, alors que d'autres demeurent inconscientes. Certaines expériences comme la douleur, la faim, le désir sexuel, qui touchent la survie de l'individu et de l'espèce humaine, ont évidemment assez facilement accès à la conscience. Toutefois, lorsqu'il s'agit d'expériences plus complexes ou plus raffinées, comme la perception de la rosée du matin dans l'air, la poésie d'un coucher de soleil ou la subtilité du chant d'un oiseau, les différences culturelles sont remarquables. Dans notre culture occidentale moderne, ces expériences sont souvent ignorées, car jugées sans importance (sauf par les poètes). Mais dans d'autres cultures, ces mêmes expériences sont plus facilement accessibles à notre conscience. Il existe même des sentiments que certains langages ne peuvent exprimer par un mot, alors que d'autres langages en possèdent de nombreux pour décrire ces mêmes sentiments. Dans un langage où différentes émotions ne peuvent être nommées, il peut être très difficile de savoir clairement ce qu'une personne ressent. Il est même difficile d'exprimer les différences subtiles d'émotions et de sentiments dans la langue française. C'est ainsi que nous pouvons aimer les spaghetti, aimer notre mère, aimer un chien, aimer lire, aimer faire de l'équitation, ou aimer fumer du « pot ». Le même mot véhicule une variété de sentiments différents.

Le langage permet de découper la réalité et l'environnement en catégories qui nous aident à nous adapter plus facilement à ce qui nous entoure. Ces catégories, en retour, conditionnent nos perceptions parce qu'elles nous amènent à remarquer davantage les caractéristiques par-

3. Clyde Kluckhohn, *Mirror of Man*, A Premier book, New York, Fawcett, 1963.
4. Erich Fromm, *Beyond the Chains of Illusion*, New York, Pocket Books, 1962.

ticulières de ces mêmes catégories. Lorsque nous appelons un objet « ciseau », nous sommes amenés subtilement à percevoir cet objet comme un instrument pour découper différentes choses. Si nous l'avions appelé « arme », nous serions devenus attentifs au fait qu'il est pointu et qu'il peut servir pour tuer. Nommer les choses ou les gens nous force à nous centrer sur certaines caractéristiques qui appartiennent censément à tout phénomène ou toute personne de cette catégorie. Les mots d'un langage nous forcent donc à remarquer certains phénomènes et à en ignorer d'autres.

Les Inuit, qui vivent dans un monde de neige et de glace, ont environ 18 mots différents pour désigner la neige. En français nous utilisons à peu près toujours trois mots: neige, glace ou « slush » (gadoue). Même en ajoutant un adjectif ou un adverbe à ces mots, nous n'obtenons encore que quelques types de neige: neige mouillée, neige poudreuse, neige damée ou neige croûtée. Cela nous donne à peu près sept ou huit différents types de neige. Où les Inuit prennent-ils la douzaine d'autres sortes de neige? Chacun de leur mot renvoie pourtant à un type de neige particulier et différent des autres. La réponse, c'est qu'ils vivent avec la neige presque à longueur d'année. Elle est un élément important de leur vie et ils doivent la connaître à fond, car leur survie peut en dépendre. Cela explique qu'ils perçoivent et soient conscients des moindres différences de consistance de la neige que personnellement nous ignorons (à moins de skier, et encore). Pensons ici aux gens des pays tropicaux qui ne vivent jamais sous la neige; ils sont possiblement même inconscients d'une différence entre de la neige poudreuse et de la neige glacée. Les Inuit, eux, perçoivent les moindres différences et trouvent des mots pour les exprimer. La présence de tous ces mots dans leur vocabulaire contribue à leur faire percevoir les différences. Chacun de ces différents mots attire l'attention sur une des petites particularités de la neige. Il est possible qu'à l'origine de leur langue ils aient trouvé les mots parce qu'ils voyaient des différences, mais après un certain temps les mots eux-mêmes sont devenus indicateurs, pour souligner, chacun à sa façon, un aspect particulier de la neige. Les mots ont en quelque sorte rendu plus facile de percevoir chaque caractéristique particulière et ils ont facilité la perception des différences plutôt que des similitudes.

Comme Kluckhohn[5] l'a écrit, « chaque langage est un instrument qui guide les gens à observer, à réagir, à s'exprimer d'une certaine façon. La totalité d'une expérience peut être découpée de plusieurs façons, et le langage est ce qui sert de force directive en arrière-plan. »

En somme, le langage est un moyen de catégoriser et de classifier les expériences, pas seulement un outil pour en parler. Notre classification d'objets dans des cases est faite par notre langage, lequel, à travers le vocabulaire et les formes grammaticales, met l'accent sur certaines choses en particulier. Dire par exemple que « la rose est rouge » implique, par la structure de la phrase (nom, verbe, adjectif), que la rose possède en elle la

5. Clyde Kluckhohn, *Mirror of Man*, New York, Fawcett Publications, 1963.

qualité appelée rouge. Ce rouge n'est pourtant pas dans la rose comme telle, mais dans l'effet optique de cette longueur d'onde du spectre lumineux réfléchie par la rose. Cette précision n'est évidemment pas nécessaire à chaque fois que nous parlons des roses, mais elle l'est peut-être lorsque nous parlons de qualités que les gens sont censés avoir. Par exemple, lorsque je dis « Jean est stupide », c'est comme si Jean possédait une qualité objective appelée stupidité.

ATTITUDES SYMBOLIQUES ET EMPIRIQUES

Nous allons maintenant décrire deux attitudes fondamentales que les gens adoptent par rapport à la relation entre les mots et ce qu'ils représentent, entre les cartes symboliques et les territoires empiriques, entre le langage et la réalité. Les attitudes symboliques et empiriques ne peuvent être opposées très nettement. Elles se situent plutôt sur un long continuum de comportements et de réactions humains.

Attitude symbolique

L'attitude symbolique caractérise la personne qui devient absorbée par les représentations verbales, par les mots, mais qui ne vérifie pas le territoire, le monde empirique, pour savoir si les mots qu'elle utilise décrivent les faits. Les personnes avec cette attitude ont tendance à être absorbées par leurs idées, leurs inférences, leurs pensées, leurs croyances, en somme par ce qui se passe « à l'intérieur » d'elles plutôt que par la « réalité extérieure ». Tous on se conduit symboliquement aussi lorsque nous nous reposons sur les étiquettes, les mots, le langage pour guider notre comportement *sans vérifier avec le monde empirique si ces mots, ces étiquettes, ce langage sont valides et représentent exactement le territoire.* Imaginons que vous vouliez acheter une automobile d'occasion. Vous répondez à une annonce classée du journal publiée comme suit: « Auto sport étrangère, moteur remis à neuf, excellente condition ». Si vous achetiez cette voiture sans l'inspecter et sans l'essayer, en vous basant simplement sur ce que vous avez lu dans l'annonce, vous agiriez sur la base d'une représentation verbale. Malheureusement, dans ce cas-ci, elle serait sans doute inexacte. A-t-on déjà vu une voiture annoncée dont on dise qu'elle est en mauvaise condition ou qu'elle constitue une mauvaise affaire?

Cependant, personne n'échappe à l'attitude symbolique. Lorsque nous agissons à partir d'une rumeur sans vérifier son exactitude, nous nous comportons de façon symbolique. Lorsque nous réagissons à ce que nous entendons ou à ce que nous lisons comme si les mots étaient les choses réelles, nous nous comportons de façon symbolique. Lorsque nous sommes « transportés » par des discours, des slogans, nous nous comportons symboliquement. Lorsque nous réagissons aux gens à partir de stéréotypes nous nous comportons symboliquement. Qui n'agit jamais de la sorte?

Attitude empirique

L'attitude empirique est caractérisée par les personnes qui vérifient dans le monde empirique la validité de ce qu'ils voient et de ce qu'ils entendent.

L'attitude empirique est une tendance à inspecter le territoire et les faits *d'abord* et ensuite à en faire une représentation verbale correspondante. L'attitude empirique est celle qui se rapproche le plus de l'attitude scientifique. Le scientifique émet des hypothèses (symbolique) mais vérifie leur validité par des observations dans le monde empirique.

Les personnes avec une attitude empirique ne croiront pas et n'achèteront pas une voiture à partir d'une annonce classée sans l'avoir très bien inspectée. Les gens avec cette attitude estimeront le degré de probabilité de leurs inférences et essaieront si possible de les vérifier dans le monde empirique. Notons bien ici que nous ne disons pas qu'une personne d'orientation empirique ne fait jamais d'inférences. Nous faisons tous des inférences et ne pourrions vivre sans en faire. Les personnes d'orientation empirique sont *conscientes* qu'elles font des inférences et essaient consciemment de déterminer leur validité par la vérification dans le monde empirique. L'attitude empirique est une conscience du processus d'abstraction et des limites de nos sens. De telles personnes sont conscientes de la différence entre les niveaux d'abstraction et font attention aux niveaux élevés d'abstraction.

Le continuum symbolique-empirique

Jusqu'ici il semble qu'il n'existe que deux genres d'attitudes, l'attitude symbolique et l'attitude empirique. En fait, pour la plupart nous possédons les deux. Nous nous comportons parfois symboliquement et parfois empiriquement, et c'est bien. Effectivement, certaines situations requièrent une attitude symbolique et d'autres une attitude empirique. Ce qui est important, c'est d'adopter l'attitude appropriée au bon moment.

Un comportement symbolique devient créateur lorsqu'il est intentionnel et conscient, et que l'on peut revenir fréquemment à la réalité. Les grands romanciers ou poètes, les compositeurs ou les ingénieurs imaginatifs, certaines gens en politique et tous ceux ou celles qui créent à partir de certaines visions du monde, opèrent de façon symbolique par moments. Lorsque nous nous fions au hasard nous nous comportons symboliquement, or nous devons tous prendre de tels risques. La nature même du processus d'abstraction rend inévitables la prise de risques et le recours à des prédictions sur notre environnement. Fondés uniquement sur ce que nos sens peuvent vérifier directement, notre monde et notre réalité seraient très limités. L'attitude symbolique est très utile et créatrice, pour autant que nous effectuons *des vérifications sur le terrain pour nous assurer que nous ne sommes pas trop loin de la base.* L'attitude symbolique est dangereuse lorsqu'elle se perpétue d'elle-même, c'est-à-dire lorsque le comportement verbal et les postulats, tenus en silence, deviennent coupés de la réalité et du monde empirique. Sans vérification, l'attitude symbolique amène à être dans les nuages. Les préjudices fondés sur les stéréotypes et les catégories peuvent être très graves. Lorsque nous réagissons à des individus non à partir de ce qu'ils sont vraiment, mais à partir d'un « je connais ce genre de personne », nous risquons de ne traduire que le folklore et les préjugés socialement répandus à leur sujet et, peut-être, de perdre ainsi un contact enrichissant. Certains individus men-

gens *men* talement déséquilibrés démontrent également des comportements symboliques extrêmes. Lorsque quelqu'un croit être Napoléon et pense que tout le reste du monde est fou, nous pouvons dire qu'il croit davantage à son monde intérieur qu'à l'évidence du monde empirique. Son attitude symbolique est si extrême qu'il déforme les faits du monde empirique pour les assimiler coûte que coûte à ses représentations verbales symboliques. Lorsque nous agissons comme si ce que nous disons du monde empirique est réel, nous agissons symboliquement, et, alors, certaines désillusions peuvent être pénibles.

Toutefois, la plupart d'entre nous ne sommes pas aussi extrémistes. La grande majorité d'entre nous se situe dans le centre du continuum symbolique-empirique et oscille un peu d'un jour à l'autre, d'un événement à l'autre. Figer à un point du continuum n'est probablement pas une attitude très utile pour communiquer. C'est d'ailleurs pourquoi nous oscillons entre les deux pôles. Si nous désirons savoir si la banque est ouverte, nous pouvons adopter une attitude assez empirique et simplement téléphoner pour vérifier. Si nous discutons de « religion », de « liberté », de « démocratie » ou des « Acadiens », nous devons tendre vers l'extrémité symbolique du continuum.

À l'autre bout, dans l'aire empirique, nous retrouvons les maniaques de la preuve, les gens qui ne peuvent rien croire sans avoir vu ou touché. Si vous dites qu'il fait $-10°$ à l'extérieur, ils courent au thermomètre et vous disent qu'en réalité il fait $-11°$. Ces gens font de bons chercheurs, mais aussi des individus qui doutent constamment et inutilement ou des personnes cyniques qui n'acceptent jamais rien.

L'attitude empirique est donc importante pour travailler en laboratoire, mais elle peut aussi être poussée trop loin. Dans les communications courantes et quotidiennes, les personnes ayant une telle attitude deviennent ennuyeuses, pour ne pas dire embêtantes. Ces individus dépourvus de toute attitude symbolique ou d'un certain degré d'inférence se coupent d'ailleurs eux-mêmes de plusieurs choses merveilleuses de ce monde. Après tout, ce qui importe est de savoir ce qui est inféré et ce qui est factuel. Se couper des expériences et des sensations que d'autres peuvent nous communiquer, pour se contenter de notre seule expérience du monde, peut devenir une façon de vivre assez limitée.

Comment reconnaître un comportement symbolique inapproprié

Lorsque les mots deviennent les choses, que nous portons attention davantage aux symboles qu'à ce qu'ils représentent, que nous réagissons seulement, par exemple, à partir de l'habillement ou de l'apparence de quelqu'un et acceptons ces symboles sans vérifier plus avant, nous agissons, nous l'avons dit, symboliquement. Ainsi, nous réagissons parfois seulement à des mots, alors que ce n'est pas nécessaire. Si quelqu'un, à chaque fois qu'il entend ou lit le mot « serpent », frémit et saute au plafond alors qu'il n'y en a pas dans les environs, il se conduit symboliquement.

Lorsque, face à des faits du monde empirique, nous les refusons et nous nous accrochons à notre théorie, nous nous conduisons symboliquement. Certaines personnes sont très habiles à ce jeu. Elles préfèrent dénaturer les faits pour les faire entrer dans leur théorie plutôt que de changer leur théorie pour la faire correspondre aux faits. Cette attitude est souvent un problème. Par exemple, certains croient encore que la terre est plate et que les photographies prises par satellites sont fausses. Qu'importe le nombre de fois que ces gens répéteront le contraire, la terre n'est pas plate pour autant. À un degré moindre d'obstination, mais qui illustre quand même un comportement symbolique inapproprié, un étudiant peut faire la même chose quand il reçoit une note médiocre et qu'il est persuadé que ce n'est pas son travail qui est médiocre, mais le professeur qui est injuste et partial, que c'est son cours qui n'est pas bon. De toute façon, le problème résidera toujours à l'extérieur de lui-même, car il ne veut absolument pas voir qu'une partie de son comportement est responsable.

Il est parfois difficile d'accepter la réalité. Une personne doit être mûre pour s'adapter à la réalité qui n'est pas toujours telle qu'elle la voudrait. Cette habilité est toutefois l'essence d'une communication saine et valorisante.

Sommaire

Dans ce chapitre nous avons regardé de près le langage, comment il nous affecte, comment il nous permet de classifier et de mettre de l'ordre dans un myriade de stimuli, comment il canalise nos perceptions de façon subtile et comment il nous permet de découper le monde d'une certaine manière, comment le processus d'abstraction rend impossible l'identité de la structure du langage et de la structure du monde qu'il est censé décrire et signifier.

Dans notre discussion des attitudes symbolique et empirique, nous avons souligné l'importance de vérifier l'exactitude des représentations symboliques que nous utilisons. Au chapitre 6, nous décrirons les conséquences du manque de correspondance entre le langage et la réalité, et nous donnerons les moyens d'éviter les pièges sémantiques les plus courants.

SIGNIFICATION

Le langage est notre seul moyen de cartographier la réalité intérieure et celle de l'extérieur. C'est aussi notre outil pour partager et valider avec d'autres ces images de la réalité. C'est un outil qui peut être utilisé pour le meilleur ou pour le pire, duquel nous pouvons tirer les plaisirs d'une intimité partagée, mais qui peut aussi créer et perpétuer les illusions les plus folles, ou servir à livrer les batailles les plus vicieuses. La peine que nous ressentons face à l'incompréhension comme les joies ressenties lorsque nous nous sentons vraiment bien compris par une autre personne nous donnent l'idée de la puissance d'un tel instrument. Souvent, une grande partie de nos frustrations de la vie quotidienne ne vient-elle pas d'une confusion du langage?

Je sais que vous croyez comprendre ce que je pense que j'ai dit, mais je ne suis pas certain que vous vous rendiez compte que ce que vous avez entendu n'est pas ce que j'ai voulu dire.

Cette phrase est au coeur de plusieurs des mésaventures en communication qui frappent notre vie quotidienne et professionnelle. Dans cette section nous regardons attentivement comment se fait la construction des significations, dimension si centrale dans une théorie de la communication interpersonnelle.

Signifier est la clef de la communication interpersonnelle, et toute l'utilisation des symboles vise à créer des significations communes entre nous et les autres. La fonction des symboles est de faire apparaître des significations dans la tête des gens. Si un symbole engendre la même signification chez des gens différents, alors les gens « comprennent » le message.

Mythes au sujet des significations

Nous croyons souvent que les significations sont une caractéristique inhérente des mots — quelque chose de contenu dans les mots de façon permanente, naturelle, logique et évidente. Et, en plus de présumer que les mots ont une signification, nous présumons qu'ils n'ont qu'*une seule* signification. L'attitude liée à ces deux mythes est quelque peu suffisante. Nous croyons que si nous utilisons un mot dans un certain sens, alors « évidemment » tout le monde l'utilisera avec le même sens et lui donnera la même signification. Nous sommes alors certains que les autres, s'ils ne sont pas malhonnêtes, auront des mots les mêmes significations. Certes, nous discutons parfois longuement de la « vraie » signification, ou de la signification « propre » de certains mots, mais, habituellement, cette affaire de signification dépasse largement notre conscience ordinaire. C'est pourquoi nous discuterons ici de ces deux mythes.

PREMIER MYTHE: LES MOTS ONT UNE SIGNIFICATION

La signification des significations

Une « signification » est une relation faite entre un symbole et ce qu'il représente. *La signification n'est pas dans les mots.* Les mots ne sont pas des récipients. Ils ne sont que des caractères à l'encre sur papier ou des vibrations sonores dans l'air. Une signification n'a pas d'attachement physique avec le mot qui voyage de bouche à oreille d'une personne à l'autre. La signification est à l'intérieur des gens. Nous utilisons les mots pour *faire jaillir* des significations chez les gens, c'est-à-dire amener une relation particulière entre un symbole et ce que ce symbole représente.

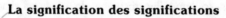

ATTENTION: Il n'y a pas nécessairement de relation logique, intrinsèque ou correcte entre un symbole et ce que ce symbole représente. La relation est faite par les gens. Elle est arbitraire. Elle change. C'est dans la mesure où plus d'une personne s'accorde sur cette relation qu'elle peut avoir une valeur de communication. Nous reviendrons là-dessus lorsque nous parlerons de connotations.

Ogden et Richards[6] ont illustré cette absence de relation directe entre les mots et les choses. Le tableau 5.1 que nous avons adapté ici à partir de leur diagramme original compare la signification à un triangle sans base

6. C.K. Ogden et J.A. Richards, *The Meaning of Meaning*, 8e éd., New York, Harcourt, Brace & World Inc., 1946.

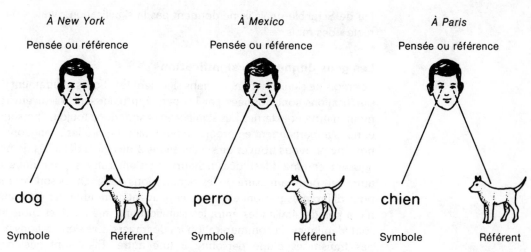

À New York

Pensée ou référence

À Mexico

Pensée ou référence

À Paris

Pensée ou référence

dog

Symbole

Référent

perro

Symbole

Référent

chien

Symbole

Référent

Figure 5.1 Il n'y a pas de relation directe entre le « référent » (la chose dont on parle ou à propos de laquelle on écrit) et le « symbole » (les mots que nous utilisons). C'est seulement dans la mesure où ces référents et ces symboles sont reliés aux pensées d'une personne, qu'ils ont une signification. La signification n'est ni dans l'objet ni dans le symbole, mais dans l'interaction des deux à travers la communication humaine.

dans lequel les trois points représentés sont un objet, un symbole qui représente cet objet, et un être humain. La relation entre le symbole et l'objet ne peut être faite que par un humain. Le triangle n'a pas de base parce qu'il n'y a pas nécessairement de connexion entre le mot « chien » et l'animal. Le fait de nommer cet objet de ce nom particulier, écrit ou prononcé de façon particulière, ne reflète que le fait que des gens se sont mis d'accord pour le faire ainsi. Alors, le symbole a fini par *signifier* l'objet. En fait, le mot ne signifie pas l'objet comme tel. Ce n'est que nous qui signifions l'objet lorsque nous utilisons le mot. Si vous avez l'impression que tout ceci est de la chinoiserie linguistique, essayez de demeurer quand même attentifs à ce qui vient.

Les dictionnaires

Certains ont peut-être le goût de s'objecter à l'idée que les mots n'ont aucune signification ou ne veulent rien dire. Que faites-vous des dictionnaires, diront-ils? Ne font-ils pas autorité sur la question de la signification des mots? En fait, pas vraiment. Les dictionnaires n'émettent pas d'énoncés autoritaires sur la « vraie » signification des mots mais *enregistrent* ce que les mots ont signifié pour différents auteurs, dans différents contextes, à certains moments. Ils enregistrent aussi les différents *usages* des mots à certains moments, dans différents régions ou pays et dans différents contextes. Les dictionnaires fournissent et procurent une histoire sur la façon dont certaines personnes provenant de différents milieux sociaux ont utilisé un mot, mais ils ne peuvent prédire comment la prochaine personne utilisera ce mot dans un message. Les dictionnaires peuvent donc confirmer l'orthographe ou l'origine du mot, guider pour le jeu de Scrabble, mais ils ne donnent pas la signification « vraie » ou « correcte » des mots.

Les gens donnent les significations

Les mots ne signifient rien, les gens signifient les choses. Autrement dit, les significations sont données par les gens qui réagissent à leur environnement interne et externe. Les significations sont donc toujours personnelles et nous appartiennent en propre. Nous y ajoutons ou les changeons, mais nous ne pouvons trouver de significations à des mots détachés de nous. Il agissent comme (des) déclencheurs de significations pour nous et les autres et, dans la mesure où les significations déclenchées sont les mêmes pour différentes personnes, celles-ci peuvent communiquer vraiment. S'il n'y a pas de similitudes entre les significations, même si les mots utilisés sont identiques, la communication ira de travers. Les significations ne sont pas transmises d'une personne à une autre. Elles sont déclenchées, souhaitées ou créées intérieurement. Pensons encore au mot « chien »: que se passera-t-il si pour vous un chien signifie un gros animal féroce et que vous m'entendiez dire que « les chiens sont des petites bêtes gentilles pour les enfants et peu dispendieuses à nourrir »?

Comment apprenons-nous les significations[7]?

L'apprentissage des significations est naturellement associé à l'apprentissage du langage. Le processus commence très tôt lorsqu'un bébé se met à imiter les sons qu'il entend. Les sons des bébés de trois ou quatre mois sont à peu près les mêmes partout dans le monde, que le bébé soit chinois, canadien ou allemand. Toutefois, cette similitude disparaît rapidement avec l'augmentation du contact avec son environnement sonore et linguistique particulier, que celui-ci d'ailleurs cherche à imiter jusqu'à ce qu'il dise des choses que ses proches pourront reconnaître et renforcer. En effet, les parents seront habituellement sensibles à l'importance de l'acquisition du langage, ils porteront attention à l'enfant et celui-ci sentira bien l'importance de ces sons particuliers. Il cherchera donc à recommencer encore et encore. Avec la pratique et le renforcement, les sons deviendront de plus en plus comme ceux des éducateurs et parents. Mais comment les enfants acquerront-ils les significations? Comment apprendront-ils que les sons et les mots qu'ils répètent renvoient à un objet particulier? Prenons le mot « maman », par exemple. Souvent les nouveau-nés sont nourris par leur mère et la nourriture amène chez eux une série de sensations et de réactions. Ils font des mouvements de succion avec leurs lèvres, ils sentent le lait dans leur bouche et leur estomac, ils ont la sensation d'être soutenus et réchauffés par un être et, finalement, ils sont gavés et contentés après la tétée. Toutes ces réactions à la nourriture sont plutôt naturelles qu'apprises. Jusqu'ici, cela nous donne: (1) un bébé; (2) de la nourriture; (3) des réactions du bébé en relation avec la nourriture.

---

7. Cette discussion sur l'apprentissage des significations s'inspire du volume de David Berlo, *The Process of Communication*, New York, Holt, Rinehart and Winston, 1960.

Toutefois, à chaque fois que le bébé est en contact avec la nourriture, il est aussi normalement en contact avec un autre être humain. Alors nous avons aussi (4) une personne. Effectivement, à chaque fois qu'ils font l'expérience d'être nourris, les bébés font aussi l'expérience d'une personne. Les deux sont en quelque sorte simultanées. Étant donné que cela se répète souvent, les bébés apprennent à associer les deux et à transférer leurs réactions internes d'un stimulus à l'autre, c'est-à-dire à réagir presque autant à la personne nourricière qu'à la nourriture elle-même. En plus, ils feront une autre association. Cette personne parlera habituellement et émettra des sons ou des petits mots comme « maman », « papa » ou autre chose. Nous avons alors aussi (5) un mot. Le bébé apprendra qu'à chaque fois qu'il y a de la nourriture ou un autre bien-être quelconque important pour lui, il y a une personne et en plus qu'à chaque fois, avec cette personne, il y a un son ou un mot particulier. Étant donné qu'il a déjà associé la nourriture ou le bien-être avec la personne, il associera la personne avec le son ou le mot.

À ce moment-ci, le bébé est prêt pour une troisième association: la nourriture ou le bien-être avec un son. Les réactions qu'il a face à la nourriture sont maintenant transférables à la personne et au son que représente cette personne. Pour le bébé, le mot « maman » ou « papa » devient synonyme de (signifie) nourriture. La signification interne du mot est associée à l'expérience de la personne qui nourrit. Cette expérience qui commence avec la nourriture n'est que le prototype, et, évidemment, comme le bébé grandit, elle se diversifie. Comme l'interaction et l'expérience avec la personne deviennent plus complexes, les réactions et les mots que représentent cette personne le deviennent également. Maman, papa, etc., en viennent à signifier « prends-moi », « serre-moi », « réchauffe-moi », « berce-moi », « joue avec-moi ».

L'idée essentielle ici est donc que *les significations que nous avons des mots ont émergé des expériences que nous avons eues de ce que ces mots représentaient*. Si l'expérience avec notre mère ou une autre personne a été généralement bonne et chaleureuse, alors la connotation, notre signification de ce mot, évoquera quelque chose de bon et de chaleureux. Si l'expérience a été déplaisante, ce mot aura de fortes chances de déclencher des sentiments désagréables.

Les niveaux de signification: dénotation et connotation

Alors, si la communication n'est pas dans les mots, comment peut-on communiquer? Comment pouvons-nous être certains que nos mots seront interprétés comme nous le voulons? Souvent après tout, nos mots sont correctement interprétés et n'engendrent pas de problèmes sémantiques. Par exemple, lorsque je dis « S'il te plaît, passe-moi le sel », habituellement, je l'obtiens.

Examinons à présent ce concept de signification d'un peu plus près. Si les choses dont nous parlons étaient concrètement présentes, nous n'aurions pas besoin d'un vocabulaire pour les nommer, nous pourrions presque simplement les pointer du doigt. Nous avons donc besoin de symboles pour remplir cette fonction. Cette fonction qui accomplit la référence physique à la chose est ce qu'on appelle le niveau de *dénotation* d'une signification. Les mots et les autres symboles varient cependant beaucoup dans le nombre de détails qu'ils peuvent souligner ou mettre en évidence. De fait, ils peuvent différencier plusieurs niveaux de dénotations par le nombre de détails qu'ils mettent en évidence. Par exemple, le mot « comptabilité » implique plus de détails que le mot « dépôt » à lui seul; « les affaires » impliquent davantage de choses que « l'inventaire ». Plus l'expression ou le mot est abstrait, plus il met en évidence de détails et d'aspects, moins il y a de chance que ce mot évoque les mêmes significations pour deux interlocuteurs. En conséquence, il y a plus de possibilités de créer de l'incompréhension quand des mots ou expressions abstraits sont utilisés. Il est beaucoup plus facile de comprendre quelqu'un qui dit « Je veux du sel » que de comprendre quelqu'un qui dit « J'ai besoin d'amour ». Le mot « amour », en effet, implique plus de choses, de détails et de significations que le mot « sel », et on peut penser qu'avec ce mot nous risquons de ne pas tous communiquer les mêmes caractéristiques. Plus il y a de caractéristiques d'impliquées au niveau dénotatif d'un mot, plus il y a de chances que deux personnes saisissent des caractéristiques ou significations propres à elles. Les mots plus techniques et plus abstraits soulignent ou impliquent moins de détails et les risques d'incompréhension sont alors diminués.

Lorsque nous apprenons à parler, fondamentalement, c'est par tâtonnement que nous procédons pour saisir le détail des mots utilisés autour de nous. Par exemple, si nous donnons un petit cube de glace à un enfant d'un an en lui disant « froid », ce son ou ce mot peut souligner plusieurs choses pour l'enfant; la forme du cube, sa couleur, la sensation de la glace fondante, celle du froid, etc. Plus tard, l'enfant peut entendre le même mot, « froid », en relation avec un verre de jus. Cette fois, il doit se rappeler laquelle de ses sensations de la première expérience est semblable aux sensations de cette deuxième expérience. Le processus d'élimination n'est peut-être pas très concluant, car, même si plusieurs caractéristiques des deux expériences sont communes, l'enfant n'a pas assez d'information pour décider laquelle choisir. Est-ce que le froid renvoie à la sensation de l'eau, à celle de la couleur, ou vraiment à celle du froid? Plus d'expériences seront nécessaires pour isoler la sensation de froid à laquelle le mot « froid » renvoie. En un sens, les enfants joueront au détective avec le langage; à travers un processus d'élimination successive, ils détermineront les dénominateurs communs entre leurs expériences et ainsi la probabilité que certains mots renvoient à certaines caractéristiques de leurs expériences.

Voilà fondamentalement comment nous apprenons la dénotation des mots. La dénotation renvoie à un processus de pointage et à la relation habituellement faite entre un mot et les détails critiques que les gens ont choisi de mettre en évidence. Avec des mots très techniques qui ne soulignent que quelques détails et qui ont des références directement observables, la signification dénotative du mot sera simple, généralement répandue et soulèvera peu de confusion. C'est pour cela que le type de message « Passe-moi le sel » n'est généralement pas faussé ou incompris.

La dénotation n'est toutefois qu'un des niveaux de la signification. Nous nommons l'autre niveau «connotation»: il renvoie aux sentiments que nous avons développés au cours de nos expériences avec tout ce que ce mot peut mettre en évidence. Les connotations sont intimes, personnelles et jamais identiques.

Parce que nous sommes des personnes humaines, des sensations se rattachent à toutes nos expériences vécues. En apprenant la dénotation des mots, nous apprenons également à associer des sentiments à ces mots. Si le cube de glace, la boisson froide ou nos autres expériences avec le froid ont suscité en général un sentiment agréable, le mot «froid» provoquera une association agréable. La connotation «froid» sera positive. Pour quelqu'un d'autre, celui ou celle qui a souffert du froid au-delà de certaines limites tolérables pendant un certain temps ou qui a eu une expérience d'engelure mémorable, le mot froid aura toujours une connotation assez négative. L'élément important à retenir est que *la signification connotative des mots vient de nos expériences vécues avec ce que les mots représentent.*

Les connotations sont souvent tout ce que nous avons lorsque nous utilisons: (1) des mots qui n'ont pas de référents empiriques; (2) des mots qui sont si abstraits qu'ils comprennent une infinité de détails ou de nuances. Des mots comme «justice», «vérité» ou «beauté» ne peuvent être définis qu'en utilisant encore des mots, et leurs connotations sont certainement très différentes pour plusieurs personnes.

Implications pour la communication

Le fait que signifier est un concept à niveaux multiples comporte des implications extrêmement importantes pour la communication.

Les gens ont des significations semblables dans la mesure où ils ont des expériences semblables

Parce qu'elles sont intimes et construites à partir de nos sentiments de l'expérience des choses, des gens et des événements, les connotations ne peuvent être partagées que dans la mesure où d'autres gens ont développé le même genre de sentiments en relation avec le même genre d'expériences. Évidemment, les gens n'ont jamais des expériences tout à fait identiques; ils ne peuvent donc jamais avoir des significations tout à fait identiques au niveau des connotations. En d'autres mots, la communication réussie à cent pour cent est impossible. Le philosophe grec Héraclite disait qu'on ne se baigne jamais dans la même rivière deux fois. La personne change et la rivière change. Nos expériences avec l'environnement changent constamment, de façon si minime soit-elle. Tout au long de notre vie, nous nous développons et nous changeons. Alors, puisque nous ne demeurerons jamais les mêmes, pouvons-nous nous attendre à ce que les autres demeurent toujours les mêmes? Il n'y a pas deux personnes qui soient identiques ou qui puissent vivre des expériences identiques. Ainsi, dans les mêmes circonstances, chaque personne, à cause de ses propres filtres perceptuels, aura une expérience différente et développera une signification personnelle de cette expérience.

Comme mentionné plus tôt, grâce au niveau dénotatif d'une signification, nous pouvons atteindre un certain degré de compréhension. L'incompréhension elle, apparaît de deux manières: (1) avec l'utilisation de
termes généraux et abstraits qui impliquent trop de détails, qui n'ont pas
de référent physique ou concret ou qui déclenchent des connotations individuelles trop nombreuses; et (2) avec l'attitude qu'ont les autres
d'utiliser les mots de façon automatique en leur prêtant le même sens que
nous, sans tenir compte des différences possibles de signification d'une
personne à l'autre.

Que la communication parfaite soit impossible ne veut pas dire que
nous ne devions essayer de l'améliorer. En communication interpersonnelle, beaucoup de notre efficacité dépend du succès avec lequel nous
parvenons à nous faire comprendre des autres et de la façon dont nous
réussissons à interpréter les informations qui nous arrivent de différentes
sources. Quoiqu'il soit irréaliste de s'attendre en tout temps à une communication parfaite, nous pouvons quand même réussir, si nous le
voulons, à minimiser les limites que le langage impose à notre communication. Certes, le fait d'avoir des expériences semblables facilite la communication. Il est plus facile de parler et de se faire comprendre par ceux
qui ont les mêmes expériences que nous. Un ami nous comprend
habituellement plus facilement qu'un étranger.

Les significations ne sont pas fixes: elles changent avec les expériences

Nos expériences avec les choses, les gens, les situations, les événements
ne sont jamais statiques. Elles changent constamment comme notre environnement change constamment. Nous changeons, nous aussi, et la
perception de nos expériences change. Nos réactions et sentiments face à
ce qui nous entoure se modifient et, ainsi, nous percevons le monde
différemment. Nos significations ne sont donc pas fixes.

Pour un enfant de quatre ans, le mot « école » peut être un endroit
mystérieux où il a hâte d'aller, un endroit signifiant pour lui la hâte qu'il a
d'être comme « les grands ». Le mot peut aussi être chargé de toutes les
anecdotes qu'il entend raconter par ses frères, ses soeurs ou ses parents.
Deux ans plus tard, après la maternelle, le mot « école » peut évoquer les
expériences accumulées avec les amis, les professeurs, ou encore évoquer
certaines activités spéciales. Quelques années plus tard, le mot renverra
peut-être davantage aux devoirs à faire à la maison, aux livres à lire, aux
activités para-scolaires, aux succès et échecs obtenus, à la pression des
parents pour performer, au fait d'être privé de regarder certaines émissions
de télévision parce qu'on doit travailler, ou possiblement à un peu tout cela
à la fois. Rendu au collège, le mot « école » aura donc revêtu pour chacun
une signification spéciale et aura plusieurs connotations issues des expériences antérieures.

Ensuite, si une personne exerce dans son collège ou sur le campus un
rôle de leader, l'école peut devenir liée à l'idée d'un endroit où il fait bon
s'affirmer et exercer de l'influence et un certain pouvoir, où il fait bon être
connu par plusieurs, où il fait bon avoir des amis et des amies. Évidemment, le mot peut aussi signifier simplement un endroit où satisfaire sa

curiosité intellectuelle ou un endroit complètement ennuyant. Si notre étudiant hypothétique se rend ensuite à l'université, encore là, toute une série d'expériences nouvelles viendront ajouter aux connotations déjà accumulées. Enfin, si des études diplômées suivent et que ce même étudiant devient professeur, il y aura là encore plus d'expériences et de connotations reliées à ce mot. La signification du mot « école » à 4, 12, 18, 21, 30 et 50 ans est donc différente à chaque fois et pour chacun, selon le vécu. Nous pourrions dire que les significations se développent d'une certaine manière en spirale; nous commençons par une petite association entre un son et une expérience et, chaque fois que l'expérience se renouvelle, une couche de signification s'ajoute au noyau.

N.B.

Nous agissons toujours à la lumière de nos propres expériences

Nous croyons souvent que tout le monde réagit aux choses ou aux événements de la même manière que nous. Il est difficile de penser autrement parce que nous croyons que nos expériences doivent être universelles; mais elles ne le sont pas. L'habilité: (1) à reconnaître ce fait; (2) à imaginer ce que les expériences des autres peuvent être; et (3) à essayer de voir l'environnement comme les autres, à travers leurs yeux, est la clef d'une communication efficace. Cette habilité prend plusieurs noms: empathie, sensibilité, conscience ou adaptation psychologique. Quel que soit son nom, elle renvoie à la conscience des différences individuelles et à l'effort authentique déployé pour voir le monde comme un autre ou d'autres peuvent le voir — même temporairement — afin de comprendre pourquoi ces autres personnes sentent les choses de telle manière et comment ils en sont venus à cela. La communication est souvent rompue à cause du manque d'un tel effort, et à cause du sentiment que *ma façon* de voir les choses et de les comprendre est la *seule façon* qui a du sens et qui est correcte.

LE SECOND MYTHE: L'USAGE UNIQUE

Pour compliquer les choses encore davantage, nous avons souvent l'illusion qu'un mot équivaut à un usage ou qu'il n'y a qu'une façon de l'utiliser. Prenons le mot « couper », par exemple. Nous pouvons couper du bois; couper court; couper l'herbe sous le pied; couper dans le vif du sujet; couper les cheveux en quatre; couper une communication; couper à travers champs; couper son vin; couper une fièvre, un rhume; couper le chemin à quelqu'un; couper les cartes; couper l'appétit.

La communication serait plus simple si chaque symbole ne pouvait renvoyer qu'à une expérience. Évidemment, cela est impossible, puisque: (1) le monde des expériences est fantastiquement riche, complexe et infini; (2) les gens découpent et perçoivent le monde de façon si différente. Notre code linguistique n'utilise qu'à peu près 3000 à 4000 mots dans le langage quotidien et chaque symbole du code doit remplir deux, trois ou plusieurs rôles. Ainsi, lorsque des mots sont utilisés, nous ne pouvons être certains de leur signification, à moins d'avoir une idée de la personne qui les utilise ou du contexte dans lequel ces mots sont utilisés. Il y a toujours un élément de devinette et d'approximation dans le fait de communiquer.

Nous avons essayé, dans cette section, de mettre l'accent sur le fait que les mots n'ont pas de signification qui leur soit propre. Les significations des mots existent à cause des gens qui les font à partir de leur expérience particulière et à leur façon spécifique. Si une expérience donnée est étiquetée ou nommée de la même manière par deux personnes différentes, on dit qu'elles communiquent avec succès, car leur étiquette évoquera une expérience semblable dans leur esprit respectif. Mais rappelons-nous: nous disons *semblable*. Les expériences ne sont *jamais* identiques. En conséquence, les significations ne peuvent jamais être identiques.

Usages particuliers

Le langage peut agir comme un code. Si nous connaissons la clef du code, nous pouvons déchiffrer un message secret qui nous est envoyé. Si nous connaissons en plus les gens qui les envoient, nous pouvons déchiffrer encore mieux les significations personnelles du message qui nous est envoyé.

Un code est un outil puissant. Il nous permet d'appartenir à un groupe qui partage le même code. Il exclut ceux et celles qui ne le connaissent pas. Dans une société, on retrouve des sous-codes à l'intérieur du code principal, soit des langages à l'intérieur du langage, que seulement quelques gens de groupes particuliers comprennent. C'est en quelque sorte une partie du phénomène des sous-cultures ou des sous-groupes d'une société. Utilisez-vous le même langage — le même code — à la maison, à l'école, en ville?

Les jeunes sont souvent familiers avec une série d'expressions ou un type de langage que les adultes autour ont parfois de la difficulté à comprendre. La plupart des disciplines scientifiques développent leur propre langage pour essayer d'être plus précis et pour limiter l'usage de certains mots. Souffrir d'une gastro-entérite est plus précis qu'avoir « mal au ventre » ou « l'estomac à l'envers ». Toutefois, le mot « gastro-entérite » peut n'être significatif que pour un médecin qui a appris ce à quoi cela renvoie.

Quelquefois, le jargon esotérique de certains spécialistes peut être un obstacle à la communication, notamment lorsque ces spécialistes ne se parlent pas entre eux mais discutent avec des gens ordinaires. On raconte l'histoire d'un plombier étranger qui écrivit au Bureau de vérification de la construction du gouvernement pour dire qu'il avait trouvé que l'acide chlorhydrique était efficace pour nettoyer les drains, mais se demandait s'il était dangereux. Le Bureau répondit: « L'efficacité de l'acide chlorhydrique est indiscutable, mais les résidus corrosifs sont incompatibles avec la permanence métallique ». Le plombier répondit qu'il était content de voir que le Bureau était d'accord avec lui. Le Bureau répliqua sur un ton d'alarme: « Nous ne pouvons assumer la responsabilité pour la production des résidus toxiques et dangereux produits par l'acide chlorhydrique et nous vous suggérons de trouver une méthode de rechange ». Le plombier écrivit qu'il était content d'apprendre que le Bureau continuait d'être d'accord avec lui. Ce à quoi le Bureau répondit de façon explosive: « N'utilisez pas l'acide chlorydrique, ça brise les tuyaux! »

**Les différences
linguistiques**

Dans toute culture ou société, il est possible de retrouver en parallèle ou à l'intérieur du code et du langage principal des codes, langages, dialectes et régionalismes avec lesquels seulement certains groupes sont familiers ou que seules certaines personnes peuvent comprendre. Le français, par exemple, n'est pas uniforme dans tous les pays francophones; on sait les différences qui existent entre le français parlé dans certaines îles des Antilles, celui de certains pays d'Afrique et celui rencontré en Belgique. Ces « langages » parlés sont très différents les uns des autres, malgré une origine commune. De prime abord, les habitants de ces différents pays devront faire un léger effort pour se comprendre, car ils ont le sentiment de parler des langues presque différentes.

En Amérique du Nord, là encore, d'une région à l'autre on remarque des différences. Au Québec, par exemple, le français de certains villages de la Côte Nord est assez différent de celui des gens de Pointe-Claire à l'ouest de Montréal. Les gens de ces régions utilisent souvent un vocabulaire très différent pour parler des mêmes choses. Ces différences peuvent être liées à des particularités ethniques, socio-économiques et géographiques. Ainsi, les gens de ces endroits, lorsqu'ils se rencontrent ou travaillent ensemble, doivent utiliser un mélange d'accents et d'expressions qui formeront presque un nouveau langage. Lorsque ces gens se laissent et retournent à leur lieu d'origine, ils réutilisent alors l'accent et les expressions propres à leur milieu et aux gens qui leur sont proches.

L'autre problème que l'on peut retrouver, par rapport aux différences linguistiques, est l'utilisation de ce qu'on appelle le français « standard ». Malgré beaucoup de controverses à ce sujet, à savoir si ce français existe réellement ou non, plusieurs gens considèrent qu'un certain français parlé, à la télévision ou à la radio d'État, par exemple, constitue le français standard et qu'il représente ou devrait représenter la majorité des francophones. Mais est-ce qu'il y a vraiment une façon « correcte » de parler français? Est-ce qu'il y a un bon français et d'autres français médiocres? En fait, plusieurs experts s'accordent pour dire qu'aucun français ne peut être considéré comme « meilleur » qu'un autre, pourvu qu'il serve efficacement à communiquer et qu'il soit approprié aux situations dans lesquelles il est utilisé. Ce point de vue pratique et fonctionnel remet donc en question la notion de langages dits « inférieurs ». Les seuls critères nécessaires pour parler de communication efficace sont que ces « langages » possèdent une grammaire assez stable et appropriée, un vocabulaire utile et bien adapté et une phonologie consistante lorsque le langage est parlé, ou une orthographe consistante elle aussi, lorsque ce langage est écrit.

C'est un fait, toutefois, que plusieurs personnes voient le langage des gens autour d'eux comme un indice du niveau d'éducation, de la classe sociale, de l'intelligence ou même de la valeur intrinsèque de quelqu'un. Ces « juges » du langage considèrent qu'ils parlent « bien » et que les autres parlent « mal ». Ces considérations sont excessives et n'engendrent que des conflits inutiles à l'intérieur d'une même langue.

Dans l'histoire de l'éducation au Québec, nous pouvons retrouver plusieurs exemples de snobisme linguistique et de tentatives pour briser ou annihiler un langage. À certains enfants d'origine rurale, par exemple, on a inculqué pendant une époque que le français de leurs parents était pitoyable et condamnable. C'était là, à notre avis, une cruauté d'apprentissage linguistique qui n'avait pas sa place et qui a fait perdre au français certaines de ses richesses, en plus, évidemment, de donner un sentiment de honte à ces enfants. Ce n'est pas un certain accent ou un certain vocabulaire qui rend un français meilleur ou pire qu'un autre. Dans tous les cas, croyons-nous, une éducation qui condamne l'utilisation d'un langage donné, réel et parlé, coupe la personne d'une partie importante de son univers. On a vu ainsi, au Québec, des Amérindiens privés de l'apprentissage de leur langue maternelle pour la simple raison que les langues officielles au Canada étaient l'anglais et le français. Ou encore, aux États-Unis, on a longtemps condamné le langage des Noirs et dénigré leur culture.

Lorsque des gens croient qu'une langue est meilleure, plus prestigieuse qu'une autre et aussi synonyme d'un degré élevé d'éducation ou de culture, des conséquences dramatiques peuvent surgir et créer des conflits ethniques sérieux.

Ce que nous voulons souligner, c'est qu'il n'y a pas de langage « meilleur » ou « correct » en regard de certaines qualités inhérentes au langage lui-même ou de qualités inhérentes à ceux et celles qui le parlent. Le langage est essentiellement une affaire arbitraire. L'usage ou le consensus est ce qui crée un langage et personne ne peut être tenu de se conformer à un langage « correct ». Toutefois, dans notre société complexe et changeante, l'isolement dans un groupe et l'exclusion de tous les autres autour est une affaire fort risquée. Autrement dit, du point de vue de la communication, augmenter son répertoire de « langages », c'est augmenter ses choix et ses possibilités de communiquer. Plus nous avons d'outils, c'est-à-dire de « langages » que nous pouvons maîtriser (ce qui ne veut pas dire ici nécessairement d'apprendre des langues étrangères), plus nous courons la chance de pouvoir nous adapter aux situations variées et complexes de notre société.

Pouvons-nous faire signifier aux mots ce que nous voulons? Après tout, si la relation entre un symbole et ce que ce symbole représente est arbitraire, et si le fait d'appeler une chaise « une chaise » n'est qu'une convention, qu'est-ce qui nous empêche de changer le mot et d'appeler une chaise autrement? Rien ne nous en empêche, et c'est pourquoi avec nos proches nous utilisons toutes sortes de mots pour nommer les choses familières. La valeur d'un langage ou d'un système symbolique réside toutefois dans le fait qu'il est un système *partagé*, c'est-à-dire un système connu et utilisé par plusieurs personnes. Nous pouvons toujours créer notre propre langage, mais nos chances d'être compris par les autres seront très réduites. C'est le langage en tant que système de symboles partagés qui nous unit tous ensemble, entre humains. Si nous choisissons d'inventer notre langage personnel, nous coupons dans un certain sens notre contact avec les autres, car, à moins d'avoir le pouvoir ou le génie pour l'imposer aux autres, nous demeurerons isolés. C'est souvent là le problème des grands schizophrènes: ils parlent un langage connu d'eux

important

seuls. La communication, malgré ses limites et ses imperfections, constitue ce qui préserve notre santé mentale et notre humanité.

POLLUTION DU LANGAGE

Lorsque le langage est utilisé pour dire des faussetés ou des mensonges, lorsque les mots sont employés pour camoufler la réalité plutôt que pour la refléter, notre monde symbolique devient pollué. Cela veut dire que le langage devient un instrument sur lequel on ne peut pas se fier pour s'adapter à notre environnement et communiquer. Il devient ainsi inutile pour résoudre les problèmes humains et interpersonnels.

Comme pour la pollution de l'eau ou de l'air, trop de déchets créent un déséquilibre écologique et menacent la survie. C'est un peu la même chose lorsque les « déchets verbaux » s'accumulent.

George Orwell, dans son livre *1984*, a prédit que le langage officiel des médias réussirait à convaincre les masses que « l'ignorance est une force » et que « qui veut la paix prépare la guerre ». Le langage, disait-il aussi, sert souvent à falsifier le passé et à entretenir des régimes de mensonge et d'oppression.

Beaucoup de gens remarquent les transformations au niveau de notre langage. Par exemple, on ne parle plus de « pauvreté » mais de « bas salaire »; on ne parle plus de « ghettos » mais de « quartiers défavorisés »; on ne parle plus de « prisons » mais « d'institutions de détention », etc. Certes, dans certains cas, le changement de vocabulaire a reflété des changements réels, mais aussi, dans d'autres cas, n'a servi qu'à masquer la réalité et à brouiller le climat de communication. Les euphémismes ou les substituts linguistiques agréables pleuvent sur la tête des gens pour couvrir la réalité et les problèmes, créer l'impression de changements mais ces « cosmétiques » ne changent rien au fond.

L'administration publique est souvent reconnue pour sa manipulation des mots. Un ministre, un haut fonctionnaire ou un cadre n'est jamais congédié mais « muté », et dans ce milieu on ne parle généralement pas d'erreur mais de « geste inapproprié dans la circonstance ». Dans le langage des bureaucrates on a recours à certains artifices pour se protéger et une expression comme « j'en doute » signifie souvent « je ne l'ai pas vérifié »; « c'est un fait intéressant » peut signifier « je crois que c'est un « racontar ». « Nous verrons sans doute à étudier la priorité de ce projet » signifie probablement « Nous mettons de côté ce projet ». Enfin, lorsqu'une armée utilise comme slogan pour son recrutement « Si la vie vous intéresse », nous sommes rendus à un niveau assez élevé de pollution du langage.

Au prochain chapitre, nous verrons comment nous pouvons raffermir les liens entre le langage et la réalité, entre notre monde symbolique et notre environnement empirique, pour rendre notre communication plus efficace.

BIBLIOGRAPHIE   BARNLUND, D. « A Transactional Model of Communication » in *Language Behavior: A Book of Readings in Communication*, The Hague, Mouton, 1970.

BERLO, D.K. *The Process of Communication*, New York, Holt, Rinehart and Winston, 1960.

BERMAN, S.I. *Understanding and Being Understood,* San Diego, Calif., The International Communication Institute, 1965.

BOIS, S.J. *Exploration in Awareness*, New York, Harper & Brothers, 1957.

BOIS, S.J. *The Art of Awareness*, Dubuque, Iowa, Brown, 1966.

BOULDING, K. *The Image*, Ann Arbor, The University of Michigan Press, 1956.

BROWN, C.T. et C. VAN RIPER. *Speech and Man*, Englewood Cliffs, N.J., Prentice-Hall, 1966.

BROWN, R. *Words and Things,* New York, The Free Press, 1958.

CARROLL, J.B. *Language and Thought,* Englewood Cliffs, N.J., F.M.P. Series, Prentice-Hall, 1964.

CHASE, S. *The Power of Words,* New York, Harcourt, Brace and Company, 1954.

CHERRY, C. *On Human Communication*, Cambridge, Mass., The Technology Press of the Massachusetts Institute of Technology, 1957.

CHURCH, J. *Language and the Discovery of Reality*, New York, Random House, 1961.

CONDON, J. *Semantics and Communication*, New York, Macmillan, 1966.

DAVITZ, J.R. *The Communication of the Emotional Meaning*, New York, McGraw-Hill, 1964.

DUNCAN, H.D. *Symbols in Society*, Fair Lawn, N.J., Oxford University Press, 1968.

FARB, P. *World Play,* New York, Alfred A. Knopf, 1973.

HAYAKAWA, S.I. *The Use and Misuse of Language,* Greenwich, Conn., Premier Books, 1962.

HAYAKAWA, S.I. *Language in Thought and Action,* New York, Harcourt, Brace and Company, 1964.

JOHNSON, W. *People in Quandaries,* New York, Harper & Row, 1946.

KELLER, H. *The Story of My Life,* Garden City, N.Y., Doubleday & Company, 1954.

KEYES, K.S., Jr. *How to Develop Your Thinking Ability,* New York, McGraw-Hill, 1950.

KLUCKHOHN, C. *Mirror for Man,* Greenwich, Conn., Fawcett, 1963, chap. 6, « The Gift of Tongues », p. 128-146.

KORZYBSKI, A. *Science and Sanity*. Lakeville, Conn., The International Non-Aristotelian Library Publishing Co., 1958.

LEE, I.J. *Language Habits in Human Affairs*, New York, Harper & Brothers, 1941.

LEE, I.J. *How to Talk with People*, New York, Harper & Row, 1952.

LEE, I.J. et L.L. Lee. *Handling Barriers in Communication*, New York, Harper & Brothers, 1956.

MANIS, J.G. et B.N. MELTZER, *Symbolic Interaction*, Boston, Allyn and Bacon, 1967.

MILLER, G.A. *Language and Communication*, New York, McGraw-Hill, 1963.

OGDEN, C.K. et I.A. RICHARDS. *The Meaning of Meaning*, New York, Harcourt, Brace & World, 1946.

OSGOOD, C., G. SUCI et P. TANNENBAUM. *The Measurement of Meaning*, Urbana, The University of Illinois Press, 1957.

POSTMAN, N. et C. WEINGARTNER. *Teaching as a Subversive Activity*, New York, Delacorte Press, 1969, chap. 7, « Languaging », p. 98-132.

POSTMAN, N., C. WEINGARTNER et T.P. MORAN. *Language in America*, New York, Pegasus, 1969.

SALOMON, I.B. *Semantics and Common Sense*, New York, Holt, Rinehart and Winston, 1966.

SAPIR, E. *Culture, Language and Personality*, Los Angeles, University of California Press, 1957.

SINGH, J. et A.L. ZING. *Wolf Children and Feral Men*, New York, Harper & Row, 1942.

SKINNER, B.F. *Verbal Behavior*, New York, Appleton-Century-Crofts, 1957.

SMITH, A.G. *Communication and Culture*, New York, Holt, Rinehart and Winston, 1956.

SONDEL, B. *The Humanity of Words: A Primer of Semantics*, New York, The World Publishing Company, 1958.

WEINBERG, H.L. *Levels of Knowing and Existence*, New York, Harper & Brothers, 1960.

WHITEHEAD, A.N. *Modes of Thought*, New York, Putnam-Capricorn, 1958.

WHORF, B.L. *Four Articles on Metalinguistics*, 1940-41, Washington, D.C., Foreign Service Institute, Department of State, 1949.

WHORF, B.L. *Language, Thought and Reality*, New York, John Wiley & Sons, 1956.

6

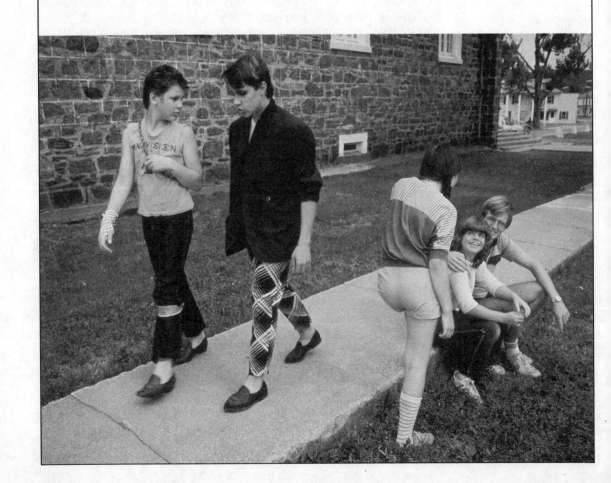

LES PIÈGES SÉMANTIQUES:
COMMENT LES ÉVITER

EN RÉSUMÉ

Le lien plutôt imparfait entre le langage et la réalité crée des pièges sémantiques que nous devons éviter pour améliorer notre communication interpersonnelle.

Stéréotyper, étiqueter, polariser, généraliser, figer nos évaluations, faire des observations ou des inférences confuses sont les pièges sémantiques les plus communs de la communication interpersonnelle.

Il y a plusieurs façons d'éviter ces pièges et, ainsi, d'enlever des barrières à la communication interpersonnelle.

D'abord nous pouvons adopter une approche scientifique pour traiter le langage. Ainsi est-il souvent préférable de décrire plutôt que d'évaluer, de quantifier plutôt que d'utiliser des termes ambigus ou excessifs. Nous pouvons aussi personnifier, c'est-à-dire rappeler la nature « personnelle » de notre communication et apprendre à clarifier nos significations et celles des autres.

Une autre approche possible est d'adopter le style journalistique, c'est-à-dire de poser des questions orientées sur les faits comme: qui? quand? quoi? où? comment?

Nous pouvons aussi nous fonder sur une approche sémantique générale et utiliser alors certains moyens techniques dits extensifs pour nous rappeler que les gens et les choses changent, que les éléments d'une catégorie ne sont pas tous semblables et que les différences existent toujours entre les gens et les choses.

Enfin, il est certainement nécessaire d'apprendre à donner et recevoir des rétroactions pour nous aider à travailler et interagir plus significativement et plus efficacement avec les autres.

L'INFLUENCE DU LANGAGE SUR NOTRE COMMUNICATION

La discussion sur le rôle que joue le langage dans notre façon de voir le monde n'est pas purement académique. Le manque de correspondance entre le langage et la réalité, entre le langage et nos perceptions de la réalité, a des implications très importantes sur notre communication. Dans ce chapitre, nous discuterons des pièges sémantiques les plus courants et mentionnerons quelques stratégies afin de les éviter ou de les surmonter.

Langage et stéréotypes

Le langage est un instrument puissant qui, littéralement, façonne le monde que nous connaissons. En fait, le symbolique fait plus que simplement décrire le monde empirique. Il attire notre attention sur certains aspects du monde réel et il influence notre comportement. Nous nous comportons en fonction de ce que nous connaissons. Ainsi, par exemple, la fonction de classification que joue le langage pénètre et envahit tellement nos vies, qu'à chaque fois que nous sommes exposés à un nouveau stimulus, quelque chose ou quelqu'un qui ne nous est pas familier, nous nous demandons: « Qu'est-ce que c'est? »; « Quelle est cette chose, cette personne? »

Ces questions appellent la classification. Nous voulons savoir dans quelle catégorie cette nouvelle chose ou cette nouvelle personne peut être placée, car, ensuite, nous pourrons savoir comment la traiter et interagir avec elle. Par exemple, si nous savons que nous avons affaire à un « avocat », un « syndicaliste » ou un « directeur de collège », nous venons d'obtenir en quelque sorte une catégorie. Ensuite, si nous attribuons, comme tout le monde le fait souvent aux gens de cette catégorie, certaines caractéristiques, alors nous savons immédiatement quelque chose de cette nouvelle personne, qui possède sans doute certains attributs de sa catégorie. C'est là la manière la plus facile de trouver des traits ou de se faire une idée à propos d'une nouvelle personne. Cela nous épargne d'avoir à chercher et à trouver ce qu'une personne est vraiment. Nous la jugeons par inférence, c'est-à-dire à partir des seules similitudes entre cette personne et celles de la catégorie dans laquelle nous la rangeons. Nous avons tendance à ne pas tenir compte des différences. C'est ce qu'on appelle *stéréotyper*.

Stéréotyper est une conséquence directe du fait de classifier et de catégoriser. Cela signifie que nous jugeons les gens non à partir de ce que nous savons d'unique ou de personnel sur eux, mais à partir de ce que nous savons de la catégorie à laquelle ils appartiennent. Ainsi nous stéréotypons étudiants, professeurs, syndicalistes, Anglais, Français, libéraux, communistes, etc.

L'idée sous-jacente est que s'ils appartiennent à la catégorie, ils sont tous pareils. « Lorsqu'on en connaît un, on les connaît tous. » L'effet produit est évidemment de nous empêcher de voir les distinctions entre les membres d'une même classe ou d'une même catégorie. Le problème avec ces stéréotypes est que, s'ils procurent un raccourci pour penser, ils nous détournent de l'effort à faire pour connaître directement par nous-mêmes les autres, ce qu'ils sont, et ce qui rend chaque personne unique et différente des autres. En somme, les stéréotypes créent et alimentent des catégories établies, bien identifiables, dans lesquelles nous pouvons inclure et ranger nos évaluations des gens, des situations et des événements; mais ces catégories sont malheureusement trop souvent une sursimplification de la réalité.

Non seulement nions-nous ou effaçons-nous les différences entre les membres d'une catégorie, mais, souvent, nous assignons et attribuons certaines caractéristiques spéciales aux gens de cette même catégorie. Certaines gens en viennent d'ailleurs à opérer toute leur vie et toutes leurs interactions sur la base des stéréotypes, sans savoir jamais reconnaître les « exceptions » qu'ils rencontrent.

En 1958, une étude assez classique sur les stéréotypes portant sur un objet profondément symbolique, soit l'automobile, fut faite par trois psychologues sociaux[1]; ceux-ci demandèrent à des gens ce qui caractérisait les propriétaires de différentes marques de voitures. Au départ, puisqu'une même marque de voiture était conduite par des centaines de milliers de gens, l'hypothèse à vérifier était que les propriétaires respectifs seraient perçus comme différents, c'est-à-dire représentatifs d'un éventail de personnalités assez grand. Toutefois, l'expérience montra que les gens avaient les mêmes notions des propriétaires de Cadillac (riche, célèbre, important, fier, supérieur), de Buick (classe moyenne, brave, masculin, fort, moderne, agréable), de Chevrolet (pauvre, ordinaire, classe inférieure, simple, pratique, maigre, amical), d'une Ford (masculin, fort, puissant, belle apparence, dur, dangereux, célibataire, bruyant, actif), et d'une Plymouth (calme, attentif, lent, précautionneux, moral, obèse, gentil, triste, pensif, patient, honnête). De plus, notait-on dans cette recherche, pour les gens, ces caractéristiques n'étaient pas inférées à partir du statut socio-économique possiblement lié au prix de la voiture, car les stéréotypes demeuraient entre les propriétaires de marques d'automobiles de prix peu élevé. Ainsi, quel que soit le prix du véhicule à l'intérieur d'une même marque, les propriétaires de Ford étaient jeunes et aventureux, les propriétaires de Plymouth, sensibles et honnêtes, et ceux d'une Chevrolet étaient tout simplement mesquins. Il est peu probable que tous les propriétaires d'une marque donnée aient vraiment correspondu aux stéréotypes; cependant, la publicité fut beaucoup affectée par cette recherche.

Les stéréotypes sont, nous venons d'en voir un des innombrables exemples, assez courants et faciles à entretenir. Il est cependant possible d'en diminuer l'impact négatif lorsque nous en devenons suffisamment conscients. Grâce à des mouvements comme celui des droits de la personne ou celui de la libération de la femme, les stéréotypes ethniques, sexuels ou autres sont de plus en plus dénoncés et le changement dans les attitudes des gens s'instaure progressivement.

Le problème avec les stéréotypes, toutefois, n'est pas tellement qu'ils constituent des généralisations de catégories. Plusieurs généralisations sont utiles et valables. Le rouge d'un feu de circulation, par exemple, peut légèrement varier de teinte mais, fondamentalement, le but d'un feu rouge est toujours le même: celui de contrôler, et les différences minimes sont

---

1. W.D. Wells, F.J. Goi et S.A. Seader, « A Change in Product Image », *Journal of Applied Psychology*, vol. 42, 1958.

sans importance. En fait, on l'a deviné, les généralisations sont dangereuses lorsque nous avons affaire à des personnes. Dire que « tous les Anglais sont pareils », que « toutes les femmes sont les mêmes » ou que « tous les politiciens se ressemblent » peut susciter de grandes controverses, de nombreux sentiments négatifs et même amener une rupture de dialogue. De telles généralisations sont dangereuses pour la communication, non seulement parce qu'elles sous-entendent que les membres d'un groupe sont tous pareils, mais qu'en plus ils possèdent tous une caractéristique très particulière. D'abord, d'une part il est presque impossible de déterminer scientifiquement si les membres d'une catégorie ou d'une classe possèdent cette caractéristique. (Comment peut-on vérifier si les propriétaires de Cadillac sont effectivement « élégants », si les propriétaires de Buick sont « modernes », si ceux qui ont une Chevrolet sont des gens « simples », et si les gens ayant une Plymouth sont des « intellectuels »?) D'autre part, et cela est encore plus insidieux, les caractéristiques assignées à ces groupes tendent à être principalement *évaluatives* plutôt que *descriptives*. Les généralisations stéréotypées, en particulier celles qui touchent les groupes ethniques, le sexe, la religion ou la nationalité, sont une façon d'évaluer les gens différents de nous *en ne nous référant qu'à nos propres standards*, et, de là, nous amènent à penser ou à nous imaginer que nos standards et nos valeurs sont bons et valables pour tout le monde. Juger ainsi les autres sur la base de nos standards, c'est ce qu'on appelle faire de *l'ethnocentrisme*. De plus, cela risque fort d'entretenir un cadre de référence où les gens se divisent essentiellement en « bons » et en « mauvais ». Les gens qui ont des traits ou caractéristiques que nous apprécions positivement sont les « bons » et ceux qui ne les ont pas sont les « mauvais ». Cette façon de cadrer les gens est évidemment assez naïve, elle peut même être assez dangereuse dans la mesure où notre survie dans ce monde dépend de notre coopération avec des gens différents de nous. En somme, l'utilisation de stéréotypes est parfois pratique pour certaines choses concrètes, mais, dans le cas où nous nous servons de stéréotypes avec les gens, ceux-ci remplacent trop souvent le fait d'avoir à penser, à effectuer des « évaluations » plus approfondies de ces personnes.

Étiquetage et comportements

Le langage affecte notre comportement de bien d'autres façons. Vous êtes sans doute familiers avec l'idée ou l'expression qui dit que « les mots blessent souvent davantage que les coups ». Si cela est vrai, comme nous le croyons, il est compréhensible que les étiquettes données aux gens provoquent de vives réactions. Même si nous ne le montrons pas toujours, nous pouvons être affectés par un nom incorrect ou une étiquette non méritée dont nous aura affublés quelqu'un. Peu de gens aiment se faire traiter de peureux, de tricheur, de bonasse, d'imbécile ou de charlatan. Chacun de nous a d'ailleurs sa liste d'expressions, d'insultes, de noms ou d'étiquettes « noires ». Ces mots, nous le savons, peuvent certainement blesser quelqu'un d'autre ou l'inverse, nous affecter.

La plupart d'entre nous réagissons aux étiquettes. Un dossier scolaire, par exemple, contient des étiquettes; il contient les différentes notes (A, B, C, D, E, F) accumulées pendant nos études et, que ce soit un employeur ou les gens d'un comité d'admission pour des études plus avancées, ces gens réagiront à cet « étiquetage ». Une lettre de recommandation n'est-elle pas aussi en réalité un type d'étiquetage verbal? « Monsieur Lavoie est une personne compétente, responsable et honnête ». Voilà trois étiquettes qui peuvent provoquer une réaction bien différente de celle que nous aurions si nous avions lu: « Monsieur Lavoie est une personne incompétente, irresponsable et malhonnête ».

Pensons au langage de la publicité et à son influence sur notre comportement. La directrice d'un grand magasin tenta un jour l'expérience suivante[2]. Du lot de mouchoirs de grande qualité qu'elle venait de recevoir, elle décida d'en placer la moitié sur un comptoir avec l'écriteau: « Fine Lingerie irlandaise — 2,50$ chacun ». Elle fit placer l'autre moitié des mouchoirs sur un autre comptoir, mais avec l'écriteau: « Mouchoirs de poche — 3 pour 2$ ». Les mouchoirs irlandais se vendirent cinq fois plus que les autres. À quoi les clients réagissaient-ils? au monde empirique? aux mouchoirs qu'ils pouvaient concrètement observer et toucher? Non. Ils réagissaient à l'étiquetage, au marquage et ne souciaient pas de vérifier s'il y avait une différence réelle entre la « Lingerie irlandaise » et les « Mouchoirs de poche ». Nous réagissons tous, nous aussi, aux mots utilisés pour nommer les choses, et cela affecte notre façon de réagir envers les choses elles-mêmes. Nous jugeons ainsi, par exemple, un livre par son titre et nous l'achetons souvent parce que ce titre provoque une réaction affective chez nous. C'est aussi pour cela, par exemple, que les agents immobiliers ne vendent pas des « maisons » mais de « belles résidences familiales », ou que nous avons rarement affaire à un « solde » mais toujours à un « solde extraordinaire ». Regardons les menus de restaurant: la façon dont ils sont rédigés ne détermine-t-elle pas le prix que nous aurons à payer?

Les mots ont du pouvoir sur nous et nous y réagissons. Beaucoup d'hommes achètent une lotion après rasage parce qu'elle s'appelle « Brut », « Karaté » ou « English Leather ». Les étiquettes religieuses ou ethniques péjoratives sont peu appréciées par la plupart des gens, tout comme un étiquetage diminutif à caractère méprisant. Les policiers, par exemple, n'aiment pas être appelés des « boeufs ». Qu'une telle étiquette puisse leur être criée par quelqu'un lors d'une manifestation publique entraîne certes, chez certains, la sensation de beaucoup de frustration et de colère, mais peut aussi provoquer une interaction violente entre l'interpellé et l'interpellant. La violence verbale appelle alors la violence réelle. Autrement dit, le langage affecte notre « réalité » du monde, car les mots ne sont pas neutres, inoffensifs mais toujours potentiellement très puissants.

Polarisation: les opposés (vrai ou faux)

Nous avons tendance à penser (et à parler) en termes d'opposés. Noir est opposé à blanc; jeune est opposé à vieux; heureux est l'opposé de triste et malheureux; mauvais est l'opposé de bon. Notre langage est ainsi construit sur des termes polarisés, sur des classifications qui s'excluent mutuelle-

2. William Haney, *Communication and Organization Behavior*, Homewood, Ill., Richard D. Irwin, 1967.

ment ou qui sont d'un côté ou de l'autre. Nous aimons diviser le monde en opposés, en choses qui s'excluent mutuellement, nous aimons faire des dichotomies. Le langage n'est pourtant pas aussi différencié que la réalité. Toutefois, nous devons parler de ces différences; notre tendance, à ce sujet, est habituellement de ne mentionner que deux (peut-être trois, quand nous essayons très fort) possibilités.

Pour vous faire une idée de cette attitude qu'est la polarisation du langage, essayez ce test. Remplissez le trait du milieu de cette échelle avec *un mot* qui signifie pour vous un moyen terme entre la paire d'opposés qui vous est présentée.

Noir	Gris	Blanc
Mauvais	*intermédiaire*	Bon
Succès	*rendement moyen*	Échec
Mesquin	_____	Généreux
Poli	_____	Grossier
Honnête	_____	Malhonnête

Lorsque nous vivons dans un monde où ceux qui portent un chapeau noir dans les films de cow-boys sont ceux qui sont cruels, bêtes et méchants, alors nous nous attendons à ce que ceux qui portent un chapeau blanc soient les bons, les gentils et honnêtes qui devront toujours gagner contre les mauvais. Les uns sont bons sur toute la ligne et les autres complètement mauvais. Dans la vie réelle, peu de gens sont aussi bons ou mauvais, mais nous polarisons quand même ainsi les gens, pour éviter d'avoir à évaluer plus exactement leurs caractéristiques. Ne disons-nous pas facilement d'une personne qu'elle est « correcte » ou qu'elle n'est « pas correcte »? En somme, il semble que notre langage supporte cette division du monde, même dans ces oppositions erronées.

 Polariser consiste en quelque sorte à évaluer ce que nous percevons, à le placer à une extrémité d'un continuum, et à faire apparaître les pôles de ce continuum comme mutuellement exclusifs. S'il y a de l'amour, il ne peut y avoir de haine. Si quelqu'un est beau, il ne peut jamais être laid. Si nous sommes honnêtes, nous ne pouvons être malhonnêtes. C'est une logique d'exclusion réciproque. Pourtant, il est possible d'envisager qu'une chose ou que quelqu'un puisse posséder l'une et l'autre caractéristiques. En fait, cette chose ou cette personne est souvent mieux définie et caractérisée par un qualificatif modéré.

 Il existe évidemment de vrais opposés dans le monde, mais nous ne devrions pas les confondre. Une ampoule électrique est ordinairement allumée ou éteinte. Une personne est là ou elle n'est pas là physiquement avec nous; elle peut être aussi petite ou grande selon un point de comparaison précis, une hauteur déterminée.

Nous avons des difficultés dans notre langage lorsque nous traitons de faux opposés comme des vrais, c'est-à-dire en ayant une attitude de tout ou rien à propos de personnes ou d'événements, *alors qu'il y a d'autres possibilités.* La plupart d'entre nous avons de bons côtés et de mauvais côtés; nous sommes honnêtes, mais aussi, parfois, malhonnêtes. En fait, comme nous l'avons dit, il est la plupart du temps beaucoup plus juste de se considérer ou de considérer les choses et le comportement des autres dans la perspective du milieu.

En définitive, on retrouve beaucoup plus de nuances dans la réalité des choses que ce que le langage acquis par la majorité permet d'exprimer facilement. Il est important de reconnaître et de prendre conscience des limites du langage, parce que nous avons généralement beaucoup de difficultés à exprimer les nuances et les degrés. Souvent, nous avons besoin de plusieurs mots et phrases pour y arriver. Mais plutôt que de prendre du temps pour nous expliquer, nous préférons une solution plus facile, un raccourci, et nous choisissons un terme de polarité.

Une barrière à la communication: l'attitude globalisante

Les cartes ne disent pas tout sur le territoire. La carte d'un certain territoire n'est, par définition, qu'une représentation partielle de ce territoire. Il est impensable et stupide de vouloir faire une carte du même format et avec les mêmes détails que le territoire à être cartographié. Une carte sera toujours une reproduction quelque peu miniaturisée de ce qu'elle représente.

En ce sens, pourtant, nous sommes parfois coupables de présumer que nos mots et notre langage, c'est-à-dire nos cartes verbales, peuvent tout dire sur un sujet; faire l'impossible. Chacun de nous a rencontré de ces gens qui croient tout savoir sur un sujet. Nous-mêmes, tout en sachant que nous ne pouvons tout décrire d'une situation ou d'un événement, agissons quand même *comme si* nous disions tout ce qu'il y a à dire. Et cela est encore plus particulièrement vrai malheureusement lorsque nous décrivons une autre personne.

Deux raisons font que nous ne pouvons tout dire de quelque chose ou de quelqu'un: premièrement, nous ne pouvons savoir tout ce qu'il y a à savoir, et deuxièmement, nous n'avons pas le temps de tout dire.

Comme nous l'avons vu lors des discussions sur la perception et l'abstraction, à partir du moment où nous observons, parlons, écoutons, écrivons ou lisons, nous nous engageons nécessairement dans un processus d'abstraction. Cela signifie que nous ne centrons notre attention que sur une portion de ce qui se passe et que nous négligeons d'autres facettes de l'événement. Il est impossible de savoir *tout*, même sur la plus petite parcelle de notre univers. Si nous ne connaissons pas tout, nous ne pouvons alors tout dire. De plus, nous ne pouvons tout dire parce que notre langage est en retrait des choses ou des événements eux-mêmes et parce que les symboles que nous utilisons *ne sont pas* la chose ou l'événement lui-même.

De nos jours, alors que nos connaissances dans tous les domaines s'accroissent à un rythme extrêmement rapide, il devient prétentieux pour quiconque de croire qu'il peut tout savoir, même si son champ d'intérêt est très restreint. Malgré cela, nous rencontrons une foule de commentateurs politiques, d'analystes, etc., qui donnent l'impression de tout savoir. Nous avons tendance à faire la même chose; par rapport à un ami, par exemple, nous parlerons de son allure physique, de son intelligence et de sa sensibilité, de ses intérêts ou de ce qu'il possède, et nous aurons l'impression que notre description de ces qualités identifie bien notre ami. Pourtant notre description, même si elle provient d'une fréquentation longue et intime, ne dit certainement pas tout à son sujet et nous pouvons même avoir oublié des éléments qui prennent une grande importance pour d'autres.

L'éducation est le processus par lequel nous tentons de déterminer ce qui est inconnu pour quelqu'un et tâchons de le lui faire acquérir. Plus nous aurons appris de choses, plus nous aurons tendance à affirmer que nous savons tout.

Les vrais scientifiques compétents, eux, seront moins certains et affirmeront beaucoup moins de choses catégoriquement dans leur domaine que d'autres qui sont à moitié informés. Le doute dans ce cas-ci est positif, car il vaut souvent mieux poser de bonnes questions que d'apporter des réponses toutes faites.

Cette attitude de « je sais tout » peut interférer avec l'apprentissage. Elle peut nous amener à penser et à croire que ce que nous avons entendu ou observé couvre tout ce qu'il y a à connaître. Le danger de l'attitude que nous décrivons est particulièrement présent dans la communication et il aboutit à des énoncés comme: « tous les Français sont râleurs »; « tous les Mexicains sont paresseux », « tous les avocats sont malhonnêtes », « tout le monde triche l'impôt », « tout le monde sait que... », etc.

Une des choses les plus difficiles à dire est « je ne sais pas ». Lorsque nous donnons l'impression d'être à cent pour cent certain de quelque chose, il devrait nous être possible d'envisager pour une seconde au moins que l'on peut faire erreur et ne pas connaître une facette du problème. Mais, souvent, nous ne voulons pas changer notre façon de penser, nous nous replions sur nous-mêmes, refusant d'entendre ce que disent les autres, nous privant ainsi d'approfondir nos relations avec eux.

L'attitude du « je sais tout » est facilement reconnaissable dans des énoncés comme:

« Il n'y a plus rien à dire là-dessus. Point final. »
« Je vais tout te dire. »
« C'est absolument faux. »
« Je sais de quoi je parle. J'étais là et j'ai tout vu. »
« Tu fais cela tout de travers. Voici la bonne façon de le faire. »

De telles phrases sont souvent énoncées sur un ton suffisant et sans réplique. Elles indiquent en fait beaucoup de dogmatisme, d'étroitesse d'esprit et de rigidité de celui ou celle qui les emploie. L'attitude de celui ou celle qui sait tout nuit au développement de relations interpersonnelles satisfaisantes avec les autres et entrave la communication efficace. Elle sous-entend un manque de conscience du processus d'abstraction, alors qu'une telle conscience, croyons-nous, est le premier pas nécessaire à l'amélioration de notre communication avec les autres.

Évaluations figées et changement

Bien que nous sachions que tout dans l'univers fait partie d'un processus de mouvement et de changement constant, quoique nous soyons conscients de ne pas être aujourd'hui la même personne que nous étions il y a dix ans, même si le changement caractérise bien la réalité de nos vies, nous communiquons souvent avec nous-mêmes et les autres *comme si* tout était permanent. Le langage aussi, évidemment, change. Des mots utilisés d'une certaine manière autrefois sont maintenant utilisés différemment. Le changement de vocabulaire, entre autres dans certains milieux où on utilise un jargon particulier ou de l'argot, est assez rapide. Toutefois, comparativement aux changements du monde empirique en général, le rythme de changement du monde symbolique est plus lent et nos classifications verbales tendent à être perçues comme permanentes, stables et immuables. Certes nous acceptons « intellectuellement » que tout change, mais ne sommes-nous pas surpris de voir une photo de nous prise il y a quelques années, de lire d'anciens journaux ou de rencontrer un vieil ami perdu de vue depuis longtemps? Nous sommes habituellement surpris parce que, bien que nous sachions que les choses et les gens changent, nous ne nous attendons pas au changement lui-même ou au degré de changement effectué.

En termes de communication, nos évaluations figent aussi, nous aveuglent au changement et nous amènent à traiter les événements et les gens comme s'ils étaient statiques. « Criminel un jour, criminel toujours » et combien d'autres énoncés du même genre ne rencontrons-nous pas souvent, nous induisant à croire le changement impossible? C'est ainsi, malheureusement, que des employeurs refusent d'engager d'ex-détenus ou d'ex-patients psychiatriques, car leur système de croyance ne tolère pas, n'accepte pas ou n'envisage que très peu le changement.

Inférence, observation, confusion

Nos descriptions et rapports de ce qui se passe autour de nous sont affectés par ce que nous voyons et ce que nous croyons voir. Nous observons des choses et commençons habituellement aussitôt à rendre ces observations cohérentes avec ce que nous connaissons déjà du monde. Ce que nous ajoutons alors à nos observations est ce qu'on appelle des inférences. Ce sont les « certitudes » de notre imagination et de nos croyances.

Si vous voyez par exemple un de vos amis conduire une nouvelle automobile, que pensez-vous? (Il l'a achetée; il l'a louée pour la fin de semaine; il l'a empruntée à quelqu'un.) Nous observons cet ami avec la nouvelle voiture et immédiatement nous commençons à faire des inférences qui peuvent expliquer la situation.

Nous passons à côté de deux personnes dans le corridor en train d'argumenter fortement et nous saisissons un mot. À partir de ce seul mot et de cette seule parcelle de situation, nous commençons néanmoins à faire des inférences sur ce qui se passe entre les deux personnes et sur l'issue de la discussion.

Un professeur demande à un étudiant de rester après le cours. Le premier niveau d'observation et d'inférence consiste certes à envisager l'étudiant et le professeur en train de se parler, mais d'autres inférences à plusieurs niveaux peuvent facilement venir s'ajouter.

Un employé de bureau arrive en retard à son travail. L'employeur va-t-il inférer que cet employé a manqué son autobus, s'est levé en retard, n'est pas motivé à son travail, manque de ponctualité ou qu'il est resté coincé dans l'ascenseur pendant 15 minutes?

En somme, dans tous ces exemples, nous pouvons commettre de grandes erreurs en nous laissant aller à faire des inférences au-delà de ce que nous pouvons observer. Nous pouvons ainsi induire les autres en erreur lorsque notre communication est basée sur ce que nous pensons de quelque chose — ce que nous inférons —, et non sur ce que nous voyons concrètement — ce que nous observons.

ÉNONCÉS DE FAITS ET INFÉRENCES

Très souvent, la langue parlée permet deux genres d'énoncés. Nous pouvons regarder quelqu'un et dire: « il porte des lunettes ». C'est là un *énoncé de fait*, car il correspond de près à ce que nous pouvons observer, et à ce que les autres gens autour peuvent vérifier par leurs observations. Par contre, nous pouvons dire aussi quelque chose comme: « il s'est acheté des lunettes ». Voilà plutôt un énoncé d'inférence que nous faisons parce que cette personne porte des lunettes, qu'elle a l'air honnête et que peu de gens volent une ordonnance de lunettes.

Un énoncé d'inférence est une estimation, une devinette de l'inconnu basée sur le connu. Le « connu » peut être une observation ou une série d'observations (l'homme porte des lunettes) ou parfois simplement une inférence ou une série d'inférences (l'homme a l'air honnête, etc.).

Certaines estimations sont évidemment plus facilement et plus rapidement vérifiables que d'autres. Certaines sont aussi plus probables que d'autres. Par exemple, si nous nous rendons au bureau de poste un mardi à 10 heures, nous pourrons facilement nous dire à nous-mêmes « le bureau de poste est ouvert ». C'est là un énoncé d'inférence. Ce n'est pas un fait comme tel tant que nous ne l'aurons pas observé directement. Cependant, c'est une inférence qui est: (1) facilement vérifiable — nous n'avons qu'à nous rendre; (2) rapidement vérifiable — nous pouvons le faire tout de suite; et (3) hautement probable — les bureaux de poste, les jours ouvrables, sont habituellement ouverts à 10 heures, et celui où nous allons est lui aussi ouvert en temps normal.

Notre décision d'y aller est alors basée sur une inférence probable, car l'inférence elle-même est basée sur des observations antérieures. Évidemment, quelque chose a pu se produire aujourd'hui et engendrer la fermeture du bureau de poste. C'est là cependant une chance ou un risque qu'il faut prendre. Dans ce cas, toutefois, parce que nous sommes conscients de faire une inférence, nous avons en quelque sorte envisagé les probabilités, calculé les chances. Nous prenons un risque, mais c'est un *risque calculé*. Nous nous basons sur de l'information et une expérience acquises.

LE BESOIN DE DISTINGUER LES ÉNONCÉS DE FAITS DES ÉNONCÉS D'INFÉRENCES

Si nous regardons les énoncés de faits et les énoncés d'inférences par rapport à leur certitude ou leur probabilité, nous pourrions obtenir un tableau à peu près comme celui en 6.1.

Un fait ou une observation appartient et se situe généralement dans les « probabilités élevées », donc ici en haut de la courbe du tableau 6.1. Mais

pourquoi ne disons-nous pas « absolument certain » plutôt que
« probabilités élevées »? Parce que même les observations ou les faits ne
peuvent être toujours complètement sûrs. Rappelons-nous notre discussion sur les distorsions perceptuelles. Évidemment, si nous observons
quelque chose régulièrement, si d'autres font les mêmes observations et
sont d'accord avec nous, alors nous pouvons acquérir une certaine certitude. La réserve que nous mettons ici, espérons-nous, ne choquera personne, car plusieurs sont souvent très sûrs de nombreuses choses. Nos
sentiments de certitude, ne l'oublions pas, nous viennent en partie de la
validité que nous accordons à nos sens et en partie de la validation que les
autres accordent à nos perceptions. Si nous voyons quelque chose de
couleur verte et que tout le monde autour de nous dise que la chose est
jaune, sans doute commencerons-nous à douter. D'autre part, nos inférences n'approchent jamais le niveau de l'à peu près certain. Les inférences font partie du domaine des probabilités peu élevées. Certaines
sont toutefois, dans une certaine mesure, plus probables que d'autres.

Mais pourquoi est-il important de distinguer les énoncés de faits des
énoncés d'inférences? Parce que si nous ne savons pas que nous sommes
en train de faire une inférence, que nous sommes dans le domaine des
probabilités, le domaine des hypothèses au sens large du terme, alors il est
peu probable que nous soyons capables de déterminer la probabilité de
notre inférence. Il nous sera difficile de connaître nos chances. Si nous
faisons une inférence et la traitons *comme si c'était* une observation directe
ou un fait, nous nous croirons sûrs de nous-mêmes, nous ne ressentirons
pas le besoin de vérifier et, dans ce cas, nous prenons un *risque non
calculé*.

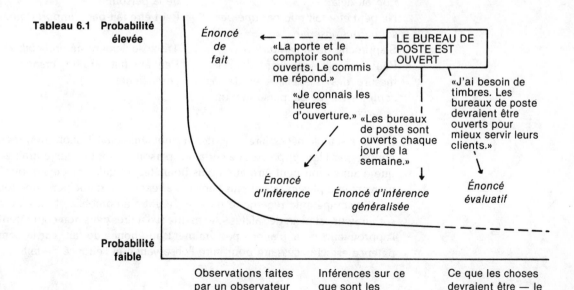

Tableau 6.1

Les accidents d'automobile se produisent souvent à cause de cette confusion. Exemple. Vous allez à 70 km par heure sur l'autoroute et une automobile vient pour s'engager à votre droite sur l'autoroute. Il existe un panneau signalisateur qui oblige les conducteurs s'engageant sur l'autoroute à céder le passage aux véhicules déjà engagés sur la voie de circulation. Vous voyez l'autre voiture, vous voyez le panneau, vous êtes certain que la voiture arrêtera et vous continuez à la même vitesse. Malheureusement, dans de trop nombreux cas, selon les statistiques, les voitures qui entrent sur l'autoroute par ces voies d'accès n'arrêtent pas; soit parce que le conducteur ne voit pas le panneau, soit qu'il le voit mais n'en tient pas compte, ou parce qu'il va trop vite, ou estime qu'il aura le temps de s'engager. Ainsi cette situation est responsable d'un nombre incalculable d'accidents où les deux voitures se heurtent, les passagers vont à l'hôpital sinon au cimetière. Lorsque nous traitons une inférence comme une observation de fait, nous nous rassurons. Il vaudrait peut-être mieux traiter la situation en termes de probabilités. Ainsi, dans le cas précédent, si nous entrevoyons consciemment la possibilité que l'autre voiture n'arrête pas, peut-être allons-nous ralentir ou redoubler d'attention.

William Haney[3] donne les suggestions suivantes pour nous aider à distinguer les énoncés de faits des énoncés d'inférences:

Énoncés de faits	Énoncés d'inférences
Peut être fait seulement *après* l'observation.	Peut être fait *en tout temps*.
Doit rester *dans les limites* de ce qu'une personne peut observer et non au-delà.	*Peut aller au-delà* de l'observation; limité que par l'imagination de la personne.
Ne peut être fait que par *une personne qui observe*.	Peut être fait par *n'importe qui*.
S'approche de la *certitude*.	Traite seulement de *probabilité*.
Peut être fait seulement dans la mesure des possibilités et de la *compétence* de la personne qui observe.	Peut être fait par une personne *incompétente*.

Il nous a semblé nécessaire d'ajouter la cinquième qualification (non mentionnée par Haney) parce que certaines personnes sont mieux entraînées que d'autres (ou peut-être aussi plus honnêtes) et qu'alors leurs énoncés peuvent être plus exacts et plus fiables. Par exemple, si une personne tout à fait incompétente regarde le moteur de votre automobile et dit « Votre carburateur est plein de saletés », et même si d'autres gens non compétents l'approuvent, nous n'avons pas vraiment un énoncé de fait, car la compétence est ici nécessaire pour faire l'observation et l'énoncé de fait.

---

3. William Haney, *Communication and Organization Behavior*, Homewood, Ill., Richard D. Irwin, 1967.

COMMENT VÉRIFIER UNE INFÉRENCE

inf. = source

Lorsque nous entendons un énoncé d'inférence, nous devrions déterminer sa probabilité. Comment peut-on faire cela? Comment calculer les chances et les risques? La première chose à faire est de vérifier la source de l'inférence. L'inférence est-elle basée sur une ou plusieurs observations — observations faites par une ou plusieurs personnes? Quel genre de personne a fait l'inférence? Est-ce une personne compétente? incompétente? fiable? ayant un parti pris?

Nous pouvons nous faire nous-mêmes notre propre échelle de probabilité et placer sur l'échelle les différentes sources possibles de notre information. Par exemple, lorsque nous voulons déterminer si le bureau de poste est ouvert et que nous ne pouvons vérifier directement par nous-mêmes, nous devrons croire et accepter la parole de quelqu'un pour le savoir. La parole de certains sera plus fiable que celle d'autres. Si nous téléphonons au bureau de poste et qu'un employé nous réponde que celui-ci est ouvert, alors notre inférence est assez fiable (mais jamais complètement, car quelque chose peut toujours arriver entre le moment présent et celui où nous nous y rendrons). Si nous demandons à quelqu'un qui vient de s'y rendre, il est aussi assez probable que nous ayons une information plutôt exacte. Par contre si nous demandons à quelqu'un qui se remémore plus ou moins bien les heures et les jours d'ouverture qu'il a vus la semaine d'avant sur la porte d'entrée dudit bureau, notre probabilité d'erreur augmente. Enfin si nous demandons à un étranger, sa réponse est peu fiable jusqu'au moment où nous aurons vérifié par nous-mêmes. La chose importante à retenir est que lorsque nous faisons des inférences, elles peuvent être plus ou moins exactes. Nous devrions être prudents en évaluant la source de nos inférences avant d'agir à partir d'elles. Nous ne devrions sauter à aucune conclusion avant d'être raisonnablement certains que nous prenons un risque calculé.

Énoncés évaluatifs (jugements)

déf.

Certains énoncés ne sont ni des énoncés ni des inférences. Ce sont des « énoncés évaluatifs », des jugements, parce qu'ils reflètent certaines valeurs de la personne qui les émet.

> « La nourriture de ce restaurant n'est pas bonne. »
> « Un examen objectif est mieux qu'un examen traditionnel. »
> « Elle est intelligente. »
> « Il est très beau. »

Ces énoncés reflètent des valeurs personnelles. Ils n'amènent en réalité que peu d'informations réelles mais ils expriment passablement les opinions, les valeurs de la personne qui parle. Par exemple, lorsque nous disons de la nourriture d'un restaurant qu'elle n'est pas bonne, nous parlons de *nos* goûts en matière de nourriture. Lorsque nous disons de quelqu'un qu'il est intelligent, nous exprimons *nos* critères d'intelligence. Que d'autres gens soient d'accord avec nos énoncés, ne prouve en réalité que bien peu de chose sur la validité de ces énoncés. Cela veut dire que d'autres sont alors d'accord avec nous sur le plan des valeurs, mais ce n'est pas la même chose que d'être d'accord au niveau de l'observation.

Nous pouvons certainement fonctionner mieux dans la vie si nous apprenons à distinguer les énoncés émanant de ce qui se passe à l'extérieur d'un individu (énoncés d'observation) des énoncés émanant de ce qui se passe à l'intérieur de celui-ci, soit ses inférences (énoncés évaluatifs). Notre communication sera également facilitée si nous pouvons déterminer d'où la personne qui parle a reçu son information: l'a-t-elle obtenu par observation directe ou a-t-elle cru « voir » quelque chose? S'est-elle laissée influencer par ses présomptions pour ensuite nous communiquer comment elle réagit intérieurement à ce qu'elle a « observé »?

Les énoncés de jugement viennent donc de l'intérieur des gens et visent à rejoindre notre propre intérieur, c'est-à-dire notre propre subjectivité. Certes cela aide de constater que d'autres ont les mêmes réactions internes que nous, mais cela ne rend pas les jugements plus valides pour autant. Ils ne sont alors que plus ouvertement et plus largement exprimés.

Il est vrai qu'à l'intérieur d'une culture particulière plusieurs jugements de valeurs deviennent standardisés, deviennent en quelque sorte des normes. Les standards du beau et du laid, de ce qui est bon ou mauvais s'apprennent de la même manière, peut-être en même temps d'ailleurs, que le langage. Ainsi, qu'un groupe soit d'accord sur la longueur idéale des cheveux ne correspond à aucun fait réel, mais à une similitude de goûts et de valeurs au sujet des cheveux. Un accord basé sur des inférences ne doit pas être confondu avec un accord basé sur des observations. Il est important de faire et de reconnaître cette différence pour être plus tolérants envers les jugements des autres, et en particulier lorsque ceux-ci diffèrent des nôtres. Si nous croyons, simplement parce que d'autres sont d'accord avec nous et nos jugements, que nous sommes absolument corrects, cela réduira notre tolérance à accepter des gens qui sont en désaccord avec nous et qui ont des jugements divergents des nôtres. Cette attitude risque même de nous amener à vouloir convaincre tout le monde de notre position parce que nous sommes « dans la vérité ». Toute cette attitude et ces jugements diminuent les chances d'une communication réussie.

Questions possibles et impossibles à résoudre

Une des différences entre un fonctionnement scientifique et un fonctionnement ordinaire est le genre de questions posées. La plupart d'entre nous avons l'impression assez naïve que parce qu'une question est posée elle doit nécessairement avoir une réponse. Quelquefois nous sommes si convaincus de cette idée que nous nous obstinons à rechercher une réponse qui nous échappe constamment, et nous allons même parfois dans ce processus jusqu'à attraper des ulcères d'estomac. En fait, certaines questions admettent une réponse et d'autres pas. Avant de nous lancer frénétiquement à la recherche d'une réponse, nous devrions bien savoir et comprendre ce qui est demandé.

Qu'est-ce qu'une question possible à résoudre? C'est essentiellement une question dont la réponse est trouvable par observation du monde empirique. La réponse est basée sur des observations ou des inférences que n'importe qui dans la position et avec la possibilité d'observer peut vérifier. Ainsi les scientifiques essaient généralement de poser des questions auxquelles ils croient possible de donner une réponse. Ensuite, par observation du monde empirique, ils tentent de trouver des réponses. Une question telle que « Combien y a-t-il de pages dans ce volume? » a une réponse possible. Tout ce que nous avons à faire pour trouver celle-ci est de compter les pages, et si nous voulons vérifier la réponse nous demandons à quelqu'un d'autre de compter aussi. Si nous sommes tous les deux d'accord, la réponse est possiblement très correcte parce que nous avons trouvé cette dernière en comptant, c'est-à-dire en nous servant d'un moyen du monde empirique. La question « Ce volume vous sert-il comme volume de base dans votre cours de communication interpersonnelle? » est également une question possible à résoudre, car la réponse est vérifiable assez concrètement. Nous pouvons aller voir le professeur et vérifier auprès de lui.

Les questions qui n'ont pas de réponses dans le monde empirique — réponses qui ne peuvent être obtenues par des observations — sont des questions impossibles à résoudre. Cela ne signifie cependant pas qu'elles n'ont pas de réponse. En fait, ces questions ont habituellement plusieurs réponses, mais ces réponses sont souvent différentes et elles ne sont pas basées sur des observations. Les réponses à ces questions viennent du monde symbolique. Elles sont habituellement de deux genres: (1) les questions de valeurs ou de jugements, pour lesquelles les réponses se trouvent dans l'esprit et l'intellect des gens, dans leur système de valeurs et de croyances; et (2) des questions de définitions pour lesquelles nous trouvons des réponses dans les classifications verbales communes aux gens.

QUESTIONS DE
VALEURS ET DE
JUGEMENTS

Pensons par exemple qu'on vous demande si ce volume est intéressant ou non; en fait, qu'importe la quantité d'observations de toutes sortes que vous ferez sur ce livre, le nombre de pages que vous comptez ou la qualité du papier que vous aimez ou non, rien de cela ne vous aidera réellement à donner une réponse à cette question. Votre réponse doit être basée sur votre jugement et vos valeurs personnelles. Prenons une autre question comme « Dieu existe-t-il? » Voilà encore une question à réponse impossible. Nous ne pouvons y apporter de réponse par l'observation directe. Nous savons toutefois que des millions de gens répondent à cette question de mille et une façons. Ce qui est à noter, cependant, c'est que ces réponses viennent du monde symbolique. Elles sont issues des valeurs religieuses sur lesquelles les gens ont choisi d'être d'accord. De nombreuses personnes arrivent à des réponses différentes et cela explique sans doute que nous ayons des dizaines de religions. « La sexualité prémaritale est-elle mauvaise? » est encore un genre de question à réponse impossible. Beaucoup de gens y donnent des réponses différentes. Un accord total entre les gens est difficile sinon impossible à atteindre, parce que nous n'avons pas une question à réponse possible.

Une grande controverse survint dans l'Église catholique au moyen âge au sujet « du nombre d'anges qu'il était possible de faire tenir au bout de la tête d'une épingle ». Plusieurs textes furent écrits sur ce sujet jugé fort grave à l'époque. Les gens s'attaquèrent violemment entre eux, avancèrent sérieusement leurs points de vue et même « prouvèrent » qu'ils avaient raison. Évidemment, on ne régla jamais la question. Beaucoup de peine et d'énergie auraient pu être épargnées si chacun s'était rendu compte que c'était là une question à réponse impossible dans ce genre de cas. Plusieurs spéculations peuvent toujours être faites, mais les conclusions de ces spéculations ne doivent pas être prises pour la Vérité, puisque les réponses ne se retrouvent que dans l'esprit des gens qui les amènent et dans leur argumentation, mais non dans les faits. Cela s'est produit au moyen âge et peut-être avons-nous tendance ici à vouloir en rire, mais pensons à toutes les controverses actuelles qui animent constamment nos vies et viennent souvent inutilement gâter notre bien-être.

Certaines personnes argumentent actuellement sur l'existence ou non de la vie sur la planète Mars. Jusqu'à ce que nous ayons de meilleurs faits et observations que maintenant, la question, telle qu'elle est formulée, est impossible à résoudre. Cela ne signifie pas que nous devions arrêter de la poser. Cela signifie que les réponses censément objectives de certains devraient être sujettes à caution, et que nous ne devons pas être fâchés de voir quelqu'un arriver à une réponse différente de la nôtre. Nous devrions plutôt essayer de trouver ce qui amène chacun à des réponses différentes. Cela signifie qu'en ayant une meilleure compréhension de ce qui amène la différence, nous comprenons un peu mieux le phénomène lui-même et nous pouvons vérifier les inférences que nous avons faites de part et d'autre pour arriver à croire à nos réponses. Nous pourrons par exemple, dans le cas présent, vérifier ce que chacun entend par le mot « vie ».

QUESTIONS DE DÉFINITIONS

Les questions de définitions sont liées à la *signification* que nous attachons aux mots. Elles renvoient à notre manière arbitraire de classifier les choses. Prenons les questions suivantes: « La photographie est-elle un art? » ou « Les combats de taureaux sont-ils un sport? » En fait, que la photographie ou la tauromachie coïncident avec votre définition de l'art ou du sport, la réponse est essentiellement verbale, car les définitions sont verbales. Qu'importe l'examen attentif que vous pouvez faire d'une photo, il n'amènera pas une réponse à la question. Ceux ou celles qui rejetteront votre classification ou les valeurs impliquées par vos définitions ne seront probablement pas d'accord avec votre réponse.

Les questions de classification et de définition se retrouvent souvent dans le monde légal. Une librairie est-elle comme une tabagie? (Si oui, la loi permettait à la librairie de rester ouverte le soir et les fins de semaine mais l'obligeait à vendre des cigarettes!) Un bar est-il un cabaret? (Le permis de boisson est le même, mais les taxes et les restrictions ne sont pas les mêmes!) Une grève du zèle ou une grève perlée sont-elles des grèves? (Certaines lois interdisent parfois les grèves!) En fait, les réponses à ces questions sont toujours importantes, même si elles sont arbitraires, car elles impliquent le respect ou la transgression de la loi.

Théoriquement, le processus par lequel nous arrivons à des définitions verbales est assez simple. Prenons la catégorie générale X et disons que pour être classifié comme X, un objet doit avoir les caractéristiques a, b et c. Ensuite prenons un objet en particulier. Nous l'inspectons et nous constatons qu'il a les caractéristiques a, b et c. Nous pourrons dire alors que l'objet est un X. Mais si nous avions décidé initialement que pour être un X, un objet devait avoir les caractéristiques a, b, c et d, l'objet particulier que nous venons d'inspecter ne serait pas un X. En somme, la décision de savoir quelles caractéristiques doivent être incluses dans la catégorie est une décision verbale et, à la question « qu'est-ce que ceci? », il est impossible de répondre dans le sens absolu des choses.

Nos postulats cachés   Notre comportement est le produit d'un système compliqué; celui-ci inclut nos observations personnelles, des inférences basées sur nos observations personnelles, des inférences basées sur les observations des autres et nos inférences basées sur les valeurs et les croyances généralement acceptées par les autres. En général, ces croyances et ces valeurs sont souvent appelées *postulats*. Nous pouvons aussi parler de principes. Les postulats renvoient aux choses que nous croyons vraies ou fausses. Il est difficile de distinguer les inférences des postulats parce que les verbes « inférer » et « postuler » sont souvent utilisés de façon interchangeable. Toutefois, les postulats sont différents des inférences en ce qu'un postulat est une croyance généralisée à propos de quelque chose, alors qu'une inférence est issue d'un énoncé donné à propos de quelque chose. Par exemple, nous pouvons *postuler* que tous les avocats sont riches. Si nous connaissons Marc Tremblay, avocat, nous pouvons certes *inférer* qu'il est riche, mais n'oublions pas que notre inférence à propos de Marc est basée sur le postulat que nous faisons à propos des avocats en général.

Les postulats sont issus généralement du monde symbolique. Pourquoi prenez-vous ce cours sur la communication interpersonnelle? Vous avez sûrement plusieurs raisons pour vous y être inscrits. Peut-être le cours est-il obligatoire dans votre programme, peut-être avez-vous entendu dire que c'était un cours intéressant, peut-être croyez-vous, avec ce cours, obtenir facilement une très bonne note qui améliorera votre dossier, peut-être le professeur est-il populaire à cause de son style d'enseignement, etc. Votre comportement — votre inscription au cours — est le produit de certaines croyances, certains postulats, certains risques qui, croyez-vous, vous sont favorables. Comment vous êtes parvenu à ces croyances, postulats et risques est pour beaucoup le résultat d'un processus symbolique, lequel est composé et s'est effectué à travers ce que d'autres vous ont peut-être dit, d'une part, et votre propre système de valeurs, d'autre part.

La revue *Scientific American*[4] a publié il y a quelques années un article sur la peste noire qui frappa l'Europe dans les années 1348-1350. Cet article tentait d'analyser le climat social et les croyances des gens à cette époque. D'abord il faut se rappeler qu'en ce temps-là les gens ne savaient pas que la peste était causée par un microbe transporté par certains rats. Ainsi la cause du mal était inconnue, mais les effets, eux, étaient désastreux (des milliers de morts) et une peur considérable, voire une panique accompagnait l'épidémie. Dans ce contexte, les gens pensaient et agissaient

4. William L. Langer, « The Black Death », *Scientific American*, vol. 210, n° 2, 1964.

selon certains postulats: (1) les gens très religieux croyaient à un fléau envoyé par Dieu, une punition à la race humaine et tenaient particulièrement certains (les Jona) comme responsables. En conséquence, ils cherchaient à attraper ces gens et à les massacrer. Ce qu'ils firent pour un grand nombre. (2) Plusieurs gens croyaient et présumaient que la peste était causée par les gens vivant dans les quartiers pauvres; alors, en raison de cette présomption, ils brûlaient des quartiers entiers de certaines villes. (3) Enfin, un autre groupe de gens, croyant qu'il n'y aurait aucun lendemain à cette catastrophe et que tous allaient y passer, fuyaient les lieux les plus touchés pour se rendre quelque part où ils buvaient, mangeaient et fêtaient abondamment en attendant la fin.

Pourquoi se poser des questions sur le comportement des gens pendant les années que dura cette peste au moyen âge? Afin d'essayer de trouver là certains parallèles aux genres de postulats qui influencent *aujourd'hui* notre société et notre culture. Le genre d'étude que nous venons de mentionner vise donc la compréhension des postulats à partir desquels les gens agissent. *Pour comprendre le comportement des gens, il est utile de connaître leurs postulats.* Plus encore, il faut savoir faire des postulats intelligents, si nous voulons nous comporter de façon intelligente.

Par exemple, si je postule que je peux voler comme un oiseau et que, sur la base de ce postulat, je saute sans parachute d'un vingtième étage, je me retrouverai sûrement à l'hôpital, si ce n'est au cimetière. Mon postulat n'est pas bon, de là ce comportement assez dommageable pour moi-même. Avant de sauter il aurait été sage de vérifier la validité de mon postulat. Cependant, vérifier la validité d'un de nos postulats nécessite évidemment d'être d'abord consient que nous agissons en vertu d'un postulat.

SYSTÈMES DE CROYANCES ET D'ANTAGONISMES

Selon le psychologue social Milton Rokeach[5], nous avons tous (en nous-même) un système composé des choses « connues » et avec lesquelles nous sommes d'accord, soit tous les informations, biais, préjugés et croyances que nous avons accumulés depuis notre naissance. C'est ce que Rockeach appelle notre « système de croyances ». Mais nous avons aussi, intérieurement et parallèlement à ce système, un « système négatif » du même genre, c'est-à-dire un système composé de toutes les choses avec lesquelles nous ne sommes pas d'accord, un système que nous pourrions appeler un « système d'antagonismes ».

Basée sur ce système de postulats, une grande partie de notre vie est consacrée à fortifier toutes les croyances qui le composent et à essayer de s'adapter aux choses qui sont contraires à ce système. Par exemple, nous pouvons croire en Dieu, avoir une certaine foi et appartenir à une Église donnée. Cela est notre système de croyances par rapport à la religion. Il est basé sur et composé de plusieurs postulats à propos de la vie, de la mort, de Dieu, de la relation de l'homme avec Dieu, des relations des hommes entre eux, à propos des Églises organisées, et tout cela fait possiblement partie de façon plus ou moins consciente et articulée de notre

5. Milton Rockeach, *The Open and Closed Mind*, New York, Basic Books, 1960.

monde symbolique. Pour sa part, notre système d'antagonismes inclura probablement les autres religions auxquelles nous n'adhérons pas, l'athéisme, etc. Ces croyances et antagonismes proviennent habituellement du monde symbolique. Nous les avons acquis et développés à travers nos parents, par les écoles et les églises que nous avons fréquentées, par nos gouvernements, nos amis, les livres, les films et même par les lieux géographiques où nous avons vécu et où nous vivons actuellement. Si nous sommes nés en Amérique du Nord, par exemple, nous partageons certainement une foule de postulats semblables aux autres gens de ce continent. Ainsi, même s'ils peuvent être remis en question, certains postulats concernant la nécessité de la liberté, des droits civils et de la démocratie sont quand même fondamentalement partagés.

Rockeach dit aussi, par rapport à ces systèmes, que nous ne pouvons avoir plus ou moins « l'esprit ouvert » ou plus ou moins « l'esprit fermé ». Avoir « l'esprit ouvert », selon lui, implique que nous soyons ouverts à de l'information contraire à notre système de croyances. Autrement dit, vous pouvez croire que la marijuana est bonne à fumer, mais si vous êtes disposés à écouter des informations qui apportent des arguments contraires et négatifs à ce sujet, vous avez l'esprit ouvert. En fait, si vous pouvez aller chercher et écouter des gens qui ont des points de vue différents du vôtre, vous avez un esprit ouvert. Combien de gens lisent un journal ou un magazine qui reflète une orientation politique ou sociale différente de la leur? Combien de libéraux réussissent à écouter un conservateur (et vice-versa) sans se boucher les deux oreilles mais en prêtant vraiment attention à ce que l'autre a à dire?

Si nous pouvons admettre que *tous*, nous opérons à partir d'un système de postulats que nous n'identifions peut-être même pas et qu'en plus nous admettons que les postulats de quelqu'un d'autre peuvent être valables, alors nous pouvons dire que nous avons l'esprit ouvert.

IDÉALISATION, FRUSTRATION, DÉMORALISATION — LE SYNDROME IFD

Nous venons, dans les paragraphes précédents, de développer l'idée que nos comportements étaient souvent issus de nos postulats, mais, très souvent aussi, les *sentiments* que nous développons à propos de nous-même, des autres et du monde sont issus de postulats que nous avons à propos de nous-même, des autres et du monde. Ainsi, lorsque nous planifions une carrière, une fête ou simplement une soirée au cinéma, la plupart du temps nous avons des idées et des attentes à propos de ces événements. Nous nous attendons à réussir dans la carrière que nous choisirons, nous espérons que la fête sera amusante et réussie, et que nous aurons du plaisir, et nous allons au cinéma en espérant de passer une bonne soirée et de voir un film qui nous plaira. Ce genre d'attente constitue une phase *d'idéalisation*. Nous rêvons, car nous sommes humains et notre langage (intériorisé) sert d'abord à nous parler à nous-mêmes, à faire des prédictions. Ainsi, nous nous communiquons à nous-mêmes l'importance d'une rencontre, nous nous décrivons le plaisir que nous aurons à faire telle ou telle chose. Nous rêvons éveillés. Nous savourons d'avance. Par exemple, si nos attentes touchent une nouvelle amitié, nous pourrons nous faire beaucoup d'idées agréables sur ce que cette relation sera et nous amènera, nous pouvons même nous la représenter dans le futur comme une relation stable. À cette phase d'idéalisation, notre imagination se libère et, pour reprendre le langage que nous utilisons dans ce volume, nous nous mettons à cartographier le territoire à découvrir. Alors vient le moment où la rencontre en question se fait, où nous allons voir le film choisi, où nous sommes à la fête anticipée et… ce n'est pas tout à fait ce à quoi nous nous attendions. Dans certains cas c'est même un échec ou une déception monumentale.

Lorsque ceci se produit, nous arrivons évidemment à la phase de *frustration*. Arrivés à cette phase, il est possible alors que nous soyons agacé par tout ce qui est perçu comme la cause de notre frustration. En fait, nous rejetons la faute sur les autres ou sur la situation. Nous pouvons même éprouver un sentiment d'échec personnel parce que nous ne sommes pas aussi bon que nous le pensions.

Nous sommes alors mûr pour la phase de *démoralisation*. Celle-ci se manifeste quand nous avons le sentiment qu'il n'y a plus rien à faire, qu'il n'y a plus d'espoir et que nous sommes personnellement un échec total. « Je ne peux jamais me faire d'ami; tout le monde me rejette. » Et nous arrivons même à trouver dans notre environnement des preuves sinon des gens qui ne nous aiment pas.

Qui n'a jamais été déprimé? La déprime est un sentiment assez commun; elle est souvent issue d'une comparaison entre nos idéalisations, nos attentes à propos du futur et de nous-même, et la réalité perçue d'une situation. Plus le fossé est large entre nos idéalisations et ce qui nous arrive, plus nous aurons tendance à déprimer. Ainsi, si nos exigences envers nous-mêmes ne peuvent être satisfaites, il est fort possible que la frustration, la haine ou un certain sentiment de démoralisation nous envahisse. En termes plus simples, plus nos buts personnels sont irréalistes, plus nous avons de chances d'être désappointé.

Mais d'où tirons-nous ces buts à atteindre? D'où nous vient l'idée qu'il nous faut absolument obtenir un A ou un B dans toutes nos notes scolaires? D'où nous vient l'idée que notre vie sociale sera un immense succès? Ici encore, elles nous viennent en grande partie de nos postulats, lesquels sont issus possiblement de nos expériences antérieures dans le monde empirique, mais surtout avec le monde symbolique, c'est-à-dire ce que nous lisons, ce que nous entendons ou voyons à la télévision ou au cinéma, ce que charrie la publicité dans laquelle nous baignons partout. Utilisez ce shampooing et rencontrez l'homme de votre vie. Propagande. Slogans. Mots. En somme, du langage que nous croyons souvent, et à partir duquel nous agissons sans avoir vraiment vérifié sa validité.

Le syndrome IFD, selon notre point de vue, est essentiellement un « mal de mots » ou un mal dû aux vicissitudes du langage. Il est un mal parce que notre monde symbolique est souvent pollué par des promesses ou prédictions irréalistes. Ce qu'un publiciste nous demande d'acheter et nous promet, il ne peut en réalité nous le garantir. Ce que la propagande de certains politiciens et démagogues nous promet ne peut la plupart du temps nous être donné, car les mots ne représentent en fait qu'un monde illusoire.

En relation avec le syndrome IFD, lorsque notre expérience ne correspond pas à nos attentes, deux réactions sont possibles. Nous pouvons soit changer notre expérience, soit changer nos attentes. Par exemple, si nous voulons être l'étoile de l'équipe de volley-ball du collège mais que nous ne réussissions pas à faire l'équipe, nous pouvons nous entraîner encore et encore pour améliorer notre performance, mais nous pouvons aussi diminuer nos attentes et décider tout simplement de jouer au volley-ball pour le plaisir. Le problème ici est encore de déterminer la validité de nos postulats. D'où nous vient le postulat que nous pouvons joindre l'équipe? Est-ce un rêve, une ambition dépourvue de réalité? Est-ce une idée venant des autres, et ces autres sont-ils vraiment capables d'évaluer objectivement nos capacités dans ce sport? Certaines personnes vous ont-elles dit qu'il était facile de se joindre à l'équipe? Ces personnes savaient-elles de quoi elles parlaient?

Ce dont nous parlons ici est la nécessité et le besoin d'être conscient que nous agissons à partir de postulats. Nous devons connaître ces postulats et principes et leur provenance de façon à évaluer leur validité. Certains postulats ou principes qui furent bons et valables à un moment donné ne le sont peut-être plus, à moins qu'ils ne soient consciemment réévalués. Nous pouvons continuer à faire des choses devenues inutiles pour nous-mêmes ou pour les autres. À moins que nos idéalisations ne soient vérifiées par notre évaluation de la validité des postulats sur lesquels elles sont fondées, nous courons le risque de rencontrer frustration et démoralisation.

POUR ÉVITER LES PIÈGES

Voici un certain nombre de façons dont nous pouvons analyser de manière un peu plus critique notre propre communication et celle des autres. Elles sont basées sur différentes idées, mais ces idées ont toutes comme dessein commun de structurer davantage notre langage. Qu'elle soit d'approche un peu plus scientifique, journalistique ou sémantique, notre utilisation des symboles et du langage mérite que nous nous y attardions un peu pour éviter de tomber dans les pièges discutés précédemment.

Une approche plus scientifique

DÉCRIRE

Un énoncé comme « Il boit beaucoup » ou « Elle est une mauvaise enseignante » n'est pas une description, mais une évaluation. Pour rendre ces mêmes énoncés plus descriptifs, nous devrions montrer ce que la personne fait — « Au party, il a bu huit verres de scotch » ou « Elle n'explique jamais assez et elle m'a coulé à mon examen » — lesquelles observations ont en fait directement contribué à nos évaluations. En termes scientifiques, c'est ce qu'on appelle une *définition opérationnelle*. Une partie de celle-ci consiste à décrire ce qu'une autre personne pourrait également observer et à laisser de côté les jugements de valeurs. D'ailleurs, un énoncé évaluatif en dit souvent plus long sur la personne qui porte le jugement que sur le sujet lui-même. « Il boit beaucoup » exprime notre système de valeurs au sujet de l'alcool, mais sans toutefois expliciter que l'individu dépasse la norme que nous croyons correcte; cela traduit donc quelque chose de nous-mêmes. Pour décrire, nous devons essayer de nous en tenir le plus possible aux faits. Afin, nous le répétons, qu'une autre personne ne partageant pas notre système de valeurs puisse elle aussi observer les faits. Comme un bon expérimentateur le sait, il y a toujours danger de biaiser une expérience simplement à cause des observations à effectuer. Werner K. Heisenberg, un physicien renommé, disait que toute expérimentation scientifique pouvait être dénaturée simplement par le fait que des observations sont faites. Soyons conscients de cela aussi au niveau du langage. Nous avons tendance à nous immiscer dans chacune de nos observations et, de là, dans nos énoncés sur les gens et les choses.

QUANTIFIER

Il est souhaitable de penser et de parler en termes de quantités plutôt qu'en termes abstraits et ambigus. Que veut dire « loin » quand nous disons d'un ami qu'il n'habite pas loin? Que veut dire « épicé » lorsque nous parlons d'un mets épicé? Que veut dire « dispendieux » ou « fragile » lorsque nous parlons de certains objets?

Nous ne pouvons suivre une recette de cuisine seulement avec des termes vagues, et un ingénieur ne construit pas un pont pour supporter « plusieurs voitures ». Néanmoins, nous essayons souvent de travailler avec d'autres gens et de nous comprendre en décrivant notre monde personnel à l'aide de termes vagues — « plusieurs », « quelques », « certains », « lourd », « grand », « gros », « bientôt », ou « j'arriverai de bonne heure ». L'ambiguïté de notre langage, ajoutée au fait que chacun de nous a son horloge, son thermomètre et ses autres mesures personnelles (subjectives), engendre souvent une confusion inutile.

PERSONNIFIER

Notre communication est imprégnée, que nous le voulions ou non, et toujours dans une proportion plus ou moins grande, de notre « touche personnelle », de notre moi. (Moi, je crois que…, Pour moi…) Notre langage est l'expression rendue des choses perçues. « C'était un bon film », par exemple, est un énoncé de l'effet qu'a produit un certain film sur nous. Étant donné que nous utilisons alors des critères personnels mais non nécessairement partagés par les autres, il est important de se rappeler que c'est là un énoncé personnel, même si nous ne le disons pas explicitement par des expressions comme « Pour moi… » ou « Selon mon opinion… ». Ainsi, si nous affirmons de façon péremptoire que les chiens sont de bien meilleurs animaux domestiques que les chats, il ne faut pas se surprendre si des gens commencent à argumenter avec nous sur ce sujet. C'est pourquoi il est très utile d'insérer dans notre langage: « c'est là mon opinion » ou « mes goûts ».

Lorsque nous utilisons des jugements de valeurs, il est approprié de se rappeler que ce sont là des jugements qui n'appartiennent qu'à nous. Les autres ne sont pas nécessairement d'accord avec nos évaluations de ce qui est bon, mauvais, chaud, froid, sincère, souple, salé, honnête, beau ou riche.

CLARIFIER

Un autre comportement verbal qu'il ne faut pas avoir peur de pratiquer est de demander aux autres ce qu'ils veulent dire par un mot, une expression. Évidemment, il faut aussi s'attendre et permettre que les autres fassent la même chose avec nous. Cela signifie, entre autres, que nous ne devons pas nous gêner de demander aux autres les significations non seulement des mots bizarres qu'ils emploient, mais aussi celles qu'ils accordent à des mots aussi communs que grand, petit, gros, bientôt, tard, honnête, penser, voir, entendre. Il est fort possible qu'un mot utilisé par quelqu'un évoque pour nous une image très différente de celle de la personne qui l'utilise. Si nous nous rappelons que les mots ont plusieurs significations, qui varient selon l'utilisateur, nous verrons sans doute souvent à obtenir des clarifications de la part des autres comme nous devrons souvent, sans doute aussi, donner des définitions claires aux autres.

Une approche journalistique: poser des questions

Une autre façon d'examiner de manière un peu plus critique nos communications est d'emprunter quelques éléments à l'approche journalistique traditionnelle et de poser des questions. Bien que les questions qui suivent soient écrites comme si nous recevions la communication, il est certain que nous pouvons faire les mêmes vérifications lorsque c'est nous qui envoyons les messages.

QUI PARLE?

Est-ce quelqu'un qui a pu directement observer les choses ou simplement quelqu'un qui en a entendu parler? La personne a-t-elle un parti pris dans sa manière de rapporter les choses? La personne fait-elle des énoncés de faits ou porte-t-elle des jugements? Jusqu'à quel point ses sources d'informations sont-elles fiables? Autrement dit, qui a fait les observations sur lesquelles l'information est basée?

QUE DIT LA PERSONNE?

La personne utilise-t-elle les mots et les symboles avec les mêmes significations que nous? Quel est le contenu évident et concret du message? Qu'est-ce qui n'est pas clair ou apparent dans le message? Il est important de regarder d'un oeil critique la substance du message en termes de mots et de langage utilisés ainsi que de bien vérifier les significations qui sont attachées à ces mots et à ce langage.

QUAND LA PERSONNE A-T-ELLE OBSERVÉ LES FAITS QU'ELLE RAPPORTE?

Que veut dire récemment ou il y a longtemps? L'information est-elle directe, de première main ou par personne interposée? Le « quand » de ce que cette personne nous communique a-t-il une place importante dans le message communiqué?

OÙ LA PERSONNE ÉTAIT-ELLE LORSQUE LA CHOSE OU L'ÉVÉNEMENT S'EST PRODUIT?

Est-ce que ce sont des observations personnelles qui nous sont transmises? La personne était-elle impliquée dans l'événement? De plus, l'endroit où une personne choisit de nous communiquer quelque chose, c'est-à-dire si elle le fait en groupe, en face à face, en privé ou en public, peut être un facteur significatif dans la communication.

POURQUOI LA PERSONNE NOUS INFORME-T-ELLE DE CERTAINES CHOSES EN PARTICULIER?

Quel est le but visé, quel résultat sera obtenu par cette personne en nous communiquant cette information ou ce message? Y a-t-il des actions requises ou des attentes particulières liées à ce message? Le message ou l'information devaient-ils absolument être transmis?

COMMENT LA
PERSONNE
COMMUNIQUE-T-ELLE?

Est-ce qu'il y a quelque chose au-delà des mots, dans le message communiqué? La personne est-elle consciente de ce qu'elle communique au-delà des mots et de son langage proprement dit? L'information est-elle de bonne source? Comment savons-nous que ce que la personne nous communique est exact?

Une approche sémantique générale

Dans le développement d'un système ajusté du langage, ce qui s'appelle la sémantique générale, Alfred Korzybski[6] a postulé un continuum « extension-intension » que nous-mêmes nous appelons ici le continuum symbolique-empirique. Korzybski a parlé de cinq moyens techniques pour aider les gens à rendre leur langage plus près du monde empirique, c'est-à-dire plus près de la réalité et plus exact. Il recommande d'utiliser soit ouvertement, soit silencieusement ces moyens quand nous communiquons avec les autres et même lorsque nous réfléchissons à notre communication.

DATER

D'abord il est fort pertinent d'utiliser des dates dans nos communications, que ce soit mentalement pour se le rappeler à soi-même, ou explicitement pour rappeler aux autres que les choses changent avec le temps. Effectivement, si les gens et les choses sont en changement, il est alors important d'indiquer notre compréhension de ce processus, sinon nous avons tendance à croire trop facilement que tout est statique. Personnellement, vous n'êtes pas *aujourd'hui* la même personne que vous étiez en 1975. La reconnaissance de cette différence est importante pour vous-même comme pour les autres. Nous avons tendance à réagir face à quelqu'un que nous n'avons pas vu depuis longtemps comme si cette personne n'avait pas changé et nous-mêmes n'avions pas changé. Un ex-détenu sait très bien ce que c'est de se sentir traqué par des gens qui agissent comme si la vie n'évoluait pas et qu'ils ne changeaient jamais. Nous reconnaissons pourtant bien la nature du changement lorsque nous cherchons à nous procurer une nouvelle carte routière, un annuaire, une liste d'adresses qui soit à jour. Nous ne penserions pas planifier un voyage touristique à partir d'une carte routière vieille de 20 ans. Nos références verbales devraient viser à être de même, car les phénomènes et les gens de notre environnement ont aussi besoin d'être révisés. Être conscient de ce que nous venons de dire, donc « dater » nos expériences, devrait se refléter dans notre langage.

INDEXER

Rechercher les différences entre les supposées similitudes. Nous pouvons éviter les stéréotypes, distinguer ce qui semble pareil, adoucir nos attitudes et réduire notre dogmatisme en faisant un effort conscient pour ne pas tout mettre ensemble dans le même panier ce qui a l'air semblable en surface. Cette pratique est ce qu'on appelle « indexer ». Nous devons nous rappeler que dans le monde empirique il n'y a jamais deux choses identiques et essayer de nous en tenir le plus possible au monde des différences. La

6. Alfred Korzybski, *Science and Sanity*, Lakeville, Conn., The International Non-Aristotelian Library, 1958.

structure de notre langage devrait autant que possible représenter ces différences comme nous les percevons, même si l'abstraction entre en ligne de compte. Ainsi un nom générique est-il parfois utile (ex.: professeur-étudiant), mais il est aussi essentiel de marquer souvent les différences et d'indexer (soit, professeur X, professeur Z ou étudiant X, étudiant Z), car chacun a ses qualités différentes.

ET CETERA Ce petit moyen technique, s'il s'avère parfois impropre, n'en demeure pas moins très utile pour marquer l'idée que nous ne pouvons tout dire. De là la pertinence de l'utiliser souvent dans le langage parlé. Korzybski suggère que nous reconnaissions bien les limites de nos observations et souligne que l'utilisation de ce procédé aide à indiquer plus clairement que nous laissons des choses de côté. Par exemple, « Qui s'instruit s'enrichit » devrait probablement être suivi d'un « etc. », tout aussi bien après le mot « instruit » qu'après le mot « enrichit », car s'instruire n'est certainement pas le seul facteur qui produit l'enrichissement, comme l'enrichissement n'est certainement pas le seul résultat lié à l'instruction. En somme, ces formules lapidaires sont dangereuses. Dans la même veine nous devons nous méfier des « toujours », « jamais », « tout le monde », etc.

METTRE ENTRE GUILLEMETS Ce moyen peut nous rappeler que les mots sont utilisés de façon personnelle, et que toutes les significations ne sont possiblement alors pas couvertes. Les mots très abstraits sont souvent mis entre guillemets par les auteurs lorsque leur signification est particulière ou spécialisée, et que l'auteur veut attirer l'attention sur ce fait. L'utilisation de guillemets dans notre façon de penser et de parler nous aide à nous rappeler que nos significations sont peut-être, dans certains cas, différentes de celles données par d'autres. Il n'est pas rare, d'ailleurs, de voir les gens faire un geste avec les doigts des deux mains dans les airs pour indiquer à leurs auditeurs qu'ils emploient là un mot dans un sens particulier. Par exemple, nous dirons souvent quelque chose comme «Elle a dit qu'elle serait là (ouvrir les guillemets) de bonne heure (fermer les guillemets) », pour indiquer et marquer le mot dans le contexte; d'ailleurs, dans le langage verbal, nous pouvons obtenir le même résultat avec un mot ou une locution en l'accompagnant d'une expression faciale particulière.

La « vérité » pour vous peut ne pas être la « vérité » pour un autre. Des mots tels que «réalité », « preuve », « crime », « Dieu », « éducation », « liberté » évoquent certainement des significations différentes pour chacun et chacune de nous. L'utilisation de ces mots peut, en plus, refléter une signification différente en vertu de leur utilisation historique ou chronologique. Ainsi, en sciences, les « vérités » d'aujourd'hui ne sont pas nécessairement les mêmes qu'au temps de Newton ou de Galilée.

UTILISER LES TRAITS D'UNION Les traits d'union, contrairement au mot union, indiquent que nos mots divisent souvent le monde en deux parties qui s'opposent. Cela est souvent inapproprié. Ce moyen aide néanmoins à éviter une polarisation trop marquée de notre langage et de notre pensée, lesquels ont facilement tendance à tout diviser en opposés. Bon-mauvais, corps-esprit, espace-temps avec un trait d'union sont peut-être une manière d'indiquer une relation entre les termes sans faire de dichotomie, car ils nous aideront à percevoir une complémentarité des termes plutôt que leur exclusion réciproque. Notre langage est accablé par tous ces points de vue et approches dichotomiques qui divisent tout en catégories mutuellement exclusives ou compétitives. Avec nos étiquettes et notre langage, nous tombons facilement dans le piège de diviser le monde entre « c'est ceci ou cela », entre blanc ou noir, sans laisser de place pour le gris. Pourtant si nous voulons indiquer un statut ou les qualités de quelqu'un ou d'un groupe, il n'est pas rare d'utiliser maintenant des termes et des expressions comme « socio-économique » ou « psycho-social ». Cette façon d'écrire les termes (même si maintenant ils sont souvent fusionnés en un seul mot) permet d'attirer l'attention et de reconnaître à la fois que les qualités ou éléments « sociaux » interagissent avec les qualités, éléments et facteurs « économiques » ou « psychologiques » et ne doivent plus être considérés comme opposés.

L'IDENTITÉ DES PERSONNES ET DES CHOSES

Un des procédés les plus inutiles de notre langage est de parler comme si les choses, les gens ou les événements possédaient des qualités intrinsèques. La structure du langage nous oblige souvent à identifier, c'est-à-dire à décrire les qualités des choses pour ensuite réagir à ces choses sur la base de ces étiquettes. Le verbe « être », en ce sens, représente souvent une solution facile. Nous dirons « Jean est paresseux », laissant supposer alors que « Jean possède en lui-même une qualité appelée paresse ». Cela cache en réalité le fait que cet énoncé ne représente que notre perception de Jean et, en outre, qu'une parmi toutes les choses à son sujet. Mais alors, si nous ne devons pas utiliser le verbe être dans cette phrase, que pouvons-nous y substituer pour rendre compte plus exactement de la réalité de cette situation? En définitive, un énoncé représente ou devrait représenter notre perception de quelqu'un. « Jean me semble paresseux » serait déjà, croyons-nous dans l'approche sémantique suggérée ici, un meilleur énoncé, car il ne traduit pas une certitude absolue toujours impossible à atteindre, mais notre tentative personnelle de refléter quelque chose. Nous sommes alors nous-mêmes conscients comme observateurs ou observatrices que nous parlons de *notre perception* de Jean, et non de comment il « est en réalité ». Un énoncé encore plus descriptif du comportement de Jean devrait cependant fournir encore plus d'informations, c'est-à-dire les observations nous ayant amenés à évaluer ainsi son comportement. Autrement dit, émettre par exemple que « Jean ne veut jamais sortir les déchets et que cela m'ennuie » fournit des informations plus concrètes et est davantage exact, tout en spécifiant comment ce comportement m'affecte. Cela implique aussi que le comportement ne-pas-sortir-les-poubelles n'est qu'un comportement particulier et ne représente pas nécessairement toute l'attitude ou tous les comportements de Jean. D'autre part, l'étiquette « paresseux », à elle seule, implique que c'est comme cela que Jean est et qu'il ne peut être autre ou agir autrement.

Évidemment, « Jean est paresseux » est plus facile et rapide à dire que « Jean ne sort jamais les déchets et cela m'ennuie ». Par contre, considérant la complexité de tout être humain et la complexité de la plupart des transactions interpersonnelles, de tels énoncés d'identité, aussi pratiques soient-ils, n'apparaissent que comme des sursimplifications de ce qu'ils représentent, et nous induisent donc en erreur.

Apprendre à donner et à recevoir des rétroactions

Un des éléments essentiels pour réduire les barrières de la communication est sans contredit savoir faire un usage optimum des rétroactions.

Nous avons tous besoin de nous exercer à donner des indications claires sur la façon dont nous recevons les messages, comme nous devons aussi nous entraîner à observer comment les autres réagissent et répondent à nos propres messages.

Pour commencer, disons que tout être humain a besoin de contacts et de relations interpersonnelles. Tous les gens dans une institution, une organisation ou ailleurs n'opèrent jamais dans un vacuum. Même un ermite retiré dans sa montagne a un certain contact avec l'environnement; s'il communique peu verbalement, il reçoit tout au moins, lorsqu'il a faim ou froid, des rétroactions internes qui l'incitent à s'ajuster à son environnement.

Évidemment, peu de gens sont des ermites. Par contre, pour les mêmes raisons et pour beaucoup d'autres, chacun doit s'ajuster aux messages qu'il reçoit continuellement des gens et de l'entourage. Certes le nombre de messages que nous envoyons et que nous recevons peut varier. Notre habileté à réagir de façon appropriée à quelqu'un peut aussi varier d'une personne à l'autre. Dans cette veine, nous apprenons à identifier les gens qui peuvent envoyer des messages clairs, les gens qui peuvent réagir correctement à ce que nous leur disons, les gens capables de saisir une information complexe, ou ceux qui ont de la difficulté à s'ouvrir à de nouvelles idées. Une grande partie des habiletés nécessaires à une bonne performance scolaire est liée, par exemple, à la capacité de bien recevoir et de bien donner des rétroactions. Une personne compétente à ce niveau réussit souvent à saisir mieux les indices donnés par les professeurs et améliore ainsi son rendement. À l'opposé, un professeur doit aussi être compétent à ce niveau et répondre à un indice de non-compréhension dans le visage d'un étudiant en demandant à celui-ci « ce qui n'est pas clair dans ce qui vient d'être expliqué ». La personne sensible arrive donc, grâce à cette habileté, à prédire quelle partie de son message est confuse. Après quoi elle peut redire et clarifier en d'autres termes cette partie du message sans que nous ayons à le lui demander, car elle anticipe bien la confusion de celui ou ceux qui l'écoutent.

En communication, les gens ont besoin de partager les significations des mots et des messages. Il est important qu'ils sachent que la communication est une transaction, c'est-à-dire qu'elle intervient entre les gens selon certaines règles avec lesquelles ils se mettent d'accord. Une de ces règles, par exemple, est de percevoir si quelqu'un nous regarde de manière agressive après que nous lui avons fait une remarque, et d'être conscient de ce qui a rendu cette personne agressive. Le corollaire évident de cette règle est que si la personne devant nous sourit, acquiesce et continue de nous écouter, c'est là un indice que nous pouvons continuer dans le même sens. Nos transactions sont donc affectées par le genre de rétroactions que nous recevons — négatives, ces rétroactions nous amènent à arrêter ou changer; positives, elles nous encouragent habituellement à continuer. Au chapitre 5, nous avons discuté de la signification des mots. Si les significations des mots varient d'une personne à l'autre, il en va de même des émotions. Il est alors aussi très important, en communication, d'être conscient à la fois du contenu *et* de l'émotion véhiculée par un message.

Il y a une tendance chez chacun et chacune de nous à quelquefois prétendre que nous avons compris alors qu'en réalité, souvent, nous n'avons pas compris. Il n'est pas bien considéré de demander quelque chose comme « Que voulez-vous dire par...? » et nous évitons plutôt d'avoir l'air stupide. Comme résultat cependant, nous pouvons manquer d'importants messages et donner des rétroactions qui sont fausses. Ici, deux facteurs sont importants: premièrement, il nous faut essayer de donner une rétroaction honnête de notre compréhension, et, deuxièmement, il faut faciliter aux autres l'expression de ce qu'ils ne comprennent pas. En somme, leur permettre et leur faciliter les conditions pour qu'ils puissent nous dire qu'ils ne nous ont pas bien compris. Si nous pouvons réduire l'anxiété d'une autre personne afin qu'elle puisse nous poser des questions, par exemple en spécifiant d'avance que nous pouvons ne pas être tout à fait clair pour elle, il est souhaitable de le faire. D'ailleurs, avec cette méthode, nous recevrons sans doute des rétroactions plus honnêtes. D'autre part, nous devrons parfois avaler un peu notre fierté et admettre que nous ne comprenons pas quelqu'un, pour ainsi permettre et donner à cette personne une rétroaction honnête.

Préparer ainsi le terrain, nous annoncer et prévoir l'effet de nos messages, cela augmente la possibilité d'obtenir de la rétroaction. En fait, par une telle préparation, nous facilitons le processus de rétroaction. Par exemple, nous pouvons faire commencer une phrase par « Si tu n'as pas de projets ce soir... » ou encore par quelque chose comme « Parlons du travail de la semaine prochaine... ». Ces phrases indiquent à la personne qui écoute que nous nous attendons à une réponse et dans quelle direction nous voulons orienter les échanges.

Cette préparation que nous venons de décrire ne se fait pas de façon isolée, évidemment, mais elle est une activité qui fait partie du système de la rétroaction dans son ensemble. La préparation aide à anticiper l'action. Ce peut être un projet intrapersonnel comme « Que ferais-je si...? » ou « Si la chaise est libre à côté de Suzanne, je m'assoirai là, car j'ai quelque chose d'important à lui dire », ou encore « Si papa ne veut pas me prêter l'auto pour aller à ma soirée, je lui dirai que... ». Ainsi, quand la communication démarre vraiment, elle est déjà mieux engagée et difficile à interrompre. Au niveau interpersonnel, le même phénomène se déroule: deux étrangers assis côte à côte lors d'un voyage en autobus feront un certain nombre de tests pour vérifier s'ils ont le goût de parler ensemble et de quoi ils peuvent parler. L'exploration et la préparation dans la communication permettront d'obtenir des réponses plus appropriées.

Nous avons mentionné plus haut que, en plus du contenu, l'émotion était aussi impliquée dans un processus de rétroaction. L'attention portée aux rétroactions nous aidera à vérifier *qui nous sommes* en relation avec les autres, en plus de ce qui est dit. Au chapitre 3, nous avons parlé des « besoins » interpersonnels. Rappelons-nous ici que nous découvrons qui nous sommes en observant les réactions des autres à notre égard. En améliorant l'habilité de donner et de recevoir de la rétroaction, nous pourrons peut-être mieux satisfaire ces besoins interpersonnels. Les suggestions qui suivent, basées et tirées de l'expérience des groupes, tiennent compte de ces besoins. Effectivement, dans les ateliers et sessions où un entraînement à donner et recevoir des rétroactions a été fait, il a été montré que notre vision de nous-mêmes et de notre interaction avec les autres était significativement améliorée par le fait de recevoir des rétroactions[7]. Le fait de recevoir des rétroactions n'est toutefois pas suffisant. Nous devons aussi savoir quoi en faire — c'est-à-dire comment en redonner si besoin est et comment en recevoir de façon intelligente. Voici donc ces suggestions sur l'habilité à donner et recevoir de la rétroaction.

CONCENTRER LA RÉTROACTION SUR UN COMPORTEMENT PLUTÔT QUE SUR LA PERSONNE

Habituellement, il est plus facile d'observer un de nos comportements que ce qu'une autre personne dit que nous sommes. Nos comportements, nos actions nous appartiennent momentanément; il est plus facile d'accepter une remise en question de ceux-ci par des rétroactions précises qu'à la suite d'une évaluation globale de nous-mêmes. Si quelqu'un nous traite de « malhonnête » dans une situation, il est presque impossible de tolérer une telle accusation, une telle critique portant directement sur nous comme personne. L'effet d'un tel genre de rétroaction engendre des conflits plutôt que de l'échange. D'autre part, si quelqu'un critique un *comportement*, nous pouvons plus facilement accepter la responsabilité de celui-ci. Après tout, nous ne sommes pas que le produit d'un héritage génétique (qui nous rendrait malhonnêtes dans notre exemple) et, pour cette raison, nous n'avons pas à être blâmés, d'autant plus que, de cette manière, nous ne pourrions pas non plus penser à nous changer.

Pour décrire des comportements il est préférable d'utiliser des adverbes (fortement, gentiment, sincèrement, agressivement, honnêtement). En effet, pour arriver à centrer nos rétroactions sur les comportements de ceux et celles avec qui nous voulons communiquer, il est préférable de ne pas utiliser d'adjectifs liés à leurs qualités ou à leur personnalité (gentil, sincère, frustré, mal engueulé).

Les comportements d'une personne incluent à la fois ce qu'elle fait bien et ce qu'elle fait mal. En décrivant des comportements, cependant, nous essayons de nous centrer sur des comportements que la personne peut améliorer. En somme, la description de son comportement à quelqu'un est une manière de supporter cette personne, de l'aider à changer si elle le veut; cela n'est pas évaluatif ou sélectif, mais porte sur ce qui se passe.

7. Gail E. Myers, Michele T. Myers, Alvin Goldberg et Charles E. Welch, « Effects of Feed-Back on Interpersonal Sensitivity in Laboratory Training Groups », *Journal of Applied Behavioral Science*, vol. 5, n° 2, 1969.

CONCENTRER LA
RÉTROACTION SUR LES
OBSERVATIONS
PLUTÔT QUE SUR LES
INFÉRENCES

Une observation est quelque chose qui peut être fait et partagé avec d'autres, alors qu'une inférence est une interprétation ou une conclusion personnelle que nous avons d'un phénomène. Si nous accompagnons nos observations d'une foule d'inférences, nous risquons alors d'obscurcir la rétroaction. Nous devons donc faire attention et différencier les moments où nous communiquons ces inférences qui, en somme, sont des extensions de nos observations. Faire une observation, c'est en quelque sorte traduire ce qui se passe plutôt que ce qui s'est passé ou ce que nous avons remarqué pendant une certaine période de temps. Dans les groupes d'entraînement aux relations interpersonnelles, on utilise le terme « ici et maintenant » pour désigner et garder les participants dans une interaction centrée sur ce qui se passe, c'est-à-dire centrée sur des observations que chacun peut faire. Toute l'expérience et la recherche à l'intérieur de ces groupes démontrent bien comment une rétroaction est plus efficace et appropriée lorsqu'elle est faite et liée à une observation ici et maintenant. Elle sera, quand elle est effectuée dans cette dimension, plus actualisée, plus concrète et généralement plus acceptable pour la personne qui la reçoit.

Les observations devraient finalement être faites en termes de degré et non en termes de dichotomie, c'est-à-dire de noir ou blanc, bon ou méchant. Les nuances aident à garder en mémoire la « quantité » d'un comportement, laquelle est souvent plus réaliste que les catégories fermées qui traduisent souvent des jugements ou des évaluations purement subjectives. Les comportements sont toujours des entités actives, reliées à d'autres comportements, et situées dans un continuum plus ou moins grand, mais rarement polarisées de façon statique.

CONCENTRER LA
RÉTROACTION SUR
UNE DESCRIPTION
PLUTÔT QUE SUR UN
JUGEMENT

Comme c'est le cas pour les rétroactions sur des comportements plutôt que sur la personne elle-même, utiliser une description permet d'éviter l'évaluation de l'autre personne ou de ses actions. Décrire, c'est essayer de rester le plus neutre possible, alors que les jugements favorisent évidemment davantage le parti pris.

Nous devons essayer de nous concentrer sur le « quoi » plutôt que sur le « pourquoi ». Encore une fois, ici, le « quoi » d'un comportement est habituellement quelque chose d'observable par les autres et qui peut être vérifié avec exactitude. Le « pourquoi » d'un comportement, au contraire, est habituellement quelque chose d'inféré, ce qui nous amène dans le domaine des « intentions » ou des « motifs » et, de là, encore plus loin dans une sphère d'émotivité souvent dangereuse. Certes, il est parfois utile d'explorer le « pourquoi » de certains comportements, mais cela devrait se faire avec l'accord et le plein consentement de la personne qui est ainsi sujette à faire analyser son comportement. Nous avons tous tendance à aimer jouer au « psy », mais nous devons avant tout avoir constamment à l'esprit que notre analyse du comportement d'une autre personne peut être beaucoup plus sujette à nos propres aberrations qu'à celles de l'autre personne. Trop se concentrer sur le « pourquoi » risque fort de nous faire rater le « quoi » des choses, qui, en définitive, est l'élément important d'un système de rétroaction.

CONCENTRER LA RÉTROACTION SUR UN PARTAGE D'IDÉES ET D'INFORMATIONS PLUTÔT QUE SUR DES CONSEILS

④

1 Nous avons besoin de partager la responsabilité des résultats de la rétroaction et être prêts à aider les autres plutôt qu'à les diriger.

2 Une information qui vise à dire aux autres quoi faire n'en est pas une en réalité, car elle ne laisse pas à l'interlocuteur la liberté de déterminer ce qui est le mieux pour lui. Donner des conseils empêche trop souvent l'autre d'apprendre à régler son problème par lui-même et l'empêche d'effectuer ses propres choix.

3 Explorer des possibilités plutôt que de proposer des solutions. Se concentrer sur la variété des réponses possibles ou disponibles aide davantage une personne que la rétroaction de type monolithique où il n'y a qu'un comportement possible. Trop souvent, nous avons en main des solutions à proposer avant même d'avoir eu un exposé du problème de l'autre. Lorsque nous offrons une solution toute faite à partir de notre expérience, nous nions le fait que le problème de l'autre peut être quelque peu différent.

CONCENTRER LA RÉTROACTION SUR CE QU'ELLE PEUT PRODUIRE CHEZ LA PERSONNE QUI LA REÇOIT

⑤

1 Si la rétroaction ne fait plaisir qu'à nous, il est fort possible que nous ne soyons pas en train d'aider l'autre, mais de lui imposer nos vues.

2 Être conscient de la quantité de rétroactions que l'autre est capable de recevoir. Éviter les rétroactions trop longues qui finissent par se perdre. Il faut savoir saisir quand l'autre en a assez, lorsqu'il n'est plus capable d'en prendre (même si les rétroactions ont toutes les qualités précédentes). Rendu à un point donné, il faut voir si nous ne sommes pas en train de ne satisfaire que nos propres besoins et non ceux des autres.

3 Des réactions émotives peuvent survenir lorsque des rétroactions sont déplacées, c'est-à-dire présentées à un moment ou un endroit non appropriés. Cela sera d'autant plus vrai que le domaine abordé se rapprochera d'un comportement personnel. Même si notre rétroaction est importante à émettre, ne pas perdre de vue la personne qui la reçoit.

BIBLIOGRAPHIE   ARMSTRONG, C. « The Enemy », in Alfred Hitchcock, *14 of my Favorites in Suspense*, New York, Dell, 1939.

BRONOWSKI, J. *Science and Human Values*, New York, Harper & Row, 1965.

CANTRILL, H. *The Invasion from Mars*, Princeton, N.J., Princeton University Press, 1940.

DYER, W.G. *The Sensitive Manipulator*, Provo, Utah, Brigham Young University Press, 1972, part 1, « The Personal Challenge », p. 3-99.

HANEY, W. *Communication and Organizational Behavior*, Homewood, Ill., Richard D. Irwin, 1967.

HAYAKAWA, S.I. *Language in Thought and Action*, New York, Harcourt, Brace and Company, 1964.

JOHNSON, W. *People in Quandaries*, New York, Harper & Row, 1946.

KORZYBSKI, A. *Science and Sanity*, 4e éd., Lakeville, Conn., The International Non-Aristotelian Library, 1958.

LEE, I. *Language Habits in Human Affairs*, New York, Harper & Brothers, 1941.

ROCKEACH, M. *The Open and Closed Mind*, New York, Basic Books, 1960.

ROYCE, J. *The Encapsulated Man*, Princeton, N.J., D. Van Nostrand, 1964.

7

L'ÉCOUTE:
Y A-T-IL QUELQU'UN?

EN RÉSUMÉ   L'écoute est un facteur essentiel de notre communication interpersonnelle. Si nous sommes constamment producteurs de communication, nous sommes aussi constamment consommateurs, de là l'importance de savoir écouter.

L'écoute n'est pas, comme on le croit souvent, un processus naturel. Nous pouvons et nous devons souvent exercer un contrôle cognitif sur notre écoute.

Pour améliorer nos habitudes d'écoute, il faut se rappeler les points suivants:

1 Prendre du temps pour bien enregistrer et penser à ce qui est dit. Essayer aussi de précéder la pensée de celui ou de celle qui parle;

2 Se faire des résumés intérieurs de ce que nous entendons. Identifier les points saillants du discours de la personne qui parle;

3 Éviter d'être distrait ou accaparé par des sentiments qui nuisent ou bloquent notre attention. Laisser les idées neuves et différentes des nôtres nous atteindre. Garder l'esprit ouvert et nos sens éveillés;

4 Voir au-delà de l'apparence physique, du langage ou des manières de notre interlocuteur. Savoir se concentrer en dépit des distractions physiques pouvant venir de l'environnement.

L'écoute active, soit l'écoute du message total d'une personne, est basée sur l'attitude intérieure qui veut que toute personne qui parle mérite notre attention, notre respect et a des choses valables à dire. Ce type d'écoute implique de refléter ou de dire à l'autre les sentiments que nous percevons dans son message, et de développer un climat non critique dans la communication entre nous. Plutôt que de chercher à juger ou à moraliser, nous devons chercher à comprendre. Lorsqu'on demande aux gens d'énoncer les problèmes majeurs de leur communication, ils mentionnent très souvent le manque d'écoute. Tout le monde s'en plaint d'une manière ou d'une autre; les professeurs par rapport aux étudiants, les patrons face à leurs employés, les parents avec leurs enfants et vice-versa dans chaque cas. Il est pourtant assez évident que si personne n'écoute, tout effort de communication sera nul. La communication est un processus transactionnel qui implique une écoute et, évidemment, cela ne peut se faire si l'interaction demeure à sens unique.

L'écoute est donc cruciale, non seulement en termes *d'écoute délibérée*, c'est-à-dire pour saisir le contenu du message, comme le dit Kelly[1], mais aussi, comme l'a dit Rogers[2], pour en comprendre le contexte et les sentiments qui s'y rattachent: c'est ce qu'on appelle *l'empathie* ou *l'écoute active*.

Comment nous sentons-nous lorsqu'on ne nous écoute pas? Nous avons tous eu l'expérience que ce que nous étions en train de dire n'était pas vraiment écouté par notre interlocuteur ou lui passait vingt pieds par-dessus la tête. Cela est plutôt désagréable, n'est-ce pas?

On peut dire sans crainte de se tromper qu'en général nous ne savons pas écouter. Certes nous avons des oreilles et la majorité des gens n'ont pas de problème auditif comme tel. Toutefois, nous n'écoutons pas bien. Beaucoup de nos problèmes de communication interpersonnelle peuvent se ramener simplement à ceci: nous ne savons pas comment écouter efficacement.

Daniel Katz[3], un spécialiste en communication, écrivait il y a quelques années que les barrières physiques à la communication étaient presque toutes disparues mais que, par contre, les barrières psychologiques étaient toujours très présentes. Nous pouvons communiquer assez bien avec les astronautes qui vont sur la lune; on nous dit que, bientôt, nous pourrons téléphoner et, en même temps, à peu près n'importe où sur terre, *voir* notre interlocuteur. Les « miracles » technologiques ne surprennent plus. En fait, tout cela fait tellement partie de la vie courante, qu'à moins que l'événement ne devienne vraiment très spécial ou provoque l'affectivité des gens, nous ne réagissons plus tellement.

Toutefois, si les barrières physiques à la communication sont disparues, les barrières psychologiques restent. Il est encore difficile de comprendre nos enfants, nos étudiants, nos professeurs, nos parents ou nos amis. Nous avons encore énormément de difficulté à nous comprendre mutuellement et, pour ne citer qu'un exemple, nous savons que nombre de mariages se terminent par un divorce ou une séparation.

L'écoute est un des ingrédients majeurs du processus de communica-

---

1. Charles M. Kelly, « Empathic Listening », in R. Cathcart et L. Samovar, *Small Group Communication*, Dubuque, Iowa, W.C. Brown, 1974.
2. Carl Rogers, « Communication: Its Blocking and Facilitating », *Northwestern University Information*, vol. 20, 1952, p. 9-159.
3. Daniel Katz, « Psychological Barriers to Communication », in Wilbur Schram, *Mass Communication*, Urbana, The University of Illinois Press, 1960.

tion. Un grand manque d'habileté dans cette sphère est souvent responsable de plusieurs problèmes entre les gens.

LE PROBLÈME

Quelques statistiques peuvent nous donner une idée de l'ampleur du problème. Pendant plusieurs années, Ralph Nichols et ses associés[4] ont fait des études pour vérifier l'habileté des gens à comprendre et se rappeler ce qu'ils entendaient. Plusieurs milliers d'étudiants, de gens d'affaires et de professionnels furent testés. À chaque personne, on faisait écouter un bref discours et on vérifiait ce qui était retenu du contenu. On arriva aux conclusions suivantes:

1 Immédiatement après avoir écouté, qu'importe l'effort fourni, les gens ne se souvenaient que de la moitié de ce qu'ils avaient entendu;

2 Après deux mois, les gens ne se souvenaient que du quart de ce qui avait été dit;

3 En général, après un laps de temps de 8 heures, les gens avaient oublié du tiers à la moitié de ce qu'ils avaient entendu.

Pour résumer simplement, nous pouvons dire que lorsque quelqu'un nous parle nous perdons la moitié de son discours et, deux mois plus tard, il ne nous en reste que le quart. Lorsqu'on pense à tout le temps que nous employons à parler et à écouter, tout cela semble être une perte de temps incroyable. Pensons à toutes les heures que nous passons assis en classe à écouter des professeurs, ou encore à tout le temps de travail dans une organisation qui est passé à discuter de ce qu'il faut faire ou ne pas faire. Pensons à ce que retiennent nos amis, nos collègues ou nos parents lorsque nous leur parlons. Quelle est l'utilité de passer des heures à écouter des cours ou des conférences si nous ne comprenons pas et si nous ne nous souvenons pas de ce qui est dit?

Quelques explications

Les raisons d'une écoute aussi faible et mauvaise sont nombreuses et complexes. Très souvent, nous n'écoutons pas parce que nous n'aimons pas la personne qui parle ou parce qu'elle nous ennuie fortement. Toutefois, la mauvaise écoute est souvent involontaire. Pour comprendre davantage tout ce phénomène, nous devons écarter ici trois mythes assez tenaces qui obscurcissent constamment notre compréhension de ce processus.

PREMIER MYTHE: L'ÉCOUTE EST UN PROCESSUS NATUREL

Ce qui est naturel est malheureusement souvent perçu comme synonyme d'inné ou d'acquis d'avance. Croire que l'écoute est naturelle dans ce sens, c'est donc souvent avoir tendance à penser et à croire que nous n'avons pas besoin de l'apprendre. La respiration est un type de processus naturel; comme ce fut normalement la première chose faite à la naissance, en principe, personne n'a eu besoin de nous l'apprendre. L'écoute, par contre, telle que nous l'entendons ici, n'est pas un processus naturel. Malheureusement, c'est là qu'intervient le mythe: nous continuons tous à

4. Nichols, R.G. et L.A. Stevens, *Are you Listening?* New York, McGraw-Hill, 1957.

considérer l'écoute comme un phénomène naturel, inconscient, automatique, qui n'a pas besoin d'apprentissage. En la percevant ainsi, nous mettons une barrière à toute amélioration volontaire de notre habileté d'écoute. En effet, pourquoi apprendre quelque chose que nous connaissons déjà? Comment peut-on modifier ce qui est naturel, inné, automatique? L'écoute, nous disons-nous, est une fonction que nous possédons et dans laquelle nous excellons ou non.

Nous savons que, pendant une journée, nous pratiquons diverses activités de communication. Rankin[5] estime que 45% de ce temps est consacré à écouter, 30% à parler, 16% à lire et environ seulement 9% à écrire. La majorité d'entre nous passons donc beaucoup plus de temps à écouter les autres qu'à lire, parler ou écrire. Par contre, si nous vérifions le temps que nous avons investi depuis notre enfance pour apprendre à lire et à écrire — un minimum d'une dizaine d'années d'école pour la plupart d'entre nous — nous constatons que nous avons investi beaucoup de temps pour apprendre à écrire et qu'en majorité nous écrivons très peu. Quant à la lecture, si nous la pratiquons un peu plus que l'écriture, elle n'accapare quand même pas une partie essentielle de notre communication (voir Sam Duker, Paul Keller et autres dans la liste de références à la fin de ce chapitre). La parole est également une habilité apprise et nous y mettons beaucoup de temps pour la parfaire. En somme, nous avons investi notre temps dans les diverses activités de communication de façon indirectement proportionnelle à leur temps d'utilisation.

Quand avons-nous appris à écouter plus efficacement? Probablement personne n'a suivi de cours dans ce domaine. Il y a malheureusement peu d'occasions ou de cours offerts dans le système d'éducation pour nous aider à améliorer cette habileté. Pourquoi? Tout simplement parce que nous avons longtemps cru qu'écouter est naturel et n'a pas besoin d'être appris. Cela est cependant insensé. Notre capacité d'écoute peut toujours être développée et améliorée puisque nos habitudes, acquises et transmises par les gens de notre environnement, sont souvent elles-mêmes mauvaises. En effet, ce n'est qu'occasionnellement que nous entendons dire de quelqu'un « c'est une personne qui sait bien écouter ». Alors, un peu comme tout le monde, nous acquérons de mauvaises habitudes qui viennent nuire à notre communication.

DEUXIÈME MYTHE: IL N'Y A PAS DE DIFFÉRENCE ENTRE ENTENDRE ET ÉCOUTER

Même si Clevenger[6] souligne que la relation entre le fait d'entendre et d'écouter est complexe et qu'il est parfois difficile de distinguer les deux processus, ceux-ci demeurent quand même généralement deux processus distincts. Malheureusement, la plupart de nous traitons ces deux processus comme s'ils n'en constituaient qu'un seul. Ce fait est peut-être inconscient, mais c'est ce que nous faisons chaque fois que nous croyons que nos paroles sont comprises et mémorisées instantanément par les autres. Pour-

---

5. Paul T. Rankin, « Measurement of the Ability to Understand the Spoken Language », thèse de doctorat inédite, University of Michigan, 1926.
6. Theodord Clevenger et Jack Matthews, *The Speech Communication Process*, Glenview, Ill., Scott, Foresman and Company, 1971.

tant, il n'est jamais garanti que l'autre nous écoute vraiment. Les professeurs en savent quelque chose.

Le fait d'entendre est un processus naturel. Pourvu que notre oreille ne soit pas endommagée et que notre cerveau fonctionne normalement, nous entendons les sons à partir d'une certaine intensité. Entendre est essentiellement un processus de transformation d'énergie (appelé en termes techniques « transduction », qui renvoie au processus selon lequel l'énergie d'une certaine forme est changée en une énergie d'une autre forme). Plus précisément, ici, c'est de l'énergie acoustique qui se transforme en énergie électrochimique. Cela se fait par un mécanisme physiologique impliquant vibrations, longueurs d'onde, fréquences qui atteignent le système nerveux et qui acquièrent une certaine représentation dans le cerveau. Nous n'avons que peu de contrôle sur ce processus; si tout ce système est sain, nous ne pouvons faire autrement qu'entendre.

Mais nous pouvons écouter lorsque nous le voulons. Nous pouvons faire taire intérieurement selon notre volonté tout ce que nous ne voulons pas « entendre ». Écouter est un processus cognitif sous notre contrôle. Pourquoi alors décidons-nous parfois de « fermer le poste »? Fondamentalement, le problème vient du fait que nous pensons beaucoup plus vite que nous parlons. Un discours moyen est de 125 mots à la minute. Cela est plutôt lent pour le cerveau humain qui peut en traiter 800 à la minute. En regard de l'écoute, cette différence existant entre la vitesse du débit oratoire et celle de la pensée signifie que notre cerveau travaille avec des centaines de mots en plus de ceux entendus. Il en résulte que notre cerveau continue à penser à grande vitesse alors que les mots lui arrivent lentement. Nous pouvons donc écouter et avoir encore du temps pour nos propres pensées! L'utilisation plus ou moins bonne, efficace et structurée de ce temps en surplus est la clef de la qualité d'écoute de quelqu'un.

La plupart d'entre nous, pendant ce temps en excédent, laissons vagabonder notre imagination. Par moments cela est sans doute utile mais, à d'autres moments, cela peut nuire. Ainsi nos rêves éveillés, pendant un cours ou une conversation, ne présentent-ils pas de problème à première vue; nous entendons bien ce qui est dit et nous pouvons penser à ce que nous allons répondre ou à ce que nous allons faire demain, etc. Nous disposons de suffisamment de temps pour cela, dans les situations normales. En fait, nous ne pouvons même plus nous empêcher d'agir de la sorte, tant c'est devenu une habitude avec le temps. Nous oscillons entre ce que dit la personne qui parle et notre monde intérieur. Mais, à un moment donné, il peut arriver que nous restions un peu trop longtemps dans un de ces vagabondages mentaux. Ainsi, lorsque nous concentrons à nouveau notre attention sur la personne qui parle, lorsque nous « sortons de la lune », celle-ci est rendue plus loin que nous et nous avons perdu quelque chose de ce qui a été dit. Si c'est quelque chose d'important, nous ne comprenons plus le reste de la conversation; il devient alors encore plus facile d'être distrait. Lorsque la personne a fini de parler, il n'est donc pas surprenant que nous n'ayons retenu que la moitié de ce qu'elle a dit.

TROISIÈME MYTHE:
NOUS AVONS UN
AUDITOIRE UNIFORME
DEVANT NOUS

Les deux mythes précédents concernaient la personne qui écoute et ses difficultés. Le troisième mythe est orienté vers la personne qui parle et ce qui rend difficile pour les autres une écoute attentive.

Lorsque nous parlons à plusieurs personnes à la fois, nous présumons que toutes nous entendent de la même manière. Ce postulat est basé implicitement sur l'idée que nous parlons à une foule ou à un auditoire uniforme et que chaque individu de cet auditoire est identique et réagira de la même façon à ce qu'il entend. Premièrement, est-il besoin de le dire, chaque individu n'est pas identique. Ces personnes qui sont là pour nous écouter ont des intérêts différents, des besoins différents, des raisons et des motivations différentes. Certains peuvent être amis, d'autres ennemis, certains peuvent être un peu endormis et d'autres très présents. Certains peuvent être contents d'être là, d'autres penser qu'ils seraient mieux ailleurs et avoir hâte de s'en aller. Certains peuvent se sentir dégagés, d'autres très anxieux. Ce sont ces différences individuelles qui feront qu'une personne sera « distraite » ou non, qu'elle retiendra telle partie de ce qui est dit plutôt qu'une autre. Nous comprenons alors pourquoi une personne affirme dogmatiquement qu'elle a entendu « ça et ça » et qu'une autre dit avoir entendu autre chose ou même le contraire. Nous pouvons ainsi avoir l'impression que divers orateurs ont parlé même si, en fait, il n'y en avait qu'un. Peut-être chacun a-t-il entendu la moitié de ce que l'autre a perdu?

UNE ÉCOUTE PLUS
EFFICACE

Si l'écoute est une caractéristique personnelle, comment pouvons-nous l'améliorer? Comment pouvons-nous acquérir de meilleures habitudes? Ce n'est pas par des lectures ou des explications que nous deviendrons meilleurs. L'écoute est une habilité et, comme toute habilité, pour être acquise et maintenue, elle demande à être pratiquée. Tout ce que nous pouvons faire ici dans ce texte est en fait de souligner les points qu'il faut surveiller; il revient à chacun de pratiquer et d'exercer cette surveillance. Chacun devra essayer et réessayer souvent par lui-même. Au fur et à mesure que chacun intégrera nos suggestions dans son comportement, peut-être trouvera-t-il cela plus facile, mais le progrès se fait lentement et, au début, on trouve même qu'il n'y en a aucun. Sans la volonté de changer et de faire face à cette difficulté, les habitudes resteront les mêmes.

Par commodité, nous avons regroupé ici nos suggestions en quelques catégories de comportements à surveiller. La première concerne la différence de vitesse entre les mots parlés et la pensée.

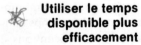 **Utiliser le temps
disponible plus
efficacement**

Plutôt que de se laisser aller aux pensées personnelles qui n'ont rien à voir avec le sujet discuté, il faut essayer de penser et de se concentrer sur ce qui est dit. Il faut avoir en tête l'utilisation maximale du temps mis à communiquer.

**Précéder la pensée
de l'interlocuteur**

Essayer de voir où l'interlocuteur veut en venir et prévoir ce qu'il dira. Cela est facile quand nous sommes face à quelqu'un qui parle clairement. Toutefois, beaucoup de gens ne sont pas structurés et ne s'expriment pas toujours clairement. Cela nous rend la tâche d'écoute difficile, mais si nous sommes intéressés à saisir ce qu'une personne nous dit, nous pouvons avoir à faire nous-mêmes le travail d'organisation.

Résumer ce que l'autre dit

Il faut être capable de retrancher les points saillants du discours de l'autre. La plupart des gens qui parlent — orateurs, professeurs, etc. — ont tendance à se répéter et s'éloignent facilement du sujet principal. Comme écoutants, nous devons abstraire et démêler ce qui est important de ce qui est remplissage ou soutien du discours. Certes la personne qui parle peut quelquefois nous aider à faire ces distinctions en répétant elle-même que tel ou tel point est important, mais, la plupart du temps, nous devons nous fier à nous-mêmes pour opérer cette sélection et résumer son discours tout en respectant tous les éléments importants.

Identifier les arguments de l'autre

Il faut aussi être capables, dans plusieurs occasions, de se questionner sur les sources et la validité du discours de l'autre. Est-ce que nous trouvons l'argumentation de l'autre complète, valide, convaincante? Sommes-nous capables de voir la logique ou les illogismes d'un discours, les paradoxes de celui ou celle qui parle?

Écouter à deux niveaux

Effectivement, pour être vraiment efficaces, nous devrons écouter deux postes ou deux choses à la fois, c'est-à-dire *écouter à deux niveaux*. Le premier est le contenu de la discussion, les mots, le sujet en lui-même. L'autre niveau, c'est le non-verbal, c'est-à-dire les divers signes émis en même temps que le discours: le ton de la voix, les gestes, les expressions faciales, les postures et autres subtilités du langage corporel. Ce dernier poste, ce niveau d'observation et d'enregistrement nous communique les sentiments de la personne qui parle et comment interpréter ce qu'elle dit.

Vous devez vous rappeler comment, lors de notre discussion sur les significations, nous avons mis l'accent sur l'importance de comprendre l'aspect verbal et non verbal des messages des autres pour avoir une bonne communication. Ici nous redisons jusqu'à quel point il est essentiel d'écouter les sentiments de l'autre. Ne nous laissons pas berner par l'apparente légèreté de certains propos ou le détachement de certains énoncés. Souvent la personne n'a pas d'autre manière d'établir le contact, mais ce qui est dit, au fond, dépasse les mots. Manifestons notre compréhension au-delà des mots, car, souvent, ce que nous entendons n'est que la couche de surface de ce que l'autre veut communiquer. Il y a souvent un vécu, une émotion que l'autre ne parvient pas toujours à exprimer, mais que nous devons quand même saisir. C'est souvent, par exemple, ce qu'un parent doit faire pour comprendre ce que son enfant ne parvient pas à lui formuler clairement. Malheureusement, plusieurs adultes n'ont pas davantage acquis la capacité d'exprimer leurs sentiments; pour faciliter la communication avec eux, on doit agir de la même manière, c'est-à-dire lire entre les lignes tout en encourageant l'expression claire et directe des sentiments. Un manque de perception à ce niveau peut nous faire passer complètement à côté de ce qu'une autre personne nous communique vraiment.

Ce genre d'écoute, cette lecture entre les lignes est très difficile. Cela prend beaucoup de sensibilité et de patience, car les gens ont d'innombrables façons d'ériger des défenses et de se cacher derrière des mots ou des masques. Seuls la patience et le désir de consacrer du temps à décoder les dimensions subtiles de la communication peuvent nous amener à bien comprendre les autres.

Être conscient des émotions

Les êtres humains ne sont pas des machines. Ils ont des sentiments et des émotions qui jouent un rôle fondamental dans leur communication interpersonnelle. Il y a ce que nous aimons et ce que nous détestons, ce dont nous avons peur et ce dont nous nous sentons coupables, ce que nous aimons entendre et ce qui nous menace. Comme résultat, peut-être inconsciemment, nous avons tendance à écouter ce qui nous plaît et ne pas entendre ce qui nous déplaît. Si quelque chose vise à changer une de nos perceptions, nous nous sentons menacés, en dissonance. Tout changement potentiel de nos perceptions implique de forts sentiments, et le premier de ceux-ci est souvent la confusion ou la frustration. Pour réduire cette frustration, nous nous évadons mentalement de la situation en fermant le poste, c'est-à-dire en coupant ou en altérant ce que nous ne voulons pas entendre ou ce qui nous forcerait à changer nos perceptions. Cela n'est pas fait toujours délibérément, mais il reste que nous refusons souvent de reconnaître une attitude ou une émotion pénible lorsqu'elle nous est soulignée et nous sommes aveuglés par ce qui arrive.

Lorsque nous sommes en désaccord avec une personne qui parle, nous avons tendance à préparer mentalement une réplique plutôt que d'écouter. Nous entendons les premières phrases, les premiers arguments, nous nous faisons une idée de ce que la personne dit, décidons que nous ne sommes pas d'accord et nous préparons la réponse ou la réplique pendant que l'autre parle encore, en attendant impatiemment qu'il ait fini pour prendre la parole à notre tour. Quelquefois nous n'attendons même pas et interrompons notre interlocuteur sans jamais lui laisser la chance de finir et d'exprimer son idée. Malheureusement, de cette façon, nous ne pouvons être certains de ce qui est dit. Nous pouvons penser l'être, mais, en réalité, le fragment du discours de l'autre que nous avons perçu ne représente peut-être pas bien toute sa pensée. Évidemment, les gens avec lesquels nous ne sommes pas d'accord sont les plus difficiles à écouter. Habituellement, nous avons peu de difficulté à écouter quelqu'un nous complimenter ou vanter nos mérites, mais écouter une critique est plus difficile.

Nous arrivons encore à l'idée qu'il est bon de se garder l'esprit ouvert et d'être prêt à écouter de l'information contraire à notre système de valeurs ou de croyances. Face à une critique, même si nous ne sommes pas d'accord, nous devons être capables d'enregistrer malgré tout le message. Ces messages peuvent être valables.

Éviter d'être distrait

Nous savons que les périodes d'attention des enfants sont courtes. Plus l'enfant est jeune, plus ces périodes sont courtes. En fait, la plupart des adultes ont aussi une capacité d'attention assez faible et ont de la difficulté à se concentrer sur la même chose pendant une longue période de temps.

Naturellement, cela varie d'un individu à l'autre, mais même un conférencier brillant a de la difficulté à se faire écouter plus de 50 minutes. Nous sommes donc facilement distraits. Les sources de distractions viennent: (1) de l'intérieur de nous, de nos rêves éveillés; (2) de l'extérieur et de l'environnement (bruits, température, lumière, etc.); (3) de la personne qui parle. Cette dernière catégorie demande à être expliquée.

Nous sommes souvent distraits par l'accent de la personne qui parle, ses gestes, son habillement, etc. Certains iront même jusqu'à être incapables (ou refuseront) d'écouter un genre particulier de personnes. Ou encore, leur écoute sera totalement affectée par leurs préjugés à propos de tel ou tel genre de personnes. Nous savons jusqu'où cela peut aller! Cela n'est évidemment pas très près de ce que nous appelons ici une écoute efficace, active et vraiment humaine. Il est difficile de combattre ses distractions; toutefois, dans la mesure où nous serons plus conscient de ce qui entrave notre écoute, nous serons aussi en meilleure position pour dépasser et contrôler ces difficultés. En plus des distractions physiques créées par l'apparence extérieure de nos divers interlocuteurs, l'utilisation du langage lui-même peut contribuer à nous refermer. La plupart de nous réagissons à certains mots ou à certaines expressions particulières chargées affectivement pour nous et qui déclenchent habituellement des émotions fortes. Celles-ci sont évidemment différentes pour chacun. Si nous parvenons à identifier ces mots et ces expressions, ils perdront alors de leur impact lorsque nous les entendrons de nouveau et nous pourrons, par conséquent, rester ouverts au discours des autres.

Nous pourrions résumer le tout de la façon suivante:

Les bonnes habitudes	Les mauvaises habitudes
Trouver ce que nous pouvons personnellement retirer.	Dire du sujet qu'il est ennuyeux.
Nous concentrer sur le message.	Critiquer l'apparence extérieure de la personne qui parle.
Écouter avant de juger.	Préparer la réplique pendant que l'autre parle.
Écouter et chercher les idées principales.	Ne chercher que les faits.
Rester détendus.	Feindre notre attention.
Empêcher les distractions lorsque c'est possible.	Tolérer les distractions venant de l'extérieur.
Identifier le langage ou les expressions trop chargés affectivement pour nous.	Se laisser influencer par le langage ou les expressions trop chargés affectivement ou cognitivement pour nous.
Anticiper ce qui peut venir et nous faire mentalement des comparaisons, des points de repère et des récapitulations.	

L'ÉCOUTE ACTIVE

Rogers ✳

authenticité

Il existe une autre dimension que les gens qui pratiquent la relation d'aide connaissent bien habituellement, et que Carl Rogers[7] a su très bien mettre en évidence pour ajouter au phénomène de l'écoute dans les relations interpersonnelles: c'est l'écoute *active.* Pour lui, d'ailleurs, cela est plus qu'une dimension ou une technique, mais reflète toute une attitude de vie et une orientation fondamentale dans nos relations avec les gens. Cette attitude suggère qu'*écouter, c'est avoir la créativité nécessaire pour trouver un sens réel à ce qu'une autre personne nous communique.* Cela implique un respect fondamental des autres personnes, souligne l'importance de leur accorder notre attention, notre temps et notre énergie à les comprendre.

Dans un sens, la suggestion précédente n'est pas suffisante parce qu'elle peut jusqu'à un certain point être feinte ou exercée de façon « mécanique », sans nécessairement être fondée sur le respect et le désir de comprendre et d'accepter les autres. Nous devons *sentir* au fond de nous-mêmes l'importance d'écouter les autres pour ce qu'ils ont à dire et faire partager notre sentiment fondamental de respect. L'écoute active doit donc être solidement établie sur des attitudes de base telles que le respect, l'acceptation et l'authenticité de celui ou celle qui écoute. Nous ne pouvons l'utiliser ou l'exercer mécaniquement comme une technique si notre attitude fondamentale envers les gens va à l'encontre de ces concepts de base. Si nous essayons, ce sera à vide et il est probable que les autres s'apercevront de notre manque d'authenticité, c'est-à-dire décèleront le manque de conviction derrière notre attitude d'écoute « polie ». Sans le respect authentique du potentiel de croissance de chaque individu et la confiance fondamentale en la capacité de chaque personne à se diriger elle-même, nous ne pouvons vraiment prétendre faire de l'écoute active.

Alors, en quoi consiste l'écoute active? De façon très simple, *c'est écouter une personne sans porter de jugement sur ce qu'elle dit et lui refléter ce qu'elle communique, de façon à lui indiquer que nous avons bien saisi ses sentiments.* Cela semble facile. Toutefois, les implications de cette procédure sont énormes. En ne jugeant pas et en montrant que nous comprenons les sentiments de l'autre, nous lui disons implicitement qu'elle est libre d'aller plus loin, qu'elle peut en dire plus, qu'elle ne court pas avec nous le risque d'être jugée ou rejetée. Nous diminuons l'attitude défensive autrement toujours présente pour chacun et qui nous sert normalement devant la menace que chaque autre personne représente. Lorsque cette menace est diminuée ou enlevée, une communication efficace peut alors s'ensuivre. Par l'action de refléter ce que l'autre dit, nous aidons à bâtir un climat de confiance, un climat où l'autre se sent accepté, non jugé, un climat où l'autre se sent en sécurité.

Même si cela est difficile dans un texte de rendre la « saveur » d'une attitude comme l'écoute active, élaborons quand même un exemple. Imaginons la petite fille qui, après une journée d'école, revient à la maison,

---

7. Carl Rogers, « Communication: Its Blocking and Facilitating », *Northwestern University Information*, 1952, vol. 20, p. 9-15.

très perturbée et pleurant. Elle dit qu'elle ne veut plus jamais retourner à l'école. Comme parent, pour faire preuve d'une écoute active et trouver ce qui ne va pas, que puis-je faire? Tout ce que ma petite fille exprime c'est son ressentiment, mais elle ne peut exprimer vraiment ce qu'est son problème. Lui demander trop directement pourquoi elle ne veut pas retourner à l'école ne servira vraisemblablement et probablement qu'à lui faire redire ce qu'elle vient de communiquer, sans toutefois lui faire dire pourquoi exactement. Si je lui dis que cela est ridicule, qu'elle n'a pas raison de pleurer, ou quelque chose du genre « c'est pas grave », « tu n'es pas sérieuse, *dans le fond*, je sais que tu aimes l'école et que tu veux y retourner », j'exprime alors un jugement. En plus, je court-circuite ses sentiments et je me trouve à lui dire d'une certaine façon qu'elle n'a pas raison de pleurer ni de se plaindre, que je sais mieux qu'elle, comme adulte, ce qui est bon, ce qui lui arrive et à la limite ce qu'elle ressent vraiment. Tout cela est on ne peut plus directif et négatif, alors qu'en réalité il n'y a personne d'autre que la petite fille elle-même qui puisse exprimer ce qu'elle ressent vraiment. Après tout, n'est-ce pas elle qui sent et vit le problème même si elle n'est pas tout à fait capable de l'articuler et de me le dire? Le résultat de ce type de réponse amènera probablement davantage de pleurs, et l'enfant se refermera sur elle-même parce qu'elle ne se sent pas comprise et acceptée dans ce qu'elle vit. De plus, je ne saurai pas plus ce qui dérange vraiment l'enfant à ce moment-ci.

Pour faire preuve d'écoute active nous pourrions tout au moins refléter verbalement à notre petite fille ce qu'elle nous communique vraiment, soit « tu n'aimes pas l'école aujourd'hui et tu te sens triste ». Cette simple phrase dira à notre petite fille que nous l'avons écoutée, qu'elle nous a bien communiqué ses sentiments. De plus, nous n'émettons alors pas de jugement ou d'évaluation sur ce qu'elle dit. Elle peut alors se sentir libre d'en dire plus et pourra probablement expliquer ce qui se passe par quelque chose comme « oui, je ne veux pas y retourner, je déteste faire rire de moi et me faire agacer ». Si nous continuons à refléter, nous pourrons finalement obtenir toute l'histoire assez facilement. Pendant la récréation elle s'est fait agacer, on a ri d'elle, elle n'a pu jouer comme elle le voulait. Elle s'est sentie frustrée et est partie. Évidemment, personne n'aime ressentir ces choses et sa façon de nous communiquer tout cela et d'éviter d'avoir à revivre la même expérience était d'arriver à la maison en disant qu'elle détestait l'école. Cependant, une fois qu'elle aura pu communiquer ses sentiments et qu'elle se sentira justement comprise, il est très probable que son émoi diminuera et qu'elle sera capable de faire face au problème.

Tous, nous voulons être écoutés et compris, sinon nous avons le sentiment de ne pas valoir la peine qu'on nous écoute. Nous l'avons déjà dit: quelle est la plainte que l'on retrouve le plus fréquemment? Ne pas être écouté. « Je ne peux pas parler à mes parents, ils n'écoutent jamais »; « Je ne peux pas parler à mon fils, il ne m'écoute pas »; « Je laisse tomber ce travail: tu ne m'écoutes jamais. C'est comme si je n'existais pas. »

Écouter un autre est possiblement un des plus beaux cadeaux que nous puissions lui faire. La capacité d'écouter est une qualité remarquable, qui demande beaucoup de sensibilité et qui est un des plus grands talents.

C'est sans nul doute l'habileté qui rend une communication interpersonnelle efficace, réussie et gratifiante. Notre façon d'écouter influence les autres, c'est-à-dire détermine comment les autres choisiront en retour de nous écouter. En cela, l'écoute est aussi vraiment un processus transactionnel.

BIBLIOGRAPHIE BARBARA, D. *The Healthy Mind in Communion and Communication*, Springfield, Ill., Charles C. Thomas, 1962.

BROWN, C.T. et P.W. KELLER. *Monologue to Dialogue*, New York, Prentice-Hall, 1973.

BROWN, J.I. « The Objective Measurement of Listening Ability », *Journal of Communication*, n° 1, 1951.

DUKER, S. *Listening Bibliography*, New York, Scarecrow Press, 1964.

GORDON, T. *Parent Effectiveness Training*, New York, Peter Wyden, 1970.

JOHNSON, W. *Your Most Enchanted Listener*, New York, Harper & Brothers, 1956. (Nouvelle édition: *Verbal Man: The Enchantment of Words*, New York, P.F. Collier & Son, 1963.)

KELLER, P.W. « Major Findings in Listening in the Past Ten Years », *Journal of Communication*, mars 1960, n° X.

NICHOLS, R.G. et L.A. STEVENS. *Are You Listening?* New York, McGraw-Hill, 1957.

WHYTE, W.H., Jr. *Is Anybody Listening?* New York, Simon and Schuster, 1952.

8

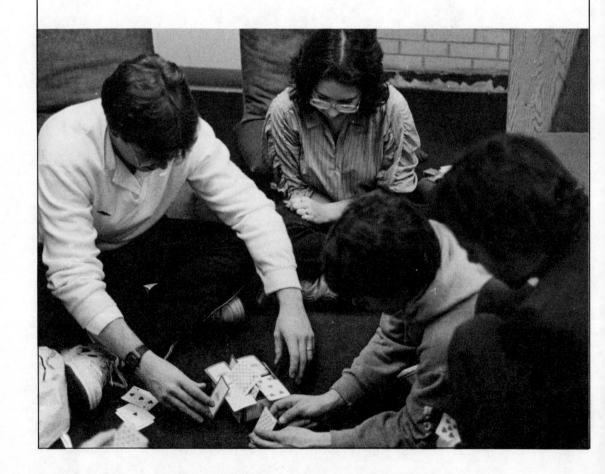

LES TRANSACTIONS INTERPERSONNELLES: RÈGLES DU JEU

EN RÉSUMÉ   Nous sommes impliqués dans une communication transactionnelle avec une autre personne: (1) lorsque nous sommes conscients l'un de l'autre; (2) lorsque chacun de nous différencie son rôle relationnel; (3) lorsque l'interaction se fait à partir de certaines règles.

Les transactions interpersonnelles s'opèrent à deux niveaux distincts: au niveau dénotatif, soit le niveau du contenu, et au niveau relationnel. Le niveau relationnel des transactions interpersonnelles remplit deux fonctions: (1) une fonction interprétative, dans laquelle les indices verbaux et non verbaux nous disent comment interpréter les messages reçus; (2) une fonction relationnelle, qui sert à dire aux autres comment nous percevons la relation entre nous-mêmes et quelqu'un d'autre.

La communication entre gens jugés ou perçus comme non égaux est basée sur des différences, mais, surtout, elle, est habituellement basée sur une dimension d'autorité. La communication entre égaux, elle, est basée sur les similitudes entre les gens qui se traitent alors comme des pairs.

Les conflits de rôles et les différences au sujet de l'origine d'une communication sont souvent à la base des difficultés de communication. D'autres problèmes de communication, tels les doubles messages, sont souvent la source typique d'une rupture de communication. Aussi, lorsque nous émettons un certain message verbal mais que, simultanément, nos expressions faciales ou notre ton de voix envoient un message opposé, il est fort possible que nos interlocuteurs ne comprennent pas notre vrai message et deviennent confus.

Comme nous en avons discuté au chapitre 5, c'est le processus de la construction et de l'élaboration de significations qui est au centre du processus de communication. Lorsque nous échangeons des messages avec d'autres, les symboles ne constituent pas en eux-mêmes la communication. La signification doit être créée, et c'est peut-être ce processus de création de significations qui s'appelle communication. Au chapitre 5, nous avons insisté sur le fait que les significations sont quelque chose de très personnel et qu'elles sont basées sur nos expériences de vie. Néanmoins, c'est dans certains contextes sociaux que nous construisons ces significations et cela implique que nous avons tendance à construire les mêmes significations que les gens avec qui nous vivons et interagissons.

C'est parce que nous apprenons à construire des significations avec les autres que nous pouvons nous engager et coordonner des activités avec d'autres, et c'est parce que nous sommes capables de prendre les autres en considération que nous pouvons développer des attentes envers les autres face à ce qu'ils feront ou ce que nous pensons qu'ils feront. En somme, comme l'explique Bonnie Johnson[1], le partage des significations et des attentes est la condition préalable à une action organisée.

LA STRUCTURE DES TRANSACTIONS DE COMMUNICATION

Parce que la communication est transactionnelle, nous apprenons à construire des significations avec les autres et à développer des attentes mutuelles. Dans l'étude de la communication, les transactions sont les unités de base. Celles-ci peuvent se définir comme suit: *une situation où deux personnes ou plus, mutuellement et simultanément, (1) sont conscientes et tiennent compte l'une de l'autre; (2) définissent leurs rôles respectifs; (3) conduisent leur interaction à partir d'un certain nombre de règles ou de principes.* Voilà ce qu'est notre définition d'une transaction. Nous allons maintenant explorer davantage ce que sont ces trois composantes d'une transaction.

Être conscients et tenir compte de l'autre

Nous pouvons dire qu'une transaction s'effectue lorsque deux ou plusieurs personnes sont mutuellement et simultanément conscientes l'une de l'autre. D'un point de vue extérieur il est certes difficile de dire quand d'autres personnes se prennent en considération. Toutefois, lorsque nous participons et que nous sommes impliqués dans l'interaction, nous sommes davantage conscients de ce processus. Disons, par exemple, que nous sommes arrêtés à un feu de circulation et que, nonchalamment, nous regardons la personne au volant de la voiture à côté de nous. Pendant un moment, cette personne n'est pas consciente que nous la regardons. Mais, tout à coup, elle se retourne et s'en aperçoit. Si nous la regardons encore, à cet instant, *nous constatons qu'elle voit que nous la regardons.* Ceci est maintenant une communication transactionnelle. Cependant, il arrive fréquemment que nous soyons conscients de la présence de quelqu'un d'autre alors que cette personne n'est pas consciente de nous. L'enfant qui attend que son professeur ait le dos tourné pour lui tirer la langue est évidemment très conscient de l'autre, car il agit à partir du fait que l'autre (le professeur) n'est pas conscient momentanément de son comportement. Certes, cela est une communication, car l'enfant construit une signification à partir d'une certaine situation et agit à partir de cette signification, mais cela n'est pas une transaction. Une communication,

1. Bonnie McDaniel Johnson, *Communication, the Process of Organizing*, Boston, Allyn and Bacon, 1977.

pour qu'elle soit dite transactionnelle, implique et nécessite une conscience *mutuelle*, laquelle est d'ailleurs nécessaire à un comportement organisé; sans conscience mutuelle, il n'y a pas de possibilité de s'influencer les uns les autres. Ce n'est que si cette conscience existe que les actions de l'un peuvent affecter les actions de l'autre et vice-versa. Une transaction ne peut se faire que lorsqu'il y a perception d'être perçu par une autre personne. Nous devons avoir le sentiment d'être vu.

Une transaction est donc plus qu'une simple interdépendance physique. D'une part, certaines transactions de communication peuvent se faire par téléphone et, d'autre part, ce qui importe c'est de sentir la perception de l'autre personne. Supposons que nous soyons à une réception dans une pièce remplie d'étrangers et que notre regard croise celui d'une autre personne. Peut-être signalerons-nous ce regard par un sourire ou un signe de tête mutuel. Le contact est établi. Nous percevons l'autre et sommes conscients que l'autre nous perçoit. Le processus est mutuel. Une transaction s'effectue et une signification se construit qui, éventuellement, peut mener à une interaction plus prononcée et aller jusqu'à une activité ou un échange encore plus organisé.

Le concept de transaction envisagé comme une série de perceptions mutuelles est riche d'implications. Notre propre comportement constitue un jeu pour l'autre personne, jeu à partir duquel elle peut construire une signification qui à son tour déclenche chez elle un certain comportement. Cependant, parce que ces perceptions mutuelles et cette construction de signification sont presque simultanées pour chaque personne, il est très difficile de dénouer le processus. Pour évaluer le comportement d'une personne, nous devons toujours prendre en considération la partie de notre propre comportement qui a pu contribuer à amener le comportement de cette personne. Ce que nous percevons chez quelqu'un peut en grande partie dépendre de ce qu'il perçoit chez nous.

Revenons à l'exemple où, à une réception, nous croisons le regard d'une autre personne. Il est possible que cette autre personne, en nous regardant, nous ait perçu comme quelqu'un d'amical; parce que nous lui avons souri, elle nous a souri. Simultanément, en regardant cette personne, nous la percevions comme amicale et, parce que nous avons perçu un sourire, nous avons répondu de même. Qui a souri en premier? C'est encore la question de la poule ou l'oeuf. De notre point de vue, nous avons souri parce que l'autre nous souriait mais, évidemment, notre sourire a pu être le déclencheur du sourire de l'autre. Du point de vue de l'autre, il ou elle a souri parce que nous avions souri. Le point important, ici, est en fait que ce que nous percevons chez les autres peut très bien dépendre de ce que les autres perçoivent chez nous. Pour résumer cette discussion, soulignons donc qu'une transaction s'effectue lorsque: (1) nous faisons quelque chose; (2) une autre personne fait quelque chose; (3) nous sommes conscients du comportement de l'autre; (4) l'autre personne est consciente de notre comportement; et, comme résultat, (5) nous sommes conscients du fait que l'autre est conscient de nous; et (6) l'autre est conscient du fait que nous sommes conscients d'elle ou de lui[2].

Définitions mutuelles des rôles

Les transactions sont caractérisées par le fait que les gens assument des rôles en relation les uns avec les autres. Ces rôles jouent une fonction importante pour déterminer les comportements des gens. Mais les rôles ne font pas que délimiter l'étendue des comportements qu'il est possible d'avoir dans une rencontre interpersonnelle. Ils permettent aussi de développer des attentes quant aux comportements des autres et servent de guide pour interpréter et construire des significations à partir de ces comportements.

Les rôles sont des modèles (des « patterns ») ou, si l'on veut, des schèmes de comportements appropriés à des situations déterminées. Ils sont composés de comportements auxquels nous nous attendons des gens dans certaines positions. Par exemple, vous êtes dans un rôle d'étudiant pour un certain temps et comme étudiant on s'attend à ce que vous fassiez certaines choses en relation avec les autres gens. On s'attend à ce que vous alliez en classe, que vous participiez à vos cours, que vous fassiez des travaux ou examens, et ainsi de suite. Votre rôle d'étudiant est défini en relation aux rôles joués par d'autres gens tels des professeurs, administrateurs et autres étudiants. Votre comportement d'étudiant est certainement différent de celui que vous avez à adopter si ailleurs dans votre vie, vous êtes mère, père, commis de magasin ou entraîneur d'une équipe de volley-ball. Le comportement d'étudiant est différent de celui des autres rôles mentionnés. En outre, il se définira la plupart du temps non pas de façon isolée, mais en relation avec d'autres personnes. On ne peut être père ou mère sans avoir d'enfant et on ne peut être commis sans avoir quelqu'un à servir ou à qui vendre.

Les types de comportements auxquels nous nous attendons, dans une relation au niveau des rôles, sont habituellement le produit d'un système de valeurs d'une société, d'un groupe ou d'un individu. Nous apprenons ces comportements au fur et à mesure de notre croissance à l'intérieur de la société dans laquelle nous vivons, et en grande partie par l'imitation des gens autour de nous dans cette société. Les rôles joués par les gens reflètent ce que la société en général juge approprié dans telle ou telle situation.

Dans chaque transaction avec une autre personne, nous devons décider ou choisir quel rôle nous semble approprié en relation avec le rôle que nous pensons que l'autre personne jouera et en rapport avec ce que nous pensons que l'autre attend de nous. Toutes les transactions reflètent en quelque sorte une négociation de rôles, et notre communication doit tenir compte, au niveau relationnel, de l'enjeu de ces rôles. Toutefois, parce que chaque personne peut jouer différents rôles, nous devons déterminer quel rôle est approprié pour nous et cela, en considérant notre évaluation de: (1) la situation; (2) l'autre personne; (3) nous-mêmes.

2. William H. Wilmot, *Dyadic Communication: A Transactional Perspective*, Reading, Mass., Addison-Welsey, 1975.

LA SITUATION Où et quand la communication se fait sont des facteurs importants pour déterminer quel est le rôle approprié. Nous ne nous comportons pas de la même manière dans un bar et à des funérailles, à un party ou pendant une séance d'examen, à une partie de hockey ou lors d'un concert de l'orchestre symphonique. Le professeur qui donne toujours l'impression « d'enseigner », aussi bien en classe qu'au café, à la maison qu'avec ses amis, montre une rigidité de rôle qui peut être désagréable pour les autres autour de lui dans les situations où ce genre de comportement et d'attitude est déplacé. Étant donné que nous devons assumer plusieurs rôles dans nos relations avec les autres, il est donc bien crucial, pour déterminer quel rôle jouer à un moment donné, d'être conscients de la situation ou du contexte. L'exemple suivant, fort courant, nous aidera à illustrer ce dont nous parlons. Jean-Paul est un étudiant gradué en administration qui, parallèlement à ses cours et ses recherches comme étudiant, a une charge d'enseignement au premier cycle dans sa faculté à l'université. Il travaille aussi à temps partiel dans un magasin local. Robert, de quelques années plus âgé que lui, est son gérant dans ce magasin. Ils ont dans ce contexte une relation assez amicale. Robert suit cependant quelques cours de rattrapage à l'université au premier cycle et est inscrit dans le cours donné par Jean-Paul. Les diverses relations de rôles entre les deux, nous le voyons, pourront être nombreuses. Ils peuvent avoir une relation gérant-employé au magasin, amis et égaux lorsqu'ils se rencontrent en ville, et professeur-étudiant lorsqu'ils sont à l'université. Évidemment, il est important que dans ces différentes situations chacun définisse la situation de la même manière. Les deux, dans un certain sens, doivent être d'accord sur les comportements requis dans les trois différentes situations. Mais supposons qu'ils ne soient pas d'accord. Si Jean-Paul définit la situation au magasin comme une situation d'amitié, et parle à Robert de façon trop informelle, alors que ce dernier, au magasin, sent que c'est lui le patron et s'attend à être abordé en vertu de son statut, leur relation risque d'être fort tendue.

L'AUTRE PERSONNE Lorsque nous communiquons avec quelqu'un, nous nous faisons une certaine idée de la manière dont se comportera cette personne. En effet, nous en venons à connaître les comportements liés à un rôle et à avoir des attentes par rapport à ceux-ci, partiellement à partir de nos expériences antérieures et partiellement à partir de ce que nous connaissons des différents rôles déjà rencontrés, c'est-à-dire comment les gens se comportent généralement dans un certain rôle. Ainsi, des vendeurs ou commis peuvent, à un certain niveau, agir différemment mais, fondamentalement, nous nous attendons à ce qu'ils puissent nous aider à acheter quelque chose. Nous ne nous attendons pas à ce qu'ils nous invitent à prendre un café ou qu'ils nous fassent un exposé sur l'énergie nucléaire. Mais, en plus de ces acquis généraux, nos attentes sont aussi souvent basées sur trois éléments: (1) le rôle professionnel ou le statut auquel nous identifions l'autre; (2) l'âge de la personne; (3) le sexe de cette personne.

Rôle et statut

Les attentes sur le plan des rôles sont souvent liées à des étiquettes professionnelles ou à un statut; nous nous attendons à certains comportements de la part d'un médecin, d'un prêtre, d'un officier de police, d'un travailleur social, etc. Lorsque nous savons quel rôle une personne peut jouer, il est plus facile de prédire son comportement. Par exemple, si nous voyons un adulte malmener un enfant pour le faire entrer dans une automobile, nous pouvons percevoir cette situation d'une manière, si nous savons que l'adulte est le parent de cet enfant, et d'une autre si nous pensons que cet adulte n'a aucun lien avec l'enfant. Dans le premier cas, nous pourrons voir un parent impatient en train de « négocier » avec un enfant récalcitrant, alors que, dans le deuxième, nous pourrons penser à un enlèvement.

Rôle et âge

Mis à part les attentes sur le plan du statut professionnel ou autre, nous pouvons avoir beaucoup d'idées concernant la façon dont, à certains âges, les gens sont censés se comporter. Une crise de colère chez un enfant de trois ans ne « signifie » pas la même chose chez une personne de 50 ans. Le même comportement s'interprète souvent très différemment selon l'âge de la personne.

Rôle et sexe

Une autre source importante d'attentes au niveau des rôles vient des différences sexuelles. En effet, quoique les stéréotypes de rôles sexuels soient aujourd'hui sérieusement remis en question, on peut rencontrer encore plusieurs gens qui s'attendent à ce que les garçons ne pleurent pas, les filles jouent à la poupée, les garçons deviennent des ingénieurs et les filles des secrétaires. Le même comportement chez un homme et chez une femme peut être interprété très différemment, simplement à cause de la différence sexuelle, alors que cela n'a aucune raison d'être. Un homme qui pleure est faible alors qu'une femme qui le fait est émotive. Le même comportement chez un homme peut être vu comme dynamique et approprié, alors que chez une femme il sera vu et interprété comme agressif et déplacé.

NOUS-MÊME
Au chapitre 3, nous avons discuté du rôle que joue le concept de soi dans notre perception du monde. La façon dont nous nous percevons nous-même affecte non seulement les rôles que nous choisissons de jouer, mais aussi, de façon très marquée, la façon dont nous les jouerons. Disons par exemple que nous voulions devenir médecin; certes le rôle du médecin est en partie défini par les générations précédentes de médecins, par la formation que nous recevons et par les attentes de la société envers les médecins, mais que nous devenions un médecin attentif, chaleureux et facile de contact plutôt qu'un médecin froid, impersonnel et distant dépend de nous-même comme personne. Dans la même veine, nous pouvons rencontrer des professeurs qui jouent leur rôle de façon fort différente; certains sont hautains et uniquement concentrés sur leur matière, alors que d'autres sont beaucoup plus facilement abordables et accordent une importance primordiale aux contacts avec leurs étudiants.

CONSÉQUENCES DES
DÉFINITIONS DE RÔLE

Les définitions de rôle sont importantes car, lorsque nous savons quel rôle jouer et quels rôles les autres peuvent jouer, nous détenons de l'information sur les comportements que les autres attendent de nous et sur les comportements que nous pouvons attendre des autres.

Les rôles peuvent aussi indiquer comment nous devons nous habiller, si nous pouvons parler à quelqu'un et comment nous devrions le faire, quels genres de responsabilités et de privilèges nous avons, et plusieurs autres choses importantes. Les rôles déterminent aussi souvent avec qui nous communiquons et à qui nous pouvons parler. Si nous sommes commis-vendeurs, nous devons nous attendre à parler avec des clients. Si nous sommes étudiants, le plus souvent nous parlons avec d'autres étudiants, quelquefois avec des professeurs, très rarement à un administrateur et encore plus rarement au ministre de l'Éducation.

Les rôles influencent aussi le contenu de notre communication. Comme étudiants, il est fort possible qu'avec un professeur nous parlions du contenu de son cours. Rencontrons-nous ce professeur dans l'autobus ou au supermarché, il est possible alors d'aborder d'autres sujets, mais, le plus souvent, la conversation reviendra à un contenu scolaire. Les rôles limitent habituellement les sujets de conversation. Certains professeurs, comme certains étudiants, d'ailleurs, sont mal à l'aise de sortir de la relation professeur-étudiant et préfèrent même maintenir une distance relative à leurs rôles. Dans d'autres domaines, superviseurs, gérants ou directeurs de personnel croient même nécessaire de garder une certaine rigidité et certaines limites sur le plan de leur rôle pour maintenir leur autorité. Quoiqu'ils puissent agir de façon sympathique et amicale avec leurs employés, ces gens auront toujours tendance, même en dehors du travail, à maintenir une distance professionnelle. « Il ne faut pas mêler les affaires et le plaisir » est le genre d'énoncé qui justifie leur choix d'éviter les relations de rôle qui seraient problématiques.

Lorsque nous rencontrons quelqu'un pour la première fois, nous pouvons ressentir beaucoup d'ambiguïté, parce que les rôles ne sont pas encore bien établis. Comme mentionné plus tôt, nous déterminons quel sera notre rôle à partir de: (1) la façon dont nous définissons la situation et nous croyons que l'autre définit la situation; (2) notre définition du rôle que nous tiendrons dans la situation et la façon dont nous croyons que l'autre définit notre rôle; (3) la façon dont nous définissons le rôle de l'autre personne et comment nous croyons que cette dernière définit son rôle. Dans une situation nouvelle, tout cela n'est pas encore explicite, et savoir ce que l'autre pense est évidemment très difficile à déterminer. Nous nous fions à des indices comportementaux tels que l'apparence physique, l'habillement, l'âge ou le sexe pour nous faire une idée de « qui est cette personne ». D'abord, par exemple, nous nous engageons dans une conversation portant sur des banalités, des choses simples, pour avoir davantage d'informations. C'est par ce processus que nous construisons et définissons conjointement les rôles, jusqu'à ce que plus de prévisibilité et de confort soient atteints dans la relation.

L'HOMME DU MILIEU

Voici l'histoire de Michel Lemieux. Elle illustre assez bien la complexité des rôles. Elle n'est toutefois que partielle car elle n'est concentrée que sur lui et ne complique pas démesurément les choses jusqu'à placer tous les autres participants à tour de rôle sur la sellette. (Si vous voulez relever le défi, vous pouvez essayer d'imaginer ce qui se produit quand chacun des « autres » du monde de M. Lemieux joue le rôle central.)

Michel Lemieux

À la première étape (*voir* fig. 8.1), Michel Lemieux est un être humain qui respire, mange, travaille, a une famille et joue au golf. Physiquement, il a une personnalité bien à lui; il est facilement reconnaissable par sa taille, la couleur de ses cheveux et même par sa façon de marcher. Lorsque les gens qu'il connaît le rencontrent dans la rue, ils savent bien que son nom est Lemieux. Il occupe de l'espace, il a une identité concrète, perceptible, qui ne change que graduellement, excepté lorsqu'il s'achète de nouveaux

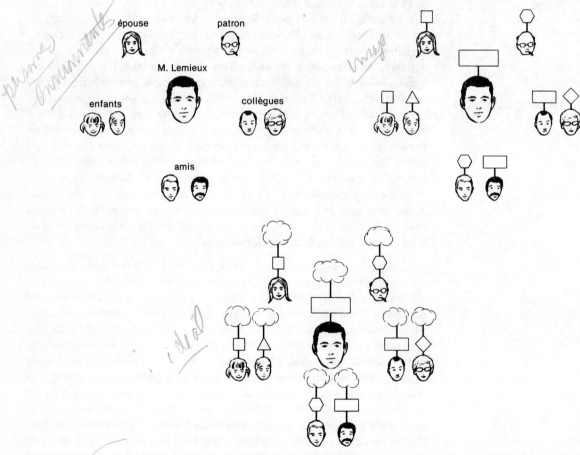

Figure 8.1 PREMIER NIVEAU — M. Lemieux et quelques personnes de son environnement. DEUXIÈME NIVEAU — M. Lemieux a une image mentale de lui-même, et les autres ont leurs images mentales de lui (les figures géométriques). TROISIÈME NIVEAU — M. Lemieux a une vision idéale de lui-même et ceux et celles qui l'entourent ont aussi une vision idéale de lui (les petits nuages).

vêtements, qu'il se fait couper les cheveux ou qu'il se laisse pousser une moustache. Il a donc, d'une certaine manière, une série de caractéristiques bien identifiables qui font que la plupart des gens reconnaîtraient sa photo dans le journal ou le discerneraient dans une foule.

À la deuxième étape, en ajoutant des cases au-dessus de sa tête et de celles des autres, nous commençons à nous former une idée de Michel Lemieux au-delà de l'apparence physique sur laquelle nous sommes tous d'accord. C'est Michel Lemieux avec l'image qu'il a de lui-même en relation avec ce qu'il croit, ce qu'il aime, ce qu'il connaît à propos de son travail, comment il éduque ses enfants et comment il croit pouvoir améliorer son golf. Il parle quotidiennement à plusieurs gens, mais seuls quelques-uns de ceux-ci sont représentés dans notre illustration. Chacune des personnes auxquelles il parle a une image de Michel Lemieux; de son honnêteté, son intelligence, son importance, etc. C'est à cette étape que les images de Michel Lemieux dialoguent intérieurement avec les images que les autres ont de lui. Lorsqu'il parle aux hommes qui travaillent pour lui, Michel Lemieux a une image de lui-même et les employés en ont une de lui. (Plus, évidemment, l'image que ces employés ont d'eux-mêmes, mais nous avons dit que nous ne voulions pas compliquer notre illustration.)

Ce que ces gens pensent de lui dépend de la façon dont ils le perçoivent. L'efficacité de Michel Lemieux à communiquer avec ces gens dépend de sa compréhension des images que ces gens se font de lui. Et, si à son tour il rencontre son patron, il devra également saisir clairement l'image que son patron se fait de lui. Est-ce que le patron lui fait confiance dans son travail? Est-ce que le patron prend des précautions avec lui parce qu'il pense qu'il est moins compétent que lui-même Lemieux se perçoit? En parcourant le cercle, nous trouvons dans la tête des gens diverses images de Lemieux, lesquelles ne sont pas identiques et ne correspondent peut-être pas aux images que Lemieux a de lui-même. Sa femme et ses enfants peuvent le voir différemment, ainsi que ses partenaires de golf. Michel Lemieux s'ajuste possiblement dans ses différents rôles d'employé, patron, père, mari et golfeur, en fonction des demandes et des attentes que les gens ont envers lui.

Qui est Michel Lemieux? Est-ce qu'il est ce qu'il croit être dans sa tête ou ce qu'il est dans la tête des autres? Il n'est probablement ni l'un ni l'autre, mais un peu toutes ces images, au fur et à mesure qu'il change et que son rôle change. Peut-être n'y a-t-il pas de « vrai » Michel Lemieux, excepté celui vu par les autres. Sa communication sera affectée non seulement par les images qu'il a de lui-même en relation avec les autres, mais aussi par les images que les autres ont de lui. Il prend conscience de ces images par les rétroactions qu'il reçoit des autres et par les tâtonnements qu'il fait à partir de ces images.

(La première chose à savoir et reconnaître est que ces images existent et la deuxième, que ces images affecteront notre communication. Lorsque nous cherchons à obtenir de la rétroaction, nous acceptons et interprétons en fait ces rétroactions en fonction: (1) de leur honnêteté, de leur clarté et de leur consistance; (2) de notre préparation à les recevoir.)

Lorsqu'il joue au golf avec ses amis, Michel Lemieux recherche à un certain niveau l'assurance que les autres aiment bien jouer avec lui. Ses amis lui procurent cette rétroaction en l'invitant à jouer avec eux, en recherchant sa compagnie pour jouer davantage. Si ces gens n'aiment pas jouer avec lui, ils enverront d'autres indices plus négatifs.

Il a le choix: il peut accepter ce qu'il voit et entend comme une désapprobation de sa présence et rechercher d'autres amis, ou il peut ignorer le message de désapprobation et continuer à jouer avec ses «amis». Si l'information selon laquelle il n'est pas désiré auprès de ces autres est trop difficile à accepter, il peut peut-être rationaliser, se dire que ce ne sont pas des joueurs de son calibre (trop forts ou trop faibles pour lui), qu'il n'aime pas leur attitude sur le terrain ou tout simplement que les heures où eux peuvent jouer ne correspondent pas aux siennes. S'il ignore les rétroactions qu'il reçoit, les autres se demanderont évidemment «Pourquoi ne comprend-il pas que nous ne voulons pas de lui?»

Cela nous amène à l'étape trois, une étape encore un peu plus compliquée du processus du jeu des rôles et des comportements. Au-dessus de l'image qu'a Michel Lemieux de lui-même, il y a un genre de petit nuage éthéré; ce dernier contient ce que nous pouvons appeler son moi idéal, c'est-à-dire ce que Michel Lemieux aimerait ou voudrait vraiment être. Cela fait partie de la perception qu'il a de lui-même, c'est une volonté, un désir de devenir, une idéalisation de lui-même.

De la même manière, au-dessus des images de ses amis, proches, associés et employés, nous retrouvons le nuage de l'idéalisation que ces derniers se font de lui, c'est-à-dire ce qu'eux aimeraient qu'il soit. Si ces employés et assistants le perçoivent comme un homme acariâtre et mesquin, leurs nuages seront probablement un désir de le voir plus amical et moins mesquin. Si le patron de Michel Lemieux souhaite pour sa part voir celui-ci plus ponctuel et plus dynamique, cela constituera un autre nuage illustrant ce qui est attendu de lui. En effet, si le patron perçoit Michel Lemieux comme ponctuel et dynamique à son travail, les images et les nuages des deux seront semblables, et les réactions du patron envers lui seront plus prévisibles. Si, par contre, il est très souvent en retard au travail, le patron aura de lui l'image d'un employé très peu ponctuel alors que son idéal de Lemieux est différent. Il sera déçu. Ce conflit se reflétera dans les messages que le patron envoie à M. Lemieux et, à moins que M. Lemieux ait une idée de ce qui ne va pas, il sera confus sinon désappointé lui aussi des réactions du patron envers lui. (Nous devons rappeler encore que nous ne sommes centrés ici que sur M. Lemieux et que chaque autre personne dans cette situation a aussi un «moi idéalisé».)

La femme de Michel Lemieux a épousé un homme idéal à partir des idéalisations qu'elle s'est faites pendant leur fréquentation prémaritale, alors elle aussi a des idéalisations. Elle aimerait peut-être qu'il l'aide à faire le lavage et la vaisselle, qu'il soit davantage attentif aux enfants ou qu'il lui procure l'identité qu'elle recherche! Ainsi, quand M. Lemieux lui dit qu'il va jouer au golf, sa réponse peut n'avoir aucun lien avec le golf proprement dit et il peut avoir de la difficulté à comprendre pourquoi elle lui dit qu'elle a le lavage à faire.

Certaines idéalisations peuvent être plus prévisibles que d'autres. Si M. Lemieux est conscient du système de valeurs des gens qui l'entourent, il pourra davantage comprendre leurs idéalisations à son sujet. Dans plusieurs de ses activités, il connaîtra les règles à suivre: un patron devrait féliciter pour un bon travail et pouvoir critiquer lorsqu'il y a des erreurs; un mari devrait partager les tâches ménagères; les golfeurs ne parlent pas lorsqu'un autre est en train de jouer; les pères, si possible, aident leurs enfants financièrement; il faut éviter les colères au travail, etc. Dans plusieurs de ces cas, Lemieux pourra donc deviner assez bien ce que « les autres » attendent de lui. Il pourra certes choisir de se comporter ou non en vertu de ces attentes, mais, au moins, il sera conscient de la façon dont peuvent être perçus ses comportements.

Principes

Avant de laisser l'histoire de Michel Lemieux, résumons en suggérant quelques principes que nous pouvons tirer de cet exemple:

1 Plus grande est la différence entre les images que nous avons de nous-mêmes et celles que les autres ont de nous, plus il y a de chances d'incompréhension et de rétroaction ambiguë;

2 Plus grande est la différence entre notre image de nous-mêmes et notre moi idéal, plus notre insatisfaction envers nous-mêmes et nos comportements risque d'être grande;

3 Plus grande est la différence entre les images que les autres se font de nous et leurs idéalisations à notre sujet, moins il y a de chances de développer des relations satisfaisantes avec ces gens;

4 Les images de nous-mêmes et les images que les autres se font de nous sont le résultat des comportements adoptés les uns envers les autres;

  a Nous prenons conscience de qui nous sommes par les rétroactions des autres envers nous,

  b Les autres se font une idée de qui nous sommes par les réactions qu'ils enregistrent de nos comportements envers eux;

5 Notre idéalisation de nous-mêmes est liée à notre système de valeurs, et les attentes des autres envers nous sont probablement liées à leurs systèmes de valeurs;

  a La façon dont nous jouons un rôle est certainement issue en grande partie de nos idéalisations de ce rôle, soit ce que nous croyons que les gens dans ce rôle devraient faire,

  b Nous avons besoin de la rétroaction des autres non seulement pour qu'ils nous disent comment ils nous perçoivent (leurs images), mais aussi pour savoir comment ils aimeraient que nous nous comportions (leurs idéalisations).

Règles Comme mentionné précédemment, nos transactions de communication sont caractérisées par une négociation mutuelle de la relation avec la ou les autres personnes impliquées. Nous définissons non seulement la situation, mais aussi la nature de la relation en déterminant les rôles que nous jouerons dans la circonstance ou dans la situation particulière. De façon similaire, l'autre personne ou les autres personnes sont impliquées dans le même processus et donnent leurs définitions de la situation et de la nature de la relation. En faisant cela, les autres confirment, rejettent ou modifient notre définition[3].

Cette négociation de rôle est particulièrement évidente dans de nouvelles relations où beaucoup d'énergie est mise mutuellement pour trouver et déterminer quels rôles sont appropriés et confortables. Par exemple, les nouveaux couples mettent beaucoup d'efforts pour définir leur relation. Quel degré d'intimité, quel type d'engagement ou quel type d'activités sexuelles sont des aspects qui, ouvertement ou non, avec beaucoup d'indices ou non de la part de chacun, devront faire l'objet de cette définition.

Quoique ce processus semble se faire intuitivement et semble être basé uniquement sur les spécificités de la relation, il y a quand même, croyons-nous, certaines règles qui gouvernent l'établissement des rôles dans la relation. Quelquefois les règles sont très explicites, comme dans le cas des couples professionnels médecin-patient, médecin-infirmière dans un hôpital ou superviseur-employé sur un chantier. Dans les contextes organisationnels et institutionnels, les descriptions de tâches définissent également habituellement assez bien les relations des uns avec les autres. Le statut, l'autorité, la responsabilité et le réseau de communication formel sont définis pour codifier les relations interpersonnelles nécessaires à l'accomplissement de la tâche.

Dans les situations sociales plus générales, des livres d'étiquette et de bonnes manières, le protocole, ou tout simplement les traditions, définissent souvent comment les gens devraient communiquer entre eux, ce qu'ils devraient dire, comment et quand le dire. Toutefois, la plupart du temps, les règles établissant les transactions sociales sont implicites, elles ne sont pas écrites.

Plusieurs des règles qui gouvernent nos communications non verbales tombent dans cette catégorie. Par exemple, une de nos règles culturelles veut que *lorsque nous parlons à une personne, nous devons la regarder et celle-ci doit nous regarder*. Évidemment, le corollaire de cette règle veut que lorsque nous ne parlons pas à une personne, il est préférable de ne pas la dévisager. En fait, il y a une série de « règles » qui entourent et déterminent la question du contact visuel entre les gens et nous devons voir à bien intégrer et ne pas violer les normes sociales entourant cette dimension du contact interpersonnel. Il faudra par exemple faire la différence entre un regard qui peut être un genre d'avance sexuelle et celui effectué dans un ascenseur (à la sauvette).

D'autres règles que le contact visuel sont aussi implicites; par exemple, les moments appropriés pour discuter personnellement d'un problème avec un ami; ce type de règles n'est écrit dans aucun livre. Ultimement, la décision dépend de nous et de notre ami(e), de la façon dont notre rela-

---

3. Paul Watzlawick, Janet H. Beavin et Don D. Jackson, *Une logique de la communication*, Paris, Seuil, 1972.

tion est définie, des risques que nous sommes prêts à prendre et d'une foule d'autres facteurs. En définitive, que ce soit dans notre relation de couple, nos relations familiales en général ou dans nos relations organisationnelles, nos transactions devront, si elles veulent être efficaces, respecter certaines règles, sinon nous risquons de froisser les gens à qui nous avons affaire.

LE NIVEAU RELATIONNEL DE LA COMMUNICATION

La communication n'est pas un phénomène simple. Pour comprendre les transactions qui la composent nous devons d'abord distinguer deux niveaux auxquels celles-ci opèrent. Cela a déjà été discuté au chapitre 1, mais nous y revenons ici de façon plus attentive.

Comme mentionné au premier chapitre, le niveau du contenu de la communication concerne ce que le message transmet littéralement. Ce niveau correspond à ce que nous considérons généralement comme l'information contenue dans le message. Un énoncé comme « Sortez d'ici » donne une information assez précise sur un geste qu'on veut voir exécuté par quelqu'un. Les mots de la phrase indiquent la dénotation et la signification impliquées. Toutefois cette phrase, lue hors contexte, c'est-à-dire sans savoir qui la dit à qui, sur quel ton de voix, avec quelle expression faciale, quel geste, est difficile à interpréter. La personne est-elle en colère ou simplement directive? Cette personne est-elle en position d'autorité par rapport à l'autre ou a-t-elle peur? Ces questions font ressortir le fait que de l'information est manquante et qu'il y a plus dans cette phrase que le simple niveau du contenu. Aussi, entre autres, un niveau très important est absent dans cet exemple: c'est le *niveau relationnel*, qui est essentiel à l'accomplissement de l'interprétation du contenu et à la définition de la relation.

Interpréter le contenu

Toutes les transactions de communication, à moins qu'elles ne soient délibérément prises hors contexte et dénuées totalement de tout indice, contiennent de l'information qui nous permet d'en interpréter le contenu. L'interprétation se fait à partir: (1) des indices non verbaux qui accompagnent les messages verbaux; (2) des indices verbaux qui donnent spécialement de l'information sur l'interprétation à faire. Le « sortez d'ici » prend une signification différente selon qu'il est dit en souriant ou en criant de colère. Si les indices non verbaux ne sont pas suffisants pour permettre à l'autre d'interpréter le message, nous pouvons ajouter quelque chose comme « C'est dangereux, il y a du gaz » ou « Je vous le dis pour la dernière fois, sinon je fais venir la police ». Nos gestes, nos expressions, notre distance physique, nos vêtements, nos mots contribuent tous à véhiculer l'information dont les autres ont besoin pour interpréter nos intentions.

Beaucoup de cette information fondamentale nous vient de la communication non verbale. Nous parlerons plus en détail de ces facteurs de communication non verbale au prochain chapitre.

Définir la relation

Dans notre communication avec les autres, beaucoup de nos transactions définissent explicitement ou implicitement notre niveau de relation avec ces gens. Une phrase telle que « S'il vous plaît, Jeannine, dactylographiez cette lettre et faites-en trois photocopies» véhicule l'idée que Jeannine remplira cette demande et indique que la relation entre les deux est telle que la personne qui parle peut faire cette demande et s'attendre à ce qu'elle soit exécutée. Si la réponse à cette demande est «Très bien, monsieur Rousseau, je m'en occupe», Jeannine confirme le fait qu'elle définit la relation avec Rousseau sensiblement de la même manière que ce dernier, c'est-à-dire qu'elle s'attend à ce que celui-ci lui fasse de telles demandes. Effectivement, l'utilisation du prénom d'un côté et du monsieur de l'autre tend habituellement à indiquer une relation patron-employé, soit une situation où l'un a une certaine autorité sur l'autre. Dans certains cas, toutefois, la définition de la relation peut être remise en question. La remise en question est claire et directe lorsque l'autre personne nous indique d'une manière ou d'une autre qu'elle n'a pas l'intention de satisfaire nos attentes. Il y a plusieurs façons de faire cela et chacune de celles-ci communique habituellement quelque chose sur la nature de la relation. Si Jeannine, par exemple, dit: «Désolée, je n'ai pas le temps maintenant, demandez à Suzanne», cela signifie possiblement que monsieur Rousseau est en droit de demander une telle chose, mais qu'il n'a pas l'autorité suffisante ou nécessaire pour l'exiger. La relation, dans ce cas, est redéfinie comme hiérarchique à un certain point de vue, mais sur une base d'égalité. Si la réponse est «Je ne travaille pas pour vous», il est clair que Jeannine rejette «l'autorité» de monsieur Rousseau comme n'étant pas pertinente. Souvent, par contre, la résistance, le rejet ou la redéfinition d'une relation est beaucoup plus indirecte et subtile. Par exemple, Jeannine peut éviter de défier ouvertement cette «autorité», alors elle peut simplement ne pas faire le travail demandé, le retarder, etc.

Les indices non verbaux tels le ton de voix, l'expression faciale ou les gestes sont particulièrement riches pour dire comment est définie une relation. La distance entre les gens est également un indice de la relation entre les gens. En somme, en observant les gens interagir, nous n'avons pas nécessairement besoin des mots pour interpréter la nature de leur relation. Deux dimensions peuvent servir à définir et interpréter les relations entre les gens: l'*autorité* et l'*intimité*.

L'autorité Certaines relations sont basées sur des différences qui existent entre les gens impliqués, et ces différences sont souvent exprimées en termes de domination ou de soumission. Les rapports étudiant-professeur, mère-enfant, médecin-patient et patron-employé sont des relations qui impliquent souvent un rapport domination-soumission; une des personnes a peu, sinon aucune autorité et elle doit «se soumettre». Ces relations sont en grande partie définies culturellement et socialement. Toutefois, des rôles de domination-soumission peuvent aussi se rencontrer ou se développer dans d'autres relations où un accord tacite définit les rôles de cette manière. Même certains couples en arrivent à développer un tel type de rôles dans certaines situations. Habituellement, plus un des partenaires sera dominant, plus l'autre sera soumis. En effet, il semble qu'un comportement de soumission chez l'un tende à amener davantage l'autre à se comporter de façon dominante. Ce qui semble aussi évident est que très souvent, dans une relation, les deux personnes sont d'accord pour maintenir leur relation et leur rôle sur une ligne d'autorité. Par contre, lorsque cette autorité est défiée ou remise en question (dans un couple), toute la relation change; parfois le couple se désintègre, parfois il se renforce.

Certaines relations sont basées sur l'égalité. Entre amis ou entre collègues nous fonctionnons habituellement comme égaux. Rappelons l'exemple de Jean-Paul et Robert qui étaient non seulement amis mais aussi patron et employé, étudiant et professeur. Nous pouvons alors percevoir que deux mêmes personnes peuvent parfois avoir une communication d'égal à égal et une communication non égalitaire à d'autres moments. L'habileté à passer de l'un à l'autre est un signe que deux personnes ne sont pas rigides et qu'elles sont sensibles au style de communication approprié à chaque situation.

L'intimité

Une relation peut aussi être définie en fonction du degré d'intimité présent. « Jeannine, dactylographiez-moi cette lettre », « Jeannine, ma chérie, s'il te plaît, dactylographie-moi cette lettre » et «Madame Tremblay, pourriez-vous s'il vous plaît me dactylographier cette lettre » impliquent différents degrés de rapprochement et de formalité entre les deux personnes impliquées par ces phrases. Ici, encore une fois, l'information sur le degré de rapprochement et d'intimité entre les gens sera possiblement révélée en grande partie par des indices non verbaux. Lorsque deux personnes se touchent, se tiennent à bonne distance l'une de l'autre ou font un sourire particulier, elles communiquent une définition de la situation sur cette dimension de l'intimité. Nous savons tous comment certaines personnes nous communiquent clairement par leur ton de voix, leurs gestes et leur distance que la situation est formelle et non intime.

INCONGRUENCES TRANSACTIONNELLES ET PROBLÈMES DE COMMUNICATION

À cause de la nature même des transactions de communication et du fait qu'elles évoquent simultanément chez les gens des rôles et des interprétations, plusieurs problèmes peuvent sérieusement influencer l'efficacité de la communication, entraver l'organisation des choses à faire ou ne pas permettre l'émergence de relations vraiment significatives. Dans cette section, nous verrons quelques-uns de ces problèmes dans nos transactions avec les autres. Il y a fondamentalement quatre types de situations qui peuvent influencer l'efficacité de nos communications: (1) les ambiguïtés et les conflits de rôles; (2) les mauvaises perceptions de cause et effet; (3) les non-confirmations; (4) les messages doubles.

Ambiguïté et conflit de rôle[4]

Une des difficultés avec les rôles est que nous devons en jouer plusieurs et, souvent, nous devons en jouer plusieurs en même temps. Par exemple, la personne qui vient d'être promue à un poste dans son organisation et qui doit alors devenir la supérieure des ses ex-collègues peut ressentir une certaine confusion à interagir avec ses nouveaux

4. Cette partie de chapitre est basée sur une discussion des rôles telle que faite par Frederick E. Finch, Halsey R. Jones et Joseph Litterer. *Managing Organizational Effectiveness: An Experiential Approach*, New York, McGraw-Hill, 1976, p. 49-52.

employés. Est-elle encore collègue et amie ou supérieure? Hiérarchique-ment, elle est bien sûr « supérieure » à ses ex-collègues, mais ne reste-t-elle pas, en même temps, subordonnée à son propre patron?

Lorsqu'on tente de bien le remplir, tout rôle contient des difficultés; cela vient du fait que les différentes attentes que l'on a par rapport à la manière de remplir ce rôle peuvent s'opposer les unes aux autres. C'est alors que naît ce qu'on appelle un *conflit de rôle*.

Nous avons un conflit de rôle lorsqu'une série d'attentes concernant un de nos rôles entre en conflit avec une autre série d'attentes envers nous à l'intérieur de ce même rôle, ou par rapport à un de nos autres rôles. Ces conflits peuvent avoir plusieurs sources.

Conflit de messages

Un conflit de cette sorte apparaît lorsque nous recevons des messages ou des directives inconsistants de la part d'une même personne. Par exemple, nous pouvons nous faire dire par un professeur de bien étudier et de travailler en profondeur notre matière, mais en même temps nous faire an-noncer un examen pour le lendemain.

Conflit de messagers

Les conflits de messagers naissent évidemment lorsque des gens différents nous envoient des messages conflictuels ou ont des attentes contradic-toires par rapport à un rôle que nous avons à jouer. Par exemple, nous pouvons nous faire dire de ne pas faire telle ou telle chose par un spécialiste, alors qu'un autre dit le contraire. Les employés de bureau sont souvent sujets à ce type de demandes ou d'attentes conflictuelles; d'un côté leur supérieur immédiat leur demande de faire une certaine chose et, de l'autre, un supérieur encore plus haut dans la hiérarchie organisation-nelle leur demande de faire autre chose. Ceux-ci risquent de déplaire aux deux s'ils ne les satisfont pas. En fait, nous le savons, les exemples sont faciles à multiplier et les messages reçus tout en étant conflictuels sont aussi souvent complexes.

Surcharge de rôle

Une surcharge de rôle apparaît lorsque les attentes des autres dépassent largement l'énergie, le temps ou les habiletés que nous avons pour les remplir. Nous pouvons par exemple avoir beaucoup trop de travaux et d'examens à faire à la mi-session; notre rôle d'étudiant est surchargé. Notre patron peut s'attendre à ce que nous fassions des heures supplémentaires pour compléter un projet important en même temps que notre épouse s'attend à ce que nous rentrions tôt à la maison pour l'aider, que notre fils aîné veut qu'on assiste à sa partie de hockey, que notre voisin aimerait nous consulter à propos de sa déclaration de revenus, que le comité des parents de l'école dont nous nous occupons attend la rédac-tion du dernier procès-verbal et que nous aurions besoin de rencontrer ce même soir un de nos amis pour préparer un voyage… Le conflit s'exprime ici en quantité par rapport aux différents rôles que nous avons à jouer.

Conflit de rôle personnel

Un tel conflit de rôle personnel apparaît lorsque des personnes attendent de nous quelque chose de très différent de ce que nous sommes. Il y a des moments où certaines personnes s'attendent à ce que nous ayons des comportements qui ne correspondent pas à notre concept de soi. Par exemple, si nous nous percevons comme une personne très tolérante, il nous sera difficile de mettre quelqu'un à la porte, particulièrement si cette personne, qui est mariée et qui a trois enfants, a peu de chances de se retrouver un autre emploi. Notre rôle peut toutefois nous demander de congédier cette personne. Encore un autre exemple: certains professeurs peuvent trouver très difficile d'avoir à donner un échec à un étudiant qu'ils ont appris à connaître.

AMBIGUÏTÉ DE RÔLE Une ambiguïté de rôle naît souvent lorsque personne ne nous dit claire-ment comment agir. Nous pouvons par exemple avoir l'expérience d'un nouvel emploi où on ne nous dit presque rien des responsabilités et du travail que nous avons à faire. Ainsi on ne sait trop quelles sont les normes ou les spécificités en rapport avec le travail. À d'autres moments, les at-tentes nous parviennent de façon plutôt vague ou en termes trop généraux comme « Votre participation en classe comptera pour à peu près la moitié de l'évaluation ». Que veut-on dire par « participation en classe » et « à peu près la moitié des points »?

Confusion entre cause et effet Comme vous le savez maintenant, les transactions sont caractérisées par le fait que le comportement d'une personne peut être à la fois la cause et l'ef-fet du comportement d'une autre personne. Les désaccords à ce sujet, c'est-à-dire comment déterminer la cause des événements, sont souvent l'objet de plusieurs difficultés de communication entre les gens.

Voici un problème de communication assez typique entre patron et employé; il pourrait toutefois tout aussi bien se retrouver entre un pro-fesseur et un étudiant, un parent et son enfant. Le patron critique cons-tamment son employé, vérifie et scrute toujours tout son travail, ne lui confie aucune responsabilité et lui fait toujours sentir qu'il est incompétent et qu'il a absolument besoin d'être contrôlé. Le patron rationalise son com-portement envers son employé en parlant de l'inaptitude de ce dernier à penser et agir par lui-même. Si, dit-il, cet employé ne faisait pas autant d'erreurs, il n'aurait pas à vérifier constamment ce qu'il fait. Autrement dit, le patron considère son comportement comme une réponse aux actions de son employé. « Je dois tout décider *parce qu'il* ne prend aucune ini-tiative. »

L'employé perçoit toutefois la situation d'un autre oeil. Selon lui, il ne peut jamais prendre d'initiative, car le patron ne le laisse rien faire par lui-même. Il a l'impression qu'il ne peut jamais prendre la moindre décision, alors il n'est même plus motivé à essayer d'en prendre. Il se sent aussi nerveux, le patron surveillant constamment de près ses moindres gestes, et il a ainsi le sentiment qu'il est très difficile de ne pas faire d'erreur; de plus, dit-il, de toute façon le patron vérifiera tout son travail et trouvera toujours quelque chose d'insatisfaisant. Autrement dit, l'employé considère que son comportement et son attitude sont en réponse à ceux de son patron: «Je ne prends aucune initiative *parce qu'il* prend toutes les décisions.»

Le problème ici n'est pas que l'un a davantage raison que l'autre. Chaque action, comportement ou attitude de l'un et l'autre est *à la fois* cause et effet du comportement de l'autre et les deux, dans un certain sens, ont une perception correcte des événements. Toutefois, parce que chacun perçoit la situation d'un point de vue différent, chacun se fait prendre dans un cercle vicieux qui amènera invariablement, croyons-nous, davantage de contrôle de la part du patron et de moins en moins d'initiative de l'employé. Chacun se sentira pleinement justifié de réagir de la manière qu'il le fait, et *chacun trouvera pour son comportement des justifications dans le comportement de l'autre*. Ce qui est typique de ce genre de problème est que les individus impliqués ont l'impression et sont même convaincus qu'ils ne font que réagir à l'autre, qu'ils ne se provoquent aucunement ni l'un ni l'autre par leurs attitudes et leurs comportements respectifs. Évidemment, une autre façon de poser le problème est «Qu'est-ce qui est venu en premier, la poule ou l'oeuf?»

Certaines prophéties qui se réalisent d'elles-mêmes sont issues de ce genre d'incompréhension et de perception partielle des choses. Disons, par exemple, que nous croyons que personne en général ne nous aime. Nous aurons alors tendance à agir de façon défensive, méfiante et parfois même agressive. D'autre part, ce genre de comportement aura évidemment tendance à susciter des réactions négatives de la part des autres et, de là, «confirmera» notre idée originale; voilà malheureusement l'illustration typique d'une prophétie qui se réalise d'elle-même. Pourtant, une mauvaise perception des choses n'apparaît souvent dans la communication entre deux personnes que parce que ces dernières n'ont pas la même quantité d'information sur la situation problématique *et qu'elles ne le savent pas*. Par exemple, si nous envoyons un geste d'amitié à quelqu'un que nous connaissons et que, pour une raison ou une autre, cette personne ne le remarque pas ou ne nous réponde pas (alors que nous ne nous rendons pas compte qu'elle ne l'a pas remarqué), nous pourrons être intrigués sinon offusqués de ce manque de délicatesse. Si nous nous apercevons par contre que l'autre n'a pas répondu parce qu'il était accaparé ou attentif ailleurs, cela ne nous ennuiera pas; nous donnons alors une signification autre qu'un rejet personnel à ce manque de réponse. Mais poursuivons plus loin. Si nous interprétons la situation comme du rejet ou une froideur délibérée de la part de cette connaissance, nous pourrons possiblement devenir en colère et, à la prochaine rencontre, choisir nous aussi d'être aussi froids et ignorants que l'autre. Cette personne ou peut-être même cet ami ne sait évidemment pas qu'il a agi de la sorte la première fois, étant donné qu'il était préoccupé et qu'il ne nous a pas remarqué. Maintenant, il est donc confus face à *notre* attitude et se demande pourquoi nous agissons ainsi. Il est facile d'imaginer ce que la situation peut devenir et devient effectivement souvent: une surenchère naît et continue de déclencher des réactions de plus en plus froides de l'un envers l'autre. La seule façon de briser ce cercle vicieux est de communiquer ouvertement avec l'autre et de lui poser des questions. C'est la seule façon que nous avons d'arrêter ce processus, qui fait boule de neige, des interprétations erronées de la situation de part et d'autre.

Non-confirmation

De fréquents problèmes de communication peuvent trouver leur source dans un désaccord sur la manière de définir les rôles. Dans l'exemple antérieur de Jean-Paul et Robert, il est possible pour Jean-Paul d'avoir au magasin une relation copain-copain avec Robert et non une relation patron-employé. Si Robert définit également de la même manière la relation et les rôles, il n'y a pas de problème. Toutefois, si Robert veut définir la situation au magasin comme en étant une où il est le patron et Jean-Paul l'employé, la communication deviendra frustrante et tendue, si elle ne se rompt pas.

Peut-être avez-vous déjà fait l'expérience d'une de ces relations où de prime abord nous avons l'impression que la personne qui nous parle est vraiment sincère et amicale, alors qu'un peu plus tard nous nous apercevons que nous avons affaire à un vendeur qui essaie de nous séduire pour nous vendre sa marchandise. Dans ce cas, la manipulation de la relation est délibérée de la part du vendeur et notre frustration peut venir du fait d'avoir été quelque peu induit en erreur, même si cela n'était que temporaire.

Lorsque quelqu'un insiste pour étiqueter, définir une situation ou un rôle d'une certaine manière, il est ennuyeux pour cette personne d'en voir une autre refuser cette étiquette ou cette définition. Par exemple, nous pouvons définir une situation que nous vivons comme en étant une de loisir alors que notre interlocuteur n'arrête pas de parler d'affaires. Ou encore, nous pouvons définir une relation comme uniquement amicale, alors que l'autre personne nous fait de nombreuses avances sexuelles. En fait, dans toutes les situations où la définition de rôle n'est pas mutuelle, nous devrons savoir nous affirmer solidement.

Un des aspects très importants de cette affirmation est que lorsqu'une personne est dans une position dominante, elle doit pouvoir évoluer vers une relation d'égalité, au fur et à mesure que la personne « soumise » obtient l'information ou les habilités qui l'amènent au même niveau que l'autre. Si, par exemple, beaucoup de problèmes de communication apparaissent entre adolescents et parents, c'est souvent parce que ces derniers ne se rendent pas compte que leurs « enfants » ont grandi et qu'ils sont maintenant capables de prendre de bonnes décisions. Certes il est difficile de changer des définitions de rôles, car, en plus de la redéfinition de l'autre nous devons aussi, la plupart du temps, nous redéfinir nous-mêmes en relation avec cette autre personne. Par contre, ces relations permettent souvent à chacun de s'affirmer davantage.

Messages doubles

Les problèmes de transactions interpersonnelles apparaissent de plusieurs manières, nous l'avons vu. Finalement, une de ces manières les plus communes est lorsque le niveau du contenu de notre communication ne correspond pas au niveau relationnel. Les mots, par exemple, disent une chose et le ton de voix en dit une autre. Lorsque j'entends, dit d'un ton fort et agressif « Non, je ne suis pas fâché », je suis alors devant ce qu'on appelle un *message double*. Les mots disent « Je ne suis pas fâché », mais le ton de voix, lui, indique clairement la colère. Alors, que faut-il croire? À quoi réagir?

Le professeur qui se dit très disponible aux étudiants et leurs problèmes mais qui, après chaque cours, se hâte de s'en aller en plus d'être très difficile à rejoindre à son bureau, envoie lui aussi un message double. Les mots disent une chose mais l'attitude en communique une autre. À un moment donné, les étudiants saisissent les messages, se rendent compte de la contradiction et n'essaieront plus de contacter le professeur en question. Ces messages à double signification sont nombreux dans le monde de la communication interpersonnelle. Ils font partie des problèmes et des incongruences que nous devons apprendre à discerner.

BIBLIOGRAPHIE

BATESON, G. *Steps to an Ecology of the Mind*, New York, Ballantine, 1972.

BATESON, G. et al. « Toward a Theory of Schizophrenia », *Behavioral Science*, vol. 1, n° 4, 1956, p. 251-264.

LAING, R.D. *The Divided Self*, New York, Penguin, 1965.

LAING, R.D. *Knots*, New York, Random House, 1970.

LAING, R.D., H. PHILLIPSON et A.R. LEE. *Interpersonal Perception*, Baltimore, Perennial Library, 1966.

NEWCOMB, R. « An Approach to the Study of Communicative Acts », *Psychological Review*, vol. 60, 1953, p. 393-404.

RUESCH, J. et G. BATESON. *Communication: The Social Matrix of Psychiatry*, New York, Norton & Company, 1951.

SATIR, V.: *Conjoint Family Therapy*, Palo Alto, Calif., Science and Behavior Books, 1967.

WATZLAWICK, P., J. BEAVIN, et D. JACKSON. *Une logique de la communication*, Paris, Seuil, 1972.

WILMOT, W.W. *Dyadic Communication: A Transactional Perspective*, Reading, Mass., Addison-Wesley, 1975.

9

LA COMMUNICATION NON VERBALE: LES MESSAGES SILENCIEUX

EN RÉSUMÉ   Les silences font autant partie de la communication interpersonnelle que les mots. En général, les silences ne se font pas au hasard; comme certains éléments de la communication verbale, ils peuvent être bien placés ou mal placés, bien interprétés ou mal interprétés.

Nous communiquons non verbalement par les inflexions, le timbre ou le volume de notre voix, nos gestes, nos postures, nos expressions faciales, lesquelles communiquent aux autres toute une gamme de significations. Nous communiquons également par nos vêtements et les objets dont nous nous entourons.

Le toucher est aussi particulièrement significatif du répertoire de la communication. Les règles que nous suivons et qui régissent ce toucher — qui, quand, comment — sont fortement basées et issues de la culture dans laquelle nous vivons.

Le temps et l'espace sont d'importants facteurs dans le système de communication que nous utilisons avec les autres. La *proxémixe*, soit l'étude des distances, est aussi une autre dimension relationnelle que nous devons comprendre dans notre relation avec les autres et notre communication interpersonnelle.

La communication non verbale est souvent le véhicule utilisé pour exprimer nos sentiments et émotions. Si un message reçu à travers le système verbal d'une personne ne nous semble pas correspondre au message reçu par son système non verbal, nous pouvons habituellement nous fier à la dimension non verbale de sa communication pour interpréter correctement son message. Le non-verbal nous aide à vérifier les intentions de la personne qui parle et renforce son message verbal. Dans un chapitre précédent (chapitre 5) nous avons dit que, pour être communicable, toute expérience devait être traduite ou transformée en un certain code symbolique. D'après ce que nous savons, jusqu'à ce jour, ce qui se passe à l'intérieur du cerveau d'une personne ne peut être transmis directement au cerveau d'une autre personne sans la médiation d'un système symbolique, fût-il ésotérique ou aux limites de la science-fiction. Jusqu'ici, toutefois, dans ce volume, nous nous sommes concentrés principalement sur différents aspects du système verbal et nous avons négligé un aspect pourtant aussi fondamental de la communication, soit la communication sans l'usage des mots, la communication non verbale.

L'étude de la communication non verbale proprement dite est relativement récente. Certes Darwin, au siècle dernier, a déjà bien observé et rapporté diverses expressions non verbales des émotions chez l'homme et chez les animaux. Néanmoins, nous croyons habituellement que sans les mots il n'y a pas de communication. Cette attitude est constamment renforcée par notre culture, laquelle accorde beaucoup d'importance aux vertus du discours et du langage parlé. En dépit de quelques dictons comme « Le silence est d'or, la parole est d'argent » ou « Une image vaut mille mots », nous avons tendance à considérer les silences dans de nombreuses situations sociales comme un signe de faiblesse. De même, dans un groupe, nous avons tendance à percevoir une personne silencieuse comme manquant d'influence.

Cette attitude commune à propos du silence est enracinée dans une fausse conception de la nature de la communication, à savoir: que la communication s'éteint et s'allume comme une radio; qu'elle est présente quand une personne parle; qu'elle est absente lorsqu'une personne se tait. Rien ne peut être plus faux. Il n'y a pas d'opposé ou de contraire à la communication. Comme nous l'avons vu dès le premier chapitre et comme nous le discuterons ici, on ne peut pas *ne pas* communiquer. Les silences et les autres aspects non verbaux de notre communication ne se font pas plus au hasard que ne se le fait notre langage verbal. Ils sont systématiquement des expressions de significations que nous utilisons consciemment ou inconsciemment dans nos contacts interpersonnels.

Le champ de la communication non verbale est très étendu. Dans ce chapitre, nous avons regroupé quatre aspects de celle-ci: (1) les silences; (2) comment nous envoyons et nous recevons les messages non verbaux; (3) les différents contextes de la communication non verbale; (4) quelques caractéristiques de la communication non verbale.

SILENCES Vous et votre nouvel ami êtes en route pour le cinéma. Après quelques minutes de conversation sur le temps qu'il fait, les cours que chacun suit au

Les silences font partie de la communication

collège, le genre de film qu'habituellement chacun préfère, vous n'avez tout à coup plus rien à dire et le silence s'installe — long, pesant, embarrassant. Vous êtes assis là, et vous ne pouvez penser à quelque chose d'autre à dire. En désespoir de cause vous allumez la radio de l'auto.

Vous êtes à un dîner de réception et on vient de vous présenter à quelqu'un qui s'assoit en face de vous. Après une conversation d'usage, ni vous ni l'autre ne trouvez quelque chose à dire et le mieux que vous pouvez faire est de jouer avec vos ustensiles, regarder le plafond, mettre de l'ordre dans votre coiffure, etc. Vous vous organisez pour avoir l'air occupé.

Ces deux exemples sont simples mais courants. Ils illustrent deux principes à propos des silences: (1) ils font partie intégrante de la communication interpersonnelle. Ils sont beaucoup plus fréquents que nous le pensons ordinairement; (2) les silences sont souvent perçus et vécus comme embarrassants. Nous avons le sentiment qu'il ne devrait pas y en avoir et, lorsqu'ils se produisent, nous essayons désespérément de combler le vide qu'ils créent. Les silences ne devraient toutefois pas être vus comme l'équivalent d'une absence de communication. Ils sont un aspect naturel et fondamental de la communication, souvent ignoré parce que mal compris.

Une communication efficace dépend largement des silences parce que les gens parlent à tour de rôle et doivent se taire pour écouter. Sans faire silence, on ne peut vraiment écouter. C'est comme pour la musique, par exemple: pour en composer, en interpréter ou en écouter il faut savoir apprécier les silences. Si nous ne comprenons pas et ne nous souvenons pas que les silences font partie intégrante de la communication, nous continuerons d'en avoir peur, de nous sentir embarrassés, de les éviter au lieu de les apprivoiser et de leur donner un sens.

Les silences n'apparaissent pas au hasard

Peut-être avez-vous remarqué que nous utilisons le mot « silences » au pluriel. C'est intentionnel. Nous voulons mettre en évidence qu'il existe différents types de silences et que chacun a sa signification, ses implications et ses conséquences propres. Dire que nous aimons le silence ou que nous en avons peur, c'est ne pas faire de distinction entre les différents types de silences. Pour comprendre ce type de communication, nous devrons apprendre à en voir les différentes facettes et réagir de façon différenciée à celles-ci.

Par exemple, (1) le silence de quelqu'un qui est tendu, fâché, frustré, prêt à éclater de rage est différent du (2) silence de quelqu'un qui est attentif à écouter et regarder ou qui est fasciné par ce qui se passe autour de lui. Dans les deux cas il n'y a pas de parole, mais ce qui se passe intérieurement pour ces personnes en termes d'émotions, de réactions et de pensées est tout à fait différent. Ces silences sont ainsi différents pour des raisons différentes, mais aussi parce que les réactions physiologiques internes et les expressions de ces personnes sont très différentes. (3) Le silence provoqué par l'ennui est un silence différent des deux précédents. Le « silence de l'ennui » exprime un retrait de la situation, une évaluation négative de ce qui se passe; il peut parfois même impliquer une attitude de supériorité qui offensera les autres. Nous pouvons souligner à nouveau un type de silence déjà mentionné dans ce chapitre, soit (4) le silence qui apparaît lorsqu'on ne sait plus quoi dire, celui qui se produit avec un nouvel ami ou dans une situation nouvelle face à quelqu'un à qui l'on vient d'être présenté. Durant ces rencontres nous nous attendons à ce que chacun parle. Le silence est craint et peut représenter un sentiment de gêne, une conscience de soi soudainement trop aiguë. (5) Il y a aussi le silence présent lorsque nous réfléchissons à ce qu'un autre vient de dire et (6) celui qui exprime que nous ne comprenons pas ce qui a été dit. Dans le premier cas nous mijotons, nous prenons le temps d'intégrer alors que, dans le deuxième, nous pouvons être tellement confus que nous ne savons même pas quelle question poser pour obtenir une clarification. (7) Le silence peut en être un de révérence, de respect, de méditation ou de contemplation. Cela peut se produire dans une église lors d'une prière ou lorsque nous voyons soudainement quelque chose de si beau et merveilleux que nous en sommes bouche bée ou profondément émus. (8) Il y a le silence « dogmatique », celui qui signifie « Je n'ai plus rien à dire sur ce sujet ». Il est bien différent de (9) celui entre amoureux où on ne fait que se tenir par la main et où on ne sent pas le besoin de parler. C'est un silence plein de chaleur et de complicité. Il est douillet, nous ne sentons pas le besoin de le rompre, au contraire, nous voulons le prolonger parce qu'il reflète la profondeur de notre relation. Les gens qui se connaissent bien ont souvent peu besoin de parler pour malgré tout communiquer. Un regard, un sourire leur sont suffisants et les mots ne sont pas nécessaires. (10) Le silence de douleur et de chagrin est un autre type. « Ils se regardèrent l'un l'autre pendant longtemps sans dire un mot. » C'est un silence difficile. Nous savons intuitivement que les mots n'exprimeront pas la sympathie et le respect que nous voulons partager avec la personne qui souffre. Le simple fait d'être présents est suffisant. (11) Enfin nous pouvons trouver des silences de défi, d'obstination, une espèce de mutisme calculé. Cela ressemble quelquefois à l'enfant qui boude sans dire un mot, à un ami qui ne veut pas nous répondre ou au silence qui se fait dans une classe vers la fin d'un cours lorsque le professeur demande: « Y a-t-il des questions? » et que personne n'ose dire un mot, de peur de déclencher chez le professeur des explications qui dépasseraient l'heure.

Cette liste de silences n'est pas exhaustive. Il y a encore plusieurs types de silences pouvant signifier différentes choses. Ce que nous voulons tout simplement faire remarquer ici, c'est qu'on ne peut pas considérer tous les silences de la même manière. Chacun doit être interprété à chaque fois. Les réactions qu'ils suscitent sont habituellement différentes parce que chacun signifie quelque chose de différent. On ne répond pas pareillement face à un silence de chagrin et de douleur et face à un silence agressif. Souvent, toutefois, nous comprenons mal les silences de quelqu'un. Nous interprétons fréquemment le silence des autres comme un signe de colère, de retrait ou d'hostilité, sans nous rendre compte ou oubliant qu'il peut signifier autre chose. Plusieurs ruptures de communication sont issues de cette incompréhension. Marie ne parle pas à Ginette un certain matin parce qu'elle est préoccupée par un examen qu'elle doit subir un peu plus tard dans la journée. Ginette ne le sait pas ou ne s'en souvient pas et pense que Marie est fâchée et l'ignore délibérément. Elle ne vérifie pas plus loin avec sa copine et commence à bouder Marie parce qu'elle la croit fâchée contre elle. Marie, remarquant un peu plus tard le silence et l'attitude fermée de Ginette, décide à son tour de ne pas lui parler et confirme ainsi Ginette dans sa conviction qu'elle est fâchée envers elle. Toute une chaîne de réactions négatives, pour ne pas dire un cercle vicieux se crée, car chacune, par son silence, renforce l'attitude et la conviction de l'autre. C'est le chemin classique d'une rupture de communication.

La sensibilité aux silences et leur interprétation correcte sont un impératif de la communication, cela pour nos propres silences et ceux des autres. Si nous sommes silencieux à cause d'une réflexion ou d'une confusion intérieure, nous devrions le faire savoir à l'autre et si les autres demeurent silencieux lorsque nous voulons communiquer avec eux, nous devons être capables de lire les indices, comprendre ou demander les raisons de ce silence. Est-ce parce que l'autre ne nous comprend pas? Est-ce parce qu'il ne veut rien savoir ou résiste à ce que nous disons? Est-ce parce qu'il s'ennuie? Est-ce parce que l'autre nous a perdu en chemin? À moins de savoir et d'être conscients que: (1) les silences peuvent être interprétés de nombreuses façons; et que (2) nous pouvons apprendre à lire les indices qui marquent leur signification, notre communication interpersonnelle risque d'être beaucoup moins efficace qu'elle pourrait l'être.

Il y a plusieurs de ces indices disponibles pour comprendre les silences des gens; leurs mouvements, leurs postures, leurs expressions faciales nous donnent souvent les raisons des silences. Nous analyserons quelques-uns de ces indices un peu plus loin dans le chapitre.

Silences appropriés et inappropriés

Comme il est possible de parler quand ce n'est pas le temps ou que nous devrions nous taire, nous pouvons également faire silence alors qu'il serait mieux de parler. Celui ou celle qui est en train d'étudier sérieusement, par exemple, n'aimera pas se faire envahir brusquement par d'autres qui parlent fort autour ou qui veulent à tout prix accaparer son attention.

D'autre part, dans certaines situations sociales ou interpersonnelles, nous pouvons être traités de snobs parce que nous restons tranquilles, alors que les autres s'attendent à ce que nous parlions. C'est alors qu'on nous adresse quelque chose comme « T'es donc bien tranquille! » Même si la conversation n'est pas tellement importante, notre silence est perçu négativement. Or, habituellement, nous n'aimons pas donner une telle impression, alors nous nous mettons à parler de banalités comme tout le monde pour éviter d'être carrément rejetés, car notre acceptabilité sociale en dépend. Le silence dans un cas où la situation demande le contraire apparaît antisocial et fait fuir les gens. C'est ainsi qu'on en arrive à jouer le jeu et lorsque notre voisin nous dit: « Bonjour! Il fait beau aujourd'hui, n'est-ce pas? », nous rétorquons de façon spontanée, « Oh oui, il faut beau! Bonne journée! » Nous avons alors établi un contact qui, quoique superficiel, nous rassure sur le fait que nous ne sommes pas isolés.

COMMENT SE FAIT LA COMMUNICATION

Nous avons dit plus tôt que pour comprendre le silence d'une autre personne nous devions être attentifs aux indices qui nous parviennent. Effec-

NON VERBALE tivement, toute personne émet constamment un système complexe de signes non verbaux composé du ton de sa voix, des mouvements et des postures de son corps, de ce qu'elle porte, de ce dont elle s'entoure, de même que de son usage du toucher. D'autre part, nous interprétons tous ces signaux multiples sans tout à fait nous rendre compte que c'est à partir de ceux-ci que nous nous formons une impression agréable ou désagréable des autres. De plus, lors de nos communications interpersonnelles, nous prenons intuitivement des décisions basées sur l'interprétation de ces codes, pour savoir par exemple quand nous devons nous tendre ou nous pouvons nous relaxer, quand nous pouvons continuer ou nous devons terminer une conversation avec quelqu'un, etc.

Nous examinerons maintenant dans cette section comment les gens envoient et reçoivent ces signes non verbaux.

La communication non verbale, en plus d'être objet de recherche dans plusieurs domaines, a été popularisée par de nombreux chercheurs spécialisés dans le domaine dit des systèmes cachés de la communication. Dans un bref essai sur le langage corporel, Judith Hall Koivumaki[1] souligne la popularité et l'émergence de la conscience de ce langage, ainsi que l'intérêt qu'il suscite auprès de la sociologie, la psychologie, la psychiatrie, l'ethnologie et l'anthropologie. Il n'y a pas de méthodologie unique ou correcte pour l'étude de la communication non verbale. Les concepts d'«espace personnel», de «bulle psychologique» ou autres influences de la *proxémixe*, par exemple, doivent être étudiés en relation avec tous les autres aspects de la communication humaine.

Ces nombreuses influences du non-verbal sur la communication commencent à être vraiment étudiées, mais la popularité et la curiosité des gens sur ces langages et ces systèmes non verbaux sont déjà très accentuées. On remarque beaucoup cet emballement des gens, particulièrement autour des «livres-de-recettes». Effectivement, beaucoup de livres et de méthodes souvent promettent une façon facile (1) de se connaître soi-même et les autres en vérifiant les expressions non verbales du comportement ou (2) d'apprendre à se contrôler ou manipuler les autres en adoptant les manières «correctes» de se comporter non verbalement. Avant de s'illusionner sur de telles techniques de lecture ou d'utilisation de ces langages et méthodes, il est peut-être bon de rappeler les deux points suivants.

Premièrement, comme les mots et le langage parlé ne prennent une signification qu'en relation avec un contexte, les symboles non verbaux ne signifient vraiment quelque chose qu'en relation avec un contexte. Prélever hors contexte un geste, un regard ou une posture de quelqu'un et dire que nous savons ce qui se passe pour cette personne, c'est comme dire que nous savons tout ce qu'une personne veut exprimer aussitôt après que nous avons entendu une ou deux phrases. Les comportements non verbaux font partie d'un processus de communication dans un ensemble dynamique et doivent être liés aux autres indices et comportements, ap-

1. Judith Hall Koivumaki, «Body Language Taught Here», *Journal of Communication*, vol. 25, n° 1, 1975.

parents ou non, si nous voulons « traduire » adéquatement et complètement le message d'une personne.

Deuxièmement, le geste, le clin d'oeil ou la tension que nous détectons chez quelqu'un peuvent tous n'être qu'une partie seulement de la communication, ou ne représenter qu'un inconfort passager pour cette personne. Autrement dit, il faut veiller à ne pas donner trop d'importance à la signification psychologique d'une expression ou d'un indice non verbal à moins d'être certains de pouvoir saisir le reste du contexte. Et souvenons-nous: l'autre personne peut être tout à fait incapable de lire notre message.

Ces deux points apportent aussi une leçon importante. Avant de jouer au psychologue avec les autres et d'analyser leurs comportements non verbaux, nous devons connaître le contexte de leur action ou de leur état et nous assurer que ces états ou ces actions ont un sens par rapport à ce que nous interprétons. Et, en outre, nous devrons nous rappeler que les mêmes gestes et comportements n'ont pas toujours les mêmes significations pour tout le monde. S'il peut y avoir des types généraux de messages non verbaux qui peuvent « signifier » des choses consistantes dans un environnement donné, il y a plusieurs utilisations spéciales et uniques de nos mouvements, de nos expressions faciales, de nos postures qui peuvent induire en erreur même les experts.

Au chapitre 8 nous avons discuté l'idée que la communication se fait à deux niveaux. Il y a toujours un « quoi » et un « comment » dans nos transactions. Il n'y a pas que ce que nous disons à quelqu'un, mais aussi la manière avec laquelle nous le disons qui, parfois, peut être assez spéciale. Nous sommes familiers avec le cliché qui dit: « Ce n'est pas ce qu'elle a dit mais la façon dont elle l'a dit ». Le comment de la communication nous donne des indications sur: (1) l'interprétation de ce qui est dit; et (2) le genre de relation qui existe entre soi et l'autre.

Nous avons souligné le fait qu'une grande partie du « comment » de la communication était transmise par le non-verbal. Maintenant, dans la section qui vient, nous voulons décrire quelques-uns de ces indices qui permettent de mieux comprendre ce qui se passe dans une transaction donnée. Ces indices peuvent être le paralangage, les gestes, les expressions faciales, les mouvements du corps, le langage d'objet et le toucher.

Paralangage Le langage parlé n'est jamais complètement neutre. Il est toujours affecté par le timbre et le volume de la voix, les inflexions et l'accent mis sur certains mots, les coupures d'une phrase. Ces facteurs non verbaux sont ce qu'on appelle le *paralangage*. Comme on le remarque souvent, un simple « oui » peut exprimer différents sentiments tels la colère, la frustration, la résignation, le désintéressement, l'accord avec une personne ou le défi. Par exemple, « Oui, je vais le faire » peut signifier:

> « Je suis très content de le faire. »
> « Je vais le faire, mais c'est la dernière fois. »
> « Tu réussis toujours à me faire faire ce que tu veux. »
> « O.K., tu as gagné. »
> « Ne t'inquiète pas, je vais m'en occuper. »
> « Tu es tellement imbécile que je préfère m'en occuper moi-même. »

La bonne « signification » parmi celles-ci peut habituellement être déterminée par le ton, les inflexions de la voix et l'accent particulier mis sur chacun des mots. La signification de cette phrase ne réside pas que dans les mots eux-mêmes, mais aussi dans la façon dont elle est exprimée, soit le paralangage, lequel est toujours associé aux mots parlés.

Les acteurs de théâtre comprennent bien cet aspect du langage, car ils doivent le maîtriser consciemment et l'utiliser au maximum pour véhiculer certaines significations. Mais nous tous aussi, dans la vie quotidienne, nous devons apprendre à nous fier et comprendre le paralangage pour trouver les significations propres à ce que les autres nous disent. Ainsi, quelquefois nous sommes distraits et nous manquons les mots eux-mêmes, c'est alors que, si nous ne voulons pas faire état de notre distraction envers notre interlocuteur, nous utilisons le paralangage pour saisir ce qui nous est dit et répondre.

Enfin, une autre illustration de cette présence du paralangage dans notre communication est lorsque nous devenons accaparés non par ce qu'une personne dit mais par *comment* elle le dit. « Il a tellement l'air sûr de lui que j'ai toujours le goût de le contredire. » Ainsi, nous avons tendance à réagir très profondément aux différents aspects du paralangage, sans toutefois nous en rendre compte tout à fait. En somme, si nous pouvons apprendre comment nous réagissons face au paralangage des gens, nous comprendrons mieux pourquoi certaines personnes nous attirent, d'autres nous repoussent.

Gestes Les gestes ont été probablement un des premiers moyens de communication entre les humains avant l'apparition du langage parlé. Toutes les cultures ont un système significatif de communication par gestes. Celui-ci accompagne le langage oral et peut même le remplacer pour véhiculer certains messages. Par exemple, nous secouons la tête de haut en bas pour dire « oui », de gauche à droite pour dire « non » ou nous l'inclinons doucement d'un côté à l'autre pour dire « peut-être ». À travers les cultures, tout cela peut être semblable ou très différent. Le signe pour faire de l'auto-stop est par exemple assez uniforme dans toutes les cultures automobiles mais la poignée de main, généralement geste d'amitié ou de bienvenue utilisé dans les cultures occidentales, n'est pas couramment utilisée dans d'autres cultures.

Nous accompagnons habituellement nos paroles de beaucoup de gestes des mains. Au téléphone, par exemple, si vous avez déjà indiqué des directions à quelqu'un, vous vous êtes sans doute surpris à faire des gestes avec vos mains. À un niveau plus général, certaines cultures sont même renommées pour être plus expressives que d'autres sur le plan gestuel. Ainsi, on constate chez la plupart des Français, des Italiens et des Méditerranéens des effusions de gestes assez remarquables. Une autre facette des gestes dans la communication est que, souvent, ils sont automatiques. Les étudiants sont habituellement très bons pour reconnaître les gestes familiers de leurs professeurs. Évidemment, les imitateurs professionnels utilisent aussi, en plus de la voix, les gestes des personnages qu'ils imitent. En somme, les gestes servent à donner du relief à nos mots. Mais si cet accent est placé sur le mauvais mot, il laisse alors l'impression que le message transmis n'est pas sincère.

Les gestes sont appris et limités par la société et la culture à laquelle nous appartenons. De même que nous apprenons notre langue d'origine, de même nous apprenons à l'accompagner d'un code gestuel et à interpréter ce code. Ici, cependant, nous devons encore insister sur le fait qu'aucun comportement ou geste n'a de signification en lui-même. En effet, les gestes contribuent à la création des significations et font ressortir certaines attitudes et émotions des communications interpersonnelles. Les gestes et leurs significations potentielles n'ont que peu souvent une correspondance unique de l'un à l'autre. Mis à part l'exception des *emblèmes* et des *signes* qui possèdent une signification communément partagée (le pouce en l'air pour l'auto-stop, par exemple), les gestes comme les mots ne contiennent pas de signification et ne font qu'aider à en créer une.

Les gestes aident donc de plusieurs façons à interpréter le contenu d'une communication. De plus, ils *aident à définir des rôles et des situations sociales*. Effectivement, les gestes amples, par exemple, sont souvent attribués à l'autorité et aux figures dominantes, et les gestes plus restreints sont associés à la faiblesse, à l'inconfort ou au manque d'autorité. De même, les gestes servent souvent à *contrôler* le débit de l'interaction. Scheflen[2] définit ces contrôles comme des actions qui régularisent ou maintiennent l'ordre dans une communication interpersonnelle. Ainsi, l'index pointé et bougé vers l'avant est un geste fréquemment utilisé par les parents pour exprimer la désapprobation et la punition. Le mouvement d'une main est utilisé pour indiquer à quelqu'un d'arrêter ou de réduire son flot de paroles. Les gestes servent alors en quelque sorte à établir le contexte de la relation. Certains sont aussi associés à un comportement de séduction et d'autres à un comportement d'autorité, etc. Desmond Morris[3], même si sa méthodologie de recherche dans le domaine est contestée, a publié récemment un très beau livre de photographies sur ces divers comportements gestuels et sociaux.

Expressions faciales et mouvements corporels

Nous sommes rarement immobiles et sans expression. Notre figure bouge, notre corps bouge, et ces mouvements communiquent nos sentiments, réactions, émotions. Parfois, ces mouvements sont conscients et intentionnels, comme lorsque nous sourions délibérément à un ami, fronçons les sourcils en signe de désapprobation ou écarquillons les yeux pour montrer notre surprise à quelqu'un. La plupart du temps, toutefois, ils font tellement partie de notre comportement global qu'ils apparaissent inconsciemment. Ainsi, lorsque nous essayons de masquer un de nos sentiments, il peut apparaître quand même à notre insu par la façon dont nous bougeons ou par la posture que nous adoptons. La tension, l'ennui se manifesteront par des mouvements brusques ou une position retirée, alors

2. Albert E. Scheflen, *Body Language and Social Order: Communication as Behavioral Control*, Englewood Cliffs, N.J., Prentice-Hall, 1972.
3. Desmond Morris, *Manwatching. A Field Guide to Human Behavior*, New York, Harry N. Abrams, 1977.

que si nous sommes intéressés, nous aurons plutôt tendance à nous pencher vers l'avant et à fixer le regard. La façon dont nous marchons indiquera souvent aux autres notre détermination, notre bien-être ou notre fatigue. Les postures pourront aussi indiquer le statut social des gens. Avec des gens de notre statut ou de statut inférieur, nous avons tendance à nous détendre, alors que nous deviendrons tendus en présence de gens que nous percevons (à tort ou à raison) de statut supérieur au nôtre. Nous pouvons éprouver un sentiment de respect ou d'irrespect simplement parce que quelqu'un agit d'une façon que nous jugeons appropriée ou inappropriée.

Notre façon de regarder les autres communique également beaucoup de choses. Un interlocuteur sensible à cela saura, avant même que l'autre n'ait dit un mot, s'il a affaire à quelqu'un qui lui est hostile, sympathique ou qui cherche à le défier. Les yeux sont le miroir de l'âme. Enfin, certains psychothérapeutes qui travaillent actuellement avec le corps poussent très loin leurs observations de tous ces phénomènes et ils ont une perspicacité peu commune à lire toutes les expressions du visage et du corps. On peut penser ici à Alexandre Lowen[4] et à son approche dite d'analyse bio-énergétique qui entreprend toute relation d'aide à partir de ce que le corps véhicule comme message. Mais il n'y a pas vraiment de magie dans cet art de voir. Il y a plutôt une interprétation des signes, subtils mais visibles, émis par l'autre personne et cela s'apprend. En somme, les yeux, le visage ou les mouvements du corps de quelqu'un, tout cela communique énormément de soi ou de l'autre.

Nous avons discuté au chapitre 8 des règles des transactions interpersonnelles et nous avons spécialement mentionné celles liées au contact visuel. On se rappellera donc que nous pouvons fixer sévèrement les yeux sur quelqu'un pour lui exprimer notre désapprobation ou les fixer intensément sur un ami pour lui indiquer que nous voudrions quitter une soirée. Mais que ce soit pour exprimer l'intimité, l'admiration, le désir, pour établir une supériorité ou un commandement, les yeux comme le reste du visage ou les mouvements du corps véhiculent toujours des messages importants.

Langage d'objets (Panoplie du corps et objets d'environnement)

Tous, nous passons un certain temps à nous préoccuper de notre apparence physique. Notre culture accorde beaucoup d'importance à l'esthétique et à l'attrait extérieur des gens. Évidemment, l'esthétique varie d'une année à l'autre avec les changements de mode, mais les fondements restent constants. L'apparence est un des déterminants majeurs des premières impressions des gens entre eux. Notre allure et nos vêtements communiquent toujours quelque chose aux autres, que nous le voulions ou non. Comme le note Leathers[5]: « Nous communiquons notre identité par ce qui est visible », par notre « moi extérieur ».

Pour beaucoup d'entre nous, même les « punks », le moyen de communication majeur par l'apparence est le vêtement. En effet, du point de

---

4. Alexandre Lowen, *La Bio-énergie*, Montréal, Éditions du Jour, 1977.
5. Dale G. Leathers, *Non Verbal Communication Systems*, Boston, Allyn and Bacon, 1976.

vue de la communication, les vêtements servent plusieurs fonctions. Ils peuvent exprimer des émotions et des sentiments. Les couleurs vives expriment souvent la vitalité, la jeunesse, alors que les couleurs grises et sombres expriment davantage le sérieux et la retenue. Il y a des vêtements suggestifs de messages sexuels: mini-jupe, jeans très serrés, décolleté profond. Nos vêtements ont un impact prononcé sur notre propre comportement et sur celui des autres envers nous. Les uniformes, par exemple, ont une valeur communicative très élevée. De même, les vêtements ont souvent pour fonction de différencier les gens. Ainsi, en général, l'habillement varie avec l'âge et les jeunes ne s'habillent pas comme les gens âgés. Évidemment, les vêtements reflètent aussi des différences socio-économiques, culturelles et ethniques. En fait (quoique nous le sachions tous intuitivement) une étude de Gibbins[6] révèle clairement que les gens se jugent entre eux à partir des vêtements qu'ils portent et que nous nous entendons généralement assez bien sur la signification attachée à certains types de vêtements. Certes, la situation a quelque peu changé aujourd'hui. Sans doute y a-t-il moins de jugements radicaux et d'associations hâtives qu'à une certaine époque, mais ce facteur influence encore certainement les perceptions interpersonnelles. La plupart d'entre nous choisissons nos vêtements en tenant compte de la façon dont les autres les aimeront, et non seulement en fonction des facteurs de durabilité et de confort. Quant au langage des objets, il renvoie aux significations que nous attribuons aux objets dont nous nous entourons. Nos vêtements, nos bijoux, notre style de coiffure, ainsi que tous les objets d'ameublement que nous choisissons pour notre chambre ou notre appartement, font partie de ce langage. Ces objets parlent de nous, car ils représentent des choix que nous avons faits. Les vêtements et les bijoux sont particulièrement révélateurs. Nous nous habillons différemment selon les occasions et, si nous ne le faisons pas, nous communiquons quand même nos attitudes, valeurs, notre éducation. Certaines personnes sont si préoccupées de l'image qu'elles projettent par leur habillement qu'elles ne fréquentent que certaines boutiques où elles n'achètent que des vêtements signés pour « s'assurer » de leur statut ou d'une image particulière. Cela peut aller de la mode très chic, en passant par la mode sportive, jusqu'à la mode « punk » ou la mode style surplus d'armée ou marché aux puces.

Nous réagissons souvent à l'habillement des autres, sa signification. Une femme portant un uniforme de police révèle beaucoup, de façon non verbale, si ce n'est sur elle-même, tout au moins sur le rôle qu'elle est appelée à jouer dans certaines situations. Plusieurs études ont été faites afin de comprendre comment les gens réagissaient face à des « uniformes » différents tels ceux d'un clochard, d'un commis voyageur, d'une personnalité politique ou d'un étudiant porteur d'une pétition à faire signer. Les styles de coiffure, la barbe, les bijoux que portent les gens, toutes ces variables ont souvent fait l'objet d'études psycho-sociales visant à observer

6. K. Gibbins, «Communication Aspect of Women's Clothes and Their Relation to Fashionability», *British Journal of Social and Clinical Psychology*, vol. 8, 1969, p. 306-307.

les réactions des gens. C'est une documentation qu'il est intéressant de consulter pour mieux connaître ce langage appelé le langage des objets.

Tous ces objets nous aident, en somme, à faire des inférences au sujet des individus. Nous ne pouvons les ignorer et décider qu'ils ne nous influencent pas, comme nous ne pouvons décider que le langage parlé ne nous influence pas. Nous disons communément qu'il ne faut pas se fier aux apparences. Nous devons donc être prudents avant d'interpréter les messages non verbaux qu'une personne communique par sa tenue vestimentaire ou par les objets qui l'entourent. En outre, rappelons-nous que le choix de notre habillement nous revient et que nous devons en assumer la responsabilité, même si les conséquences de ces choix ne correspondent pas aux intentions que nous avions et génèrent des réactions chez les autres que nous ne souhaitions pas. Si nous voulons communiquer efficacement avec les autres, nous ne pouvons prendre pour postulat que c'est la responsabilité des autres de nous comprendre. Nous sommes responsables au premier chef de ce que les autres comprennent. Si nous pensons que nous ne devrions pas être jugés par notre habillement et nos objets, rappelons-nous qu'ils font partie de ce que nous communiquons, que nous le voulions ou non.

Le toucher Le toucher est un des premiers modes de communication de l'être humain. Les jeunes enfants apprennent leur environnement par les sensations venant du toucher; la façon dont ils sont portés et bercés, les caresses qu'ils reçoivent ou non, ce qu'ils manipulent et ce que nous leur donnons à palper, etc. La couverture de Linus dans les dessins animés de Charlie Brown ou le « toutou » de chaque enfant, sont des exemples d'objets auxquels l'enfant s'attache et qu'il aime toucher, sentir et garder près de lui. Nous communiquons énormément par le toucher. Une petite tape d'affection, une poignée de main ou une promenade main dans la main avec son ami(e) communiquent souvent beaucoup plus que bien des échanges verbaux. Tout le monde sait cela. Ce dont nous ne nous rendons peut-être pas toujours compte, c'est jusqu'à quel point ce mode d'apprentissage et de communication est fort et direct. Brown et Van Riper[7] citent un exemple de cette force.

Un étudiant conduisait son automobile sur l'autoroute par un beau matin d'automne. Une autre automobile arrive derrière lui à très grande vitesse et se met tout à coup à déraper d'un côté à l'autre de la route. Après quelques secondes interminables, il voit cette automobile le frôler, faire une embardée dans le fossé, accrocher violemment au passage un poteau de signalisation pour finalement s'immobiliser. L'étudiant arrête et court vers l'automobile pour apporter de l'aide à son conducteur. La victime gît contre la portière de son automobile, son visage est criblé de vitre cassée et elle est apparemment morte. Le jeune homme s'approche et veut soulever un peu la victime pour la dégager.

7. Charles T. Brown et Charles Van Riper, *Speech and Man*, Englewood Cliffs, N.J., Prentice-Hall, 1966.

L'homme bouge alors doucement la tête mais sans ouvrir les yeux et il murmure: «Donnez-moi la main». L'étudiant prend alors la main de l'homme, il la tient et, au bout d'une minute, il sent l'homme mourir. Pour cet étudiant, «Pendant ces moments, dit-il, j'ai appris de la mort ce qu'aucune parole n'aurait pu jamais m'enseigner.»

Dans la culture nord-américaine, mises à part quelques situations bien définies, le toucher est lié aux relations interpersonnelles intimes et reste tabou dans la plupart des autres types de relations. Plusieurs gens restreignent donc leur toucher dans les occasions sociales, de peur que ce comportement soit vu comme déplacé, ou simplement parce qu'ils ont peur et qu'ils n'aiment pas les contacts physiques. On remarque assez généralement, d'ailleurs, comment, dans nos pays, les gens n'aiment pas se toucher et évitent les contacts physiques, que ce soit dans l'autobus, le métro, les halls de cinéma ou de théâtre. Dans les pays arabes, d'autre part, on forme peu souvent des lignes, c'est la foule et la bousculade, on se touche. Cela fait partie des moeurs et n'est pas considéré comme de mauvais goût. Les enfants nord-américains apprennent certes à embrasser leur parenté lors de certaines rencontres mais, au-delà de ces proches et de ces situations spécifiques, on ne va pas plus loin. Dans les pays méditerranéens, on se fait couramment la bise non seulement entre intimes, mais aussi avec les amis et les gens que l'on rencontre. Il n'est pas rare non plus de voir deux amies se promener en se tenant par la taille.

Le toucher est un outil de communication puissant. Il sert à exprimer toute une gamme de sentiments tels la peur, l'amour, l'anxiété, la chaleur ou la froideur. L'importance du toucher dans la communication est également mise en évidence par le langage parlé. En français, nous retrouvons d'innombrables expressions impliquant le corps et le toucher, des expressions comme: prendre contact avec un autre, se faire piler sur les pieds, faire pression sur quelqu'un, tâter le terrain, se faire flatter dans le bon sens, avoir quelqu'un dans la peau, être touché au fond du coeur, se serrer les coudes, avoir la couenne dure, une touche-à-tout...

Le toucher est si important pour le développement de la vie humaine qu'un nouveau-né qui n'est pas pris, bercé et caressé devient facilement malade et peut mourir de ce manque de stimulation fondamentale[8]. La dimension du toucher dans la communication interpersonnelle est un processus transactionnel par lequel le soi se développe. C'est par le contact physique que l'enfant prend conscience de son corps et développe ce qu'on appelle l'image corporelle de soi, laquelle est la plus fondamentale du soi et du moi futur. Un manque de touchers dans les premiers moments de la vie peut laisser de sérieuses blessures émotionnelles qui affectent, lors de la vie adulte, le développement de saines relations intimes.

Le toucher est en fait un véritable mode de communication. Nous touchons et nous rapprochons plus facilement de ceux que nous aimons que des étrangers. Ce n'est pas là uniquement une vérité de La Palice.

8. Ashley Montagu, *La peau et le toucher*, Paris, Seuil, 1979.

Cette dimension de nos transactions interpersonnelles est concrètement visible à travers le toucher et le contact physique. Les régions ou zones du corps qui peuvent être touchées sont conditionnées par notre culture et souvent à cause, essentiellement, de la signification sexuelle potentielle que le toucher comporte. Il est facile de se permettre un contact physique envers un bébé ou un jeune enfant, mais nous nous sentons mal à l'aise de toucher quelqu'un de statut élevé ou en position d'autorité. Sidney Jourard[9], par exemple, a étudié ces phénomènes de zones corporelles accessibles ou interdites dans nos différentes relations interpersonnelles. Ainsi, il semblera plus permis de toucher le genou d'un ami que de lui toucher le visage, et ainsi de suite selon le type de relation entre les deux personnes et leur sexe et l'âge. La manière dont nous touchons quelqu'un d'autre communique également quelque chose de la relation entre nous deux. Un toucher tendre et délicat communique des sentiments généralement positifs, alors qu'un toucher brusque fait habituellement un effet négatif, à moins d'être dans une situation de jeu où la règle le permet.

CONTEXTE DES MESSAGES NON VERBAUX

L'anthropologue Edward T. Hall[10], dans son livre *Le langage silencieux*, a été un des premiers chercheurs à fouiller les dimensions contextuelles de la communication interpersonnelle. Comme nous l'avons déjà souligné, la communication ne s'amorce pas dans un vacuum, mais dans un contexte culturel, c'est-à-dire un système de normes et de règles qui détermine dans une large mesure les variables du processus de la communication. Nous ne sommes pas toujours très conscients de ce contexte culturel parce qu'il nous est familier et qu'il nous semble normal. Nous nous en rendons compte parfois davantage lorsque nous sommes mis en face d'une culture étrangère. Deux puissants facteurs qui affectent notre communication interpersonnelle, le temps et l'espace, varient énormément en fonction des cultures.

Le temps

Le temps est une forme de communication interpersonnelle. Dans notre culture, toutefois, le temps est traité comme une chose matérielle; nous en perdons, nous en gagnons, nous en donnons, nous en prenons. Le temps est précieux et il est une denrée plutôt rare dans notre mode de vie moderne. Pourtant, le temps véhicule d'importants messages.

Dans notre culture urbaine nord-américaine, la ponctualité est de mise et les retards sont plutôt mal vus. Remettre un travail en retard ou arriver après l'heure fixée à un rendez-vous risque d'avoir des conséquences fâcheuses ou déplaisantes. Toutefois, ce que nous appelons un « retard » peut varier non seulement d'un individu à l'autre selon sa perception du temps, mais aussi selon la situation, les gens impliqués et le lieu. C'est ainsi qu'à un rendez-vous pour obtenir un emploi, nous essaierons d'être à l'heure, peut-être même 15 minutes avant l'heure fixée. Si nous arrivons en retard nous essaierons de nous justifier. Plus notre retard sera grand,

9. Sidney Jourard, « An exploratory Study of Body-Contact », *British Journal of Social and Clinical Psychology*, vol. 5, 1966.
10. Edward T. Hall, *Le langage silencieux*, Paris, éditions HMH, 1973.

plus nos explications risquent d'être élaborées et plus nous nous confondrons en excuses face aux gens impliqués.

Avec un ami intime, un retard peut possiblement être plus grand sans conséquences majeures, mais, là aussi, une échelle plus ou moins large est à respecter. Car, quoique des excuses puissent être sincères et véritables, un retard excessif peut fortement indisposer l'autre personne et même être pris pour une insulte ou un signe d'irresponsabilité.

Dans certaines cultures, les retards ne sont vraiment pas perçus comme insultants et les heures de rendez-vous d'affaires sont même assez extensibles. Au Mexique, par exemple, il est courant de voir les gens arriver une heure et demie en retard à un rendez-vous sans que cela soit mal considéré. Ici, en Amérique du Nord, cela est plutôt impensable ou tout au moins disgracieux et nous nous attendons à des excuses et des explications. À moins de connaître et de comprendre la perception du temps d'une culture, nous pouvons être frustrés et notre communication en être affectée.

Le temps communique aussi d'autres façons. Un téléphone en pleine nuit indique quelque chose d'urgent ou d'important. Habituellement, les gens n'appellent pas la nuit pour dire «Bonjour, comment ça va? Ça fait longtemps qu'on s'est vu. » Pour le souper, deux heures de retard d'un membre de la famille, passe encore, mais la même chose après minuit sans avertissement provoquera de l'inquiétude.

L'espace L'espace dans lequel s'établit une communication interpersonnelle nous affecte également d'une façon subtile dont nous ne sommes pas toujours conscients. Chacun de nous a un «espace personnel», une espèce de bulle psychologique qui lui est propre et qu'il n'aime pas voir brusquement envahie. Nous préférons généralement donner la permission ou signifier aux autres quand ils peuvent se rapprocher et franchir cet espace psychologique. Quoique chacun tende à délimiter son espace personnel en termes de distance physique, dans l'ensemble, des schémas culturels contrôlent et régularisent le plus souvent cet espace et ces distances interpersonnelles.

Edward T. Hall, encore une fois, a identifié trois distances interpersonnelles majeures qui gouvernent la plupart de nos relations. Il les a nommées «intime», «sociale» et «publique». La distance intime varie de très proche (7 à 15 cm), pour un murmure, un secret, une communication intime, à proche (20 à 30 cm), pour une information confidentielle, à près de quelqu'un (30 à 60 cm), pour parler à voix douce. La distance sociale, elle, va de 60 cm à 1,5 m, et la distance publique de 2 à 30 m.

Lorsque des gens violent ces règles établies, c'est-à-dire franchissent ou entretiennent des limites non conformes aux attentes des autres selon les circonstances, nous ressentons généralement un malaise. Par exemple, lorsque quelqu'un se rapproche trop de nous sans que nous l'ayons invité, nous aurons tendance à reculer ou à nous déplacer. C'est comme si nous possédions un territoire marqué et nous aimions laisser les autres s'approcher à la condition de l'avoir délibérément choisi. Ainsi, l'inconfort ressenti dans un local où il y a beaucoup de monde vient souvent du fait que les gens soient trop rapprochés les uns des autres. Ou encore, lorsque quelqu'un, dans un endroit public, vient s'asseoir trop près de nous, nous aurons possiblement des gestes pour nous éloigner un peu. À ce niveau, nous ne faisons pas toujours ces gestes ouvertement et consciemment, mais plutôt de façon réflexe ou inconsciente. Par contre, si après cela l'autre personne ne semble pas comprendre le message non verbal, nous pourrons carrément adopter des comportements d'évitement. Par exemple, à la caféteria, nous essayerons de terminer notre repas un peu plus rapidement; à la bibliothèque, nous changerons discrètement de place. Les distances interpersonnelles, comme la notion du temps à respecter, varient également d'une culture à l'autre. Comme Hall l'a remarqué, en Amérique du Nord la distance « idéale » pour une conversation entre deux personnes est d'à peu près 1 m. En France, au Brésil ou dans les pays arabes, on réduit plus facilement cette distance. Une conversation entre un Américain et un Arabe pourrait d'ailleurs prendre l'allure d'un ballet: l'Arabe s'approche de l'Américain et le regarde intensément dans les yeux. L'Américain n'est pas à l'aise à cette distance et recule un peu. L'Arabe, pour qui l'Américain semble trop éloigné se rapproche; l'Américain recule encore. Chacun se sent mal à son aise et dérangé par ce qu'il perçoit: l'Arabe semble « intrus » à l'Américain, et l'Américain vraiment « trop froid » et inamical, selon l'Arabe.

La distance interpersonnelle est un moyen d'exprimer des sentiments. Nous nous rapprochons des gens que nous aimons et, si nous avons le choix, nous nous éloignons de ceux que nous n'aimons pas. Nous prenons même parfois de grandes précautions pour ne pas aller trop près de quelqu'un que nous n'aimons pas, n'est-ce pas?

La proxémixe, soit l'étude de ces relations spatiales, dit que notre perception de l'espace ou du territoire que nous occupons relève davantage de la culture et du conditionnement social que de facteurs biologiques ou génétiques. Avec les gens, contrairement aux animaux, selon cette approche, le territoire est défini culturellement. L'espace que chacun occupe a des frontières, lesquelles sont largement déterminées par conventions culturelles et sont apprises si tôt que des sentiments très forts sont associés à toutes « violations » de ces frontières. D'une certaine manière « nous savons intuitivement » lorsque quelqu'un est « trop près » ou « trop loin » et, sans trop savoir exactement comment nous avons acquis cela, nous sentons très bien si la distance est correcte ou pas.

L'espace communique quelque chose ou plutôt, disons-le plus exactement, nous utilisons l'espace pour communiquer et notre *territorialité* agit comme une sorte d'extension de nous-mêmes. McLuhan dit là-dessus que notre voiture, notre bureau, notre chaise deviennent souvent des extensions de nous-mêmes et que nous pouvons devenir très irrités lorsque quelqu'un touche ou prend ces objets qui sont, en somme, partie intégrante de notre territoire. N'est-il pas courant d'entendre: « N'entre pas dans ma chambre, ne touche pas à mes affaires » comme si nous allions toucher là à la personne elle-même?

Le territoire est aussi une notion utilisée dans les transactions interpersonnelles, car il peut procurer souvent un avantage au propriétaire ou à l'occupant. Ainsi, dans le territoire réduit de notre maison ou appartement, nous nous sentons mieux que dans les lieux publics ou dans l'appartement du voisin. Le fait d'avoir à dire « C'est ma place et je vais la garder » couvre souvent une question émotive importante. Dans une transaction interpersonnelle, « être sur son terrain » est souvent synonyme d'avantage. Concrètement, les rapports élèves-professeurs, employés-patrons ou autres rapports hiérarchiques, se modifient selon le lieu ou le territoire où ils se situent. Si nous voulons un rapport plus égalitaire, par exemple, nous irons au café ensemble plutôt que de nous rencontrer au bureau. En diplomatie, on ira jusqu'à tenir des rencontres importantes dans des lieux neutres, voire des pays neutres. En somme, délibérément ou lorsqu'il le faut, nous cherchons à contrôler les situations en contrôlant le territoire, en nous mettant dans notre lieu préféré.

Certains éléments spéciaux en termes d'espace, mais autres que les distances interpersonnelles, nous affectent aussi. L'arrangement d'une pièce, la disposition des tables, des chaises autour d'une table pour une réunion ou un séminaire, le nombre de personnes dans un local par rapport à l'espace disponible, influencent le développement de la communication interpersonnelle. Les chercheurs ont trouvé par exemple que la communication se distribuait plus également et que le réseau de communication était plus équilibré quand les gens étaient assis autour d'une table ronde plutôt qu'autour d'une table rectangulaire. Autour d'une table rectangulaire, ce sera davantage les gens assis à chaque bout qui parleront et à qui nous aurons tendance à parler. Robert Sommer[11] a fait des études poussées sur les arrangements et la disposition des chaises autour d'une table et cette influence sur la perception des gens par rapport à la compétition, la coopération ou la collaboration. La figure 9.1 illustre trois de ces arrangements de base. Le face-à-face à chaque extrémité d'une table, par exemple, risque d'être perçu comme de la compétition. En fait, la plupart des jeux compétitifs se font en face-à-face. Lorsque nous nous assoyons en face-à-face par rapport à quelqu'un, nous aurons tendance à percevoir cette situation comme compétitive, nous aurons l'impression de faire face

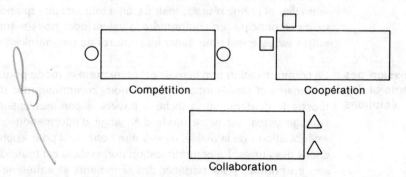

Figure 9.1 Arrangements de chaises.

11 Robert Sommer, *Personal Space*, Englewood Cliffs, N.J., Prentice-Hall, 1969.

à un adversaire. Pour un arrangement coopératif, nous devrons retrouver une position en diagonale ou en côte à côte. En fait, dans des discussions, ne parle-t-on pas «d'être du même bord»? Dans un arrangement diagonal, un contact plus étroit peut être maintenu, mais, grâce au coin de la table ou du bureau, chacun peut quand même se préserver d'une intrusion dans son espace personnel. Le travail en groupe sur un même projet, et ce, particulièrement si des objets doivent être manipulés, peut être facilité si les membres s'assoient l'un à côté de l'autre. Observez l'arrangement des chaises et de la table de travail dans le bureau d'un professeur, d'un conseiller pédagogique ou d'un psychologue, par exemple. Est-ce que ceux-ci s'assoient derrière leur table pour vous parler? Y a-t-il une chaise disponible, installée en diagonale? Les chaises permettent-elles un entretien en face-à-face? Personnellement, pouvez-vous vous asseoir à côté d'eux lorsque vous les consultez pour une raison ou pour une autre? Quoique ces arrangements ne soient pas le seul facteur qui permette de maintenir le contrôle, engendrer la compétition ou la coopération, ces facteurs non verbaux ne sont pas l'effet du hasard ou involontaires. Les gens choisissent l'arrangement de leur bureau, de leur lieu de travail, dans les limites de la forme et de la grandeur que le lieu lui-même impose et selon les contraintes organisationnelles de leur métier. Les gens choisissent aussi généralement la position qu'ils veulent occuper en rapport avec les autres. Ces «positions» ont une importante valeur communicative.

CARACTÉRISTIQUES DE LA COMMUNICATION NON VERBALE

L'impossibilité de ne pas communiquer

Nous ne pouvons pas ne pas communiquer. La nature de la communication est telle qu'elle est inévitable. Comme nous l'avons déjà dit, nous pouvons nous empêcher de communiquer avec des mots, mais nous ne pouvons éviter la communication non verbale. Ne rien dire, ne pas parler est en soi une forme de communication. Nous ne pouvons nous empêcher d'exprimer quelque chose avec nos mouvements ou nos expressions faciales. La communication interpersonnelle est donc inévitable quand deux personnes sont ensemble, parce que tout comportement a une valeur de communication.

La communication interpersonnelle peut ne pas être consciente, intentionnelle, ni même réussie, mais il y en a toujours une quand même. Connaître ce principe, en comprendre la valeur pour nous-mêmes et pour les autres est essentiel pour éviter les ruptures de communication.

L'expression des sentiments et des émotions

La communication non verbale est notre premier mode pour véhiculer nos sentiments et nos émotions. Certes nous communiquons d'abord ce qui touche le contenu ou la tâche à travers la communication verbale. Le langage verbal est notre mode d'échange d'information cognitive et de «négociation» de la réalité, c'est-à-dire notre outil pour «obtenir» quelque chose des autres. La communication non verbale est toutefois ce qui nous sert en premier pour partager des sentiments et entretenir des relations avec les autres. Les mots convoient *l'information sur le contenu* et la communication non verbale exprime et transmet *l'information affective*. La manière dont nous regardons quelqu'un, par exemple, peut communiquer de l'amour, de la haine, de la confiance, de la méfiance, du désir sexuel, de l'admiration, de l'acceptation, de l'incompréhension, de la surprise, etc. — une gamme d'émotions et de sentiments humains que nous n'exprimons pas toujours verbalement. Des gestes comme de tapoter des doigts ou du pied peuvent communiquer de l'impatience, de l'ennui, de la nervosité. Le visage, quant à lui, peut exprimer assez bien ce que nous voulons ou ce que nous ne voulons pas, notre accord ou notre désaccord.

Information sur le contenu et la relation

La communication non verbale inclut habituellement de l'information sur le contenu du message verbal. Elle nous donne les indices nécessaires pour interpréter les messages verbaux. Le même contenu dit d'un ton différent, nous l'avons illustré plus tôt, doit probablement être interprété de façon différente. Le ton de voix, parmi les autres expressions non verbales, est un indice essentiel sur lequel baser nos interprétations. Le manque de sensibilité à cette dimension de la communication interpersonnelle peut engendrer des difficultés.

La communication non verbale procure aussi de l'information sur la nature de notre relation avec ceux et celles qui nous entourent. Les subtilités ici sont nombreuses. Avant de pouvoir qualifier une relation de bonne ou de mauvaise, par exemple au cours d'un même entretien ou d'une même conversation, nous devrons être capables de saisir conjointement plusieurs variables et plusieurs nuances.

Fiabilité des messages non verbaux

Les messages non verbaux sont habituellement plus fiables que les messages verbaux. Effectivement, nous nous en rendons compte souvent dans certaines situations interpersonnelles, le contexte du message ne correspond pas à l'information affective transmise par ce même message. Un homme dit à un autre: « Je te fais confiance », mais tout le reste de ses attitudes non verbales dénie ce qu'il vient de dire. Un autre dit: « Je ne suis pas choqué » et, en même temps, frappe du poing sur la table. Un autre dit: « Ça ne me fait rien », mais ses yeux et son visage sont tristes à pleurer. Très souvent, quelqu'un dit une chose au niveau du contenu, mais communique quelque chose d'autre au niveau non verbal. Que devons-nous croire, les mots ou les signes non verbaux?

Nous savons intuitivement que les mots à eux seuls ne sont pas suffisants pour établir l'authenticité d'un message. Nous savons cela entre autres choses parce que nous savons comment il est facile de mentir avec les mots. C'est le genre « Merci beaucoup, ça m'a fait plaisir », « Oh, je suis très content que vous soyez venu ». Chacun est poli mais ne croit pas vraiment ce qu'il dit. Il est plus difficile de « mentir » non verbalement et d'exprimer des émotions que nous ne ressentons pas. Les acteurs professionnels ne sont pas partout. La plupart d'entre nous avons de la difficulté à jouer pendant longtemps une émotion ou un sentiment que nous ne ressentons pas. Un étudiant peut feindre de s'intéresser à un cours pendant dix minutes, mais le faire pour toute une période de classe sans donner signe d'ennui est extrêmement difficile. Les expressions non verbales sont donc considérées comme plus fiables que les mots. Si le message verbal est en conflit avec l'expression non verbale, nous aurons tendance à croire le non-verbal. En fait, nous pouvons nous fier énormément aux indices non verbaux pour nous faire une impression sur l'honnêteté des gens dans leurs relations, plutôt que sur ce qu'ils nous disent ou ce qu'ils disent d'eux-mêmes.

Les gens à qui nous faisons confiance sont habituellement ceux et celles qui ont un comportement non verbal qui confirme et renforce le contenu de leur communication verbale. Nous voyons et sentons qu'ils expriment leurs vrais sentiments, qu'ils sentent et agissent selon ce qu'ils disent.

Lewis et Page[12] ont émis l'hypothèse qu'il y a une relation tout à fait particulière entre ce qui se passe au niveau non verbal entre professeur et étudiants dans une classe et le genre d'apprentissage qu'on y trouve. Ayant retenu et appliqué certains principes de communication non verbale au niveau d'une classe d'enseignement, ils purent d'abord voir clairement que les étudiants mettaient leur confiance dans l'honnêteté et l'authenticité des professeurs à partir d'indices non verbaux. Ils observèrent aussi que « l'étudiant qui a moins de facilité verbale, qui a des difficultés d'apprentissage ou qui est culturellement désavantagé dépend et se fie davantage à la communication non verbale dans la classe ». Ils expliquèrent que ce type d'étudiant vérifie non seulement la fiabilité de la personne qui communique, mais s'attend à obtenir des clarifications supplémentaires du matériel verbal par l'observation du système non verbal. En somme, dans un tel échange, une grande responsabilité incombe au professeur; il doit être conscient et honnête dans ce qu'il communique non verbalement. Décidément, tout le monde est impliqué dans ces transactions non verbales.

BIBLIOGRAPHIE

BENEDICT, R. *Chrysanthemum and the Sword*, Boston, Houghton Mifflin, 1946.

BIRDWHISTELL, R.L. *Introduction to Kinesics*, Louisville, Ky., University of Louisville Press, 1952.

BIRDWHISTELL, R.L. *Kinesics and Contexts*, Philadelphia, University of Pennsylvania Press, 1970.

BOSMAJIAN, H.A. *The Rhetoric of Non Verbal Communication*, Glenview, Ill., Scott, Foresman and Company, 1971.

CALHOON, S.W. « Population Density and Social Pathology », *Scientific American*, n° 206, 1962, p. 139-146.

DAVIS, F. *Inside Intuition*, New York, McGraw-Hill, 1973.

FAST, J. *Body Language*, Philadelphia, M. Evans and Company, 1970.

GOFFMAN, E. *Behavior in Public Places*, New York, The Free Press, 1963.

HALL, E.T. *The Silent Language*, Greenwich, Conn., Fawcett Publications, 1959.

HALL, E.T. *The Hidden Dimension*, Garden City, N.Y., Doubleday & Company, 1966.

12. Philip V. Lewis et Zollie Page, « Educational Implications of Non-Verbal communication » *ETC.*, Vol. 31 no 4, 1974.

HARRISON, R.P. *Beyond Words: An Introduction to Nonverbal Communication*, Englewood Cliffs, N.J., Prentice-Hall, 1974.

KNAPP, M. *Nonverbal Communication in Human Interaction*, New York, Holt, Rinehart & Winston, 1972.

LEATHERS, D.G. *Nonverbal Communication Systems*, Boston, Allyn and Bacon, 1976.

McLUHAN, M. *Understanding the Media: The Extension of Man*, New York, McGraw-Hill, 1965.

MEHRABIAN, A. *Silent Messages*, Belmont, Calif., Wadsworth, 1972.

MEHRABIAN, A. *Non Verbal Communication*, Chicago, Aldine-Atherton, 1972.

NIERENBERG, G.I. et H.H. CALERO. *How to Read a Person Like a Book*, New York, Pocket Books, 1973.

PITTENGER, R.E., C.F. HOCKETT et J.J. DANEHY. *The First Five Minutes*, Ithaca, N.Y., Martineau, 1960.

RUESCH, J. et W. KEES. *Non Verbal Communication*, Berkeley, University of California Press, 1956.

SATIR, V. *Conjoint Family Therapy*, Palo Alto, Calif., Science & Behavior Books, 1967.

SCHEFLEN, A.E. *Body Language and the Social Order: Communication as Behavioral Control*, Englewood Cliffs, N.J., Prentice-Hall, 1972.

SOMMER, R. *Personal Space*, Englewood Cliffs, N.J., Prentice-Hall, 1969.

WATZLAWICK, P., J.H. BEAVIN et D.D. JACKSON. *Une logique de la communication*, Paris, Seuil, 1972.

WIENER, M. et al. « Nonverbal Behavior and Nonverbal Communication », *Psychological Review*, vol. 79, 1972, p. 185-214.

10

LES CONFLITS INTERPERSONNELS: L'ART DE NÉGOCIER

EN RÉSUMÉ   Comme il y a toujours des différences individuelles, il y a toujours des conflits. Toute la notion de communication, vue comme un processus transactionnel, présuppose que ces différences individuelles doivent être négociées afin que les gens puissent mettre au point des significations communes.

Traditionnellement, les conflits étaient vus comme mauvais et à éviter. Plus récemment, on en est venu à voir les conflits comme inévitables et pas nécessairement mauvais. En fait, certains conflits peuvent être fonctionnels et engendrer la croissance et le changement.

Ce qui est important ce n'est pas tellement que les conflits dans les relations interpersonnelles soient inévitables, mais comment nous les approchons, comment nous les traitons et comment nous les réglons.

Plusieurs stratégies peuvent être employées pour approcher et traiter un conflit. Nous pouvons *l'éviter*, avec l'espoir qu'il puisse disparaître. Nous pouvons le *désamorcer* en essayant de gagner du temps, en recherchant des arrangements sur des points mineurs ou en attendant que la tempête émotive soit passée, que nous ayons plus d'informations ou que nous ayons la chance de voir les choses dans une perspective différente. Beaucoup de négociations conflictuelles reposent enfin sur une dernière stratégie, soit *affronter* le conflit. Les stratégies d'affrontement peuvent, selon le résultat obtenu, être regroupées en trois catégories. (1) Les stratégies perdant-gagnant qui sont basées sur le pouvoir. Ce sont malheureusement les stratégies le plus communément employées pour résoudre un conflit. Dans ce type de stratégie, il doit y avoir un gagnant et un perdant. L'autorité, voire l'utilisation de la force sont alors les tactiques utilisées, et elles peuvent même fonctionner. À long terme, cependant, de telles stratégies ne risquent fort que d'engendrer un autre conflit. (2) Il y a les stratégies perdant-perdant. Elles sont parfois employées lorsque les deux parties préfèrent perdre plutôt que de voir l'autre gagner. Les compromis font partie de cette forme de stratégie perdant-perdant. La position du milieu ne plaît finalement pas, mais elle ne donne pas la victoire ou la défaite complète ni à l'un ni à l'autre. (3) Il y a les stratégies gagnant-gagnant, appelées aussi stratégies d'intégration. Elles reposent sur le postulat qu'un conflit est le symptôme d'un problème devant être résolu plutôt qu'une bataille à gagner et sur l'idée qu'avec créativité et bonne volonté, une solution qui intégrera deux vues opposées pourra être trouvée. Une exploration créative des solutions possibles au problème à travers du remue-méninges (« brainstorming ») ou un processus de résolution de problèmes est alors utilisé et cela peut souvent être efficace et gratifiant pour tous.

LE RÔLE DES CONFLITS

Il est impossible de comprendre les dynamismes de la communication et de ses transactions sans aborder la notion de conflit. Les gens sont différents, et les différences individuelles doivent être négociées pour que soient mises au point des significations communes. Il ne peut y avoir de différences sans conflit.

Le point de vue traditionnel

Voir les conflits comme inévitables dans les transactions interpersonnelles est une notion relativement neuve. Traditionnellement, on considérait comme un signe de compétence dans les organisations et les groupes de n'avoir à faire face qu'à très peu de conflits, sinon aucun, et on semblait très fier d'affirmer « négocier » admirablement tout conflit qui pouvait se présenter, alors qu'en réalité on les évitait systématiquement, on ne les tolérait pas ou on les réglait par autorité et pouvoir.

Les vues sous-jacentes à cette vision des conflits sont que ceux-ci sont mauvais et ne sont en fait que le produit du comportement de quelques individus indésirables. Tout conflit est associé à la colère, à l'agressivité, à une bataille physique ou verbale, à la violence, à des sentiments ou des comportements fondamentalement négatifs. Du côté individuel, « Il n'est pas bon de se battre ». De même, « Il faut éviter les conflits », « Il n'est pas bon de se disputer devant les enfants » ou « Si tu m'aimais, tu comprendrais », sont le genre de messages par lesquels on nous a enseigné que les conflits sont fondamentalement mauvais ou que seuls les gens mauvais argumentent, entrent en conflit ou se battent. Évidemment, les effets négatifs potentiellement reliés aux conflits sont réels. Vu à une grande échelle, les guerres entre nations sont l'expression de conflits. Sur une plus petite échelle, les divorces, les séparations, les démissions, les retraits, les guerres de personnalité sont aussi des exemples de relations interpersonnelles conflictuelles parfois destructrices.

Cependant, même si le postulat que les conflits sont mauvais est encore souvent présent à notre esprit, on peut penser, comme le font de plus en plus d'analystes de la communication, que cette vision des conflits est trop souvent inadéquate et très limitée.

Le point de vue contemporain

Joe Kelly[1], dans un livre sur le comportement organisationnel, fait la description des nouveaux principes qui caractérisent maintenant de plus en plus la vision des conflits. Ces approches nouvelles sont basées sur la

1. Joe Kelly, *Organizational Behavior*, Homewood, Ill., Dorsey Press, 1969.

notion que les conflits sont inévitables, souvent déterminés par des facteurs structuraux dans l'organisation ou le groupe, et qu'ils font partie intégrante du processus de changement. En fait, selon cette vision, un certain degré de conflit est même utile pour la vitalité de l'organisation du groupe et des relations entre les personnes.

Le conflit est une partie naturelle de toute relation. Qu'importe le degré de rapprochement, d'amour, de compatibilité ou de respect entre nous et une autre personne ou un groupe, il y aura toujours des moments où nos besoins, nos pensées, nos sentiments ou nos actions entreront en conflit ou se heurteront à ceux et celles des autres. Deux personnes ne peuvent jamais être à ce point pareilles qu'elles sentent, pensent ou agissent toujours de façon identique. Par contre, que les conflits fassent partie de la vie ne veut pas dire nécessairement qu'ils doivent être non fonctionnels et avoir des conséquences destructives. Ce qui importe, c'est *comment les conflits sont négociés*. En somme, si nous ne pouvons changer le fait qu'il existe des conflits, nous pouvons toutefois certainement changer notre façon de les approcher, de les traiter et de les résoudre.

CONSÉQUENCES POSSIBLES D'UN CONFLIT

Tous les conflits n'ont pas les mêmes résultats. Généralement, les résultats d'un conflit peuvent être perçus comme destructifs ou constructifs. Voyons d'abord les aspects négatifs ou destructifs.

Un conflit est potentiellement destructif dans une relation lorsqu'il consume tellement l'énergie des gens qu'il ne laisse plus de place pour quoi que ce soit d'autre. Des désaccords très fréquents ou des disputes constantes épuisent les gens et diminuent leur motivation à s'impliquer dans une relation. «Pourquoi faire des efforts, si ce n'est que pour amener davantage d'argumentation?» est l'attitude de ceux et celles qui ne veulent plus jamais rien connaître d'aucun conflit. En effet, les conflits peuvent interférer tellement avec le travail, créer tellement d'hostilité interpersonnelle et de sentiments d'antagonisme que les gens deviennent alors simplement incapables de travailler ensemble et n'ont plus aucun désir de régler quoi que ce soit entre eux. C'est dommage.

Les conflits, ou plutôt la peur des conflits, peuvent aussi mener au conservatisme et au conformisme. Le phénomène de la «pensée de groupe», entre autres, est basé sur la peur que si un conflit est ouvert il amènera des conséquences négatives sérieuses, tel le fait pour certains d'être ridiculisés ou blâmés publiquement. Cette peur, fondée ou non, donne comme résultat que les gens tendent à se conformer à ce qu'ils pensent être la position «officielle», l'idée acceptable ou la ligne de conduite de l'organisation. Un consensus superficiel se développe, les peurs des gens sont réduites. Ainsi, quoique les décisions ne soient pas prises de façon vraiment satisfaisante, chacun est amené à avoir le sentiment qu'il est accepté et que tout le monde est accepté, puisque tout le monde est d'accord. Rien n'est plus réconfortant que le sentiment d'être validé, qui émerge du fait d'être en accord avec les autres. Le prix à payer, cependant, est souvent une baisse de la qualité des décisions prises, puisque aucune idée impopulaire ou créatrice ne peut faire surface. Encore une fois, ce n'est pas tellement un conflit en lui-même qui est destructif, mais la peur et l'évitement de ce conflit.

Un conflit peut aussi être parfois si vicieux et si violent qu'il amène la destruction ou la neutralisation des adversaires. C'est ce qui se passe souvent quand une situation de conflit est perçue en termes de buts mutuellement exclusifs, de conflits d'intérêts, ou lorsque l'un ne peut gagner que lorsque l'autre perd. Si les buts à atteindre sont extrêmement importants pour deux personnes, une guerre sans merci, aux répercussions destructrices, peut être déclenchée. Cela se produit concrètement dans les organisations, par exemple, lorsque deux personnes rivalisent vicieusement pour le même emploi, le même titre, les mêmes ressources ou la même sphère d'influence (c'est-à-dire pour obtenir le même pouvoir) ou dans une relation interpersonnelle, lorsque le besoin de pouvoir d'une personne ou des deux est à la base de la relation. Dans un petit groupe, le même phénomène apparaît quand les conflits entravent la coordination et l'accomplissement des tâches qui demandent l'interdépendance des activités pour être accomplies avec succès. Là où l'interdépendance et la coopération peuvent être la seule façon d'accomplir le travail, une compétition, ouverte ou cachée, entre certains membres du groupe ou entre différents groupes, vient souvent saboter l'accomplissement efficace du travail. C'est comme si un des partis préférait perdre pour être sûr que personne d'autre ne pourra gagner.

Enfin, fréquemment, les conflits amèneront une distorsion de l'information ou même un certain contrôle de l'information nécessaire. Dans une atmosphère très compétitive, les gens deviennent extrêmement prudents, aucun ne veut donner des avantages à l'autre, perçu comme « ennemi ». Certains étudiants, par exemple, ne partageront pas leurs notes de cours avec les autres lorsqu'ils perçoivent la situation comme très compétitive.

Résultats positifs

Les conflits, on vient de le voir, peuvent avoir des résultats négatifs. Il est facile de comprendre pourquoi les gens cherchent à les éviter ou à les supprimer. Ils peuvent toutefois avoir des résultats bénéfiques.

Une tension ou un conflit donne souvent aux gens plus d'énergie et plus de motivation. Certaines personnes vivent bien avec la compétition. Un conflit est mobilisateur d'une énergie qui, autrement, ne serait pas disponible. Si une personne a l'impression qu'elle peut obtenir beaucoup de la compétition avec les autres, elle fera énormément d'efforts pour gagner. « Gagner, c'est la seule chose importante » diront certains qui feront tout pour arriver à gagner. Les conflits peuvent ainsi amener l'innovation, la créativité, le changement. Si tout conflit est supprimé pour le conformisme et la sécurité, nous risquons d'arriver à court d'idées neuves et de créativité, et sans idée neuve ou créativité un groupe ou une relation risquent d'être stagnants, sinon ennuyants. Les nouvelles idées viennent souvent de points de vue conflictuels qui sont partagés et discutés ouvertement. De meilleures décisions et un meilleur engagement résultent souvent d'une plus grande expression individuelle. Un désaccord ouvert peut amener une exploration des sentiments, des valeurs et des attitudes. Ce partage d'informations intimes et personnelles peut ainsi aider à cimenter, développer et améliorer une relation.

TYPES DE CONFLITS Alors que les conflits étaient autrefois attribués aux problèmes personnels de certains fauteurs de troubles, les études récentes dans ce domaine les attribuent à d'autres facteurs. Nous retrouvons et nous discuterons dans cette section trois types de conflits: personnel, interpersonnel et organisationnel.

Conflits personnels Les conflits personnels apparaissent quand une personne ressent: (1) des besoins, des désirs ou des valeurs conflictuelles; (2) des manières de satisfaire ses besoins ou ses désirs qui rivalisent entre elles; (3) une frustration qui bloque la satisfaction d'un besoin; (4) des rôles qui ne vont pas bien ensemble.

BESOINS
CONFLICTUELS Il est très courant de faire l'expérience de besoins ou de désirs conflictuels. Notre discussion sur la motivation, au chapitre 3, a fait ressortir comment nous avons constamment besoin de satisfaire des désirs et comment ces désirs semblent à certains moments mutuellement exclusifs. Nous pouvons ressentir trois types différents de conflit de besoins. Dans le *conflit approche-approche*, nous sommes motivés par deux besoins attirants mais mutuellement exclusifs. Dans le *conflit approche-évitement*, nous sommes motivés par quelque chose qui nous attire et en même temps par quelque chose à éviter. Dans le *conflit évitement-évitement*, nous sommes motivés à éviter deux buts négatifs et mutuellement exclusifs.

Conflit approche-approche

Devrais-je étudier ou aller voir un ami ce soir? Devrais-je mettre beaucoup de temps sur mon projet A pour faire plaisir à mon superviseur ou devrais-je me concentrer sur mon projet B, qui est beaucoup plus agréable? Ce genre de conflit apparaît souvent comme la concrétisation de l'expression «on ne peut avoir le gâteau *et* le manger». Le besoin de travailler et d'avoir une carrière peut entrer en conflit avec le besoin d'avoir un enfant et de rester à la maison. Notre besoin de contrôler notre vie, d'être indépendant et de prendre nos propres décisions peut entrer en conflit avec le besoin de recevoir les soins d'autrui et de pouvoir être dépendant de quelqu'un quand cela se fait sentir. Certains besoins peuvent certes être mutuellement exclusifs, toutefois plusieurs contradictions, apparemment impossibles à résoudre à première vue, peuvent être résolues en définissant la situation différemment ou en remettant en question les postulats qui sous-tendent le conflit lui-même. Par exemple, même si nous avons comme valeur d'être une bonne mère, cela veut-il dire que devions constamment rester à la maison pendant toute l'éducation des enfants? Il est possible de définir autrement ce qu'est une «bonne mère», de façon à ne pas exclure la possibilité d'étudier, de travailler à mi-temps ou même à temps plein. Les attitudes face à ces sujets sont complexes et elles sont souvent enracinées profondément; lorsque de tels cas se présentent, résoudre le conflit en trouvant des alternatives et des manières différentes de définir les variables impliquées dans la situation peut être difficile. Peut-être alors un(e) collègue, un(e) ami(e), un conseiller spécial peut-il être d'un grand secours pour explorer et tenter de résoudre avec nous ces conflits pénibles.

Conflit approche-évitement

Ce type de conflit est souvent vécu lorsque l'accomplissement d'un but laisse envisager des conséquences à la fois positives et négatives. De plus, lorsque les facteurs négatifs sont aussi forts que les facteurs positifs, la décision devient très difficile à prendre. Les exemples de ce type de conflit d'approche-évitement sont nombreux. Prendrai-je un emploi assez payant mais complètement ennuyant? Dirai-je à un professeur qu'il fait une erreur au risque de le fâcher? Est-ce que je finis mon travail pour le remettre demain et je laisse tomber mon rendez-vous avec mon ami(e)? Si les conséquences négatives sont nettement plus lourdes d'un côté que de l'autre ou qu'il y ait une différence claire entre les résultats positifs et les résultats négatifs, la décision est facile à prendre et le conflit est aussi facilement résolu. Toutefois, lorsque les résultats positifs et négatifs (1) sont difficiles à définir ou à quantifier, (2) ou s'équilibrent les uns les autres, le choix devient beaucoup plus difficile à faire. Le conflit peut devenir (et le devient souvent) si paralysant que certaines personnes contractent des symptômes de maladies psychosomatiques. D'autres ne peuvent que fuir ou se retirer physiquement et psychologiquement de la situation angoissante. De tels conflits sont fréquents chez les femmes qui tiennent maison, chez les étudiants qui travaillent très fort ou chez les hommes qui travaillent dans des organisations modernes. Le stress de ces situations, qui demandent des décisions et une attention constante, est intense. Les statistiques sur la santé physique et mentale pour toutes sortes de catégories de personnes (vendeurs, étudiants, adolescents, mères de famille, hommes d'affaires, etc.) indiquent que le stress issu de ces conflits amène des problèmes physiques et mentaux déterminés tels que les ulcères, les toxicomanies, les dépressions nerveuses, ou ne produisent qu'une motivation et un rendement médiocre au travail.

Conflit évitement-évitement

Ce type de conflit est composé d'options également désagréables. Effectivement, dans certains cas, il n'y a aucun moyen d'éviter cette situation, car ne pas choisir une option entraîne automatiquement le fait d'avoir à faire face à une autre option, aussi négative ou désagréable. Par exemple, si nous ne pouvons absolument pas tolérer un patron ou un professeur, mais qu'en même temps nous ne pouvons nous permettre de perdre notre emploi ou de rater ce cours, nous sommes alors dans un conflit évitement-évitement. Rester dans cet emploi ou dans cette classe signifie que nous avons à faire à chaque jour des transactions interpersonnelles très déplaisantes; d'autre part, partir ou renoncer signifie perte d'emploi ou de crédit scolaire. Aucun des choix n'est satisfaisant. Tout ce que nous pouvons espérer c'est que le marché de l'emploi s'améliore, que les exigences du collège changent, ou que notre opposant s'en aille subitement!

Ce type de conflit peut aussi se présenter pour nous entre une de nos valeurs personnelles et un comportement que nous requérons de nous. Ces conflits de loyauté sont souvent vécus par les adolescents qui doivent maintenir leurs allégeances simultanément à plusieurs groupes distincts (parents, amis et sous-groupes), mais qui vivent une ambivalence terrible entre ce qu'ils aiment ou valorisent et d'autre part ce que leur demandent ces figures de référence ou d'autorité. À un autre niveau, nous pourrions dire que c'est là toute la problématique de la clarification des valeurs personnelles. Comme écologiste convaincu, puis-je accepter un emploi dans une usine polluante? Comme personne pour qui l'honnêteté et l'ouverture sont primordiales, puis-je occuper un poste qui contrôle de l'information face aux consommateurs ou au public? Si je favorise fondamentalement la coopération et le collectivisme, puis-je travailler à l'intérieur d'une compagnie très compétitive, faire fréquenter une école privée à mes enfants? Est-ce que je participe à des activités qui favorisent mes intérêts mais que je juge honteuses ou illégales? Est-ce que je dénonce un de mes amis que je vois tricher ou voler? De tels dilemmes ne sont pas toujours faciles à résoudre.

FAÇONS COMPÉTITIVES DE SATISFAIRE SES BESOINS

Au moment où nous nous fixons des buts, nous nous rendons souvent compte qu'il y a plusieurs façons de les atteindre. Quels cours pourront à la fois me plaire et me permettre d'obtenir un diplôme reconnu? Dans quelle carrière puis-je être utile à la société et faire de l'argent ou avoir du prestige? Si je vise une promotion dans ma compagnie ou mon institution, dois-je garder le même emploi jusqu'à ce que je sois reconnu comme expert dans cette fonction, ou ne devrais-je pas plutôt opter pour une position qui permet davantage de mobilité latérale dans l'organigramme de ma compagnie ou la structure hiérarchique de mon institution?

FRUSTRATION VENANT DES BLOCAGES

Souvent, lorsque quelque chose ou quelqu'un vient entraver la réalisation d'un de nos buts, un conflit personnel apparaît. Concrètement, par exemple, si un nouveau patron ou un certain collègue compétitif apparaît dans notre entourage pour nous bloquer, nous nuire ou nous empêcher d'obtenir une promotion, il représente ce blocage.

Les psychologues ont longtemps cru que l'agression était la seule réponse à la frustration. Si nous sommes frustrés, par exemple, nous savons que nous pouvons facilement déplacer notre frustration sur quelqu'un ou quelque chose d'autre et ainsi «donner un coup de pied au chien». La frustration peut aussi amener d'autres mécanismes de défense. Dans un premier temps, nous pouvons même, face à une frustration, plier l'échine davantage; c'est ce qu'on appelle de la surcompensation. Dans un deuxième temps, nous pouvons aussi devenir plus ouvertement agressifs. Ou alors, nous pouvons aussi nous «retirer» physiquement et émotivement de la situation. Enfin, dans un dernier temps, nous pouvons en venir à nous résigner presque complètement.

D'autres réactions à la frustration sont possibles; nous pouvons penser ainsi à *la fixation*, c'est-à-dire la poursuite obstinée d'un but inatteignable ou d'un mode d'action voué à l'échec. Enfin, et c'est cette dernière possibilité que nous discuterons plus loin, une autre réaction possible est de chercher un *compromis créatif* par la redéfinition de la situation ou la recherche de nouvelles manières d'atteindre nos buts.

RÔLES CONTRADICTOIRES

Comme mentionné au chapitre 8, les conflits de rôles sont choses assez courantes chez les gens reliés à des groupes différents qui, de ce fait, doivent adopter des comportements et des valeurs reliés à chacun de ces groupes. Lorsque les groupes ont des valeurs semblables, il y aura peu de conflits. Mais lorsque les groupes divergent de valeurs et exercent des pressions à adopter des comportements opposés, alors il sera difficile, sinon impossible, d'arriver à trouver un équilibre. Nous ne pouvons pas plaire à tout le monde en même temps. Ainsi il est possible d'appartenir à un parti politique et à une église quelconque en même temps. Mais lorsqu'un certain sujet vient forcer le conflit entre les deux, la tâche devient difficile.

Conflits interpersonnels

Comme certains auteurs l'ont déjà remarqué, les conflits interpersonnels apparaissent fondamentalement pour trois raisons: (1) des différences individuelles; (2) des ressources limitées; et (3) la différenciation des rôles.

DIFFÉRENCES INDIVIDUELLES

Comme nous l'avons déjà souligné lors de la discussion sur l'inévitabilité des conflits, les différences individuelles sont la raison même des conflits. Les différences d'âge, de sexe, d'attitudes, de croyances, de valeurs, d'expérience et de formation contribuent toutes au fait que les gens voient les situations différemment et se voient entre eux différemment. Un jeune cadre bien instruit voit souvent dans son organisation les situations de façon très différente des plus anciens cadres qui sont là depuis longtemps et qui ont progressé dans celle-ci non par la force des diplômes mais par leurs moyens personnels. Les parents et les enfants voient évidemment souvent, surtout à l'adolescence de ces derniers, les mêmes situations de façon très divergente. Le sexe peut aussi amener des perspectives très différentes; certains hommes auront beaucoup de difficultés à accepter les directives venant d'une femme qui leur est supérieure dans une hiérarchie. Il nous est possible d'exercer un certain choix dans nos associations avec les membres de certains groupes sociaux, mais cette flexibilité n'existe pas forcément au niveau du milieu de travail ou de notre milieu d'études. Nous nous voyons ainsi associés avec des gens à cause du travail à exécuter ou du cours à suivre, mais sans les avoir choisis. Ultimement, nous avons certes toujours le choix de partir, mais nous restons et acceptons d'être avec les gens de ce groupe. Et alors, si ces gens sont très différents de nous, un certain degré de conflit devient inévitable.

RESSOURCES LIMITÉES

Aucune organisation, aucun groupe, aucune famille ne possède toutes les ressources dont chaque membre a besoin. Les ressources financières, les ressources humaines, les ressources techniques ou même le temps sont toujours quelque peu limités. Des choix doivent être faits, et le juste partage de ces ressources est pour tout le monde une tâche difficile. De cette vérité découlent constamment des décisions concrètes telles que: comment chacun profitera-t-il du budget; qui occupera tel ou tel espace; qui accomplira tel ou tel travail; qui obtiendra de l'équipement de bureau; qui sera informé; qui aura du pouvoir; qui pourra utiliser l'automobile familiale, etc. En plus, parce que tout système possède des ressources limitées, nous risquons fort de voir apparaître de la compétition. En effet, chaque personne, chaque groupe essaie d'obtenir une part du gâteau. Plus le gâteau est petit par rapport aux besoins, plus la compétition risque d'être forte. La distribution des ressources devrait permettre à l'organisation ou au groupe d'atteindre ses buts. Évidemment, toutefois, ce qu'un groupe ou une personne définit comme la meilleure façon de partager les ressources ne fait pas toujours l'unanimité. En fait, chaque personne d'un groupe peut avoir une idée différente de ce qu'est « la meilleure façon » de faire le partage. Celui ou celle qui a l'impression de ne pas recevoir sa juste part éprouvera des antagonismes envers les autres. Un tel conflit peut alors amener des comportements néfastes ou agressifs. Par exemple, la rivalité fraternelle s'intensifiera au moment où Jacques perçoit que sa soeur Joanne peut prendre l'auto familiale plus souvent que lui. Au niveau économique d'une société, le problème est encore plus réel et intense au moment où certains groupes de personnes perçoivent que d'autres groupes de personnes ne partagent pas également les frais d'un système ou reçoivent plus qu'eux. C'est là une question plus que complexe et délicate qui engendre des conflits interpersonnels profonds, auxquels tous ont à faire face.

DIFFÉRENCIATION DE RÔLES

Les conflits interpersonnels proviennent souvent, aussi, de la difficulté à déterminer qui peut donner un ordre à un autre. Au chapitre 8, nous avons expliqué ce qui se passe lorsqu'une personne ne veut pas accepter la définition de rôle impliquée dans le comportement d'une autre personne à son égard. Si, par exemple, nous effectuons une demande qui implique que nous ayons une certaine autorité sur l'autre personne, mais que celle-ci refuse d'y accéder, c'est-à-dire qu'elle refuse de reconnaître notre autorité, alors un conflit relationnel à propos du contrôle s'installe. Qui contrôle la définition des rôles de chacun? C'est le genre de conflit qui apparaît lorsque deux personnes sont fondamentalement d'accord avec une ligne d'action à suivre, mais qu'un des deux refuse de s'y engager parce que c'est l'autre qui a soumis l'idée.

Un patron et son employé peuvent être d'accord à l'effet qu'un travail donné doit être terminé avant une date précise; mais si le patron parle de faire du temps supplémentaire, l'employé peut ne pas être d'accord. Ce désaccord peut surgir non pas à cause de la nécessité de travailler davantage, mais du fait de devoir accepter l'autorité du patron. Pourtant, si le patron ne dit rien, il est fort possible que l'employé suggère lui-même de faire des heures supplémentaires pour terminer le travail à temps. La différence, dans la dernière situation, vient de ce que l'employé a le contrôle de sa décision. En somme, les conflits apparaissent souvent, non pas parce que les gens sont en désaccord sur ce qu'il faut faire, mais parce qu'ils ne sont pas d'accord sur qui devrait avoir le contrôle.

Conflits organisationnels

Dans plusieurs cas, c'est la structure de l'organisation elle-même qui est une source potentielle de conflits. Le directeur général d'un collège ne voit pas les choses de la même façon qu'un étudiant. Plus il y a de niveaux dans une organisation, plus ils sont isolés les uns des autres, moins il y aura d'information de partagée et moins les gens se connaîtront et se comprendront les uns les autres. Les perspectives, les valeurs, les objectifs des gens des niveaux supérieurs ne sont habituellement pas les mêmes que ceux et celles des gens des niveaux moyen et inférieur d'autorité d'organisation. Dans une classe, où peu de personnes sont représentées à chaque niveau et où beaucoup de communication existe entre chaque niveau, le potentiel de conflit est minimisé. Dans de larges organisations où l'on trouve de nombreux niveaux, la communication est plus limitée, les gens se voient moins et parlent moins entre eux, le potentiel de conflit est plus grand. Il est peut-être même plus facile d'affronter des gens que nous ne connaissons pas personnellement. Si nous percevons « l'administration » comme étant « l'ennemi », il est plus facile de l'affronter que si nous connaissons personnellement les gens qui remplissent les rôles. Les « ils » impersonnels des grandes organisations ou des grandes corporations ou institutions n'ont pas de figures concrètes.

Les conflits fonctionnels sont aussi des conflits inévitables. Les différentes parties d'une organisation ont, à cause de ce qu'elles ont à accomplir, des besoins qui entrent en compétition. Dans une université, plusieurs départements peuvent rivaliser ouvertement pour l'allocation des budgets, des fonds de recherche, l'inscription des étudiants.

Pour illustrer encore davantage ce type de conflit, observons ce qui pourrait se passer dans une grande entreprise où, par définition, l'on vise toujours à augmenter le volume des opérations. Les vendeurs font des promesses et prennent des engagements qui ont des répercussions sur ceux qui s'occupent de la livraison ou de la publicité. D'autre part, les gens de la production sont incapables de rencontrer leur échéancier parce que le Service des achats n'a pas commandé le matériel requis. De plus, les commis-vendeurs aiment bien avoir un vaste inventaire disponible, mais le Service des finances, lui, résiste au fait d'emmagasiner beaucoup de marchandises à cause des frais élevés d'assurance ou d'entreposage. Enfin, le Service de production est en train de négocier une convention de travail et les gens qui y participent ont l'impression que cette négociation devient importante avant toute autre chose, et ils réduisent alors considérablement leur production. Pendant ce temps, les vendeurs, sous la pression de l'administration, ont l'impression que leurs besoins devraient primer. De cette « problématique » naîtraient sans doute des conflits.

Mais la situation n'a pas besoin d'être aussi compliquée pour voir naître des conflits fonctionnels. Dans un hôpital où nous avons déjà travaillé, par exemple, il y avait à un moment donné un important conflit entre le département des Services auxiliaires et le personnel infirmier, tout simplement parce qu'un nouveau règlement de sécurité émis par le Service des bâtiments interdisait de brancher quelque appareil ménager que ce soit dans les différents services car ils risquaient de ne pas rencontrer les nouveaux standards de sécurité. Les infirmières, et particulièrement celles de l'équipe de nuit, étaient en colère contre le directeur de ce service parce qu'elles ne pouvaient plus avoir de cafetière à leurs postes; elles avaient ainsi l'impression qu'on faisait accroc à leurs conditions de travail.

En somme, les conflits entre fonctions et niveaux ne sont pas nouveaux, mais ils changent constamment de formes. Les administrations d'universités sont souvent opposées aux membres de leur corps professoral. Le personnel médical et professionnel, dans beaucoup d'hôpitaux, est souvent à couteaux tirés avec les membres de l'administration. Les membres d'une même famille rivalisent pour leurs émissions de télé, l'automobile familiale ou la dernière pointe de tarte. Les gens de la vente et de la production se chicanent souvent avec ceux qui font le design ou la recherche. La distribution inégale du pouvoir, de la responsabilité et de l'autorité rend impossible l'absence totale de conflit. Dans un groupe, toutes les personnes sont sensibles à la manière dont elles sont traitées et à la façon dont s'effectue la distribution des privilèges et récompenses. Que les différences de traitement soient réelles ou imaginaires ne joue pas tellement sur la manière dont les gens réagissent les uns envers les autres. Si les professeurs, les parents ou les patrons « semblent » avoir des favoris, cela est suffisant pour qu'il y ait conflit.

L'idée principale de toute cette discussion est que les conflits sont une réalité de la vie. Ils peuvent être d'une grande utilité lorsqu'ils empêchent la stagnation ou qu'ils stimulent l'exploration d'idées et de méthodes nouvelles. Les conflits et la mise à jour des différences permettent aussi aux problèmes de faire surface, d'être discutés et résolus plutôt que de rester cachés ou refoulés et créer alors des conséquences encore plus négatives. En somme, même si les conflits apparaissent dangereux et dérangeants, ils peuvent avoir de bonnes conséquences lorsqu'ils permettent aux gens de mieux s'ajuster et de changer. Les structures ou les comportements rigides qui suppriment la « réalité » des conflits en les ignorant, provoquent souvent des types de conflits encore plus violents. Les personnes plus flexibles et ouvertes à l'expression des différences n'auront sans doute pas à faire face à une telle violence. Si un conflit est abordé et traité de façon appropriée, il peut être très bénéfique. La question devient donc: comment les conflits peuvent-ils être traités? Quelles sont les stratégies possibles pour négocier ou maîtriser un conflit?

STRATÉGIES DE GESTION DES CONFLITS

Selon Blake, Shepard et Mouton[2], les stratégies pour traiter un conflit peuvent être classifiées en trois catégories générales: (1) évitement, (2) désamorçage et (3) affrontement.

 **Évitement** Les gens évitent souvent les conflits ou même tout ce qui est potentiellement conflictuel. Ils espèrent que, s'ils laissent faire, la situation conflic-

2. Robert Blake, H. Shepard et Jane S. Mouton, *Managing Intergroup Conflict in Industry*, Houston, Texas, Gulf Publishing Co., 1964.

tuelle disparaîtra et qu'ils n'auront pas ainsi à y faire face. C'est pratiquer la politique de l'autruche. On est tenté de croire à la magie ou à la délivrance spontanée. Mais prétendre qu'il n'y a pas de conflit ne fait que rarement disparaître le problème.

Il y a plusieurs façons différentes d'éviter un conflit: ce peut être par le retrait, le déni, la suppression, ou tout simplement en passant par-dessus. Certaines personnes quittent les situations conflictuelles en sortant de la pièce, en laissant leur emploi, en s'endormant, en fuyant la maison ou en prétendant avoir à faire autre chose. Certaines personnes apparemment très occupées utilisent d'ailleurs le travail comme moyen de fuir une situation embarrassante. « J'ai tellement de travail à faire que je ne peux pas te voir… », voilà le genre de phrase indicative du malaise de quelqu'un. D'autres personnes deviennent au contraire très accommodantes pour éviter les conflits. « Tout est bien, tout va très bien » diront-elles, alors qu'en réalité quelque chose les dérange. Certaines personnes changent le sujet de conversation aussitôt que celui-ci s'approche de quelque chose qui pourrait devenir conflictuel. Certaines personnes font constamment des farces et distraient les autres pour que rien ne soit pris au sérieux.

Les stratégies d'évitement sont utilisées lorsque les gens se sentent menacés par un conflit éventuel et qu'ils ont l'impression qu'ils ne pourront y faire face adéquatement. Éviter la situation n'amène pourtant pas la solution du problème. Le conflit peut réapparaître sous d'autres formes.

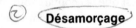 **Désamorçage** Les stratégies de désamorçage sont utilisées lorsqu'une personne impliquée dans un conflit décide d'arrêter ou de suspendre le « combat » pour permettre aux choses de se calmer, ou au climat de « se refroidir » un peu. Nous pourrions aussi appeler ces stratégies, des tactiques de ventilation. Elles changent l'air et le climat et elles permettent, pour les stratégies encore plus poussées, de gagner du temps. Dans les stratégies de désamorçage, les gens essaient de trouver un accord sur des points mineurs du conflit et évitent le problème de fond ou le problème plus important pour amasser plus d'informations, se calmer, prendre du recul et se donner une chance de voir les choses dans une perspective différente. Les stratégies de détournement permettent de s'entendre sur les points mineurs mais les issues fondamentales demeurent non réglées, et ce, souvent pour une longue période de temps. Lorsque c'est le cas, les tactiques de désamorçage ressemblent plus à une forme d'évitement.

 **Affrontement** Nous retrouvons trois sortes de stratégies d'affrontement basées selon leurs issues ou les résultats qu'elles donnent. Certains auteurs[3] ont qualifié ces genres de stratégies et de résultats: gagnant-perdant, perdant-perdant et gagnant-gagnant.

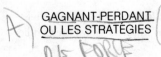 GAGNANT-PERDANT OU LES STRATÉGIES DE FORCE

La stratégie d'affrontement gagnant-perdant est basée sur un rapport de force. Elle est cependant une manière courante de traiter un conflit. Elle

---

3. Alan C. Filley, Robert J. House et Steven Kerr, *Managerial Process and Organizational Behavior*, Glenview, Ill., Scott, Foresman and Company, 1976.

est basée évidemment sur l'idée que pour résoudre un conflit, une personne doit gagner et, évidemment encore, gagner n'est pas possible s'il n'y a pas une autre personne qui perd.

Il y a plusieurs types différents de stratégies gagnant-perdant. L'utilisation flagrante et peut-être abusive de l'autorité pour contrôler une autre personne est courante dans plusieurs milieux de travail, même dans la famille, où, par inclination ou par fascination du pouvoir, nous fonctionnons de façon autoritaire et autocratique. Souvent, un conflit patron-employé sera réglé par l'utilisation de l'autorité de la part du patron. L'attitude du « C'est moi le patron » est une manière de régler une argumentation ou d'être gagnant d'un conflit, tout au moins à court terme. À long terme, toutefois, le conflit n'est pas réglé, car si mettre le point final à une argumentation ou à une « bataille » par argument d'autorité permet de gagner, cette position même d'autorité affaiblit d'une certaine façon celui ou ceux qui l'utilisent et celui ou ceux qui doivent s'y soumettre ont le sentiment qu'on abuse de cette force. Quelquefois, même, l'autorité représentée dans un statut ou un rang n'est pas suffisante et on fait appel à la coercition mentale ou physique. Un parent qui traîne ou tire littéralement son enfant de 3 ans d'un magasin pour l'amener à l'automobile fait preuve en quelque sorte de coercition physique; le parent est plus grand et plus fort que l'enfant. Un désaccord ou un conflit avec des employés peut être résolu aussi de cette façon lorsqu'il y a menace de congédiement, de rétrogradation, etc. Un professeur utilise cette méthode lorsqu'il brandit la menace d'un examen difficile, d'une surcharge de travail ou d'une exclusion de la classe. Heureusement, toutefois, de plus en plus de gens détenant une position d'autorité sont conscients qu'ils doivent non seulement commander, mais aussi expliquer leurs idées et agir par concertation.

Une autre stratégie gagnant-perdant est ce qu'on pourrait appeler celle du *train à vapeur*. C'est celle du vote de la majorité, celle qui requiert le vote avant que nous ayons pris le temps de discuter ou d'entendre les différentes opinions de chacun sur le sujet en question. Si cela se produit trop souvent et que le même groupe de personnes se retrouve toujours en minorité, les pertes en viennent à être perçues comme des défaites personnelles et les gains comme des victoires strictement personnelles. Le danger est ici que la règle de la majorité, lorsqu'elle est trop constamment appliquée, peut être destructrice ou démobilisatrice d'énergie nouvelle. Par contre, il est aussi possible qu'un petit groupe représentant une minorité puisse passer son idée « à la vapeur » et gagner.

L'interprétation du silence est alors subtile, car on lui fait signifier un consentement, elle devient une stratégie qui permet à un petit groupe ou parfois à une seule personne de présumer que tout le monde est d'accord, et ainsi court-circuiter le besoin d'une discussion ouverte.

Un petit groupe ou une minorité peut aussi s'arranger d'avance pour faire front commun et ainsi amener les autres, soit le reste du groupe, à penser que son idée est largement soutenue. Encore une fois, ici, ce type d'agissement court-circuite la discussion au bénéfice d'un petit groupe qui gagne, alors que les autres perdent.

Filley et ses associés[4] ont résumé les caractéristiques de ces situations gagnant-perdant et ils disent que dans de telles stratégies:

1 Il y a une démarcation très claire entre les parties impliquées dans le conflit. On perçoit qu'il y a eux, d'une part, et nous, d'autre part;

2 Chaque groupe dirige son énergie contre l'autre dans une atmosphère qui suggère qu'il doit y avoir une victoire ou une défaite totale;

3 Chaque groupe perçoit les enjeux et les problèmes de son point de vue unique;

4 L'accent est mis sur les solutions plutôt que sur la définition des buts, des valeurs et des objectifs;

5 Les conflits sont personnalisés et perçus comme des attaques personnelles;

6 Le processus de résolution de conflit n'est pas différencié des autres processus de groupe, pas plus qu'il n'est planifié;

7 Les groupes ont une vue plutôt à court terme des enjeux et des issues du conflit.

Les situations typiques de conflit gagnant-perdant apparaissent entre directeur et employé, entre administration et personnel de base, entre parent et enfant. Les stratégies gagnant-perdant sont souvent néfastes, car elles sont basées sur l'utilisation de la force et parce qu'il y a toujours quelqu'un qui perd. Dans ces stratégies, en outre, tout arrangement qui tiendrait compte des besoins mutuels des deux parties est ignoré. La solution créative du problème est étouffée, empêchée. Certes les gens peuvent se dire à eux-mêmes que cette fois-ci ils perdent mais que la prochaine fois ils gagneront, ou l'inverse, permettant de justifier une victoire peu glorieuse, mais, de toute façon, les stratégies gagnant-perdant créent de l'amertume et du ressentiment et ces sentiments referont surface d'une façon ou d'une autre. Les perdants « avaleront la pilule » en attendant d'avoir la force de leur côté. L'apparente acceptation peut alors être vicieuse, et les vendettas personnelles draineront beaucoup d'énergies de communication qui pourraient être utilisées autrement.

Imposer des règles, dicter des politiques, marcher selon le code pour régler un conflit sont autant de stratégies gagnant-perdant du même type. Ces stratégies évitent toutes trop souvent ce qui pourrait être un bon affrontement direct et honnête en se cachant derrière des règles, des lois. Celui qui ne veut pas prendre la responsabilité de refuser une demande particulière peut se cacher derrière un règlement et dire qu'il n'est pas vraiment responsable de ce qui arrive et du fait qu'il gagne l'argumentation et le conflit: « C'est un règlement et je dois l'appliquer »; « Une règle c'est une règle et il faut la respecter ». Naturellement, il y a des moments où cela est vrai. Toutefois, lorsque les gens se cachent derrière les règles à chaque fois qu'il y a une situation déplaisante, les conflits ne sont pas résolus.

4. Alan C. Filley, Robert J. House et Steven Kerr, *Managerial Process and Organizational Behavior*, Glenview, Ill., Scott, Foresman and Company, 1976.

PERDANT-PERDANT OU LES STRATÉGIES DE COMPROMIS

Les stratégies où tout le monde perd ne semblent pas, plus que les précédentes, être une façon particulièrement adéquate ou utile de résoudre un conflit. Elles sont néanmoins très souvent utilisées. Ce genre d'approche peut prendre différentes formes. Parfois, dans une relation ou une discussion conflictuelle, les gens s'entendent pour une espèce de juste milieu ou de position mitoyenne; celle-ci ne satisfait pas complètement ni l'une ni l'autre des deux parties mais, au moins, ne donne pas la victoire ou la défaite totale par rapport à un point de vue de la controverse en question. Si, par exemple, je veux manger dans un restaurant italien et l'autre personne dans un restaurant chinois, nous pouvons finalement nous mettre d'accord sur un restaurant français, grec ou mexicain. De cette façon, je ne gagne pas, mais l'autre personne non plus. Nous avons effectué un compromis. Les compromis sont certainement souvent utiles à court terme. À long terme, toutefois, s'ils deviennent la manière habituelle de régler les différends (entre deux personnes ou deux groupes), nous pouvons avoir l'impression que l'autre est plus empressé à nous empêcher de gagner qu'à régler réellement les conflits. Les départements dans une organisation ou une institution négocient souvent les ressources, même rares, sur ce principe de perdant-perdant. Un des départements accepte de couper quelque chose si l'autre en fait autant. Nous pouvons observer le même comportement entre des individus: « Si tu acceptes de ne plus acheter cela, je ne m'achèterai plus ceci ». La corruption est aussi une stratégie de perdants; on la retrouve par exemple lorsqu'une des parties est prête à payer une grosse somme ou à investir beaucoup pour amener l'autre à faire quelque chose de très désagréable. Un patron peut ainsi nous offrir une grosse augmentation pour effectuer un travail sale, ennuyant ou dont personne ne veut; bien qu'en surface cela semble positif et acceptable pour résoudre un conflit, les deux peuvent perdre partiellement. Nous pouvons penser ici que c'est le genre de tactiques que des parents utilisent avec leurs enfants quand ils disent: « Si tu es gentil, je t'achèterai un cadeau ». C'est souvent là un chantage affectif qui, nous le savons maintenant, peut donner le sentiment aux deux d'être « perdants ».

GAGNANT-GAGNANT OU LES STRATÉGIES D'INTÉGRATION

Les stratégies de résolution de conflit dites gagnant-gagnant sont basées sur les idées qu'un conflit: (1) est le symptôme d'un problème à résoudre plutôt qu'une bataille à gagner, donc axé sur la résolution de problème; et (2) peut être traité de façon à ce que personne n'ait à perdre complètement. Le traitement des conflits par la résolution de problème permet à des vues opposées de se rapprocher et de résoudre des différences interpersonnelles. Un affrontement en face-à-face est nécessaire entre des gens en conflit, mais avec une stratégie d'affrontement positive l'accent est mis sur l'idée de résoudre un problème commun plutôt que de déterminer qui a raison, qui a tort ou qui est à blâmer. Évidemment, l'information doit être ouverte et échangée de façon à bien clarifier les faits qui embrouillent le problème. Ensuite, les échanges proprement dits et la recherche des solutions au problème ne devraient commencer que lorsque les parties ont défini ensemble et de façon semblable le problème à résoudre. Des positions qui apparaissent en surface tout à fait opposées peuvent être redéfinies créativement et apparaître alors comme éléments d'un problème plus large sur lequel les deux parties peuvent agir. Une exploration des solutions en se servant des techniques de remue-méninges, ou même en se servant de jeux les plus divers, peut être des plus utiles. Il s'agit de mettre en branle la créativité de chacun. Nous pouvons certainement en arriver à traiter plusieurs problèmes de manière à ce que tout le monde trouve une réponse à ses besoins. Il est important que toutes les personnes impliquées dans un conflit aient un mot à dire et puissent suggérer des alternatives pour la solution du problème. Très souvent, une nouvelle action, une nouvelle idée ou une nouvelle option émergera de ce processus; cet élément nouveau n'aurait pu être identifié, découvert par aucune partie laissée seule face au problème. Effectivement, c'est par la communication et la participation seulement que des solutions créatives peuvent être élaborées. Les résultats ou les effets de telles stratégies gagnantes pour les deux sont souvent: (1) une meilleure solution que n'aurait pu en trouver une seule partie; (2) une plus grande confiance, une meilleure compréhension et un respect mutuel de tous ceux et celles impliqués dans la situation. Tout cela peut sembler naïf ou irréaliste, mais beaucoup de recherches démontrent que de telles stratégies sont efficaces. Naturellement, une résolution de problème et une négociation à l'intérieur d'un conflit, cela prend du temps. Lorsque beaucoup de gens sont impliqués ou que le problème à régler est vraiment sans conséquence, une telle approche peut être trop coûteuse en temps à investir. Toutefois, plus nous nous basons sur une méthode efficace de résolution, plus nous pouvons devenir compétents. En somme, lorsque nous nous mettons à penser en termes de solutions à trouver plutôt que d'arguments et de points à gagner, nous apprenons à faire confiance à la pensée divergente et parvenons à traiter les conflits différemment. Plutôt que de nous battre contre un ennemi, nous apprenons à résoudre un problème commun avec un associé. Beaucoup d'énergie positive et créative est libérée dans ce processus.

Dans une approche gagnant-gagnant, les parties impliquées doivent définir un dénominateur commun ainsi que leurs intérêts mutuels. Si le problème n'est pas perçu en termes de « nous » mais en termes de « nous contre eux », peu d'efforts seront faits pour négocier au bénéfice de tous. Les personnes impliquées doivent comprendre que si elles n'ont pas toute l'information nécessaire pour régler un problème, c'est par la communication que celle-ci sera générée et qu'ils l'obtiendront. Souvent, aucune des parties en conflit n'a « tort » ou ne possède d'informations erronées, mais l'absence de partage des informations entre les parties empêche chacune de ces parties de s'enrichir, de connaître l'opinion, la façon de voir, la situation des autres. En outre, les besoins de chaque personne affectent sa perception de ce qui constitue une solution. Dans une telle démarche concrète de résolution de problème, il est donc important que la communication soit ordonnée ou planifiée un peu mieux, qu'elle soit franche et ouverte, qu'elle soit encouragée et même récompensée, et que les gens se sentent libres d'être en désaccord tout en n'ayant pas à craindre d'être attaqués ou ridiculisés. Un accord même partiel peut être nécessaire et devrait être considéré comme base réaliste d'une prise de décision.

Le remue-méninges, nous l'avons déjà dit, est une technique qui peut être utilisée pour faire émerger des alternatives pour résoudre un conflit. Cette technique exige une communication ouverte et spontanée entre les gens impliqués. Le problème doit d'abord être clairement défini avant que ne soient générées les solutions. Puis, lorsque les gens proposent des solutions, l'accent doit être mis (et c'est là l'idée fondamentale du remue-méninges) sur le support, l'acceptation de toute solution suggérée. Il n'y a pas, a priori, de définitions ou de solutions meilleures que d'autres, tout apport nouveau mérite d'être supporté et encouragé pour maintenir un bon climat de communication. Ainsi, les jugements critiques seront absents, l'originalité sera encouragée et l'évaluation des solutions amenées viendra seulement *après* qu'elles auront été toutes émises et que cette partie de processus sera considérée comme terminée.

L'approche gagnant-gagnant ou, si vous voulez, les stratégies d'intégration pour traiter les conflits, dont principalement les conflits organisationnels et institutionnels (quoique cette approche soit possiblement et fondamentalement bonne pour traiter les autres types de conflits), vise donc à trouver et élaborer une solution satisfaisante, tout au moins dans une certaine mesure, pour les parties impliquées. Avec bonne foi, bonne volonté, un peu de créativité, un engagement à ne pas imposer unilatéralement une solution qui ne rencontrerait pas les besoins minimums des deux côtés, de la patience et un peu de temps pour travailler tout cela, des réponses et des solutions très créatives peuvent habituellement être trouvées.

HABILETÉS POUR TRAITER UN CONFLIT

Les conflits sont une réalité de la vie publique et de la vie privée. Comment, au point de départ, nous percevons les conflits détermine largement la façon dont nous les approchons, dont nous les traitons, et jusqu'à quel point nous réussissons efficacement à les régler ou non. Si nous percevons les conflits comme une chose mauvaise à éviter à tout prix, nous risquons d'adopter des manoeuvres défensives. Nous pouvons faire comme s'il n'y a pas de conflit, comme si « tout est correct, tout va très bien ». Pourtant, conflit et bonheur ne sont pas nécessairement opposés. Certes, éviter les conflits peut paraître une bonne chose à faire à court terme, mais cela est habituellement insatisfaisant à long terme.

Plutôt que de jouer à l'autruche et prétendre qu'il n'y a pas de conflits, il est préférable de les aborder directement et d'acquérir les habiletés qui permettent de les traiter efficacement. Traiter un conflit efficacement, faut-il le faire remarquer encore une fois, ne veut donc pas dire nécessairement que nous résolvons à chaque fois les problèmes à notre entière satisfaction, mais que nous acquerrons autant que possible les habiletés nécessaires pour les maîtriser humainement.

CONFLIT ET COMMUNICATION

Les habiletés nécessaires pour traiter efficacement un conflit sont fondamentalement des habiletés de communication. Ce sont l'habileté à:

(1) diagnostiquer la nature d'un conflit; (2) s'engager dans un affrontement; (3) écouter; (4) résoudre un problème.

Diagnostiquer la nature d'un conflit

Peut-être êtes-vous familiers avec la prière de Reinhold Niebuhr, laquelle est devenue la devise des Alcooliques anonymes: « Mon Dieu, donnez-moi la sérénité d'accepter les choses que je ne puis changer, le courage de changer les choses que je peux, et la sagesse d'en connaître la différence. »

Ces paroles nous semblent appropriées à notre discussion sur les habiletés nécessaires au traitement d'un conflit. Lorsque nous rencontrons des différences conflictuelles nous devons nous demander si: (1) le problème nous affecte personnellement et s'il a des conséquences pour nous; (2) si le conflit est causé par des différences de valeurs, des différences personnelles ou par des différences au niveau des faits, sur lesquels nous pourrions trouver des solutions objectives; et (3) si l'autre personne est désireuse et capable d'entrer et de s'engager dans une approche que nous pourrons négocier dans une perspective gagnant-gagnant. Certains problèmes peuvent tout simplement ne pas nous affecter directement. Par exemple, si nous croyons que fumer est une mauvaise habitude et que la fumée nous dérange, nous permettrons de critiquer une amie qui fume constamment dans notre entourage immédiat. Toutefois, si cette amie ne fume pas en notre présence, alors nous laisserons faire, bien sûr, car cette fumée ne nous indispose pas.

Il est difficile de changer le système de valeurs de quelqu'un. De toute façon, cela n'est pas toujours nécessaire pour régler des différences interpersonnelles. Si un de nos amis ne valorise pas la ponctualité, il n'est peut-être pas utile de vouloir changer la vision de notre ami sur ce point. Si cela devient important pour nous dans cette relation, pour des raisons pratiques, alors il sera peut-être utile et nécessaire de le critiquer sur ce point.

S'engager dans un affrontement

Ici, c'est le moment (ou ce qu'on appelle en anglais le « timing ») qui est important. Par exemple, si notre patron ou un de nos professeurs est préoccupé, débordé de problèmes immédiats ou simplement pressé (cela se voit et se sent habituellement assez facilement), il ne faut pas lui demander de s'engager dans une discussion ou une entrevue prolongée concernant un problème. Il vaut mieux attendre et fixer un moment de rencontre plus approprié. Lorsque nous nous engageons vers un affrontement, il est aussi important de dire clairement et précisément: (1) ce que l'autre personne fait concrètement qui nous affecte; et (2) ce que nous voudrions que l'autre personne fasse. Si nous ne savons pas exactement ce que nous aimerions que l'autre fasse ou comment nous aimerions que le problème soit résolu, nous pouvons tout au moins suggérer à l'autre d'explorer le problème ensemble. Cela pourra peut-être permettre d'arriver à une décision mutuellement satisfaisante. Ne demandons pas à notre ami d'arrêter de fumer, mais affirmons que la fumée nous dérange et que nous voudrions chercher avec lui une manière de résoudre le problème à la satisfaction des deux. En somme, savoir affronter positivement est difficile mais, comme autre chose, cela s'apprend.

Écouter

Une communication efficace ne peut vraiment apparaître sans que les gens s'écoutent entre eux. Comme nous en avons parlé au chapitre 7, l'écoute implique que nous prêtions attention non seulement au contenu du message des autres, mais aussi aux sentiments sous-jacents, au ton sur lequel le message est émis, aux indices non verbaux et au reste du contexte. L'empathie ou l'écoute active est une des habiletés cruciales pour négocier un conflit. Pour formuler des solutions satisfaisantes nous devons absolument comprendre les besoins de cette autre personne, et, pour cela, il faut évidemment écouter. L'écoute est particulièrement difficile lorsque nous traitons des problèmes et des conflits dans lesquels nous sommes émotivement impliqués. Nous pouvons être tentés de défendre notre point de vue plutôt que de vraiment écouter les arguments et le point de vue de l'autre.

Résoudre un problème

Dans cette section, nous présenterons les différentes étapes d'une résolution de problème. L'application d'une telle séquence de résolution de problème peut être utilisée concrètement pour traiter ou gérer un conflit. Nous avons avantage d'abord, nous le répétons, à traiter un conflit comme un problème à résoudre plutôt que comme une bataille à éviter ou gagner à tout prix.

Depuis Dewey[5], qui proposait une série d'étapes à franchir par rapport à la pensée réflexive, les théoriciens ont grandement élaboré et amélioré cette séquence. Cette séquence en six étapes (celle que nous proposons ici puise ses racines dans la séquence décrite par Dewey) décrit comment les gens abordent habituellement les problèmes, les questions à choix ou solutions multiples: (1) les gens commencent par identifier les facteurs qui créent un problème; (2) ils examinent le problème pour trouver ou déterminer sa nature, son étendue et ses implications; (3) ils cherchent une solution ou des avenues possibles pour sortir de la situation; (4) ils comparent les solutions disponibles pour les meilleurs résultats possibles; (5) ils choisissent la solution, la décision ou l'action qui, croient-ils, sera la meilleure étant donné la poursuite systématique de ce processus; (6) ils évaluent enfin les solutions et le processus.

La séquence décrite ici devrait en fait inclure une septième étape: pouvoir revenir en arrière et réviser n'importe quelle étape de ce processus. Ceci étant dit, examinons donc ces six étapes, que nous présentons maintenant: (1) définir le problème; (2) formuler les solutions possibles; (3) évaluer, soupeser et tester les solutions; (4) sélectionner la meilleure solution; (5) établir un déroulement, un plan d'action concret; (6) évaluer et s'ajuster.

PREMIÈRE ÉTAPE — CLARIFIER ET DÉFINIR LE PROBLÈME

D'abord, nous devons essayer de déterminer d'où vient le problème et ce qui le rend important pour nous-mêmes ou notre organisation. Ensuite, nous devons tenter d'énoncer le problème clairement en termes simples et tenter d'obtenir l'assentiment des autres membres du groupe, ou de l'autre partie impliquée par cette définition et cet énoncé du problème. Certaines

5. J. Dewey, *How We Think*, Washington, D.C., Heath & Co., 1910.

personnes, à ce stade, suggèrent déjà des solutions. Cela est prématuré, car, même si une solution semble correcte et adéquate à première vue, si les membres du groupe ou l'autre partie ne sont pas fondamentalement d'accord et n'acceptent pas la définition ou la manière de poser le problème, nous risquons plus tard d'avoir à revenir sur ce problème de départ. Un mauvais départ, s'il n'est pas corrigé, fausse l'enjeu et est peu efficace. Lorsqu'un peu plus tard un groupe a des difficultés à arriver à trouver des solutions dans les étapes qui suivent, la meilleure technique est de revenir à cette étape de définition, parce qu'elle est sans doute le point faible. On a probablement essayé de donner des solutions avant de vraiment clarifier le problème. Il faut donc absolument éviter de se ruer sur les solutions, même s'il y en a une quantité de bonnes. Certains membres ou certaines personnes auront l'impression de perdre du temps et diront peut-être: «Nous savons tous déjà ce qu'est le problème…» Une vérification montrera très souvent qu'en réalité nous éprouvons beaucoup de difficulté à le définir ou que les définitions données sont très différentes. En fait, à ce stade, certaines personnes parlent souvent pour d'autres ou pensent que tous «connaissent» le problème. Parfois cela n'est pas le cas et la définition du problème vient tout simplement de l'extérieur du groupe de gens impliqués. Si cela se produit, c'est-à-dire lorsque par exemple ce sont des ordres qui viennent d'en haut ou des demandes qui viennent de l'extérieur, il faut s'assurer que tout le monde possède les mêmes informations et les mêmes faits, que les définitions du problème ou les perceptions de la demande concordent, et qu'il n'y a pas de questions là-dessus. Si une clarification ou un débat semble s'imposer, nous devrons prendre le temps nécessaire pour le faire. Le temps pris à ce stade est un bon investissement, même lorsque tout le monde a hâte de trouver des solutions et de passer à l'action.

DEUXIÈME ÉTAPE — FORMULER DES SOLUTIONS

Il faut tâcher de trouver et d'émettre toutes les solutions que nous pouvons. C'est ici le temps du remue-méninges. Il ne s'agit pas encore de prendre du temps à se demander si oui ou non certaines solutions peuvent être rendues opérationnelles ou concrétisées, il s'agit plutôt de prendre note d'une manière ou d'une autre (de préférence sur papier ou sur tableau) de toutes les solutions amenées par les gens. Les participants, à cette étape, devraient être encouragés et libres de suggérer les solutions même les plus «irréalistes» sans peur d'être ridiculisés, condamnés d'avance ou obligés d'argumenter et de défendre immédiatement leurs idées. Un travail efficace est caractérisé à ce stade par un climat de confiance; les gens se sentent libres de suggérer ce qui leur vient à l'esprit sans avoir à se justifier.

TROISIÈME ÉTAPE — SOUPESER ET ÉVALUER LES SOLUTIONS

À cette étape-ci, les gens peuvent défendre leurs solutions. C'est aussi le temps de laisser tomber notre propre idée si nous croyons qu'une autre est meilleure ou présente plus d'avantages ou plus de mérite. Dans cette partie du processus nous considérons, questionnons, examinons les scénarios et vérifions les solutions de chacun; c'est sur la logique des faits et des hypothèses que nous devons alors mettre l'accent. À ce stade, évidemment, les gens doivent être capables de travailler de façon non défensive sur le plan émotif, c'est-à-dire dans un climat où chacun peut appuyer ses propres idées comme celles des autres, même si certains sont plus lents ou moins ardents que d'autres. Il faudra par ailleurs éviter de procéder au vote pour une solution. Il est préférable de rechercher le consensus plutôt qu'attendre uniquement les signes d'approbation. Cela se fait en acceptant de discuter les doutes exprimés et en encourageant ceux et celles qui en ont à les exprimer et à les articuler encore davantage. Il s'agit d'éviter l'emportement de certains à voix forte ou statut élevé. Le vote doit aussi être évité, car il divisera souvent les opinions et les gens entre eux. Nous devons en somme nous encourager mutuellement à comprendre les implications positives d'une solution donnée et en même temps permettre l'expression des doutes et incertitudes sur la valeur de cette solution.

QUATRIÈME ÉTAPE — SÉLECTIONNER LA MEILLEURE SOLUTION

Nous devons nous assurer que la « meilleure » solution est pertinente au problème qui a été défini et appropriée aux besoins des gens, plutôt que simplement la plus populaire, la plus facile à exécuter ou la plus facile à susciter l'accord. Cela est cependant plus vite dit que fait. Dans le cas d'un groupe, le genre de sujet ou d'enjeu auquel on a à faire face, ainsi que les normes de ce groupe et les gens qui y sont impliqués détermineront probablement si on devra voter ou si on arrivera à un consensus. Ainsi, en arrivant à la meilleure solution, nous devrons nous assurer qu'elle est: (1) comprise par tous les membres dissidents impliqués; (2) appropriée au problème identifié; (3) d'exécution ou d'application possible; (4) dans les limites de l'autorité et de la responsabilité du groupe de gens impliqué; et (5) atteinte ou susceptible d'être atteinte par des moyens satisfaisants et appropriés.

CINQUIÈME ÉTAPE — CONCRÉTISER, APPLIQUER ET RÉALISER

Il nous faut choisir, avec les personnes impliquées, qui sera responsable d'exécuter, d'appliquer et de réaliser cette solution. La délégation et le partage des actions et responsabilités sont importants à ce stade-ci. Dans un groupe de gens qui viennent de se mettre d'accord sur une solution, certains pensent souvent: « Il y en a un qui va le faire… »; « Les autres vont s'en occuper… ». On évite de s'engager directement. On peut dire de façon générale (ou par principe) que ceux et celles qui arrivent à une solution ensemble devraient être ceux et celles qui voient à la réaliser. Connaître et prévoir cette responsabilité aident d'ailleurs les gens à proposer des solutions plus précises, de meilleure qualité. Et, une fois le choix de la solution effectué, sa réalisation amènera les gens à agir ensemble, en même temps qu'ils partageront plus tard les résultats de leur décision. Évidemment, il n'y a pas que le « qui » de la réalisation qui soit essentiel, le « quand » et tout ce qui concerne le « comment » doivent aussi être décidés et planifiés à ce stade-ci. Un calendrier et une liste des ressources pourront être élaborés concrètement et servir à compléter ce processus décisionnel.

SIXIÈME ÉTAPE — ÉVALUER

Rendu à cette étape, on note en général une tendance à évaluer seulement la solution qui avait été adoptée. Si celle-ci est importante à évaluer, il est aussi important d'évaluer comment le groupe ou les gens impliqués ont vécu et participé à toutes les étapes. Cette dernière évaluation est essentielle pour améliorer le fonctionnement du groupe des gens impliqués. Si les gens se sont découragés ou ne peuvent plus travailler ensemble, il faut en rechercher les raisons. Le groupe doit évaluer son travail effectué à chaque étape pour voir comment il en est arrivé à son résultat final. Il y a incidemment une foule de systèmes disponibles pour évaluer les résultats d'un tel processus. Le PERT (Programme d'évaluation et de révision technique), par exemple, est un de ces genres de programmes d'évaluation; il peut être très utile. En dernière instance, l'évaluation est somme toute une attitude autant qu'une activité. Elle requiert de l'ouverture d'esprit pour pouvoir scruter avec lucidité le contenu de l'interaction, les comportements socio-émotifs des gens impliqués, tout aussi bien que les fonctions de leadership.

NOTRE RÔLE DANS CES ÉTAPES

Comme catalyseur, «facilitateur», directeur, modérateur, leader ou participant, chacun de nous peut aider un groupe à franchir adéquatement ces étapes. Chacun peut le faire en tenant compte de ses habiletés, de ses besoins et de ceux du groupe. Chacun a donc un rôle à jouer. En effet, dans le feu d'une interaction et le déroulement d'un processus interpersonnel, nous pouvons et nous devons être responsables à la fois de la tâche à accomplir et du maintien d'un bon climat socio-émotif, soit un climat où la confiance prédomine. Ces deux fonctions feront l'objet d'une discussion plus poussée au chapitre 12. Toutes les fonctions touchant la tâche et celles touchant le fonctionnement ne peuvent être effectuées par la même personne, aussi bon leader soit-elle. Toutes ces fonctions doivent par contre être remplies et tous ont besoin d'exercer de l'influence pour que cela se fasse.

Leadership socio-émotif

Nous venons de décrire les étapes et les tâches que doit vivre un groupe de personnes pour résoudre des problèmes ou prendre des décisions. La grande partie de cet exposé des six étapes a été faite en termes de tâches à accomplir. Mais, au fur et à mesure que ces tâches ou ces fonctions sont accomplies, que se passe-t-il sur le plan socio-émotif? Ci-dessous, parallèlement aux étapes déjà décrites, nous présentons les fonctions plus particulièrement socio-émotives auxquelles nous devrons porter attention pour l'accomplissement de la tâche proprement dite.

ÉTAPE UN — VÉRIFIER LA COHÉSION DU GROUPE

Impliquer tous ceux et celles qui veulent participer à la discussion du problème; éviter de blâmer ou de trouver un bouc émissaire dans la manière de définir l'origine du problème. Guider le groupe délicatement de façon à éviter les réponses faciles ou les solutions trop rapides. Garder tout le monde motivé à participer à la discussion du problème. Chercher à faire exprimer les *sentiments* éprouvés à propos du problème aussi bien que les faits; les gens sont-ils intéressés? Le problème les affecte-t-il? Y a-t-il des dimensions morales ou personnelles dans le problème qui seraient difficiles à verbaliser devant d'autres? Quel niveau de confiance ont les gens les uns envers les autres et dans leur habileté à résoudre le problème une fois qu'il est identifié?

ÉTAPE DEUX — LAISSER LE PLUS POSSIBLE S'EXPRIMER LES GENS

Encourager un climat chaleureux et motivant pour obtenir le plus d'idées et de solutions possible. Renforcer les suggestions créatives. Ne pas tolérer les réactions négatives aux idées et aux suggestions amenées. Donner à des personnes la responsabilité de noter ou d'enregistrer les idées et solutions au fur et à mesure qu'elles sont émises. Encourager la spontanéité. Maintenir un bon rythme d'échange dans le travail.

ÉTAPE TROIS — TESTER LES RESSOURCES

Qui sait quoi? Qui peut faire quoi? Est-ce que les idées et solutions correspondent aux valeurs personnelles des gens en même temps qu'aux buts et à la structure de l'organisation? Encourager les gens à rechercher la meilleure solution du problème plutôt que «l'unique» solution du problème. Préciser aux gens qu'ils ne doivent chercher ni la perfection ni la vérité, mais bien la réponse la plus adéquate à un besoin précis. Vérifier de nouveau si les gens restent ouverts et expriment leurs réactions face au problème. À cette étape, il est important que chaque personne se sente libre de commenter les choses.

ÉTAPE QUATRE — VÉRIFIER LE CONSENSUS

Faites en sorte d'éviter les votes ou l'expression exclusive de la majorité. Invitez les membres silencieux à se prononcer (à cette étape, le silence n'est pas nécessairement synonyme de consentement) et encouragez encore l'expression des sentiments et des idées. Veillez à ouvrir la discussion sur d'éventuelles conséquences psychologiques, sociales, économiques ou même physiques de vos actions ou prises de décision.

ÉTAPE CINQ — ENCOURAGER L'IMPLICATION

Encourager les membres du groupe à s'impliquer les uns avec les autres, et non seulement les responsables, les leaders. Ces engagements devraient être faits ouvertement devant chaque autre personne, pour éviter la situation où certaines personnes s'engageraient à faire des actions mais à l'insu des autres. Il faut être précis quant aux noms, aux dates et aux responsabilités impliquées pour chacun dans l'action. Vérifier si tout le monde comprend et accepte encore bien tout ce qui est décidé. Les membres silencieux à cette étape sont possiblement des gens qui n'appuient pas l'action du groupe; il faut essayer de les amener à participer, ou tout au moins à ne pas nuire à la réalisation de l'action entreprise.

ÉTAPE SIX — ÉVALUER

Comme recommandé précédemment, les membres ont-ils évalué la tâche accomplie sans s'accuser les uns les autres sur leurs motivations? Évaluer l'implication socio-émotive des membres aussi ouvertement que les normes du groupe le permettent. Insister et faire reconnaître aux gens du groupe le fait que l'action s'est déroulée à deux niveaux: «Nous avons émis des solutions et nous nous sommes mis d'accord sur la meilleure, mais nous avons aussi vécu beaucoup de sentiments les uns par rapport aux autres pendant ce processus». Les gens peuvent-ils parler de l'expérience avec à l'esprit la conviction qu'ils feront encore mieux la prochaine fois?

BIBLIOGRAPHIE   ARGYLE, M. *The Psychology of Interpersonal Behavior*, Baltimore, Md., Penguin, 1967.

BROWN, C.T. et P.W. KELLER. *Monologue to Dialogue*, Englewood Cliffs, N.J., Prentice-Hall, 1979.

BURTON, J.W. *Conflict and Communication: The Use of Controlled Communication in International Relations*, London, McMillan, 1969.

FROST, J.H. et W.W. WILMOT. *Interpersonal Conflict*, Dubuque, Iowa, Brown, 1978.

JACOBSON, W.D. *Power and Interpersonal Relations*, Belmont, Calif., Wadsworth, 1972.

NYE, R.D. *Conflict Among Humans*, New York, Springer, 1973.

PATTON, B.R. et K. GIFFIN. *Interpersonal Communication in Action*, New York, Harper and Row, 1977.

11

LES HABILETÉS INTERPERSONNELLES

EN RÉSUMÉ

Rendre fonctionnelle notre communication interpersonnelle est difficile; cela requiert d'acquérir et de maîtriser au moins trois habiletés de base: (1) faire confiance; (2) réduire ses défenses; et (3) adopter un style de communication approprié. Faire confiance rend vulnérable, car pour cela nous devons nous laisser atteindre et affecter par les comportements des autres. Pour faire confiance, nous devons croire que l'autre personne ne nous blessera pas et qu'elle est capable de faire ce qu'elle a promis.

La confiance des autres envers nous n'apparaît pas de façon magique. La confiance interpersonnelle se construit habituellement dans un processus où chacun prend progressivement de petits risques l'un envers l'autre. Pour qu'on puisse parler d'une relation de confiance entre deux personnes, trois facteurs doivent être présents: (1) nous nous engageons dans un comportement de confiance sans être certain que l'autre fera de même. Chacun doit donc prendre un risque; (2) ni nous ni l'autre personne ne nous laissons aller à suivre nos impulsions à exploiter ou à tirer avantage de l'autre; nous n'interprétons pas les comportements de confiance de l'autre comme des gestes de naïveté ou de faiblesse; (3) nous voulons nous engager et négocier ce processus de risque et de confiance pendant un certain temps.

Pour réduire les défenses toujours présentes dans la communication interpersonnelle, il faut: utiliser un type de communication beaucoup plus descriptif qu'évaluatif; utiliser la spontanéité plutôt que la stratégie; utiliser une approche centrée sur le problème plutôt que sur la prise du contrôle; s'impliquer plutôt que de rester distant et froid; tenter de partager et de faire preuve de flexibilité plutôt que d'afficher des attitudes de supériorité ou de dogmatisme.

Quatre styles de communication plutôt malsains et dysfonctionnels seront décrits: (1) blâmer agressivement et critiquer; (2) apaiser ou le

point central = confiance

style non affirmatif; (3) calculer, réagir intellectuellement et répondre sans émotion; (4) éviter, distraire et manipuler. Un cinquième style plus sain et fonctionnel sera décrit: le style affirmatif. La plupart des gens envisagent leur communication avec les autres avec l'espoir d'une compréhension mutuelle et le désir que les choses se déroulent bien. De plus, quoique certaines personnes trompent ou mentent délibérément, la grande majorité des gens veut communiquer honnêtement et vivre des relations mutuellement satisfaisantes.

La communication interpersonnelle est cependant une activité complexe. Nous savons cela à partir de notre expérience, et nous savons aussi comme il est facile qu'elle aille de travers. Les questions importantes sont donc: « Comment pouvons-nous bien faire fonctionner une communication et, plus précisément, quelles habiletés devons-nous acquérir et maîtriser pour améliorer notre communication? »

Au chapitre 7, nous avons parlé d'une habileté fondamentale pour bien communiquer: l'écoute. Dans ce chapitre, nous amènerons d'autres éléments et réponses. Nous devons cependant avertir tout le monde: il n'y a pas de recette simple ou d'approche magique pour améliorer sa communication interpersonnelle. Ce chapitre ne donne pas les dix-moyens-de-communiquer-de-façon-infaillible-avec-tout-le-monde. Comme n'importe quel dentifrice ou shampooing ne procure pas la réussite sociale (même employé abondamment), personne ne peut avaler une pilule qui le transformera automatiquement en une vedette de la communication interpersonnelle.

Cette mise au point étant faite, il n'en demeure pas moins que certains facteurs de base contribuent efficacement à la communication interpersonnelle. Nous discuterons trois de ces facteurs dans ce chapitre: (1) l'art de la confiance; (2) la réduction des attitudes défensives; et (3) l'utilisation de styles de communication appropriés.

L'ART DE LA CONFIANCE

Qu'est-ce que cela veut dire « faire confiance »? Comment la confiance est-elle reliée à la communication interpersonnelle? À qui et quand doit-on faire confiance? Comment peut-on montrer aux autres qu'ils peuvent nous faire confiance? Voilà des questions importantes et elles n'ont pas de réponse simple. Nous présenterons ici une analyse du concept de la confiance basée sur l'analyse à la fois très sensible et provocante qu'ont déjà faite Rossiter et Pearce[1].

Le contexte de la confiance

Selon Rossiter et Pearce, nous ne pouvons faire l'expérience de la confiance que lorsque dans notre relation avec une autre personne il y a *contingence*, *prévisibilité* et *options alternatives*.

La « contingence » renvoie à l'aspect d'une situation où les résultats des actions d'une autre personne nous affectent de façon significative. Si le

---

1. Charles M. Rossiter et W. Barnett Pearce, *Communicating Personally*, Indianapolis, Bobbs-Merrill, 1975.

comportement d'une autre personne n'a aucun effet sur nous, il n'y a pas nécessité de faire confiance à cette personne et il n'y a pas là, évidemment, le lien essentiel qui peut faire que nous parlions de confiance.

La « prévisibilité » renvoie au degré de certitude que nous avons de ce qu'une autre personne fera ou ne fera pas. Nous avons besoin jusqu'à un certain point de prédire le comportement ou les intentions d'une autre personne. Dans les situations où nous avons une prévisibilité faible, c'est-à-dire où nous avons peu de certitude à propos du comportement possible d'une autre personne, nous pouvons entretenir un espoir ou une attente quelconque, mais ce n'est pas là encore l'expérience de la confiance.

Finalement, les « options alternatives » impliquent que nous pouvons choisir quelque chose d'autre que la confiance. La confiance n'est vraiment réelle et présente que si elle est choisie.

Si une de ces trois caractéristiques est manquante, nous ne pouvons pas parler de confiance. Lorsque ces trois caractéristiques sont présentes, la confiance *pourra* se développer. Le mot « pourra » est délibérément souligné ici car, comme nous le verrons, la confiance est une option, elle n'est jamais automatique. Si ce qui nous arrive dépend du comportement d'une autre personne, si nous avons des bases pour prédire comment une autre personne se comportera envers nous et si nous avons le choix de notre propre comportement, alors nous sommes dans une situation où la confiance *peut apparaître*. Pour vérifier si ces trois conditions sont présentes, pensons à ce que nous connaissons des relations homme-femme, patron-employé, ou à toutes sortes d'autres types de relations plus ou moins intimes. Le tableau 11.1 apporte des exemples de situations où nous devons décider de faire confiance ou non.

La croyance de base pour faire confiance

Lorsque nous faisons confiance à une autre personne, nous devons prendre un risque; nous augmentons ainsi notre vulnérabilité face à cette personne. En effet, faire confiance à une autre personne c'est se laisser affecter par le comportement de cette autre personne. Pour ce faire, nous devons croire que l'autre veut et est capable de se comporter de façon à ne pas nous blesser. Autrement dit, nous faisons confiance à une autre personne lorsque nous croyons qu'elle nous respectera profondément. Cependant, les bonnes intentions sont insuffisantes; les habiletés sont par contre cruciales. L'autre personne est-elle capable et assez compétente pour faire ce à quoi nous nous attendons? Après tout, même un bon ami peut très bien avoir de bonnes intentions (vouloir nous aider à nous soigner, par exemple) mais nous pouvons manquer de confiance et ne pas le laisser faire une chose qui est en rapport direct avec notre problème, si en réalité il n'est pas qualifié pour le faire. L'inverse est également vrai. Même si nous percevons quelqu'un comme très compétent, mais qu'en même temps nous doutons de ses intentions, nous pouvons ne pas lui faire confiance.

Comment vivre des relations de confiance

Jouir de la confiance des autres n'apparaît pas par magie et ne peut s'obtenir mécaniquement en suivant un manuel d'instructions techniques sur les étapes à franchir, du style tout-ce-qu'il-faut-faire-pour-que-les-

Tableau 11.1   SITUATIONS DE CONFIANCE   *Important*

Caractéristique, et comment vérifier si celle-ci est présente	Un vendeur de magasin vous montre un vélo que vous voulez acheter	Un ami vous propose de le rencontrer à 17h et vous offre de vous reconduire à la maison avec son auto	En conduisant à l'heure de pointe vous arrêtez à un feu rouge et attendez le feu vert
Contingence — ce que l'autre personne fait a-t-il un effet sur moi?	Vous voulez le vélo comme la publicité et le vendeur en parlent; c'est vous cependant qui aurez à assumer votre décision.	Accepter l'offre vous épargnera temps et effort; vous serez dépendant de l'autre.	Arrêter empêchera possiblement une collision. Vous devez faire confiance aux autres derrière vous pour qu'eux aussi s'arrêtent et que ceux sur la voie transversale ne démarrent que lorsque le feu sera vert pour eux.
Prévisibilité — puis-je compter sur l'autre personne?	Vérifiez la réputation du magasin; référez-vous à vos expériences antérieures avec d'autres vendeurs; considérez comment les vélos se comportent sur la route.	Votre ami est-il connu pour sa ponctualité? L'auto de cet ami est-elle fiable? Y a-t-il d'autres facteurs qui pourraient empêcher cet ami de vous rencontrer?	La plupart des automobilistes obéissent aux signaux. Quoique le feu jaune soit dangereux à franchir, les feux rouge et vert sont habituellement prévisibles.
Options alternatives — Puis-je personnellement faire quelque chose pour ce qui est d'avoir confiance ou non?	Vérifiez ce que vous pouvez à propos du vélo; essayez d'obtenir une garantie sur les pièces. Si vous n'êtes pas satisfait et que vous ne vous sentiez pas en confiance, alors n'achetez pas le vélo.	Marchez; prenez l'autobus; demandez à un autre ami, en cas; téléphonez à l'ami juste avant 17h pour confirmer.	Ne conduisez pas; prenez l'autobus. Si vous conduisez vous êtes dépendant des autres, de leur obéissance au code de la route, spécialement à leur respect des feux rouges quand c'est à votre tour d'avancer.

autres-nous-fassent-confiance. En fait, il n'y a pas de moyen vraiment sûr pour obtenir la confiance des autres. Par contre, si faire confiance aux autres n'encourage que *parfois* les autres à nous faire confiance, l'inverse, c'est-à-dire de ne pas faire confiance aux autres, amène *presque toujours* les autres à ne pas nous faire confiance.

Nous ne pouvons pas obtenir de force la confiance de quelqu'un. Si quelqu'un persiste à ne pas nous comprendre, refuse systématiquement de nous croire bien intentionné ou compétent, alors que nous le sommes, il y a bien peu de choses que nous puissions faire pour modifier sa perception et son interprétation de ce que nous sommes. Tout ce que nous faisons peut être mal interprété, et tout ce que nous disons peut être retenu contre nous comme « preuve » de cette conception ou de cette perception originale.

La confiance se construit à travers les risques pris un à un progressivement par chacun, dans une relation. Par exemple, si dans une situation nous nous rendons vulnérable face à une autre personne, c'est-à-dire que nous acceptons que cette personne puisse nous affecter durement, et si l'autre accepte notre engagement initial sans nous blesser mais en se rendant elle aussi vulnérable face à nous, alors une confiance mutuelle peut s'établir. Ainsi, à risque égal mais approprié, chacun se rend un peu plus vulnérable et le processus s'engage, se développe au fur et à mesure qu'ensemble les risques sont partagés.

Rossiter et Pearce prétendent que pour qu'une relation de confiance s'établisse trois facteurs doivent être présents: (1) nous devons faire confiance même si nous ne sommes pas certains que la confiance de l'autre est réciproque; (2) les deux doivent vouloir se faire confiance, c'est-à-dire (a) ne pas suivre une impulsion d'exploiter l'autre et (b) ne pas interpréter la confiance de l'autre envers nous comme un geste de folie; (3) les deux doivent vouloir négocier un processus où les risques augmenteront progressivement.

Nous l'avons dit au point de départ, nous ne pouvons obtenir la confiance d'un autre par la force. Si quelqu'un ne veut pas nous faire confiance, il trouvera toujours quelque chose pour appuyer l'idée qu'il doit se méfier de nous. Ultimement, tout ce que nous pouvons faire est de faire quand même confiance, avec l'espoir que l'autre répondra avec la même attitude à un moment donné. Évidemment, il n'y a aucune garantie que cela se produira car, en même temps que nous prenons des risques qui nous rendent vulnérables, il y a toujours la possibilité que l'autre nous perçoive comme naïf et essaie même de nous exploiter. Il nous faut en somme toujours décider si les risques valent la peine et si nous pouvons nous permettre de les prendre. Dans un sens, donc, pour obtenir la confiance des autres nous devons prendre l'initiative et ne pas attendre que ce soit l'autre qui fasse le premier pas. Si nous voulons être vu comme une personne de confiance, nous devons faire le premier geste, nous ouvrir, et cela implique toujours un certain risque.

Mettre sa confiance dans les autres est aussi une chose difficile. Cela dépend du comportement de soi et de l'autre, ainsi que de l'habileté de ce dernier à faire confiance et à prendre des risques. Nous avons peu, sinon aucun contrôle sur l'habileté d'une autre personne à prendre un risque. Toutefois, nous pouvons parfois avoir un certain contrôle sur le degré ou la quantité de risques impliqués pour l'autre personne, à savoir si elle doit ou non nous faire confiance. Par exemple, si nos messages ou communications sont sûres, fiables, c'est-à-dire si nous agissons en concordance avec notre discours et que notre comportement non verbal corresponde à nos paroles, les autres peuvent prédire et voir le degré de risque impliqué pour eux, et dès lors minimiser leurs chances de se tromper à notre sujet.

Nous pouvons aussi avoir parfois un certain degré d'influence sur les risques que décide de prendre une autre personne. En effet, notre façon de répondre ou de réagir affecte habituellement beaucoup la décision de l'autre de prendre et de continuer de prendre des risques avec nous. Par exemple, si nous disons à un employé de poursuivre un projet, peu importe ce qui arrivera, nous le supportons. Mais si nous critiquons négativement cet employé lorsque le travail est terminé parce qu'il n'a pas fait exactement ce à quoi nous nous attendions, nous ne pouvons nous attendre, la prochaine fois, à ce que cet employé nous croie vraiment. C'est la même chose qui se produit lorsqu'un parent encourage son enfant à dire la vérité mais qu'il le punit lorsque ce dernier avoue quelque chose. Cet enfant apprendra probablement à ne pas dire la vérité et même à mentir, car il se rendra compte que le risque de dire la vérité n'est pas bien payant pour lui.

Comment décider de faire confiance

Il y a parfois des moments où nous regrettons d'avoir fait confiance à une autre personne. Lorsque quelqu'un semble nous faire confiance, il n'y a pas de façon certaine de savoir si cette personne veut vraiment bâtir une relation de confiance avec nous ou si elle est seulement en train de jouer le jeu avec plus tard l'intention de nous exploiter. Nous faisons donc face à une prise de décision assez classique: faire confiance alors que nous ne devrions pas, ou ne pas faire confiance alors que nous devrions le faire. Ainsi, si nous nous engageons dans la direction de la confiance alors qu'il ne le faudrait pas, nous pouvons être perçu par certains comme une personne ouverte, gentille, chaleureuse et par d'autres comme plutôt stupide, naïve et trop crédule. D'autre part, si nous choisissons de ne pas faire confiance tandis qu'il serait bien de le faire, nous pouvons alors être perçu par certains comme une personne ferme et perspicace et par d'autres comme distante et trop méfiante. Comme directeur de personnel, professeur, parent ou ami nous avons tous souvent à faire face à cet enjeu. Est-ce que pour ma part j'accepterai de mes étudiants toutes leurs histoires les plus farfelues pour éviter de faire un travail ou me le remettre en retard, au risque de passer pour une pâte molle, ou est-ce que je serai toujours intransigeant face à toutes ces situations pour être certain de m'établir une réputation de professeur difficile à berner? Dans un cas comme dans l'autre, mon comportement influencera les étudiants.

Le genre de coopération que nous obtenons des gens (qui travaillent avec nous ou pour nous) dépend ultimement de la confiance qui existe dans la relation. Par exemple, la réponse d'un ami lorsque nous lui demandons de nous prêter un peu d'argent dépend souvent et uniquement du fait de savoir si notre relation est basée sur la confiance et du degré que cette relation de confiance a atteint.

LA RÉDUCTION DES ATTITUDES DÉFENSIVES

Une large part de notre communication interpersonnelle dépend de la façon dont nous définissons les situations dans lesquelles nous nous retrouvons. Ainsi, peut-être trop sans nous en rendre compte, nous évaluons presque toujours le degré menaçant d'une interaction par rapport à la façon dont cette interaction peut affecter notre estime de soi. Effectivement, une grande partie de notre communication avec les autres implique un certain degré de risque, puisque communiquer signifie en quelque sorte présenter une certaine définition de soi-même, de notre rôle, ou notre définition propre d'une situation. Or cette définition peut être rejetée par les autres. Le climat d'une communication et comment nous pouvons le modifier sont donc des éléments importants de notre perception des risques que nous courons dans une relation. Nous nous comportons selon le sentiment de sécurité que nous éprouvons par rapport à une situation donnée. Si nous ne nous sentons pas en sécurité, il est probable que nous utiliserons une stratégie défensive pour nous protéger. Peut-être avez-vous l'expérience de la situation où, en classe, un professeur incite les élèves à discuter ouvertement pour, aussitôt que la discussion est amorcée, ridiculiser les questions et contredire les arguments que les étudiants amènent. Il est facile de concevoir comment ce genre de situation peut être stressant et frustrant. Alors, nous apprenons rapidement que le climat n'est pas sain ni vraiment ouvert, et notre communication risque fort d'être caractérisée par des stratégies défensives.

La relation professeur-étudiant n'est toutefois pas différente des autres types de relations dyadiques. Les gens, en général, vérifient toujours si le climat est sécuritaire ou non pour eux-mêmes et leurs comportements reposent sur cette conscience des choses. Les stratégies défensives sont simplement l'indication qu'une personne ne se sent pas en sécurité dans certaines situations ou à un certain niveau.

Pourquoi sommes-nous insultés ou pourquoi nos sentiments sont-ils blessés? Selon Lecky[2], une insulte est « une évaluation de soi par les autres qui ne correspond pas à une évaluation ou à une opinion que l'on s'est faite de soi ». D'autres disent que la raison à la base d'une attitude défensive dans une situation interpersonnelle est liée au fait que notre besoin d'être renforcé par les autres n'est pas satisfait[3]. Ces deux idées semblent se rejoindre sur le fait que lorsque nous pensons à nous d'une certaine manière, nous aimerions que les autres soient aussi de la même opinion. Si nous nous percevons comme gentil, nous voulons que les autres le perçoivent également et qu'ils ne nous voient pas quand nous ne le sommes pas. Si nous aimons être considéré comme un bon musicien, nous devenons anxieux face à l'éventualité d'être renforcé et supporté ou non dans cette évaluation de nous-même; autrement dit, les choses que les autres nous voient faire ou ce qu'ils disent de nous contribuent à stimuler ou non les défenses que nous entretenons dans nos relations. En somme, chacun de nous a une image de lui-même à maintenir (chap. 3). Chacun de nous valorise également l'opinion et le soutien de certaines personnes. Il est important d'impressionner certains amis plus que d'autres; certaines personnes dans notre monde sont plus significatives que d'autres dans l'attention que nous portons à ce qu'elles pensent ou à ce qu'elles disent de nous. Le degré de renforcement (rétroaction positive) des autres dont nous avons besoin, de même que le degré où ce besoin est satisfait, détermine jusqu'à quel point nous aurons tendance à agir défensivement dans

2. Prescott Lecky, *Self-Consistency: A Theory of Personality*, New York, Island Press, 1945.
3. Fritz Heider, *The Psychology of Interpersonal Relations*, New York, John Wiley & Sons, 1958. Kim Griffin et Bobby R. Patton, *Fundamentals of Interpersonal Communication*, New York, Harper & Row, 1971.

notre communication. On rencontre aussi des situations sociales qui sont stressantes, c'est-à-dire où nous avons peur de voir attaquer notre image si nous ne nous comportons pas de la façon dont nous croyons que les autres s'attendent à nous voir agir. Lors de ces situations, il est plausible que nous emploierons aussi des stratégies défensives pour nous protéger d'une éventuelle rétroaction négative ou d'un sentiment embarrassant. Nous devons souvent regarder dans les yeux de l'autre pour nous trouver nous-mêmes mais, souvent, nous avons peur de regarder.

Stratégies défensives

Comment nous défendons-nous? Nos stratégies défensives, lorsque nous réagissons à une menace *réelle*, sont quelque peu différentes de celles utilisées pour répondre à une menace *potentielle*. Dans le premier cas nous nous ajustons, dans le deuxième il y a de fortes chances pour que nous évitions cette menace. Même si beaucoup d'autres stratégies défensives plus subtiles peuvent sans doute être utilisées, nous limiterons ici notre discussion à ces deux stratégies de base.

L'AJUSTEMENT

La meilleure défensive c'est une bonne offensive, disent certains entraîneurs sportifs. Dans notre comportement verbal nous agissons souvent de la sorte et nous attaquons les personnes qui nous menacent. Si l'attaque directe est trop risquée ou trop agressive — dire à notre patron d'aller se faire pendre, par exemple — nous utiliserons à ce moment une attaque plus indirecte, soit le sarcasme, le ridicule, en doutant des motivations ou de la compétence de l'autre, en le dénigrant, en excluant les autres de notre conversation par l'utilisation d'un quelconque jargon, par des histoires personnelles ou des histoires à double sens ou en abordant un sujet sur lequel nous savons que l'autre est très mal à l'aise.

En plus de l'*agression verbale*, que nous venons de mentionner, des stratégies comme la *rationalisation*, la *négation*, la *fantaisie* ou la *projection* sont communément employées. Présentons-les brièvement.

Lorsque nous reconnaissons qu'une menace est présente et que nous constatons que nous ne pouvons l'affronter sans perdre la face ou être embarrassé, mais qu'après tout « ce n'est pas vraiment important » pour nous, nous faisons alors de la *rationalisation*.

Un cran plus haut, lorsque nous réagissons directement à une menace et que nous disons qu'elle n'existe « pas vraiment », alors que nous sentons très bien qu'une autre personne menace notre estime de nous-même mais nous continuons à dire que cet autre ne nous en veut pas réellement, que nous l'avons mal interprété, qu'il ne ferait jamais une chose pareille, nous passons alors de la rationalisation à la *négation*.

Lorsque nous voulons absolument qu'une situation apparaisse meilleure que ce qu'elle est en réalité, que nous voyons seulement les bonnes choses et que nous remplaçons « dans notre tête » ce qui est menaçant par une situation plus plaisante, il y a de fortes chances que nous soyons en train de faire de la *fantaisie*. Nous faisons appel à notre imagination et nous nous convainquons nous-même que c'est autre chose qui se passe « vraiment » plutôt que de rester en contact avec la menace elle-même.

Pour ce qui est de la *projection*, même si c'est un mécanisme complexe, disons que nous l'utilisons quand nous présumons que les autres pensent, ressentent ou disent les choses à partir de « leur » anxiété mais qu'ils essaient de la cacher. Nous disons alors par exemple que l'autre personne n'agit agressivement envers nous que pour masquer ses propres problèmes d'anxiété ou d'agressivité, alors que ceci, en fait, peut être plutôt un reflet de *nos* sentiments d'anxiété et de peur en face de la menace que l'autre représente pour nous, mais que nous projetons sur lui ou elle.

B) L'ÉVITEMENT

Lorsque nous voyons une menace venir, il est possible que nous réagissions avec certaines stratégies différentes de celles utilisées après avoir fait l'expérience d'une situation stressante. Une façon d'éviter les blessures à l'image de soi et à notre personnalité sociale est de se retirer ou tout simplement de ne pas se mettre dans de telles situations embarrassantes. Par exemple, si nous voulons nous inscrire à un cours mais que nous avons un peu peur ou que nous ne savons pas si cela est une bonne décision pour nous, nous pouvons tout bonnement attendre un moment plus favorable où nous pourrons prendre ce risque avec moins de chances d'erreur. L'adolescent ou l'adolescente qui attend d'avoir le nerf et le courage suffisants pour proposer une sortie à un(e) ami(e), est aussi un exemple typique de ce genre de situation. Parce qu'il a peur d'être refusé, il résout tout simplement le problème en ne demandant pas ce rendez-vous. Les exemples pourraient se multiplier de toutes ces situations que nous évitons carrément, consciemment ou systématiquement; de la discothèque où nous n'osons pas aller de peur de se sentir embarrassé, jusqu'au chemin que nous prenons pour être sûr de ne pas rencontrer une certaine personne avec qui nous sommes en conflit, en passant par le besoin que nous avons subitement d'aller à la toilette parce qu'une discussion devient gênante. Ce ne sont là que quelques exemples d'*évitement physique* d'une situation où quelque chose est perçu comme menaçant.

Nous pouvons aussi éviter certaines situations de manière verbale. Deux stratégies sont possibles: *l'invocation de tabous* (normes culturelles) et *le contrôle de l'information*. Dans le premier cas, nous évitons un sujet de peur de dire, de faire ou d'entendre des choses qui seraient embarrassantes pour nous. Par exemple, raconter des histoires sexistes devant une féministe ou des histoires racistes devant un de nos amis africain peut être fort embarrassant pour les deux. Parler de l'insensibilité des administrateurs universitaires devant le doyen de notre faculté peut être une conversation périlleuse et déplacée. D'un autre angle, si nous sommes particulièrement sensibles à un de nos aspects physiques (nez, cheveux, taille, etc.), il est fort possible que nous évitions de placer la conversation sur ce sujet. Parler du divorce devant des enfants dont les parents viennent tout juste de se séparer est parfois considéré comme tabou en dehors d'un cadre bien précis. Dans les situations que nous venons de décrire, nous utiliserons souvent une stratégie: nous changeons de sujet; nous interrompons la conversation en attirant l'attention des autres sur autre chose; nous distrayons la personne qui parle; nous nous immisçons agressivement dans la conversation pour éviter le sujet dangereux; nous utilisons des remarques ambiguës; nous pouvons même dire directement que nous ne voulons pas parler de la chose en question, mais toujours pour éviter d'aborder le sujet sensible. On devrait retrouver souvent dans le type d'énoncés suivant: « Je ne suis pas sûr que cela peut s'appliquer dans tous les cas »; « il me faudrait beaucoup plus d'informations (d'expérience ou de connaissances) pour parler de ce sujet ».

L'information est aussi une forme de pouvoir. Les gens qui la contrôlent, contrôlent fréquemment leur environnement et l'interaction entre les gens. En effet, la personne qui peut stratégiquement retenir ou émettre une information a souvent un bon contrôle dans plusieurs situations interpersonnelles. Décider ce que les autres doivent savoir et peuvent savoir est une forme significative de pouvoir et de contrôle des relations interpersonnelles. Dans les bureaux, les institutions, les ministères, « la personne qui est au courant », celle qui reçoit les mémos confidentiels et les téléphones importants annonçant les projets ou les décisions importantes, est la personne de qui nous chercherons à nous rapprocher; nous voulons connaître les nouvelles avant les autres, nous cherchons à prévoir les coups, etc. En contrôlant l'information dont les autres peuvent avoir besoin, nous dirigeons nos relations interpersonnelles dans nos propres termes et au moment qui nous convient; en connaissant les données de base de l'interaction, le contenu des messages, nous pouvons ainsi plus facilement éviter les menaces, le danger d'une interaction.

QUELQUES ÉLÉMENTS COMMUNS

Bennis et plusieurs autres[4] ont étudié et identifié dans les stratégies de défense plusieurs éléments communs. Un de ces éléments des stratégies défensives, lorsque nous les utilisons, est qu'elles ont comme effet de nous faire adopter un type d'approche *rituelle* dans notre communication interpersonnelle, ce qui empêche la spontanéité. Malheureusement, devrions-nous dire, nous avons tendance à dépendre de techniques, de « recettes » ou de comportements stéréotypés pour évoluer avec les gens. Nous abordons chaque nouvelle situation selon notre recette habituellement intégrée et mémorisée, plutôt que de répondre et de réagir naturellement et ouvertement selon le besoin. Certes, certains font l'opposé; ils exagèrent tout nouvel élément rencontré dans une situation et prétendent que les comportements sont acceptables dans n'importe quelle situation. Ces deux types de réaction font preuve l'un et l'autre d'une rigidité excessive et inappropriée; nous devons reconnaître que différents comportements sont utiles dans différentes situations et qu'ils ne sont jamais toujours bons ou toujours mauvais.

Alors, si nous valorisons une communication libre, honnête, directe et basée sur la confiance, que pouvons-nous faire pour favoriser un tel climat de transactions? Encore une fois, nous insistons sur le fait qu'une personne ne se sent en sécurité dans une relation qu'à partir de sa perception de cette relation. Ainsi, si nous ne pouvons contrôler la perception des autres, n'oublions pas que nous pouvons dans une certaine mesure contrôler les stimulus de leur perception. Nous pouvons nous présenter, nous afficher,

4. Warren Bennis *et al.*, *Interpersonal Dynamics: Essays and Readings*, Homewood, Ill., The Dorsay Press, 1969.

nous montrer de façon non menaçante. Les autres doivent alors faire un effort pour nous percevoir ainsi.

Défenses provoquées et réduites

Jack Gibb[5], un des bons chercheurs et praticiens dans le domaine de la communication a, dans un de ses articles, isolé et montré comment certaines catégories de comportements sont susceptibles de provoquer des défenses chez les gens et comment d'autres permettent de réduire les défenses des gens. Examinons ces comportements.

ÉVALUATION CONTRE DESCRIPTION

Toute communication qui ressemble à une évaluation, un jugement ou un blâme aura très probablement comme effet d'accentuer l'attitude défensive des individus. Si nous pensons que les autres nous jugent, nous critiquent, il est probable que nous nous sentirons menacés; le fait d'être évalué, même positivement, peut être menaçant. Effectivement, même si cela est surprenant, dans beaucoup de cas, les gens ont tendance à être mal à l'aise et même à réagir de façon défensive face à des compliments ou une appréciation positive. Leur réaction devient souvent une espèce de défi ou compliment, ou même une auto-dévaluation:

« Je ne peux pas l'accepter… »
« Oh, c'est vraiment pas grand-chose… »
« Toi aussi tu serais certainement capable de… »
« C'est surtout grâce à… »
« Tu n'es pas sérieux… »

Ces énoncés sont plutôt défensifs. Ils indiquent que la situation est perçue comme difficile. Certaines personnes deviennent tellement troublées face à un compliment qu'elles en rougissent et adoptent un comportement non verbal tout à fait incohérent. Ce qui explique en partie cet inconfort c'est qu'une évaluation, qu'elle soit positive ou négative, n'en demeure pas moins une évaluation et elle est ressentie comme telle. À moins d'avoir une relation de confiance déjà établie avec la personne qui nous complimente, nous risquons de douter des intentions de la personne qui nous fait le compliment. La pensée que nous n'exprimons pas alors est souvent quelque chose comme: « Que veut-il de moi? Pourquoi cette personne me complimente-t-elle? » Il est possible aussi que nous anticipions qu'un élément négatif suivra le positif; c'est « le pot qui vient après les fleurs », ou la peur d'être « pris en sandwich » que tous connaissent. En somme, c'est la crainte d'être amadoué pour être mieux critiqué. Tout le monde a fait l'expérience de cette technique. C'est le classique: « Oui tu as bien fait, mais… » que nous employons souvent avec les enfants. Devant ce genre de comportement, il n'est pas surprenant que des enfants et même des adultes ne sachent pas comment réagir, deviennent confus, car nous avons tous appris à attendre la critique lorsque nous recevons un compliment.

Pour éviter le plus possible de faire ou de réagir à des évaluations, il est préférable de décrire, de faire des remarques le moins moralisantes ou

5. Jack Gibb, « Defensive Communication », *Journal of Communication*, vol. XI, sept. 1961.

critiques possible, de poser des questions ou de demander de l'information plutôt que d'évaluer ou de dire des choses qui, à la limite, vont dans le sens d'une évaluation plus ou moins directe. Trop souvent le climat se détériore entre parents-enfants, professeurs-étudiants, maris-épouses à cause de ces questions d'apparence naïve comme: «Pourquoi as-tu fait cela?» mais dites d'un ton qui révèle une accusation. En somme, ces aspects du langage (la description des faits, les questions directes, etc.) sont délicats à manier mais ils font néanmoins partie des habiletés interpersonnelles de base à acquérir pour une meilleure communication.

CONTRÔLE CONTRE PARTAGE DU PROBLÈME

Toute communication utilisée pour contrôler les autres risque de rencontrer de la résistance. Les gens qui se sentent contrôlés par la communication de quelqu'un résisteront à cette personne. Le degré de défense qui apparaîtra est lié au degré de doute que nous entretenons relativement aux motifs et aux intentions de la personne qui essaie de contrôler. Plus les motifs qui nous portent à douter sont nombreux, plus nous serons défensifs. Nous avons grandi cependant dans une culture où le contrôle est souvent bien enrobé. «Si tu restes debout trop tard, chéri, demain tu seras fatigué» ce qui, en termes plus clairs, signifie: «Je veux que tu ailles te coucher tout de suite». Ou encore, «Étais-tu chez toi hier soir?» peut signifier: «J'aurais aimé que tu me téléphones, hier soir». Que ce soit un message personnel, un message politique ou un message des médias, le message est souvent une tentative pour contrôler l'autre, tenter de changer les gens. C'est cela qui rend plusieurs messages dangereux et menaçants. Un moyen de se prémunir contre ces stratégies de contrôle et de les prévenir est de parler et de s'adresser en fonction des problèmes, d'aborder et de partager les difficultés concrètes rencontrées dans l'interaction, plutôt que passer subtilement par la personnalité des gens.

STRATAGÈMES CONTRE SPONTANÉITÉ

Lorsque nous ne voulons pas que nos motifs soient connus, c'est alors que nous employons des stratagèmes, des détours, des trucs les uns envers les autres. Cependant, lorsque nous avons l'impression qu'on nous joue un jeu, nous devenons défensifs. Tous les gens ont horreur d'être trompés et n'aiment pas se faire manipuler. D'ailleurs, nous sommes habituellement assez sensibles à l'idée que les autres se feront de nous si nous sommes assez naïfs pour nous laisser tromper. Néanmoins, c'est en restant spontanés et flexibles dans nos relations avec les autres et non en adoptant certaines attitudes stéréotypées ou certains stratagèmes obscurs, que nous ne provoquerons pas de comportements défensifs de la part des autres.

MANQUE D'INTÉRÊT CONTRE IMPLICATION

Tout comportement qui véhicule ouvertement un manque de sentiment ou de chaleur humaine communique aux autres que nous ne sommes pas intéressés. Une attitude détachée et nonchalante donne même souvent aux autres l'impression d'un rejet. Effectivement, même en ayant l'air neutre, nous pouvons donner à une personne l'impression qu'elle n'existe pas ou que nous ne l'acceptons pas vraiment. La défensive s'installe alors, basée sur le rejet ou sur le sentiment d'être possiblement rejeté. Cela est beaucoup plus commun qu'on ne le croit. Tout le monde a profondément besoin d'être reconnu et accepté comme être humain. Un petit doute à ce niveau crée facilement une grande insécurité interpersonnelle. Une façon de dépasser ce problème est de s'impliquer avec les autres, de faire preuve d'empathie, de trouver un niveau d'échange par rapport aux idées, opinions, habiletés et comportements des autres personnes. Ainsi que nous en avons parlé au chapitre 7, une bonne attitude d'écoute est importante, car elle peut nous impliquer dans notre relation avec quelqu'un.

ATTITUDE SUPÉRIEURE CONTRE PARTAGE

Une autre attitude qui fait apparaître nos défenses est celle qui voit quelqu'un manifester un sentiment de supériorité. L'arrogance, la distance, une attitude hautaine ou condescendante sont toutes des attitudes qui envoient le message que la personne n'est pas prête ou ne veut pas développer une relation profonde ni partager d'égal à égal. Évidemment, il est difficile de communiquer dans cette situation. L'égalité dans les relations interpersonnelles c'est le partage des similitudes et des différences sans une évaluation constante l'un de l'autre, sans avoir à rivaliser constamment pour la «première place» pour chaque idée et dans chaque échange.

ATTITUDE DOGMATIQUE CONTRE FLEXIBILITÉ

Certaines personnes ont une manière presque classique de faire émerger les défenses chez nous; ce sont ceux ou celles qui ont besoin d'avoir toujours raison, de gagner leur point plutôt que de chercher à résoudre le problème, et qui ont tendance à imposer leur point de vue comme étant le seul acceptable. Il est difficile de communiquer avec de telles personnes à moins d'être exactement du même avis qu'elles. Elles sont si dogmatiques que nous devons être entièrement d'accord avec elles ou nous serons jugés et dévalués pour ne pas avoir les «bonnes» idées. Au contraire, les gens qui entretiennent des idées de rechange, qui n'ont pas une seule et unique vision de ce qui se passe dans une situation et qui sont capables de concevoir qu'ils ne sont pas les seuls à avoir des idées, qui sont donc prêts à écouter les autres et délaisser leur «vérité», sont des gens qui favorisent une communication non défensive. Avoir raison ne signifie pas que les autres ont tort ou que les idées des autres sont mauvaises; il y a même souvent une part d'erreur dans les meilleures idées.

SOMMAIRE

Il est important d'avoir à l'esprit que les comportements qui provoquent les attitudes défensives sont de sérieux obstacles à la communication interpersonnelle efficace. Tous ceux et celles qui communiquent dogmatiquement ou en jugeant les autres, qui ont besoin de contrôler ou de manipuler les autres, qui ne veulent pas développer et partager des relations basées sur la confiance mutuelle, sont des gens qui rendent la communication interpersonnelle difficile. Une fois les attitudes défensives éveillées, les gens auront tendance à utiliser (dans l'interaction) des rituels et des comportements visant à se protéger. En retour, les comportements ritualisés auront tendance à renforcer, chez l'autre personne, la motivation à se comporter de la façon qui a déclenché ces comportements ritualisés. Les deux personnes deviennent dès lors coincées dans un cercle vicieux ou autrement dit, dans une prophétie qui se réalise d'elle-même, une interaction où l'un agit « comme ça » parce que c'est l'autre qui est « comme ça » et inversement. Leurs comportements se nourrissent l'un l'autre, et chacun stimule par son comportement les défenses de l'autre. Il n'y a aucune issue à ce duel d'attaque-défense-protection. Ce genre de rencontre ne sera satisfaisante pour personne, car les comportements qui provoquent les attitudes défensives sont perçus comme des attaques directes à l'estime personnelle de soi.

STYLES DE COMMUNICATION

Il n'y a pas deux personnes qui agissent exactement de la même manière, de même qu'une personne n'agit jamais tout le temps de la même manière. Il y a toutefois certaines choses stables dans la communication humaine. Même si la plupart des gens sont capables de communiquer de différentes façons, ils choisissent souvent de communiquer avec les autres de la manière avec laquelle ils sont le plus familiers. On peut appeler « *styles* » ces manières caractéristiques d'aborder les situations interpersonnelles. Évidemment, les gens mettent au point leur propre style et, quoiqu'il soit possible d'avoir plusieurs styles différents, chaque personne tend à répéter son style préféré dans toutes les situations.

Avant d'aller plus loin et d'identifier certains de ces styles courants de communication, soulignons trois faits importants:

1. Plusieurs styles sont disponibles à chacun de nous. Il y a plusieurs façons différentes de répondre aux situations interpersonnelles et à un moment ou l'autre nous devons être capables de les utiliser;
2. Chaque style est efficace dans certaines situations données;
3. C'est l'utilisation d'un style particulier de façon indiscriminée (dans toutes les situations) qui crée les problèmes intepersonnels.

Notre description des styles de communication est basée sur certaines descriptions effectuées par Virginia Satir[6].

Critiquer, ou le style agressif

La personne qui utilise un style critique ou agressif tend à être et à agir comme une personne revendicatrice face aux autres. Ces individus agissent en surface et on peut être sûr qu'ils trouvent facilement les points faibles, les fautes des autres et qu'ils les critiquent. Les critiques agissent souvent aussi parce qu'ils veulent se montrer supérieurs ou patrons. À l'extrême, ces critiques deviennent tyranniques et font leur chemin aux dépens des droits et des sentiments des autres. Ils envoient souvent le message que les autres sont stupides de ne pas les croire ou que nos sentiments et nos idées ne comptent pas pour eux. Dans les relations interpersonnelles, le but premier de ces critiques est de gagner, de dominer et de forcer les autres à perdre. Ils s'assurent souvent de gagner en humiliant, en dégradant ou en contrôlant les autres de façon à ce que personne ne puisse exprimer ou défendre ses droits. Ce type de comportement fonctionne malheureusement souvent et procure à ceux ou celles qui l'utilisent un genre de décharge émotive et un sentiment de pouvoir. Pour leur style de communication, les critiques réussissent même à obtenir ce qu'ils

6. Virginia Satir, *Peoplemaking*, Palo Alto, Calif., Science and Behavior Books, 1972.

veulent sans nécessairement avoir à faire face de la part des autres à des réactions négatives directes. Effectivement, par exemple, un patron peut être craint, particulièrement s'il a du pouvoir sur nous, et nous blâmer assez facilement pour réussir à nous faire agir à sa guise. Devant un tel abus de pouvoir ou de contrôle, nous n'affronterons pourtant pas ouvertement et directement cette personne.

À long terme, évidemment, les conséquences du style critique peuvent être négatives. Ceux ou celles qui utilisent ou manifestent ouvertement ce style ne réussissent pas habituellement à établir des relations intimes et ils sont plutôt constamment sur leurs gardes, car ils ont le sentiment qu'ils doivent se protéger des attaques et des manoeuvres possibles de la part des autres. Malheureusement, nous apprenons à agir de la même manière envers eux. Alors ils ont le sentiment d'être coupés des autres, incompris et mal aimés. Ce sont habituellement des gens solitaires, délaissés.

Le style critique comme tel n'est toutefois pas toujours non fonctionnel. Il y a parfois des moments où une certaine critique ou évaluation peut et doit être faite, des situations où certains ordres ou directives doivent être donnés, où certaines limites de comportement doivent être posées. Comme nous le verrons plus tard, cependant, ces critiques et ces évaluations sont plus efficaces et mieux acceptées lorsqu'elles sont faites sur un ton moins blâmant et dans un style plus affirmatif.

Apaiser, ou le style non affirmatif

Les « apaisants » essaient toujours de plaire et de s'insinuer dans les bonnes grâces des autres. Ils s'excusent souvent, osent rarement être en désaccord, et parlent souvent comme s'ils ne pouvaient rien faire par eux-mêmes et pour eux-mêmes. Ils doivent rechercher et constamment avoir l'approbation de quelqu'un. Les apaisants ne veulent pas exercer et même préfèrent ignorer leurs droits, leurs besoins, leurs sentiments. Ils sont incapables d'exprimer ce qu'ils veulent de façon directe. Lorsqu'ils expriment leurs sentiments ou leurs idées, ils le font en s'excusant ou s'en effaçant tellement que les autres finissent par ne pas les prendre en considération. Ce genre de profil du style non affirmatif fait de la personne qui le manifeste une personne qui ne compte pas beaucoup, une personne dont on peut même tirer avantage. Et c'est en fait ce qui se produit souvent. Par leur manque total d'affirmation ils deviennent exploités et victimes; mais ils se victimisent eux-mêmes. Effectivement, ces apaisants se respectent tellement peu eux-mêmes qu'ils apprennent aux autres à ne pas les respecter. Leur but fondamental est d'apaiser et d'éviter les conflits à tout prix. De telles personnes ont par exemple beaucoup de difficultés à dire « non » à une demande, car elles veulent toujours plaire. Évidemment, à long terme, elles ne réussissent à faire plaisir à personne, car elles veulent plaire à tout le monde à la fois. Elles craignent toujours de heurter les sentiments des autres. Elles ne peuvent dire non ou affirmer leurs besoins, car elles sont trop sensibles aux opinions et aux dires des autres.

Calculer, raisonner ou le style

Les gens qui utilisent ce style sont ceux ou celles qui ont toujours recours aux intellectualisations pour traiter les situations interpersonnelles. Une

intellectuel

personne de ce style prend une allure extérieurement calme, réfléchie et à l'aise. Les sentiments ne peuvent et ne doivent pas être montrés. Les personnes de ce style croient qu'il est mieux de cacher les émotions car, fondamentalement, celles-ci interfèrent et distraient selon elles des choses importantes. Ce style demande que nous mettions la priorité dans la logique et la rationalité. Les gens qui dépendent de ce style sont méfiants des émotions et sentiments personnels, des leurs aussi bien que de ceux des autres. « Si les gens étaient raisonnables et utilisaient leur tête, il y aurait moins de problèmes » disent-ils. Ces rationalistes se sentent néanmoins souvent vulnérables, mais ils négocient ou cachent leurs peurs en présentant un air distant et réservé qui empêche les autres de se rapprocher d'eux. Étant donné qu'ils considèrent en général les autres gens comme imprévisibles et irrationnels, ils choisiront souvent une profession ou une occupation qui ne les met pas trop en contact avec les autres. Ils préfèrent une profession ou une occupation où leur statut et leur autorité les tiendront à distance des autres.

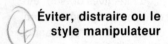

Éviter, distraire ou le style manipulateur

Ce style est basé sur la volonté de ne pas s'impliquer dans des situations interpersonnelles. « Évitons les situations menaçantes » est la devise de telles personnes. Les gens adoptant ce style ont développé toutes sortes de stratégies pour manipuler, ne pas s'engager ou s'esquiver de toutes rencontres et communications déplaisantes. Lorsqu'ils ne peuvent éviter ces rencontres, leur style d'interaction est caractérisé par des manoeuvres de distraction ou par la manipulation des sentiments des autres. La colère, l'intimidation, les attaques personnelles ou la culpabilité deviennent souvent leur moyen d'atteindre les autres. Ainsi un patron peut amener un employé à faire des heures supplémentaires, c'est-à-dire le manipuler, par des phrases culpabilisantes du genre: « Comment peux-tu me refuser, après tout ce que j'ai fait pour toi? » Le même genre de tactique est possible entre mari et femme, ou parent-enfant; c'est le: « Comme tu es ingrat envers moi! »

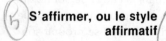

S'affirmer, ou le style affirmatif

Les gens affirmatifs sont capables de défendre leurs droits, d'exprimer leurs sentiments, leurs pensées et leurs besoins d'une manière ouverte, honnête et directe. Leur ton de voix, leurs gestes, leur contact visuel, tout leur comportement tend à être en accord avec ce qu'ils disent. D'abord, la personne affirmative n'affirmera jamais ses droits aux dépens ou au détriment de ceux des autres. La personne affirmative a du respect pour elle-même et pour les autres, elle est ouverte au compromis et à la négociation. Le message fondamental d'une personne adoptant ce style de communication est: « Voici ce que je pense de cette situation » et n'implique aucune domination ou humiliation des autres à qui elle laisse la possibilité de penser ou de voir les choses différemment d'elle. L'affirmation implique le respect et non la négation des différences. Le but de l'affirmation est de mieux communiquer et résoudre les problèmes. Ainsi, lorsqu'un conflit de droits ou de besoins apparaît, une personne qui utilise ce style de communication ne nie pas le conflit mais travaille à le résoudre (de façon mutuellement satisfaisante) avec l'autre personne impliquée.

L'affirmation de soi et la communication affirmative ne garantissent pas que les choses vont aller à notre manière, toutefois elles ont la plupart du temps des conséquences (effets) positives. Ces comportements, lorsque nous les adoptons et manifestons, augmentent habituellement notre estime et notre confiance en nous-mêmes. Nous nous sentons bien de pouvoir dire ce que nous pensons sans avoir peur. Que les autres soient d'accord, qu'ils fassent ou non comme nous le voudrions devient moins important, secondaire. Par exemple, il est possible qu'après avoir demandé à notre patron une augmentation nous ne l'obtenions pas. Par contre, si nous avons fait cela de façon affirmative, c'est-à-dire en affirmant et en expliquant nos droits et les raisons qui motivent cette augmentation, au moins nous serons fiers d'avoir exprimé et affirmé ouvertement ce que nous croyons. Si le patron nous donne l'augmentation, ce sera là d'autant plus renforçant d'avoir abordé directement le problème. Nous n'aurons agi ni en évitant le problème, ni en nous plaignant, ni en essayant de manipuler l'autre, ni en étant excessivement et inutilement agressifs.

Plusieurs livres sont maintenant disponibles et utiles pour en connaître davantage et pratiquer ce style de communication affirmative. Nous vous suggérons de consulter la bibliographie à la fin de ce chapitre. De plus, si après ce qui vous est suggéré comme exercice dans ce volume vous croyez avoir davantage besoin de support dans l'acquisition de cette habileté, il est fort possible que près de vous, dans votre milieu, collège ou université, on offre des ateliers pour vous aider à acquérir cette habileté qu'est l'affirmation de soi. Informez-vous.

Rappelons-le: ce qui est fondamentalement intéressant avec la communication affirmative (l'affirmation de soi) c'est qu'elle est le style de communication qui est le plus susceptible d'engendrer la confiance, le respect de soi et des autres, lesquels sont tous des ingrédients essentiels à une communication interpersonnelle efficace.

Sommaire des styles

Tous ces styles de communication peuvent se manifester concrètement dans des situations telles l'achat d'un vêtement, le choix d'un collège, une demande d'augmentation de salaire, mais aussi dans toutes les situations quotidiennes de notre vie interpersonnelle. Par exemple, lorsque nous parlons à un ami pour fixer une rencontre nous pouvons utiliser ces styles: « Le seul endroit où je veux aller est au café Z... » (énoncé agressif; pas de compromis ou de discussion permise); « Je peux te rencontrer n'importe où, n'importe quand, ça dépend de toi... » (énoncé apaisant; signifie presque: « Je ne suis pas tellement important, je ferai tout ce que tu voudras »); « Si nous avons chacun cinq minutes nous pouvons nous rencontrer à mi-chemin entre chez toi et chez moi, et ensuite nous devrions... » (énoncé intellectuel, logique, analytique; toute la décision est basée sur des facteurs à l'extérieur des gens eux-mêmes. Aucun emploi du je); « Ça va être difficile de trouver du temps pour se rencontrer; je ne suis pas sûr si je veux prendre un café... » (énoncé manipulateur; une tentative de vouloir prendre le contrôle en suggérant que la rencontre ne vaut pas la peine); « O.K. dans mon horaire, aller au café ça me convient bien. De plus, j'aime bien les beignes qu'ils ont au café Z. » (énoncé affirmatif; dit comment la personne qui parle se sent et laisse la discussion ouverte). N'est-ce pas ce dernier énoncé qui est le plus efficace sur le plan de la communication?

Pour un autre exemple de ces styles de communication et ce qu'ils signifient, voir le tableau 11.2 qui traite de la même question.

Tableau 11.2 Dans ce tableau, le contenu de la question pourrait être n'importe quoi. Vous pourriez être en train de demander une augmentation de salaire, en train de décider de vacances ou d'un voyage avec quelqu'un ou n'importe quelle autre décision plus ou moins importante. Présumons ici, dans notre exemple, que la question est: «Quel film devrions-nous allez voir?»

Style	Énoncé	Traduction (ce qui est vraiment dit)
Agressif	«Il y a seulement ce film-là d'intéressant; nous irons voir ce film.»	«Mon opinion et mes goûts, ou rien.»
Apaisant	«N'importe quel film, comme tu voudras. De toute façon je ne sais jamais quoi choisir.»	«Pauvre moi; je suis sans personnalité.»
Intellectuel	«La critique parle d'un excellent film français sur le plan de la réalisation et des acteurs et elle dit que c'est à ne pas manquer.»	«Je n'ai pas d'opinion ni de goût vraiment personnel, mais je suis l'avis intellectuel des autres.»
Manipulateur	«Je ne suis pas certain de vouloir aller au cinéma.»	«Essaie de me convaincre. J'aime me faire prier un peu.»
Affirmatif	«Le film *Ghandi* m'intéresse. Et toi?»	«Voici ce que je veux. Qu'est-ce que toi tu veux?»

BIBLIOGRAPHIE ALBERTI, R.E. et M.L. EMMONS. *Stand Up, Speak Out, Talk Back,* New York, Pocket Books, 1975.

ALBERTI, R.E. et M.L. EMMONS. *Your Perfect Right,* San Luis Obispo, Calif., Impact, 1970.

BACH, G. et R. DEUTSCH. *Pairing,* New York, Avon Books, 1970.

BOWER, S. et G. BOWER. *Asserting Yourself: A Practical Guide for Positive Action,* Reading, Mass., Addison-Wesley, 1976.

FENSTERHEIM, H. et J. BAER. *Don't Say Yes When You Want to Say No,* New York, Dell, 1975.

GIBB, J. « Climate for Trust Formation », in L.P. Bradford *et al. T. Group Theory and Laboratory Method,* New York, Wiley, 1964.

GRIFFIN, Kim. « Interpersonal Trust in Small Group Communication », *Quarterly Journal of Speech,* vol. 53, 1967, p. 224-234.

NARCISO, J. et D. BURKETT. *Declare Yourself,* Englewood Cliffs, N.J., Prentice-Hall, 1975.

PATTON, B.R. et K. GIFFIN. *Interpersonal Communication,* New York, Harper and Row, 1974.

ROSSITER, C.M. et W.B. PEARCE. *Communicating Personally,* Indianapolis, Bobbs-Merrill, 1975.

SATIR, V. *Conjoint Family Therapy,* Palo Alto, Calif., Science and Behavior Books, 1967.

SATIR, V. *Peoplemaking,* Palo Alto, Calif., Science and Behavior Books, 1972.

LA COMMUNICATION DANS LES GROUPES

EN RÉSUMÉ Nous sommes constamment amenés à nous impliquer dans des groupes. Un groupe n'est cependant pas qu'une collection ou un rassemblement d'individus. Ses membres doivent interagir les uns avec les autres, partager au moins un but et un système de normes, avoir des rôles assez stables ainsi qu'un réseau de relations, lequel est composé entre autres d'attractions et d'antipathies entre les membres.

Un processus de groupe se déroule toujours à deux niveaux: le contenu ou la tâche, lequel est directement relié aux buts du groupe, c'est-à-dire pourquoi il est formé et quels sont ses besoins; le processus ou la dimension socio-émotive, laquelle renvoie au genre de relations qu'ont les membres du groupe entre eux et les sentiments qu'ils ont les uns envers les autres.

L'interaction dans un groupe peut s'observer et s'enregistrer de plusieurs façons. Nous pouvons observer des comportements liés à la tâche, soit les choses qui permettent au groupe d'accomplir sa tâche ou sa fonction. Nous pouvons concentrer nos observations sur les comportements de maintenance, soit les choses faites par les membres qui aident à construire et à renforcer le groupe comme tel et comme unité de travail. Des comportements non fonctionnels peuvent aussi apparaître. Ce sont les activités qui n'aident pas ou qui nuisent au groupe dans l'accomplissement de sa tâche.

Le leadership peut être étudié grâce à l'observation des différents styles adoptés par les membres pour s'influencer les uns les autres. Ces styles peuvent être dits autocratique, laissez-faire ou démocratique.

Les approches les plus communes pour étudier le leadership comprennent l'approche factorielle, sur les traits de personnalité des individus, l'approche situationnelle, l'approche fonctionnelle et, plus récemmemt, l'approche dite contingentielle.

LES GROUPES SONT PARTOUT

On retrouve des groupes partout: des petits; des grands; des groupes formels; des groupes informels; des associations auxquelles nous nous joignons volontairement; des comités auxquels nous devons participer par obligation; des groupes pour le plaisir, pour le travail, pour le prestige ou tout simplement par nécessité. Nous ne vivons pas et ne pouvons vivre complètement isolés. Comme l'a fait remarquer le sociologue Glenn Vernon[1]: «La plus grande partie de notre comportement individuel implique une interaction avec les autres».

Nous sommes impliqués les uns envers les autres et nous exerçons de l'influence les uns sur les autres. D'ailleurs, c'est le réseau des affiliations d'un individu à différents groupes qui crée le lien entre les individus et la société. Ce réseau forme un tissu social complexe, car chaque individu participe souvent à plusieurs groupes. Vivre en ermite n'est pas facile et peu de gens réussissent à vivre et à travailler dans un vacuum social. La personne moyenne participe à plusieurs groupes à la fois; elle peut être membre d'un club sportif, membre d'une Église, membre d'une troupe folklorique, membre d'un comité ou d'une organisation politique, etc., etc. Vous-même comme étudiant au collège ou à l'université, pouvez-vous énumérer le nombre de groupes dont vous avez déjà fait partie et dont vous faites partie présentement? Si oui, cette liste n'inclura probablement même pas votre association informelle à différentes petites bandes d'amis, les multiples groupes-classes dans lesquels vous avez étudié ou les grands groupes et foules dans et avec lesquels vous avez assisté à une activité quelconque.

Disons d'abord que dans ce chapitre nous traiterons des caractéristiques présentes dans les «groupes» de *deux personnes ou plus*. En effet, nous tenons à souligner le fait que pour nous, ici, les dyades, soit les rencontres de deux personnes, le travail et l'échange entre deux partenaires, font également partie de notre discussion. Quoique les dyades et les autres groupes de différents formats plus larges (6, 10, 14 ou 40 ou 60 personnes) possèdent des caractéristiques propres, il y a des processus importants qui apparaissent à chaque fois que des gens sont en interaction dans une situation interpersonnelle. Tous les auteurs ne sont pas d'accord sur la définition d'un groupe et de sa grandeur. Certains incluent les dyades, d'autres, tel Fisher[2], disent que les dyades se situent quelque part dans le continuum «individu», «petit groupe», «organisation» et «société», cette dernière étant le plus grand groupe de personnes qui puisse être défini.

Quelles sont les caractéristiques présentes dans les «groupes» de deux personnes ou plus? Par exemple, qu'est-ce qui différencie un comité travaillant sur un projet d'un couple qui sort ensemble pour la première fois ou d'un groupe de personnes qui attend l'autobus? Est-il suffisant d'avoir un certain nombre de personnes ensemble en même temps dans un même endroit pour pouvoir parler d'un groupe? La réponse que nous retrouvons toujours dans la documentation sur ce sujet est claire, c'est *non*: «Il ne suffit pas de réunir quelques personnes dans un lieu donné pour constituer un

1. Glenn H. Vernon, *Human Interaction*, New York, The Ronald Press Company, 1965.
2. B.A. Fisher, *Small Group Decision Making*, New York, McGraw-Hill, 1974.

groupe » ou, dit encore autrement: « Le groupe est différent de la somme des individus qui le composent ». En fait, il doit y avoir un lien entre les gens impliqués. Pour Bales[3], l'ingrédient important est une sorte de *conscience psychologique*. Les gens doivent au moins être conscients les uns des autres pour se rappeler plus tard que chacun était présent. (Voir la définition plus complète dans la boîte 1.) Avec Krech et Crutchfield[4], outre la conscience psychologique, le concept *d'interaction* devient essentiel. Cela signifie que les gens doivent non seulement être conscients de la présence les uns des autres, mais exercer par le langage ou la communication non verbale une influence réciproque les uns sur les autres. (Voir la définition plus complète dans la boîte 2.) Paul Hare[5] a également donné une définition de ce qui constitue un groupe. C'est celle-ci que nous présenterons un peu plus en détail dans ce volume. Chez cet auteur, l'interaction est toujours le facteur principal de sa définition, mais « quatre autres caractéristiques typiques de la vie en groupe émergent dès que le groupe se développe ». (Voir la définition dans la boîte 3.) Enfin pour Saint-Arnaud[6] et son équipe au laboratoire de recherche sur le groupe optimal à l'Université de Sherbrooke, le groupe se caractérise aussi par l'interaction et l'interdépendance des éléments qui le composent. Leur théorie, en plus de synthétiser les précédentes, croyons-nous, développe bien et explicite encore davantage cette notion d'interaction. Pour eux, celle-ci se manifeste autour de deux pôles: dans les relations entre les membres et dans la perception d'une cible commune. (Voir la définition

---

Boîte 1

Pour Bales
Un petit groupe se définit comme un certain nombre de personnes en interaction chacune avec chacune des autres dans une réunion ou une série de réunions face à face, réunion au cours de laquelle chaque membre reçoit quelque impression ou perception de chacun des membres considéré comme suffisamment distinct des autres autant que ce lui est possible, soit au moment même, soit en s'informant par la suite, et au cours de laquelle il émet quelque réaction envers chacun des autres, considéré comme une personne individuelle, à la condition du moins de se rappeler que l'autre personne était présente. (Robert F. Bales, *Interaction Process Analysis*, Cambridge, Addison-Wesley, 1950. Traduction de D. Anzieu et J.Y. Martin, *La dynamique des groupes restreints*, Paris, P.U.F., 1971, p. 25.).

---

3. R.F. Bales, *Interaction Process Analysis*, Cambridge, Mass., Addison-Wesley Press, 1950.
4. D. Krech, R. Crutchfield et E. Balachey, *Individual in Society*, New York, McGraw-Hill, 1962.
5. Paul Hare, *Handbook of Small Group Research*, New York, The Free Press, 1962.
6. Yves Saint-Arnaud, *Les petits groupes. Participation et communication*, les Presses de l'Université de Montréal, 1978.

Boîte 2

Pour Krech et Crutchfield

Le groupe est défini comme « deux ou plusieurs personnes partageant des relations psychologiques explicites les unes avec les autres ». Dans une réédition de leurs traités de psychologie sociale en 1962, la définition s'était précisée dans le sens de Lewin et la polarisation sur les relations était déjà moins forte: «un groupe psychologique — opposé à l'organisation sociale — peut être défini comme deux ou plusieurs personnes répondant aux conditions suivantes: 1. les relations entre les membres sont interdépendantes, le comportement de chaque membre influençant le comportement de chacun des autres membres; 2. les membres partagent une idéologie, un ensemble de croyances, de valeurs et de normes qui guident leur conduite». (D. Krech, R.S. Crutchfield et E.L. Balachey, *Individual Society*, New York, McGraw-Hill, 1962. Traduction de l'édition originale de 1948, *Théorie et problèmes de psychologie sociale*, Paris, P.U.F., 1952.)

Boîte 3

Pour Hare

Il y a en somme cinq caractéristiques qui différencient le groupe d'une collection d'individus. Les membres du groupe sont en interaction les uns avec les autres. Ils partagent un but commun et un ensemble de normes, ce qui oriente et limite leurs activités. Ils élaborent aussi un ensemble de rôles et un réseau d'attractions interpersonnelles, qui permettent de les différencier des autres groupes. (D. Hare, *Handbook of Small Group Research*, New York, Free Press of Glencoe, 1962. Traduction de Y. Saint-Arnaud, *Les petits groupes: participation et communication*, Montréal, P.U.M., 1978, p. 23.)

Boîte 4

Pour Saint-Arnaud

Un champ psychologique produit par l'interaction de trois personnes ou plus, réunies en situation de face à face dans la recherche, la définition ou la poursuite d'une cible commune; interaction de chacune de ces personnes avec cette cible commune et interaction des personnes entre elles. (Yves Saint-Arnaud, *Les petits groupes: participation et communication*, Montréal, P.U.M., 1978, p. 26.)

plus complète dans la boîte 4.) Tout ceci nous donne déjà une idée de la diversité, des subtilités et de l'évolution des définitions et de la recherche dans ce domaine. Mais n'oublions pas, avant d'entreprendre cette présentation, que nous avons choisi d'inclure les dyades dans notre discussion des caractéristiques d'un groupe.

Interaction

Pour que nous puissions vraiment parler d'un groupe, nous venons de le voir, les membres d'un groupe doivent être en interaction les uns avec les autres. Interaction ne veut cependant pas dire seulement interaction verbale, mais peut renvoyer également à la communication non verbale. Nous pouvons interagir les uns avec les autres par nos expressions faciales (sourires et divers contacts visuels), par nos gestes (poignée de main, divers signes de tête ou des mains), par nos mouvements et positions corporelles (démarches et allures diverses). Ainsi, dans son sens le plus large, nous pouvons parler d'interaction ou de communication lorsque les gens ont conscience qu'ils existent dans l'univers ou le champ de l'autre ou des autres.

Par exemple, lorsqu'un professeur donne un cours, il parle et les étudiants écoutent probablement. Toutefois, tous sont quand même en interaction, car ils sont dans le champ l'un de l'autre. Peut-être certains étudiants n'écoutent-ils pas vraiment, mais ces étudiants restent quand même dans la classe; la présence du professeur agit en quelque sorte sur eux pour définir la situation. Évidemment, certains étudiants peuvent aussi parvenir à se couper complètement des paroles du professeur et à s'absorber dans leurs réflexions et fantaisies les plus diverses. Alors, bien sûr, il n'y a plus d'interaction entre ces étudiants et le professeur et nous ne pouvons plus parler de communication dans le sens où nous l'entendons ici.

Partage d'un but ou cible commune

Les membres d'un groupe partagent au moins un but, sinon plusieurs, lesquels déterminent la direction du groupe. C'est ce que Saint-Arnaud appelle dans sa théorie la *cible commune*. Effectivement, l'interaction ne se fait généralement pas au hasard des événements, elle a un but. Les gens interagissent et communiquent entre eux pour une infinité de raisons qu'il est impossible de toutes nommer ici. Un but commun qui peut être atteint par l'interaction est cependant l'agent primordial permettant le passage d'une quantité d'individus à un groupe. Mais un but commun sans interaction n'est pas suffisant.

Prenons l'exemple d'une dizaine de personnes qui attendent l'autobus. Elles partagent un même but — prendre l'autobus — toutefois elles n'ont pas besoin d'entrer en interaction pour atteindre leur but, alors elles ne forment pas un groupe. Un groupe-classe doit interagir avec le professeur, même si ce n'est qu'en écoutant, pour atteindre ses buts d'apprentissage. Si l'interaction est coupée, soit lorsque les étudiants « décrochent » intérieurement, les buts ne peuvent être atteints.

De plus, le but d'un groupe influence le genre d'interaction qu'il y aura dans ce groupe. Si des gens se rassemblent pour une session de relaxation ou une rencontre sociale, le genre d'interaction sera évidemment très différent de celui d'une séance d'information au sujet d'un contrat, d'une grève ou d'une mise à pied éventuelle concernant quelqu'un dans le groupe. Enfin, si les buts d'une ou de plusieurs personnes ne sont pas compatibles, la communication sera difficile et, à certaines occasions, l'idée même de former un groupe avortera.

Système de normes

Les membres d'un groupe développent presque toujours, de façon perceptible ou non, un système de normes qui à son tour établit plus ou moins comment les relations interpersonnelles et les activités se dérouleront ou doivent se dérouler. En fait, les normes sont des règles de comportement; ce sont les « il faut » et « il ne faut pas » de la communication interpersonnelle, c'est la façon « correcte » d'agir, acceptée et légitimée par les membres d'un groupe. Les normes, particulièrement dans les grands groupes, peuvent être formelles ou officialisées par une série de règlements écrits — défense de fumer, signaux de circulation, cahier disciplinaire — mais, dans les plus petits groupes, ces normes et règles peuvent tout simplement être informelles. Par exemple, dans un petit groupe il peut être voulu et jugé très approprié d'utiliser un vocabulaire spécifique. La règle informelle (informelle parce qu'elle n'est pas écrite et qu'elle n'a pas besoin de l'être) est que tel langage est correct et normal. Toutefois ces mêmes personnes, dans un groupe différent, n'utiliseront pas ce vocabulaire, car elles savent que ce serait inapproprié.

En fait, les normes spécifient le genre de comportements auxquels les membres d'un groupe s'attendent de la part des autres membres du groupe. Ainsi, les normes régularisent le comportement des uns envers les autres, en ce sens qu'elles reflètent ce que le groupe considère comme approprié. Par exemple, certains groupes se meuvent dans une atmosphère très compétitive où les gens parlent vite, s'interrompent, etc. Dans d'autres groupes ce genre de comportements peut être jugé très inapproprié et déplacé. Dans certains groupes l'atmosphère est très formelle, sérieuse, affairée et ne suscite pas de rapprochements entre les membres. D'autres groupes, par contre, élaboreront des normes très différentes où les contacts, le plaisir, l'humour auront une grande place et seront encouragés, contrairement à la rigidité qui sera ridiculisée.

Les normes, comme nous le constatons, sont un aspect très important de la communication de groupe. Tout groupe de personnes qui interagit ensemble pendant un certain temps, élabore des normes qui lui sont propres; ces normes constituent une pression qui s'exerce sur tous les membres qui désirent rester intégrés au groupe.

SYSTÈMES INTERNE ET EXTERNE

Les normes élaborées à l'intérieur d'un groupe peuvent ou non aller de pair avec les normes élaborées par l'environnement auquel ce groupe appartient. Les groupes, comme les individus, n'existent pas en vacuum. Homans[7] nomme cela le système interne (les normes mises au point à l'in-

---

7. G.C. Homans, *The Human Group*, New York, Harcourt, Brace and Company, 1950.

térieur du groupe lui-même) et le système externe (les normes provenant de l'environnement extérieur).

Par exemple, un groupe d'étudiants peut adopter la norme de permettre que des personnes fument dans une classe, alors qu'un règlement d'interdiction de fumer est affiché. Le système externe, soit le collège ou l'université, requiert qu'on ne fume pas dans les classes alors que le système interne, soit le comportement des étudiants entre eux, le permet ou bien le tolère. Les systèmes externe et interne n'ont pas nécessairement besoin d'être en accord l'un avec l'autre. Par contre, les étudiants n'iraient sans doute pas en classe en habit de gala; dans ce cas, les systèmes interne et externe sont en accord.

CONTRÔLE SOCIAL ET PRESSION DE GROUPE

L'existence de normes joue un rôle fondamental dans le développement de la communication interpersonnelle. Les groupes se créent non seulement des règles de comportements, mais adoptent aussi un puissant système de pression qui vise à influencer les membres à se conformer à ces règles. Ce processus par lequel les individus sont influencés et ont à subir une certaine pression au conformisme par rapport à des comportements assez précis, est ce qu'on appelle le *contrôle social* ou la *pression de groupe*. Il est particulièrement fort lorsque les individus membres éprouvent un grand désir d'appartenance au groupe. La plupart de nous avons besoin d'appartenir à certains groupes. Plus ce besoin est fort, plus nous aurons tendance à nous conformer aux normes du groupe, par peur d'être rejetés ou ridiculisés si nous ne le faisons pas.

Les modes d'habillement, pour ne citer que cet exemple, font partie des systèmes de normes. L'allure d'un étudiant ou d'une étudiante, même si la norme ne va pas à l'heure actuelle dans un sens précis à l'intérieur de ce groupe, tend à être différente de celle des gens d'affaires, de ceux et celles qui travaillent dans les banques ou les compagnies d'assurances. La norme chez les premiers est peut-être plus élargie et moins sévère mais dans chaque cas, toutefois, des pressions se font sentir; chez les uns, peut-être aimerait-on porter cravate et talons hauts et chez les autres pouvoir se rendre au bureau en jeans et en T-shirt, mais dans les deux cas on ressent bien les normes implicites de son milieu. Dans chaque cas aussi, il est fort possible qu'une certaine peur d'être rejeté ou ridiculisé influence le comportement des individus.

LES ÉTUDES DE SHERIF ET ASCH

La documentation dans le domaine des groupes et plus spécialement dans celui du conformisme et des pressions de groupe est très abondante, mais il est intéressant encore aujourd'hui de remonter à deux études classiques dans le domaine; celle de Sherif[8] sur l'effet autocinétique et celle de Asch[9] sur le conformisme. Ces deux études sont des démonstrations assez éton-

---

8. M. Sherif, « A Study of Some Social Factors in Perception », *Archives of Psychology*, New York, 1935, vol. 187, n° 60.
9. S. Asch, « Effects of Group Pressures upon the Modification and Distortion of Judgments », in H. Guetzkow, *Group, Leadership and Men*, Pittsburgh, Carnegie Press, Carnegie Institute of Technology, 1951.

nantes de la façon dont des groupes peuvent influencer des individus à se conformer à des normes de groupe.

Dans l'étude de Sherif, les sujets étaient placés dans un local complètement obscur et on leur demandait de presser un bouton à chaque fois qu'ils voyaient une lumière bouger. Ils devaient alors évaluer de quelle distance la lumière s'était déplacée ou avait bougé de sa position de départ. En fait la lumière ne bougeait pas du tout. L'illusion visuelle était créée en allumant un ballon qui était alternativement gonflé et dégonflé. Lorsque les sujets étaient seuls dans le local d'expérimentation, leurs estimations variaient de deux ou trois centimètres à quelques mètres. Presque tous les sujets faisaient mention d'une figure différente. Cependant, le déroulement fut répété alors avec les sujets en petits groupes. Là, chaque membre de groupe devait donner à haute voix son estimation de la distance parcourue par la lumière. Dans ce cas, l'écart dans les estimations de distance fut très réduit. Il y avait, a-t-on pu constater, un genre d'accord tacite entre les membres des groupes afin que les estimations soient consistantes les unes avec les autres et ne varient pas trop. Une norme sociale était en quelque sorte créée par les premiers sujets qui communiquaient ouvertement leur évaluation. Évidemment, ces premiers sujets n'étaient pas vraiment conscients de leur influence sur les estimations à venir par les autres membres, de même que les autres membres n'étaient pas conscients du fait qu'ils exprimaient davantage un consensus de groupe qu'une évaluation personnelle. D'après cette recherche et vos expériences dans divers groupes, n'est-ce pas là un phénomène courant? Il est probable que votre réponse est oui et que vous avez déjà remarqué comment les premiers à parler influencent souvent un groupe et comment il se crée souvent dans ce groupe une norme implicite.

L'étude de Asch, pour sa part, fut élaborée pour tenter de démontrer comment les appuis sociaux sont indispensables au maintien de toute conviction, même si celle-ci se fonde sur des données objectives et évidentes. Concrètement, son expérience fut montée de manière à déterminer ce qui se passe lorsqu'on demande à des gens d'évaluer quelque chose de clair, net et précis visuellement, alors que d'autres personnes autour, qui sont de connivence avec l'expérimentateur, doivent pour leur part donner une mauvaise réponse. On comptait donc dans l'expérience un sujet véritable et neuf sujets de connivence avec l'expérimentateur, ce que, évidemment, le sujet naïf ne savait pas. On déclarait aux sujets rassemblés qu'ils participaient à un test de perception visuelle et que leur tâche était de déterminer laquelle des trois lignes d'une carte de comparaison avait la même longueur que celle tracée sur la carte témoin. L'illustration en 12.1 montre deux séries de lignes du genre de celles utilisées dans l'expérience. Le déroulement fut répété une douzaine de fois avec différentes séries de lignes et avec plus d'une centaine de sujets naïfs. Dans toutes les comparaisons, la bonne réponse était très évidente. Les sujets naïfs étaient toutefois toujours placés de façon à ce qu'ils soient les derniers à donner leur réponse, alors que les sujets de connivence avec l'expérimentateur, eux, avaient reçu comme directive de donner unanimement une mauvaise réponse. Ainsi, les sujets véritables étaient placés dans une situation de

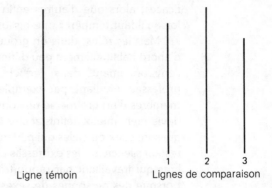

Ligne témoin   Lignes de comparaison

Figure 12.1 Exemple de cartes stimulus dans l'expérience de ASCH. Les sujets devaient choisir laquelle des lignes de droite (1, 2 ou 3) correspondait le mieux à la ligne témoin à gauche. Dans le cas présent c'est la ligne 2 qui est le bon choix. Les lignes 2 ou 3 furent quand même choisies par un bon nombre de sujets, influencés par les autres sujets de connivence avec l'expérimentateur.

conflit entre leur perception réelle et sensible de la réalité, et ce qu'ils entendaient de la majorité des autres qu'ils croyaient être membres comme eux de l'expérience. Que devaient-ils croire: que leur perception était correcte et que celle de tous les autres était mauvaise, ou que la leur était peut-être mauvaise? Devaient-ils se fier et se conformer aux jugements de plusieurs autres personnes ou rester fidèles à leur propre perception? Les résultats montrèrent que dans plus de 30% des cas, le sujet véritable se rangea du côté de l'opinion de la majorité, même s'il était difficile de ne pas remarquer la différence entre la réponse exacte et celle fournie par l'ensemble du groupe.

Si plusieurs d'entre nous sommes dépendants du jugement des autres, même face à un stimulus physique très net, alors jusqu'à quel point les pressions au conformisme ne sont-elles pas plus grandes lorsque nous avons affaire à des jugements sociaux plus ambigus, où une réponse précise ne peut venir de nos sens? Encore là, votre expérience vous fournit probablement une réponse à cette question.

Rôles stabilisés Lorsque l'interaction entre les membres d'un groupe se prolonge pendant un certain temps, une série de rôles se stabilisent. Un rôle, nous l'avons vu au chapitre 8, est la norme comportementale d'un individu. C'est ce qu'un individu a tendance à faire habituellement dans des circonstances déterminées.

Les types de rôles sont toutefois assez nombreux. Certaines personnes sont susceptibles de jouer des rôles de leadership, alors que d'autres seront davantage portées à jouer des rôles de participation ou de soumission. Certaines personnes aiment raconter des histoires et elles sont reconnues pour être des personnes humoristes qui favorisent le plaisir et la détente. Certains, d'autre part, aiment être des personnes bien informées; c'est à de telles personnes que nous faisons parfois appel dans les discussions. D'autres sont habiles lorsqu'il s'agit de prendre des décisions, d'être efficaces, alors que d'autres enfin ont beaucoup d'habileté et de patience lorsqu'il faut tempérer une discussion ou régler un conflit.

Mais les rôles, dans un groupe de deux ou plusieurs personnes, sont d'abord habituellement peu définis, à moins de l'être très formellement par l'environnement dans lequel ce groupe fonctionne (une relation professeur-étudiant, par exemple). Ce n'est qu'au fur et à mesure que les membres d'un groupe se rencontrent et travaillent ensemble que les rôles deviennent mieux définis et plus établis. Les gens, entre eux, détectent vite qui sont ceux ou celles qui parlent beaucoup par rapport aux membres qui restent silencieux, les expressifs par rapport aux plus discrets, ou les membres qui travaillent par rapport à ceux qui ont tendance à ne rien faire. Lorsque des personnes de sexes différents sont impliquées, des types de relations seront aussi rapidement établis. Ces rôles sexuels, nous le savons et Margaret Mead[10] l'a souligné, ne sont pas innés, mais sont conditionnés culturellement. Certains comportements de rôle dès lors sont attendus des hommes et des femmes. En somme, ce qu'il est important de retenir à propos des rôles est qu'une fois qu'ils sont établis et assimilés par les individus, il devient très difficile de les changer et aux individus de s'en départir.

Ainsi, lorsqu'une personne s'est tenue longtemps silencieuse dans un groupe, il devient très difficile pour elle de briser la glace; les autres membres du groupe trouveront même peut-être suspect qu'elle le fasse! La raison pour ceci est que lorsque les gens nous ont identifiés à un rôle et qu'ils nous ont en plus stéréotypés dans ce rôle, (nous sommes nous-mêmes devenus habitués à jouer ce rôle) il est alors plus facile pour tout le monde d'anticiper, de prédire et de comprendre nos comportements ou attitudes. Cela permet en plus à la communication de rester dans des sentiers connus. Évidemment, quelqu'un sort parfois du rôle prescrit et le scénario est rompu. Ce qui est habituel ne se produit pas. Le groupe doit faire face à un changement de rythme; surprenant pour chacun, même menaçant pour quelques-uns. Des recherches[11] ont ainsi montré que plusieurs femmes subissent des pressions pour « moins » fonctionner intellectuellement ou ne pas travailler « trop fort », car si elles le font elles risquent d'être impopulaires ou d'être perçues par les hommes comme des femmes manquant de « féminité ». Effectivement, dans notre culture, il semble que les capacités intellectuelles aient été liées à la masculinité et aux hommes. Selon ce discours, il n'appartient pas vraiment au rôle « féminin » de s'aventurer dans le domaine intellectuel. Les femmes devraient donc, semble-t-il, jouer leur rôle féminin traditionnel et ne pas menacer ni rivaliser avec les egos masculins. Évidemment, un grand nombre de femmes et d'hommes remettent aujourd'hui en question ces définitions stéréotypées des rôles. Dans plusieurs groupes, par exemple, ces enjeux doivent souvent être clarifiés.

Parfois, cependant, un changement de rôle est encouragé; par exemple, lorsqu'un habituel farceur décide de travailler un peu plus à la tâche

---

10. Margaret Mead, *Moeurs et sexualité en Océanie*, Paris, Plon, 1971.
11. Mira Komarovsky, « Cultural Contradictions and Sex Roles », *The American Journal of Sociology*, 1946, vol. 52, n° 3, p. 184-189.

du groupe. Mais, parfois aussi, nous résisterons au changement; par exemple, lorsqu'un parent habituellement très autoritaire décide de vouloir être copain-copain avec un enfant, ou lorsqu'un étudiant veut «jouer au professeur» dans la classe avec ses collègues.

Les rôles ne sont donc pas statiques même s'ils ont tendance à être stables. Les gens ont des manières de s'ajuster aux situations et aux environnements qui changent et, pour ce, ils modifient souvent leurs rôles. Ainsi, la petite Suzanne qui est très tranquille en classe peut devenir une vraie fureur avec ses amis. Nous devons modifier nos rôles habituels, nos comportements familiers pour nous adapter à des groupes qui ont des normes différentes des nôtres.

Réseaux d'attraction et de rejet

Sur la base des sentiments positifs et négatifs des gens les uns envers les autres se développe un réseau d'attraction et de rejet interpersonnel. (Nous utilisons ici le terme rejet pour marquer une attitude peut-être extrême, cette attitude n'étant pas toujours aussi forte. Elle peut être faite davantage d'antipathie, d'indifférence, de neutralité ou tout simplement de distance.) En fait, lorsque des gens se rencontrent pour la première fois, les impressions qu'ils retirent jouent un rôle important sur les sentiments que ces deux personnes auront l'une envers l'autre. Bien qu'ils ne l'admettent pas, parfois, les gens ressentent toujours des sentiments face aux autres, même après une seule brève rencontre. Plusieurs gens accordent beaucoup d'importance à la raison et n'osent pas trop admettre qu'ils ont des sentiments, qu'ils sont des êtres émotifs. Toutefois, les sentiments et émotions font autant partie de la vie et de l'humain que la raison. Nous aimons certaines personnes, d'autres pas du tout et d'autres enfin nous laissent plutôt indifférents (quoique jamais tout à fait). Évidemment, à mesure que notre interaction avec quelqu'un progresse, nos premières impressions peuvent changer. Nous pouvons aimer quelqu'un qui de prime abord nous était antipathique ou vice versa. Ne nous sommes-nous jamais entendus dire à quelqu'un, après quelques mois ou quelques années d'une solide amitié: «Lorsque je t'ai rencontré pour la première fois, je ne t'aimais pas du tout et tu m'énervais»?

QUOI OBSERVER DANS UN GROUPE

Nous passons beaucoup de temps avec d'autres et dans des groupes de toutes sortes, mais il est rare que nous prenions le temps d'arrêter et d'observer ce qui se passe entre les gens et d'analyser le comportement des membres d'un groupe. Que pouvons-nous observer dans un groupe? Que devons-nous chercher à découvrir si nous voulons comprendre la communication interpersonnelle entre deux ou plusieurs personnes? C'est ce que nous allons tenter ici d'expliquer.

Contenu et processus

Imaginons un comité de personnes qui travaillent ensemble pour organiser une soirée de fête au collège ou un couple qui est en train de décider quoi faire pour la fin de semaine. La communication entre ces gens se déroulera à deux niveaux distincts. Si nous observons de *quoi* les gens parlent, nous observons, c'est-à-dire nous focalisons alors le *contenu*, soit le sujet sur lequel le groupe discute. Si nous focalisons la façon dont le groupe travaille (le *comment*), nous observons alors le *processus*, soit ce qui se passe entre les membres du groupe pendant cette discussion. Cette distinction est importante pour l'étude de la communication dans les petits groupes. Le contenu et le processus de la communication sont aussi parfois appelés « niveau de tâche et niveau socio-émotif » ou encore on parle de communications ayant fonction de « tâche et maintenance ». En fait, que nous parlions de deux niveaux ou de deux types de communications, les deux se déroulent en même temps dans un groupe. Alors, à quoi renvoie cette distinction entre ces deux aspects de la communication de groupe?

TÂCHE   Lorsque des gens se rassemblent pour former un groupe ils ont un but ou une cible et ils le font pour certaines raisons. Le but peut être purement social (une fête, un dîner ou un rendez-vous d'amis); des gens peuvent se rassembler pour organiser des activités, prendre des décisions (c'est le comité typique); pour obtenir de l'information ou faire un travail concret (une classe ou une équipe de travail).

Le but déclaré est directement relié au contenu de la communication dans le groupe. Ainsi, si le but d'un groupe est d'organiser une soirée, les échanges verbaux et l'interaction verbale seront concentrés sur la planification de cette soirée. La conversation pourra toucher des sujets comme quel genre de musique on désire entendre, quel lunch servir et à quel prix ou comment décorer la salle si c'est le cas. Ce sera là le contenu de la communication et une communication liée directement au but déclaré du groupe.

Boîte 5
Caractéristiques d'un groupe efficace

Douglas McGregor, un psychologue du Massachusetts Institute of Technology, à partir de ses observations dans de grandes entreprises, a décrit les groupes efficaces et créatifs de la façon suivante:

1 L'atmosphère est plutôt informelle, confortable et détendue;
2 Il y a beaucoup de discussions auxquelles tous participent, mais ces discussions demeurent toujours pertinentes à la tâche;
3 La tâche et l'objectif du groupe sont bien compris et acceptés par les membres. Il y a eu discussion sur ce sujet jusqu'à ce que tous aient compris et se soient engagés à défendre les buts poursuivis;
4 Les membres s'écoutent les uns les autres. Chaque idée est reçue et écoutée. Les gens n'ont pas peur d'être ridiculisés et d'amener des idées même si, de prime abord, ces idées semblent saugrenues;
5 Il y a des désaccords. Les désaccords ne sont pas supprimés ou télescopés par une action prématurée du groupe. Les raisons de ces désaccords sont examinées et le groupe essaie de les résoudre plutôt que de dominer les dissidents;

6 La plupart des décisions sont prises par consensus où il apparaît que tous sont d'accord. Les votes formels sont réduits au minimum; le groupe n'accepte pas la majorité simple comme base d'action commune;

7 La critique est fréquente mais franche et relativement indulgente. On voit peu d'attaques personnelles ni ouvertement, ni de façon camouflée;

8 Les gens sont libres d'exprimer leurs sentiments aussi bien que leurs idées, à la fois sur le problème et sur le fonctionnement du groupe;

9 Lorsqu'on décide d'une action, les responsabilités sont claires et elles sont acceptées de ceux et celles qui les prennent;

10 Le responsable, l'animateur ou quelque autre personne ne domine pas le groupe, comme le groupe ne dépend pas indûment de cette personne. En fait, le leadership est souple et peut à certains moments passer d'une personne à l'autre selon les circonstances. Il n'y a pas de bataille pour le pouvoir. L'enjeu n'est pas qui contrôle le groupe mais de réaliser les buts;

11 Le groupe est conscient de ses propres opérations.

(D. McGregor. *The Human Side of Enterprise*, McGraw-Hill, 1960. Reproduit avec la permission de l'éditeur.)

PROCESSUS

Il y a toutefois une autre dimension de la communication de groupe qui n'est pas liée directement au contenu verbal de l'interaction mais à la façon dont le groupe traite ce contenu verbal portant sur la tâche ou le but. Le processus implique comment les membres interagissent les uns avec les autres, comment ils traitent les sentiments issus de leurs interactions et comment ils maintiennent le groupe comme entité fonctionnelle. Lorsque deux amis décident de leur fin de semaine, des sentiments entre les deux émergent. Chacun essaiera, plus ou moins consciemment, de faire une certaine impression sur l'autre, de maintenir une certaine image qu'il croit appropriée et d'influencer ou d'affecter l'autre favorablement. Tout ceci fait partie du processus de la communication.

Dans la plupart des cas, cependant, nous portons peu attention au processus, même quand les choses vont mal et que c'est ainsi que le groupe trouverait possiblement la principale cause de son inefficacité et qu'il devrait focaliser ses efforts. Effectivement, c'est cette sensibilité au processus de groupe qui permet d'identifier beaucoup de problèmes de communication interpersonnelle et de les traiter plus efficacement. Et, puisque le niveau du processus de la communication est toujours présent dans tous les aspects d'une interaction, sa compréhension est utile pour chacun. Plus particulièrement, que pouvons-nous rechercher et observer pour reconnaître le niveau du processus?

La participation — qui parle?

C'est probablement là l'aspect du processus de la communication le plus facile à observer. Qui sont les membres qui parlent le plus dans le groupe?

Qui sont ceux et celles qui parlent peu? En portant attention à la quantité et la fréquence des interactions verbales de chacun dans la situation, nous pouvons déjà obtenir une idée assez claire de la structure du groupe et des dimensions de domination ou de leadership dans le groupe. Dans plusieurs groupes il n'y a que quelques membres qui parlent souvent (ce sont vraisemblablement toujours les mêmes), mais une observation attentive peut permettre d'enregistrer des changements sur le plan de la participation. Certains membres, silencieux pendant un certain temps, deviennent à un moment donné plus volubiles. Il y a habituellement des raisons à ces changements, car la communication ne se fait jamais au hasard des choses. Ces raisons doivent être comprises si nous voulons être en mesure de prédire quand de tels changements sont susceptibles de se produire.

L'attitude face aux membres silencieux sera importante. Leur silence est-il interprété ou doit-il s'interpréter comme un consentement du sujet discuté, un désaccord, un manque d'intérêt, de l'hostilité, de la peur, de la gêne? Même lorsqu'il n'y a que deux personnes impliquées nous retrouvons un certain type de participation, soit une quantité et une manière significatives d'être en relation avec l'autre.

L'interaction — que fait chacun à l'autre?

En nous référant au système de Bales, nous pouvons retrouver différentes façons d'interagir au niveau du processus. Les quatre catégories de base sont: (A) réactions positives; (B) informations et réponses; (C) questions; et (D) réactions négatives. À l'intérieur de chacune de ces aires, nous retrouvons des descriptions encore plus précises des interactions possibles. En observant un groupe qui communique, nous sommes donc en mesure d'enregistrer le progrès de ses activités. Nous pouvons déterminer le partage des réactions négatives et positives, la partage des questions et réponses, le partage des interventions qui visent à contrôler et celles qui visent à influencer, etc. Il n'est pas question dans ce chapitre de vous rendre maître de l'utilisation du système de Bales, mais il est néanmoins fort intéressant de le connaître pour devenir un peu plus conscient du genre d'interactions que vous pouvez rencontrer, et dont vous-même faites probablement l'expérience à l'intérieur des groupes auxquels vous participez.

Il y a une foule d'autres systèmes de mesure des interactions verbales. Leur usage pour analyser et évaluer les processus en dyade ou en groupe est toujours fort révélateur tant au plan pratique que pour la recherche. Sans aller dans une description détaillée de ces systèmes, nous présentons ici des petits tableaux d'enregistrement des comportements de communication et de participation des membres d'un groupe. À cette fin, rappelons-nous qu'une communication est habituellement définie comme un énoncé ou un propos ininterrompu.

Le schéma de la figure 12.2 indique que la plus grande partie de la conversation s'est tenue entre Pierre et Harold avec le support de Suzanne, alors que Marie et Jean ont peu contribué à cette conversation.

Tableau des catégories de Bales

(Attitudes possibles de la part des membres d'un groupe en réunion)

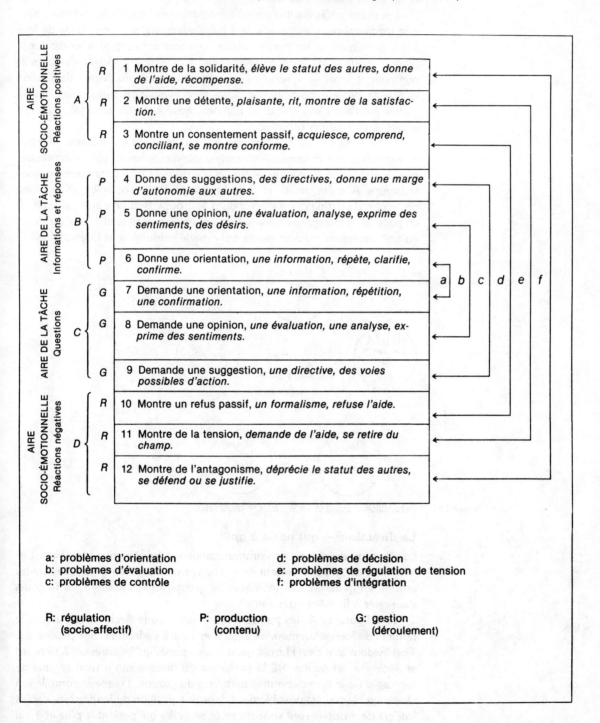

AIRE SOCIO-ÉMOTIONNELLE — Réactions positives

A

R 1 Montre de la solidarité, *élève le statut des autres, donne de l'aide, récompense.*

R 2 Montre une détente, *plaisante, rit, montre de la satisfaction.*

R 3 Montre un consentement passif, *acquiesce, comprend, conciliant, se montre conforme.*

AIRE DE LA TÂCHE — Informations et réponses

B

P 4 Donne des suggestions, *des directives, donne une marge d'autonomie aux autres.*

P 5 Donne une opinion, *une évaluation, analyse, exprime des sentiments, des désirs.*

P 6 Donne une orientation, *une information, répète, clarifie, confirme.*

AIRE DE LA TÂCHE — Questions

C

G 7 Demande une orientation, *une information, répétition, une confirmation.*

G 8 Demande une opinion, *une évaluation, une analyse, exprime des sentiments.*

G 9 Demande une suggestion, *une directive, des voies possibles d'action.*

AIRE SOCIO-ÉMOTIONNELLE — Réactions négatives

D

R 10 Montre un refus passif, *un formalisme, refuse l'aide.*

R 11 Montre de la tension, *demande de l'aide, se retire du champ.*

R 12 Montre de l'antagonisme, *déprécie le statut des autres, se défend ou se justifie.*

a   b   c   d   e   f

a: problèmes d'orientation
b: problèmes d'évaluation
c: problèmes de contrôle

d: problèmes de décision
e: problèmes de régulation de tension
f: problèmes d'intégration

R: régulation
(socio-affectif)

P: production
(contenu)

G: gestion
(déroulement)

Évidemment, une telle analyse est assez superficielle et n'explique en rien le retrait de Marie et de Jean.

Un point intéressant d'un tel enregistrement, toutefois, est que, bien que les membres silencieux soient habituellement bien conscients de leur faible participation, les plus volubiles sont souvent surpris de constater la grande quantité de leurs interventions. Ces derniers savent donc qu'ils contribuent, mais ne se rendent pas toujours compte du degré relatif ou de la qualité de leur participation. Une telle évaluation simplement quantitative peut alors leur être utile. Elle peut aussi être utile pour faire la comparaison entre deux groupes.

Selon la figure 12.3, le groupe A a eu, pendant les soixante minutes enregistrées, une discussion-interaction significativement plus dynamique, plus énergique que celle du groupe B. Le nombre total d'interactions dans le groupe A a été de 87 et dans le groupe B de 18; soit qu'il y ait eu beaucoup d'apathie et de silence dans le groupe B (il ne s'agit pas, soit dit en passant, d'interpréter nécessairement en termes négatifs), soit qu'il y ait eu une personne prédominante qui a parlé presque sans interruption.

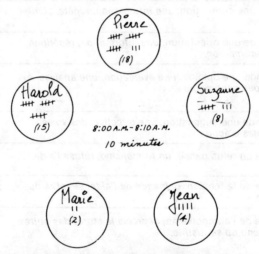

Figure 12.2 Échantillon d'enregistrement de communication.

La direction — qui parle à qui?

La direction du réseau de communication est également importante. Les membres du groupe parlent-ils à d'autres membres en particulier ou au groupe en général? Les membres du groupe ont-ils tendance à toujours s'adresser à la même personne?

À la figure 12.4, les petites pointes sur chaque flèche représentent le nombre de fois qu'un membre a parlé et à qui il s'adressait. Sur ce schéma, il est évident que c'est Harold qui a le plus parlé, qu'il s'adressait à Bernard et Jocelyne, et qu'il a été la personne du groupe qui a reçu le plus de messages de la part des autres membres du groupe. Une telle compilation révèle qu'Harold est possiblement dans une position de leadership, car *les leaders de groupes sont souvent ceux ou celles qui parlent le plus et à qui on s'adresse le plus.*

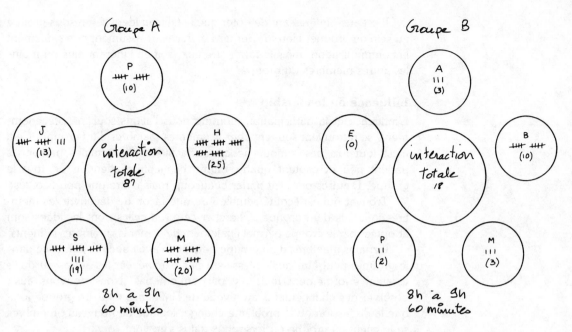

Figure 12.3 Enregistrement de communications: comparaison de deux groupes.

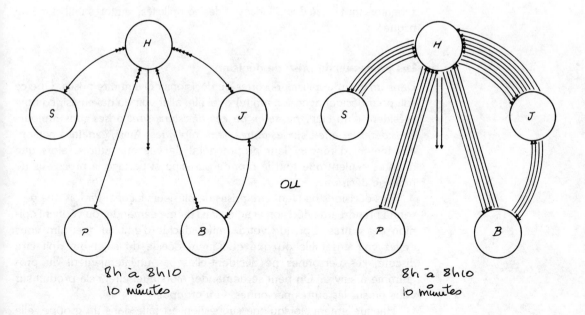

Figure 12.4 Enregistrement d'interactions: direction de la communication. Les flèches indiquent le nombre et la direction des interactions verbales. L'un ou l'autre système peut être utilisé.

Il est aussi intéressant de noter que le tableau identifie un sous-groupe au sein du groupe: Harold, Bernard et Jocelyne assument non seulement la communication, mais le font entre eux, soit en ignorant plus ou moins les autres membres du groupe.

Influence ou leadership

L'influence et la participation, comme nous l'avons souligné précédemment, se retrouvent souvent chez les mêmes membres d'un groupe. Cela n'est toutefois pas toujours le cas. Effectivement, certaines personnes parlent peu et captent quand même beaucoup l'attention de tout le groupe. D'autres peuvent parler beaucoup mais n'être que peu écoutés.

Trouver qui est écouté semble être une façon de découvrir les membres influents d'un groupe. Chercher ceux ou celles dont les idées sont adoptées par le groupe permet également de cerner les membres influents.

Certains membres d'un groupe peuvent n'avoir aucune influence dans le groupe; peut-être qu'ils n'essaient pas d'influencer les autres ou qu'ils essaient énormément mais n'y parviennent pas. Nous pouvons aussi observer des changements au niveau de l'influence dans un groupe lorsque la discussion ou le problème change, lorsque de nouveaux membres se joignent au groupe ou lorsque certains s'en vont.

Parfois, plusieurs membres deviennent des rivaux sur le plan de l'exercice de l'influence dans le groupe et il s'ensuit une bataille pour le leadership. Il est intéressant alors d'observer les effets d'une telle bataille sur les membres du groupe. Certains se sentiront obligés de prendre parti et ce sera alors tout le jeu des alliances et des complicités, jeu fort subtil et même risqué.

Les processus de prise de décision

Dans un groupe, plusieurs sortes de décisions doivent être prises. Que ce soit pour décider avec son ami(e) quel film aller voir ou qui choisir comme président d'un club, *plusieurs de ces décisions sont prises sans toujours considérer les effets sur les autres gens impliqués*. Ainsi, certaines personnes tentent d'imposer leur propre point de vue aux autres, alors que d'autres veulent que tout le monde participe et partage le processus de prise de décision.

Des décisions peuvent être prises de plusieurs façons. Parfois une personne prendra une décision et agira sans même demander ou vérifier l'opinion des autres. Lorsque votre ami(e) décide d'emblée quel film vous devez voir ensemble ou que quelqu'un décide du sujet qui doit être discuté, ces personnes ne décident-elles pas unilatéralement du programme à suivre? On peut se demander alors quel effet cela produit sur vous ou sur les autres personnes d'un groupe.

Habituellement, lorsqu'une suggestion est faite dans un groupe, elle est supportée par certains. Observer qui appuie qui peut révéler certaines coalitions, cliques, sous-groupes ou amitiés privilégiées et il résulte ce qu'on appelle des « enclaves » dans le groupe, c'est-à-dire des situations où il n'y a que deux ou trois membres qui prennent les décisions concernant le groupe. Ici encore, nous pouvons nous demander comment cela affectera le groupe et chacun de ses membres.

D'autre part, nous savons qu'il y a parfois une majorité qui « force » la décision des autres. Cela peut se faire de façon formelle ou informelle: en ne tenant pas compte des objections de certains, en demandant un vote, etc. Par exemple, lorsqu'un membre d'un groupe affirme trop rapidement à un autre que « tout le monde veut aller à la brasserie Z » et que tous s'y retrouvent, il est fort possible qu'on ait ignoré l'opinion de certains et peut-être même la vôtre au point de départ. On a quelque peu forcé la situation et la prise de décision.

À d'autres moments, c'est quelque peu le contraire, et on cherche plutôt à ce que tout le monde impliqué participe au processus de prise de décision. C'est évidemment la « méthode du consensus », mais un consensus, comme vous l'avez peut-être déjà découvert par vos expériences de groupe, est difficile à atteindre parce qu'il implique la plupart du temps des compromis (ce qui est souvent perçu comme « mauvais » par certains) et qu'il demande qu'on discute honnêtement des raisons qui poussent chacun à adopter une idée ou une opinion.

Finalement, il y a parfois des situations où quelqu'un qui amène une suggestion ne reçoit absolument aucune réponse ou aucune sorte d'attention de personne. Par exemple, le fils qui demande à son père: « Peux-tu me prêter l'automobile ce soir? » et qui reçoit cette réponse laconique: « Finis ton travail scolaire » ne reçoit pas vraiment de réponse à ce qu'il dit. C'est un fiasco. Les effets produits par ce genre d'absence de réponse ou de rétroaction réelle peuvent varier. Le fils, dans notre exemple, peut essayer encore (« D'accord, papa, mais est-ce que tu peux me la prêter, après? »), il peut devenir en colère et se retirer dans sa chambre en claquant la porte, ou il peut aussi devenir apathique et ronger son frein. Dans un groupe de cinq ou dix personnes, les mêmes phénomènes peuvent se produire lorsqu'un membre ne reçoit aucune réponse à ses interventions: sachant cela, nous pouvons alors mieux interpréter l'apathie ou l'hostilité de certaines personnes dans les groupes. En somme, nous le répétons, il est toujours important d'observer les effets d'une prise de décision, afin d'en éviter les aspects négatifs.

L'atmosphère de groupe

La façon dont un groupe travaille donne une impression générale qui crée une atmosphère assez bien observable. Évidemment, les gens diffèrent dans le genre d'atmosphère qu'ils aiment retrouver à l'intérieur des groupes. Ainsi, dans un groupe, la communication interpersonnelle peut être amicale, ouverte. Une atmosphère chaleureuse où les conflits et les sentiments désagréables sont réduits, se dégagera alors. À l'extrême opposé, nous retrouvons une atmosphère remplie de conflits, de désaccords et de provocations des gens entre eux.

En effet, à certains moments, les membres d'un groupe peuvent ne pas aimer être ensemble et ne pas vouloir coopérer à la tâche ou au but du groupe. Des membres qui font partie d'un comité parce qu'ils y sont obligés, comme des étudiants qui font partie d'une classe parce qu'ils sont forcés d'y suivre le cours en question, peuvent évidemment devenir apathiques et très retirés de l'interaction. Si plusieurs membres d'un groupe ont ces sentiments, l'atmosphère risque d'être pénible et de s'en ressentir. D'autre part, le processus de groupe peut être tel, au contraire, qu'il facilite l'interaction en créant un bon climat; cela, en respectant les sentiments des gens. Le bavardage permet aussi de remplir cette fonction et de détendre des atmosphères parfois trop tendues. Effectivement, prendre du temps pour parler de choses autres que celles liées à la tâche immédiate, ou permettre à certains moments les pointes d'humour est souvent un signe de relations positives entre les gens. Cela permet aussi d'établir un fonctionnement plus amical dans le travail. Pour parler et résumer tous ces cas, la théorie du groupe optimal de Saint-Arnaud[12] présente clairement en deux tableaux les différents climats du rassemblement et de l'énergie disponible dans le système groupe. (*Voir les tableaux 12.1 et 12.2.*)

Quantité d'énergie	Énergie résiduelle
Manque d'énergie	Climat d'inertie
Énergie suffisante	Climat d'éveil
Excès d'énergie	Climat d'anarchie

Tableau 12.1   Les climats du rassemblement.

Le tableau qui suit propose neuf catégories pour décrire les climats de base d'un système-groupe: chaque climat résulte de la présence dans le groupe des différents types d'énergie décrits.

Quantité d'énergie	Énergie disponible dans le système-groupe :		
	Production	Solidarité	Entretien
Manque d'énergie	Climat d'apathie	Climat de réserve	Climat de dispersion : —de confusion —défensif
Énergie suffisante	Climat d'efficacité	Climat de solidarité	Climat d'harmonie
Excès d'énergie	Climat de fébrilité	Climat d'euphorie	Climat laborieux

Tableau 12.2   Les climats du système-groupe.

12. Yves Saint-Arnaud, *Les petits groupes. Participation et communication*, les Presses de l'Université de Montréal, 1978.

Fonctions interpersonnelles

Il est possible d'analyser la communication interpersonnelle sur le plan de ses fonctions. Ces fonctions sont liées aux rôles que les individus jouent dans une situation interpersonnelle quelconque. Certaines de ces fonctions sont concentrées principalement sur la tâche, d'autres sont axées davantage sur le processus, alors que d'autres enfin, parce qu'elles ont vraiment des effets négatifs sur la communication, sont dites *dysfonctionnelles*.

Ces fonctions de tâche et de processus peuvent être accomplies par une ou plusieurs personnes. Dans la plupart des groupes, une sorte de spécialisation s'établit (sans doute en partie à cause de la tendance des rôles à se stabiliser dont nous avons déjà parlé) et certaines personnes ont ainsi tendance à remplir des fonctions de tâche alors que d'autres seront davantage axées sur des fonctions portant sur le processus. De façon stéréotypée, dans la famille nord-américaine par exemple, les maris-pères se spécialisent dans les fonctions de tâche (prise de décision, bricolage, etc.) et les femmes-mères sont axées davantage sur les processus et les relations (modération des conflits entre enfants, expression des sentiments de tendresse et d'affection, etc.). Pour ce qui est des types de groupes autres que la famille, nous vous présentons ici dans les boîtes 6, 7 et 8 des listes de fonctions déterminées de tâche, de processus et de comportements *dysfonctionnels*.

Boîte 6

« FONCTIONS DE TÂCHE »: comportements des membres qui sont nécessaires à l'accomplissement des tâches du groupe.

1 « Donner et rechercher l'information »: demander ou amener du matériel objectif et des faits concrets; rechercher et donner l'information pertinente à la tâche et au but du groupe.

2 « Donner et rechercher les opinions et les idées de chacun »: rechercher et amener nos croyances, nos évaluations par rapport aux faits; favoriser le fait que chacun puisse exprimer ses idées et surtout ses valeurs à propos de ce qui est amené et discuté.

3 « Amorcer l'activité »: commencer les discussions, proposer des tâches, des buts, des solutions; définir le problème ou un de ses aspects; suggérer de nouvelles idées, de nouvelles définitions du problème ou une nouvelle organisation des choses ou du matériel.

4 « Clarifier et élaborer »: donner des exemples et des illustrations; paraphraser, interpréter; essayer de voir comment les choses peuvent tourner; clarifier les confusions; indiquer les enjeux et les alternatives perçus.

5 « Coordonner »: montrer les relations entre les idées et les suggestions qui ont été amenées; essayer de regrouper certaines idées ou de rassembler les efforts des membres du groupe.

6 « Résumer »: synthétiser si possible en termes simples et concis les informations, les opinions ou les suggestions et solutions qui ont été amenées et discutées.

7 «Vérifier le consensus»: faire une tentative ou un test pour voir si les membres sont près d'arriver à une conclusion ou s'il y a encore des désaccords; vérifier directement avec chacun s'il est prêt à fonctionner comme le groupe le souhaite.

(*Adult Leadership*, 1953, 1, 8, 17-18. Reproduit avec la permission de l'éditeur.)

Boîte 7

«FONCTIONS DE MAINTENANCE»: comportements qui aident à construire et à renforcer le groupe comme unité de travail.

1 «Créer et encourager un bon climat»: collaborer à développer et maintenir une atmosphère amicale, détendue, tolérante et permissive; aider à réduire les blocages et inhibitions de certains membres; faciliter l'interaction en répondant aux autres; renforcer les autres et leurs idées, accepter les contributions des autres.
2 «Garder le réseau de communication ouvert»: aider chacun à contribuer et à participer; percevoir les indications non verbales, les signes et les désirs de participer.
3 «Harmoniser»: réduire les malentendus, les désaccords, les incompréhensions et les conflits possibles; prévoir les tensions ou sentiments négatifs et modifier la situation si possible; montrer les différences et les similitudes lorsque cela est nécessaire peut éviter des problèmes; jouer un rôle de médiation entre parties opposées ou hostiles l'une à l'autre.
4 «Proposer des compromis»: lorsque notre idée ou notre statut est impliqué dans un conflit, offrir un compromis à notre propre position; admettre l'erreur et maintenir la cohésion du groupe.
5 «Exprimer les sentiments»: être sensible aux sentiments et aux humeurs des gens dans le groupe et les exprimer; partager ses propres sentiments; exprimer nos réactions personnelles face aux idées, problèmes et solutions amenées; vérifier les réactions des autres membres du groupe et faire preuve d'empathie.
6 «Établir des standards et des critères»: favoriser l'émergence et l'utilisation de standards pour travailler sur le contenu ou les processus; voir à l'application de ces standards pour l'évaluation du fonctionnement et du processus.
7 «Évaluer»: soumettre les décisions ou les résultats obtenus à un examen en fonction du but qu'il y avait à atteindre.

(*Adult Leadership*, 1953, 1, 8, 17-18. Reproduit avec la permission de l'éditeur.)

Boîte 8

« COMPORTEMENTS DYSFONCTIONNELS »: attitudes ou gestes de certains membres qui n'aident pas le groupe et qui peuvent même nuire sérieusement à son travail et à ses objectifs.

1 « Agresser »: chercher à obtenir du statut en critiquant ou en blâmant inutilement les autres; faire preuve d'hostilité envers d'autres; mépriser le statut ou l'estime de soi de certains.

2 « Bloquer systématiquement »: interférer constamment; faire fréquemment prendre des tangentes au groupe; se citer et parler d'expériences ou de sujets aucunement liés au problème; argumenter sans but pour le plaisir de choquer certains; rejeter des idées sans considération.

3 « S'auto-confesser »: utiliser le groupe et son climat d'acceptation pour tester les autres; exprimer des sentiments et des points de vue qui n'ont vraiment aucun rapport avec les sentiments ou la tâche du groupe.

4 « Rivaliser »: n'utiliser le groupe et les autres que pour être le meilleur, la personne qui parle le plus, celle qui obtient le plus de rétroaction.

5 « Rechercher la sympathie »: essayer d'amener les autres à forcément être sympathiques à nos problèmes ou infortunes; nous plaindre de notre situation toujours pire que celle des autres; sous-estimer ouvertement nos propres idées pour obtenir de la valorisation des autres.

6 « Juger de façon biaisée »: ne proposer ou n'appuyer que les idées et suggestions liées à nos préoccupations et en accord avec notre seul point de vue, notre seule philosophie personnelle; faire du « lobbying », de la pression.

7 « Distraire de façon ou en temps inapproprié »: faire le clown, faire de l'humour douteux ou non nécessaire; interrompre sciemment le travail des autres.

8 « Rechercher l'attention »: ne viser qu'à être le centre d'attention par des idées extrêmes ou des comportements inhabituels.

9 « Se retirer »: agir indifféremment ou passivement; exiger ou faire montre d'une formalité excessive qui empêche tout contact ou échange réel; rêver de façon éveillée face aux autres; chuchoter ou aborder des sujets parallèles avec d'autres membres pour finalement former un sous-groupe.

Dans la classification et description faite ci-haut, nous devons avant tout nous garder de blâmer quiconque pour de tels « comportements *dysfonctionnels* ». Il est beaucoup plus utile face à de tels gestes ou attitudes de les envisager comme des symptômes qui montrent une certaine difficulté qu'a le groupe de satisfaire les besoins de certains membres. De plus, nous pouvons et devons penser que ce qui apparaît comme du « blocage » pour certains peut être au contraire perçu comme de la « clarification » ou de la « médiation » par d'autres.

(*Adult Leadership,* 1953, 1, 8, 17-18. Reproduit avec la permission de l'éditeur.)

Besoins et programmes cachés

Les gens se joignent à un groupe avec des raisons et un but avoués ou non. Habituellement, la raison que les gens donnent est proche de celle donnée officiellement par le groupe. Par exemple, des étudiants diront qu'ils veulent participer à l'action communautaire parce qu'ils veulent aider des gens plus défavorisés. Cette raison est probablement très vraie, mais elle n'est sans doute pas suffisante pour expliquer le comportement de ces étudiants, car la motivation humaine de chaque individu est habituellement plus complexe. En fait, il y a possiblement une foule de motifs sous-jacents pour expliquer ce comportement des étudiants, et ces motifs peuvent être plus ou moins conscients chez chacun. (À la motivation extrinsèque, diraient ici certains psychologues, doit s'ajouter une vision de la motivation intrinsèque.)

Ainsi, dans l'exemple précédent, l'organisation communautaire en question peut être très populaire dans le milieu étudiant et il peut être avantageux d'y appartenir. Peut-être également un étudiant est-il seul, ne connaît personne, et l'organisation devient alors un moyen pour lui de connaître des gens et de se faire des amis en même temps qu'il contribuera à un domaine qu'il aime. Peut-être un autre se perçoit-il des habiletés de leadership et joint alors l'organisation dans le but d'y atteindre un haut poste et d'exercer de l'influence. Ces motifs, qui s'ajoutent à la motivation initiale officielle, sont ce que nous appelons les *programmes cachés*. Lorsqu'un groupe se rencontre il a un but, un programme, une raison officielle d'agir, mais chaque membre a aussi la plupart du temps son propre programme caché qui représente comment et pourquoi il utilise le groupe pour satisfaire ses besoins personnels.

Ces besoins et programmes cachés se manifesteront d'une manière ou d'une autre à travers l'interaction du groupe et, dans une large mesure, ils pourront expliquer *comment et pourquoi* les membres agissent et réagissent comme ils le font entre eux. Ce que les gens font au niveau de la tâche peut souvent s'expliquer par ce qui se passe au niveau du processus. Si deux membres d'un groupe ne réussissent pas à se mettre d'accord, nous pouvons nous demander si ce n'est pas parce que l'un d'eux veut absolument gagner et établir son leadership sur les autres. Le problème du contenu devient alors secondaire en réalité, car ces deux personnes argumenteraient sur n'importe quel autre problème. Ces deux membres ne sont pas tellement *intéressés à résoudre le problème*, mais plutôt à *gagner l'argumentation pour jouer un rôle et influencer le groupe.*

Leadership

Un des aspects les plus complexes et les plus étudiés de la communication interpersonnelle est sans doute le concept de *leader* et le *leadership*. Nous n'en discuterons cependant que très brièvement, malgré le nombre impressionnant de volumes, textes et articles de recherche qui traitent ce sujet et celui qui lui est connexe, c'est-à-dire le processus de prise de décision. Vous trouverez quelques-unes de ces références sélectionnées dans la bibliographie à la fin du chapitre.

Dans son étude des petits groupes, Golembiewski[13] constate que l'étude du leadership est soumise à une attaque massive venant de toutes parts et de toutes disciplines. Malheureusement aussi, déplore-t-il, le sujet est dans un état de confusion lamentable. Cela est dû selon lui aux facteurs suivants: le manque d'unanimité autour du sujet étudié lui-même, c'est-à-dire ce qu'il faut étudier exactement, ce qu'est le leadership; une tendance à voir l'étude du leadership séparément de celle de la communication, de l'interaction, du changement ou des problèmes de statut, etc.; une grande dichotomie entre les théories qui considèrent le leadership comme issu des organisations et des systèmes et celles qui abordent ou traitent le leadership comme la contribution d'un individu à un groupe.

À ces difficultés s'ajoute aussi, selon nous, un problème sémantique. Tant que nous nous référons à des « leaders », nous devons étudier des personnes ou des symboles d'autorité, plutôt que d'étudier des interactions et des comportements. À notre avis, nous devrions éviter ce piège pour plutôt parler de « leadership ». Les postulats émis pour parler de leaders et de leadership sont très différents et ils affectent la façon dont nous réagissons aux groupes et à leurs membres, ainsi que nos recherches ou tentatives pour comprendre les fonctionnements de groupe.

STYLES DE
LEADERSHIP

Notre vision des mots leader et leadership conditionne notre mode de fonctionnement dans les groupes, mais conditionne aussi nos attitudes face à notre façon d'exercer de l'influence. Cette influence peut prendre plusieurs formes: elle peut être positive ou négative, elle peut amener le support et la coopération des autres ou se les mettre à dos. Comment une personne tente d'influencer les autres peut constituer le facteur crucial pour déterminer la disponibilité et l'acceptation des autres à être influencés. En général, selon les définitions, mais aussi selon la pratique, nous pouvons dire que trois styles de leadership ressortent fréquemment des groupes: autocratique (ou orientation directive), « laissez-faire » (ou orientation non directive), démocratique (ou orientation participative).

Style autocratique

Est-ce que quelqu'un impose sa volonté, ses valeurs ou ses décisions aux autres membres du groupe? Est-ce toujours la même personne qui dirige l'action, prend les initiatives, amène le groupe à s'organiser? Y a-t-il quelqu'un qui évalue ou qui juge les autres membres du groupe? Lorsque ce genre de comportement ou d'attitude existe de façon prépondérante dans un groupe, nous pouvons alors dire qu'il s'y exerce un style de leadership autocratique.

13. R.T. Golembiewski, *The Small Group.* Chicago, The University of Chicago Press, 1962.

Ce style produit souvent des résultats, mais souvent au prix de l'harmonie et de l'implication personnelle des autres membres du groupe. Il peut aussi engendrer de l'hostilité, du mécontentement, une perte d'individualité ou même une désaffection et un désengagement massif. Mais, nous le répétons, il peut entraîner une quantité de travail surprenante et supérieure à d'autres formes de leadership.

Style « laissez-faire »

Est-ce qu'il y a des membres du groupe qui attirent l'attention par leur manque d'implication, d'intérêt pour le travail du groupe? Est-ce qu'il y a un ou des membres du groupe qui suivent les décisions du groupe sans faire valoir leur idée dans un sens ou dans l'autre? Si nous répondons oui à ces questions, il est fort possible que nous soyons en face d'un leadership de style laissez-faire au sein du groupe.

Les groupes de « laissez-faire » sont différents des groupes démocratiques. Ils sont sans leader véritable, et parfois sans direction et sans but précis. Ils se caractérisent souvent par une atmosphère trop relâchée et une faible quantité de travail. À première vue plaisant, ce style, à long terme, risque cependant de réduire la motivation et peut aussi alors engendrer de l'insatisfaction sur le plan des résultats ou du but à atteindre. Il y a une tendance à trop reporter les décisions et les activités.

Style démocratique

Est-ce qu'il y a quelqu'un qui tente d'amener chacun à discuter et à participer aux décisions? Est-ce que chacun peut exprimer ses opinions ouvertement et directement sans être évalué ou jugé par les autres? Est-ce qu'on y est ouvert aux idées et même aux critiques? Quand il y a de la tension dans le groupe, est-ce que l'on tente de résoudre le conflit rationnellement et calmement? Ici, des réponses affirmatives à ces questions révèlent possiblement un style démocratique de leadership.

Dans ces groupes, la motivation et l'initiative au travail semblent plus élevées que dans les autres groupes. Il est possible aussi que nous y retrouvions plus d'originalité et de créativité, des efforts mieux organisés, une tendance à partager et à se renforcer mutuellement. Il y a habituellement une plus grande satisfaction des participants, quoique la productivité dans son ensemble puisse ne pas être aussi grande que dans un groupe sous influence autocratique.

Sommaire

Les premières études sur les groupes de travail confirment les généralisations que nous venons de mentionner. (Pour un meilleur exposé et résumé de ces styles de leadership, des recherches et analyses dans ce domaine, on peut se référer à Goldberg[14].) Dans tout ceci, toutefois, nous devons bien faire attention de ne pas croire que tous les groupes sont tou-

---

14. A.A. Goldberg et C.E. Larson, *Group Communication*, Englewood Cliffs, N.J., Prentice-Hall, 1975, chap. 6.

jours menés avec le même style de leadership. Les comportements dans un groupe varient, et il est fort possible qu'à l'intérieur d'un fonctionnement de groupe nous retrouvions des styles variés ou mixtes de leadership. Cependant, le leadership s'exerce toujours à partir des postulats que les gens se font à propos de celui-ci.

APPROCHES DU LEADERSHIP

Alors qu'ils étudiaient le leadership comme phénomène social, les chercheurs se sont rendu compte qu'il était nécessaire d'émettre certains postulats pour transformer leurs prédictions théoriques en systèmes d'apprentissage. Ils ont constaté que si nous pouvons comprendre davantage le leadership, nous devons aussi être capables de mieux l'exercer. Autrement dit, y a-t-il possibilité, à partir de nos connaissances, d'entraîner et de former de meilleurs leaders? Historiquement, nous retrouvons plusieurs idées différentes sur les façons d'améliorer le leadership et d'entraîner les gens à acquérir davantage d'habiletés dans ce domaine.

Approche personnaliste

Une des approches les plus communes, et à laquelle on recourt probablement le plus souvent, de l'étude du leadership est sans doute celle qui se penche sur les traits ou les qualités des personnes qui caractérisent les leaders. L'accent ici est mis sur le leader et sa personnalité. On tente alors de trouver les caractéristiques qui font un leader et celles qui manquent à ceux ou celles qui ne le sont pas.

Une telle approche, plus ou moins fondée, a donné lieu à des croyances loufoques. Par exemple, celle que la grandeur physique était un signe de leadership! Ainsi a-t-on cru remarquer que les évêques en général étaient plus grands que les prêtres séculiers, que les cadres de compagnies de chemin de fer étaient plus grands que les simples employés et ainsi de suite. On n'a ainsi pas oublié de faire remarquer que le général Charles de Gaulle était un leader grand, en plus d'être un grand leader. Mais ce genre d'indice présente des paradoxes, car comment alors peut-on expliquer le succès de « petits » leaders comme Napoléon ou Hitler?

Nous rencontrons aussi d'autres difficultés avec cette approche parce que: (1) nous n'arrivons pas à nous mettre d'accord sur les traits qui appartiendraient de façon exclusive et constante aux leaders; (2) les traits de personnalité sont difficiles à mesurer et à mettre en corrélation avec le leadership; (3) plusieurs caractéristiques que les leaders semblent avoir apparaissent également chez ceux ou celles qui ne le sont pas; (4) il est difficile d'entraîner les gens à améliorer leurs habiletés au leadership à partir d'un trait comme la grandeur physique.

Approche situationnelle

Les premières études faites sur le leadership montrèrent que nous pouvions faire certaines choses pour enseigner aux gens à être de meilleurs leaders. Ces théories prétendaient que c'est l'occasion qui fait le leader, que c'est de la situation qu'émerge le leadership. Si nous sommes entraînés dans un genre de situation, lorsque cette situation se présente nous sommes prêts à assumer un rôle de leadership. Cette approche soulève plusieurs problèmes, particulièrement celui de choisir pour quel genre de situation exactement nous devrions nous préparer. Ou encore, par exemple, que se passe-t-il si nous nous entraînons énormément pour une situation qui risque de ne jamais se présenter (une guerre atomique, par exemple)? N'est-ce pas là un gaspillage de temps et d'énergie que d'attendre la situation en question? Cette approche a cependant favorisé le développement d'autres idées intéressantes dans le domaine du leadership.

Approche fonctionnelle

Ce point de vue s'éloigne significativement de l'approche personnaliste, en ce qu'il accorde l'importance aux actions qui se déroulent dans le groupe. Ainsi, différents membres d'un groupe peuvent accomplir les fonctions nécessaires pour que le groupe atteigne son but, et que les gens y travaillent ensemble de façon agréable. Ici, l'accent placé sur « le leader » n'est pas justifié, car aucune personne n'est capable d'accomplir toutes les fonctions nécessaires à la vie de groupe. Si, par exemple, nous divisons les fonctions d'un groupe en tâches et processus, les études démontrent que ces fonctions sont généralement jouées par des personnes différentes au sein du même groupe. Autrement dit, nous retrouvons des leaders de tâche et des leaders de processus, lesquels influencent chacun à leur manière et à tour de rôle les autres membres du groupe, au fur et à mesure que différentes fonctions doivent être remplies pour atteindre les objectifs du groupe. Avec plusieurs activités essentielles au bon fonctionnement d'un groupe, comme nous l'avons vu avec le système de Bales, nous constatons que les fonctions de leadership peuvent être facilement distribuées entre les membres, et ceci selon les besoins du groupe et les habiletés de chacun, plutôt que centrées sur un seul « leader ».

Approche contingentielle

Plus récemment, avec le travail de Fiedler[15] principalement, on en est venu à penser que le leadership était une combinaison (1) du genre de situation et (2) du style de personne qui accomplit les fonctions de leadership. Dans cette approche, Fiedler remet d'abord en question la croyance selon laquelle l'efficacité d'un leader augmente à mesure que son influence sur les autres augmente. Selon l'approche contingentielle, le contrôle aurait tendance à parfois aider le leader et parfois lui nuire. Le leadership dépendrait donc d'un bon rapport et d'un bon équilibre entre le style d'interaction du leader avec les autres et le contrôle ou l'influence que celui-ci peut soutirer de la situation elle-même. Lorsque nous parlons de situation, il faut inclure des aspects comme le respect et la confiance aux autres, le pouvoir issu de la position occupée et la structuration de la tâche. Une situation où ces derniers facteurs sont très élevés ou très bas favorise les leaders orientés sur la tâche, alors qu'une situation modérée sur ces

---

15. F. Fiedler, « The Trouble with Leadership Training », *Psychology Today*, février 1973.

aspects est, semble-t-il, mieux dirigée par les leaders concentrés sur le processus et les relations. Enfin, d'autres études[16] confirment également l'idée que le leadership est affecté par les attitudes secondaires des personnes tentant de maintenir un leadership.

Sommaire et conclusion

De nombreuses approches ont été expérimentées pour tenter d'étudier et de former les gens au leadership. Lorsqu'on se rendit compte qu'en définitive les traits personnels ne pouvaient ni expliquer le leadership, ni fournir des moyens d'entraîner des leaders, on développa de nouvelles approches. Les situations où le leadership était requis furent examinées; plus tard, beaucoup d'attention fut mise pour voir les fonctions qui devaient être remplies dans les organisations et les groupes — nécessitant possiblement du leadership. Les chercheurs commencèrent alors à se rendre compte que les gens devraient être mieux entraînés à des rôles de leadership et on fit alors de grands efforts pour mieux préparer les leaders. Plus récemment, le système simple de leadership fonctionnel a été remis en question par certains qui disent que le leadership est une combinaison de certains comportements qu'effectue habituellement une personne et des genres de situations dans lesquelles ces actions particulières sont appropriées. L'entraînement au leadership est maintenant davantage axé et présenté selon « certains styles devant être utilisés dans certaines circonstances ».

Tout ceci ne constitue pas encore le dernier mot de la recherche et de l'entraînement dans le domaine du leadership, car il reste à découvrir plusieurs facettes de cette importante fonction dans notre société interdépendante d'aujourd'hui. En définitive, peu importe l'approche qui sera la plus utilisée ou les théories qui émergeront, une chose est certaine: la communication interpersonnelle sera inévitablement au centre de la vie humaine.

BIBLIOGRAPHIE LEADERSHIP

BASS, B.M. *Leadership, Psychology, and Organizational Behavior*, New York, Harper & Row, 1960.

FIEDLER, F. « A Contingency Model of Leadership Effectiveness », in L. Berkowitz, *Advances in Experimental Social Psychology*, vol. 1, New York, Academic Press, 1964.

FIEDLER, F. « The Trouble With Leadership Training Is That It Does Not Train Leaders », *Psychology Today*, février 1973.

GIBB, C. « Leadership », in G. Lindzey, *Handbook of Social Psychology*, Reading, Mass., Addison-Wesley, 1954.

GOLDBERG, A.A. et C.E. LARSON. *Group Communication*, Englewood Cliffs, N.J., Prentice-Hall, 1975.

16. A.A. Goldberg, L. Crisp, E. Sieburg et M. Tolela, « Subordinate Ethos and Leadership Attitudes », *Quarterly Journal of Speech*, vol. 53, n° 4, décembre 1967, p. 354-360.

GOLDBERG, A.A., L. CRISP, E. SIEBURG et M. TOLELA. « Subordinate Ethos and Leadership Attitudes », *Quarterly Journal of Speech*, vol. 53, n° 4, déc. 1967, p. 354-360.

GOLEMBIEWSKI, R.T. *The Small Group*, Chicago, The University of Chicago Press, 1962.

GORDON, T. *Group-Centered Leadership*, Boston, Houghton Mifflin, 1955.

GOULDNER, A. *Studies in Leadership*, New York, Harper & Brothers, 1950.

LASSEY, W.R. *Leadership and Social Change*, Iowa City, University Associates Press, 1971.

PETRULLO, L. et B.M. BASS. *Leadership and Interpersonal Behavior*, New York, Holt, Rinehart and Winston, 1961.

STOGDILL, R. « Personal Factors Associated with Leadership: A Survey of the Literature », *Journal of Psychology*, vol. 25, 1948, p. 35-71.

TANNENBAUM, R., I.R. WESCHLER et F. MASSARIK, *Leadership and Organization: A Behavioral Science Approach*, New York, McGraw-Hill, 1961.

PETITS GROUPES BALES, R.F. « Task Roles and Social Roles in Problem Solving Groups », in Eleanor E. Maccoby, T.M. Newcomb, E.L. Hartlery, *Readings in Social Psychology*, Holt, Rinehart and Winston, 1958, p. 396-413.

BALES, R.F. *Interaction Process Analysis*, Cambridge, Mass., Addison-Wesley, 1950.

BARNLUND, D. et F. HAIMAN. *The Dynamics of Discussion*, Boston, Houghton-Mifflin, 1960.

BION, W.R. « Experiences in Groups », *Human Relations*, 1948-1950, vol. 1, p. 314-320, 487-496; vol. 2, p.13-22, 295-303; vol. 3, p. 3-14, 395-402.

CARTWRIGHT, D. et NAND A. ZANDER. *Group Dynamics: Research and Theory*, New York, Harper & Row, 1968.

COLLINS, B.E. et H.GUETZKOW. *A Social Psychology of Group Process for Decision-Making*, New York, John Wiley & Sons, 1964.

DEUTSCH, M. « An Experimental Study of the Effects of Co-operation and Competition Upon Group Process », *Human Relations*, vol. 2, 1949, p. 199-231.

FISHER, B.A. *Small Group Decision Making*, New York, McGraw-Hill, 1974.

GUETZKOW, H. *Groups, Leadership and Men: Research in Human Relations*, Russell & Russell, 1963.

HARE, P.A. *Handbook of Small Group Research*, New York, The Free Press, 1962.

HARE, P.A., E. BORGOTTA et R.F. BALES. *Small Groups: Studies in Social Interaction*, New York, Alfred A. Knopf, 1965.

HOMANS, G.C. *The Human Group*, New York, Harcourt, Brace and Company, 1950.

HOMANS, G.C. *Social Behavior: Its Elementary Forms*, New York, Harcourt, Brace & World, 1961.

KELLEY, H.H. et J.W. THIBAUT. *The Social Psychology of Groups*, New York, McGraw-Hill, 1959.

McGRATH, J. et I. ALTMAN. *Small Group Research*, New York, Holt, Rinehart and Winston, 1966.

MASLOW, A.H. *Motivation and Personality*, New York, Harper & Row, 1954.

MILLS, T. *The Sociology of Small Groups*, Englewood Cliffs, N.J. Prentice-Hall, 1967.

MYERS, G.E., M.T. MYERS, A.A. GOLDBERG et C.E. WELCH. « Effects of Feedback on Interpersonal Sensitivity in Laboratory Training Groups », *Journal of Applied Behavioral Science*, vol. 5, n° 2, printemps 1969.

MYERS, M.T. et A.A. GOLDBERG. « Group Credibility and Opinion Change », *Journal of Communication*, vol. 20, n° 2, 1970.

OLMSTED, M.S. *The Small Group*, New York, Random House, 1959.

SHUTZ, W. « What Makes Groups Productive? » *Human Relations*, vol. 8, 1955, p. 429-465.

SHUTZ, W. *The Inter-Personal Underworld*, Palo Alto, Calif,. Science & Behavior Books, 1966. (Publié d'abord sous le titre *FIRO: A Three-Dimensional Theory of Interpersonal Behavior*, New York, Holt, Rinehart and Winston, 1960.)

SHEPHARD, C.R. *Small Groups*, San Francisco, Chandler, 1964.

SIMMEL, G. *Conflict; The Web of Group Affiliations*, Chicago, The Free Press of Glencoe, Ill., 1955.

SLATER, P.E. « Role Differentiation in Small Groups », *American Sociological Review*, vol. 20, 1955, p. 300-310.

WHYTE, W.H., Jr. *The Organization Man*, New York, Simon and Schuster, 1956.

MANUEL DE LABORATOIRE

Vous trouverez ce cahier de laboratoire, tout aussi bien que le texte qui l'a précédé, sans doute différent de certains volumes que vous connaissez peut-être déjà dans le domaine de l'entraînement en relations humaines ou de la communication interpersonnelle. Les volumes ont tendance à être habituellement remplis d'information que l'on suggère d'acquérir ou de conseils et de recettes. Cette section vous procurera au contraire un matériel constitué en méthode pratique d'apprentissage. La méthode dont nous parlons ici, et très possiblement celle que vous utiliserez si ce livre accompagne un cours ou une session d'entraînement à la communication interpersonnelle, est basée avant tout sur le postulat que les gens ont tendance à mieux apprendre lorsqu'ils découvrent les choses par eux-mêmes et qu'ils peuvent les pratiquer. Un cours purement théorique en communication n'a pas, selon nous, autant d'impact s'il n'est pas accompagné d'exercices comme ceux que nous vous suggérons ici de faire.

Dans l'étude de la communication, particulièrement, nous croyons essentiel que les étudiants fassent l'expérience de leur habileté à communiquer avec les autres. Nous avons besoin de prendre du temps pour vivre, apprendre et observer concrètement comment la communication se fait autour de nous. Une situation de laboratoire ou une classe spécialement réservée à cette fin est justement le lieu pour tenter des expériences de communication et améliorer nos habiletés interpersonnelles dans cette sphère.

Une autre raison pour laquelle nous croyons nécessaire d'avoir des expériences pratiques de communication interpersonnelle est qu'il n'y a qu'une seule personne qui puisse changer notre communication et cette personne, c'est soi-même. Effectivement, nous sommes souvent portés à croire que ce sont les autres qui devraient changer leurs habitudes de communication et qu'alors les nôtres changeraient en conséquence. Malheureusement, ce n'est pas comme cela et nous devons envisager de changer nous-même nos habitudes de communication. La situation de laboratoire est là pour nous permettre d'essayer de nouveaux comportements si nous le voulons, et pour nous aider à maîtriser davantage les habiletés que nous possédons déjà. Nous sommes les seuls à pouvoir découvrir nos forces et à pouvoir changer nos mauvaises habitudes.

L'apprentissage en laboratoire n'est pas nouveau en soi. Tout étudiant de biologie ou de chimie consacre habituellement un certain nombre d'heures à des travaux pratiques. En sciences humaines, on a découvert également depuis quelques années la nécessité de passer par des expériences pratiques et concrètes d'éducation psychologique et d'apprentissage. Dans un laboratoire de relations humaines ou de communication interpersonnelle, il n'y a évidemment ni tube ni microscope. Les appareils sont plutôt le langage verbal et non verbal. Le matériel, ce sont nos idées, nos opinions, nos valeurs, nos sentiments, et le sujet des expériences, c'est nous-même en relation avec les autres et cela, que ce soit en participant directement ou à certains moments en restant un peu à l'écart pour observer. Comme nous l'avons dit tout à l'heure, vous essaierez d'apprendre à mieux communiquer avec les autres et vous pourrez voir les conséquences de vos comportements tout en bénéficiant d'un environnement structuré et protégé, c'est-à-dire le cadre du cours et le respect de vos pairs. Dans le laboratoire vous vous impliquerez sans doute personnellement et les autres en feront autant. Vous soulèverez alors des questions d'identité ainsi que de relation et d'entraide interpersonnelles. Vous discuterez des rôles, des normes, des manipulations, des valeurs ou des stratégies que chacun utilise, mais aussi des masques que chacun porte pour se protéger. Vous pourrez donc examiner votre propre système de communication et de valeurs, et voir comment il vous sert et vous affecte. Finalement, nous espérons que vous découvrirez que la communication est beaucoup plus liée à nos attitudes profondes et à notre état d'esprit qu'à un tas de théories et de discours sur le sujet.

ACTIVITÉS ET EXERCICES

Comme nous venons de le dire, ce n'est qu'en parlant et en bougeant avec d'autres que nous pouvons vraiment sentir et comprendre tout l'impact de la communication. La qualité dynamique de la communication humaine ne peut être saisie en restant assis et en lisant des volumes; elle ne peut être saisie non plus en faisant un travail long et purement didactique sur le sujet. En somme, ce n'est pas dans la solitude mais dans l'interaction que nous pouvons voir et apprendre les dynamismes de la communication.

Dans les exercices de laboratoire de cette section, l'accent sera placé sur l'échange entre les participants. Plusieurs de ces activités se font «en mouvement», c'est-à-dire que vous serez appelés à bouger en plus de parler et de penser. Par exemple, vous aurez souvent à choisir des partenaires pour commencer et réaliser une activité ou un jeu de rôle. Vous devrez être prêts à vous mettre sur vos jambes et non vous contenter d'être assis et d'écouter les autres.

Les activités recommandées sont regroupées en relation avec le contenu des différents chapitres théoriques. Nous avons voulu à un certain niveau vous offrir des activités et des exercices qui démontraient le mieux possible différents principes théoriques. L'arrangement des exercices demeure quand même quelque peu arbitraire, c'est pourquoi votre animateur ou votre professeur modifiera sans doute, selon les circonstances et les besoins, la séquence ou le contenu des exercices suggérés. En somme, vous-même et l'animateur de cette session pouvez modifier les exercices selon vos besoins et le contexte dans lequel vous oeuvrez.

En résumé, le fondement de ces activités de groupe est d'amener chacun à penser et à parler de différents niveaux et problèmes de communication et d'encourager chacun à faire et intégrer des changements et des améliorations dans ses comportements de communication.

Les feuilles de rétroaction Des feuilles de rétroaction sont fournies à chaque chapitre. C'est là un moyen de vous amener à interagir entre vous et d'exprimer vos réactions face au travail de groupe. Données et partagées honnêtement, ces rétroactions peuvent être l'occasion d'acquérir davantage de conscience et de maturité à propos des relations qui vous unissent à chaque membre de la classe ou du groupe. Des réponses honnêtes à ces feuilles de rétroaction peuvent donc amener des résultats assez surprenants sur l'ensemble du fonctionnement du groupe, dans la mesure où vous vous identifierez clairement plutôt que d'émettre et d'exprimer vos critiques et vos insatisfactions à qui ne peut les recevoir.

Cas pour discussion Souvent, dans les chapitres théoriques, nous avons essayé de donner des exemples vivants, sous forme d'anecdotes et de petites histoires, afin d'illustrer les principes de la communication. Un cas est une anecdote un peu plus longue. Les cas que vous retrouverez dans cette partie sont conçus comme des problèmes de communication que vous avez à résoudre. En réfléchissant et en travaillant à résoudre ces cas, nous croyons que cela peut vous aider à mieux résoudre des problèmes du même genre lorsque vous les rencontrerez.

Vous pourrez discuter de ces cas en petits groupes fermés, ce que nous recommandons, assez souvent, mais vous pouvez aussi les discuter en composant un forum devant la classe. Vous trouverez les directives et les indications concernant les forums au prochain paragraphe. Un peu plus loin, vous trouverez aussi quelques points de repère sur la manière dont les groupes ont tendance à aborder la solution de cas problèmes, c'est-à-dire les phases qu'un groupe traverse lorsque les gens cherchent une solution. Cette description pourra vous être utile. Quelques notes sur les discussions de cas s'ajoutent aussi et pourront servir à structurer vos discussions.

Discussion et forum

Une discussion peut se faire avec un leader, sans leader ou avec une combinaison des deux. Ce qu'il faut éviter dans de telles discussions, c'est que chaque participant(e) fasse son intervention et puis retombe dans le silence. Il faut susciter l'interaction des idées, peut-être même l'affrontement, et voir à ce que les membres de l'auditoire, tout aussi bien que les membres de la discussion (le groupe) participent autant. Il faut aussi éviter de trop discuter et planifier le sujet au préalable, afin d'éviter que pendant le forum comme tel, la spontanéité soit absente et qu'il ne se passe plus rien. Le temps de préparation et de planification est là pour bien choisir le sujet, définir les limites et un certain vocabulaire. Un modérateur peut résumer le problème et ouvrir la discussion, mais il sera là plutôt pour donner le droit de parole et structurer le temps disponible. L'objectif est de stimuler les idées et la discussion, et non nécessairement d'arriver à une conclusion ou un consensus. En réalité, la discussion devra souvent être interrompue dans le feu de l'action. Les bons sujets de discussion viendront sans doute de l'expérience personnelle de chacun et des difficultés de communication de la vie quotidienne. Une discussion en groupe n'est pas un cabinet de discussion formelle ni un séminaire théorique, mais bel et bien un endroit où les problèmes sont réels et impliquent tout le monde.

Comment un groupe résout un cas problème
ou
Discussion de cas — Étapes de résolution dans un groupe

Tout groupe a tendance à passer par certaines étapes dans une discussion de cas problème. Aussi, il est fort possible que vous rencontriez et que vous ayez à franchir à peu près les mêmes étapes que celles que nous décrivons ici.

ÉTAPE 1: Condamnation et évaluation agressive
Les participants prennent parti d'un côté ou de l'autre; ils ont tendance à imputer la responsabilité du problème à une presonne ou l'autre, un parti ou l'autre (habituellement, cela se fait en relation avec les propres biais des personnes qui évaluent ceux et celles qui sont impliqués dans le cas problème). La tendance à cette étape est de simplifier à outrance la situation en blâmant.

ÉTAPE 2: Frustration et rejet
Les participants se plaignent qu'ils n'ont pas assez d'informations pour comprendre et résoudre le problème. Ils hésitent. Il est pourtant assez évident que dans la vie, nous devons très souvent décider et agir, même à partir d'informations partielles et incomplètes. Le groupe devra alors effectuer cette prise de conscience.

ÉTAPE 3: Perceptions élargies
Les participants commencent à poser des questions et essaient de comprendre davantage la situation et les personnes impliquées. On fait une analyse plus poussée de l'histoire et des antécédents du problème, des pressions et des différents facteurs qui influencent et entrent en jeu dans la situation.

ÉTAPE 4: Suggestions et solutions de rechange

Les participants considèrent différentes possibilités de résolution du problème. Des suggestions ou solutions sont amenées tout en envisageant les conséquences et les répercussions possibles.

Notes sur les discussions de cas

1 Nous pouvons amorcer les discussions de cas avec les points suivants:

a) Les détails du cas et leurs relations;

b) Les inférences des participants quant à l'origine du problème et à la motivation des gens impliqués dans le problème;

c) Des illustrations et des exemples tirés de l'expérience personnelle des gens qui discutent le problème;

d) L'expression des sentiments face à ce qui compose le problème lui-même.

2 Ce qui peut être analysé dans un cas:

a) Le contenu des messages. Ce qui est dit et a déjà été dit. Est-ce que chaque personne impliquée possède entièrement ou partiellement cette information?

b) Le genre de messages qui a été envoyé. (Est-ce qu'il y a des messages écrits et verbaux?) Les messages sont-ils clairs ou ambigus? Comment cela est-il relié au développement de la situation et du problème?

c) Le lieu et le contexte de la situation.
Dans quel contexte le problème s'est-il développé: au travail, dans la famille, en face à face? Quel genre de communication a prévalu et prévaut entre les gens impliqués: stressée, détendue, formelle, informelle?

d) Les émetteurs et récepteurs.
Quel est le statut des gens impliqués? Comment cela affecte-t-il la communication? Quels sont les attitudes, les opinions ou les sentiments des gens? Leur communication?

e) Les pressions extérieures.
La situation se développe-t-elle dans un environnement particulier où certaines règles et normes dictent les comportements des gens? La communication entre les partenaires dans la situation problème se fait-elle directement ou par intermédiaire?

Jeux de rôles

Dans cette section laboratoire, plusieurs des cas présentés peuvent être montés en sketches ou petites pièces de théâtre. En effet, souvent, croyons-nous, une idée ou un incident peut être mieux perçu si on le met en scène et si on le joue plutôt que de se contenter d'en parler. Dans tout groupe, il y a toujours des personnes qui aiment faire des sketches ou jouer de petits rôles; ces gens se prêteront volontiers aux activités de jeux de rôles que nous vous proposons. Vous n'aurez pas besoin de grande mise en scène ou de répétition, les jeux de rôles que nous vous suggérons requièrent plutôt que vous vous exprimiez spontanément dans la situation présentée. Certes, au début il est nécessaire de choisir des rôles, d'identifier qui les jouera et de clarifier un peu la situation ou le cas que le groupe veut voir jouer. Mais, après cela, les acteurs jouent selon ce qu'ils sont, ce qu'ils pensent et ce qu'ils ressentent spontanément dans la situation. Il n'y a pas de texte écrit d'avance. En fait, dans les exercices de jeux de rôles, il y a quelques décisions techniques à prendre au départ et quelques directives à donner mais, ensuite, les acteurs et actrices « inventent » le contenu.

La technique du jeu de rôles est fort stimulante et peut mener votre groupe assez loin. En voici quelques éléments fondamentaux.

Le réchauffement (temps de planification) est le temps que l'on prend au départ pour définir la situation problème qui sera jouée et assigner les rôles. C'est en quelque sorte le moment que l'on prend pour se motiver, s'embarquer, se « mettre dans le bain ». La performance qui suivra sera d'autant plus intéressante, facile et spontanée que chaque acteur-actrice comprendra bien le rôle et le caractère du personnage qu'il-elle interprète. On aura habituellement un directeur ou une directrice pour coordonner les rôles et la mise en scène. On pourra aussi décider d'élaborer le problème en plus d'un acte et alors jouer aussi une solution. Enfin, il est possible de faire appel à des techniques supplémentaires telles que:

— l'*alter ego* — une personne se tient derrière un des acteurs ou actrices et, à certains moments, en plaçant sa main sur l'épaule de cet acteur ou actrice, elle intervient à sa place en exprimant certaines pensées ou certains sentiments non encore communiqués dans l'échange;

— le *soliloque* — un acteur se retire un peu du jeu et communique certains de ses sentiments ou pensées cachés. Il peut alors pour ce faire changer un peu sa voix et donner d'autres signes qu'il communique des pensées et des sentiments cachés.

Votre professeur ou votre animateur principal connaît sans doute les techniques du jeu de rôles et vous pouvez faire appel à lui pour mieux vous faire expliquer et vous aider à structurer la situation.

Observation des interactions Une des choses intéressantes et profitables pour un groupe est d'assigner une ou des personnes pour observer les discussions et l'interaction des membres entre eux. Plusieurs techniques, grilles d'observation ou mesures d'interaction sont disponibles pour ce genre de travail et quelques-unes sont décrites au chapitre 12 de cette section.

Vous pouvez dès le début de votre cours ou session prendre connaissance de ces grilles et thèmes d'observation. Croyant que vous recourrez à différents moments et pour différentes situations à certaines personnes pour observer vos interactions, nous vous donnons ici quelques indications concernant cette fonction. Nous tenons cependant à souligner que le rôle d'une personne qui observe n'est pas d'évaluer ou de critiquer mais de servir à aider et améliorer le fonctionnement du groupe. Effectivement, l'avantage d'avoir une personne qui observe, c'est qu'elle n'est pas directement impliquée dans la discussion et qu'alors, par ce léger recul, elle peut prendre du temps pour mieux enregistrer et mieux voir les comportements et la communication dans le groupe. Le rôle de cette personne est ainsi de fournir de l'information qui, de prime abord, n'est pas disponible aux membres de ce groupe. Cette personne peut concentrer ses observations sur plusieurs aspects: l'effort du groupe, la pertinence des discussions, le développement du problème, les solutions offertes, la clarté des points de vue exprimés, les axes et le réseau de communication, les comportements des membres (langage utilisé, performance, flexibilité, écoute, ton de voix, signes non verbaux, attitudes et émotions face à la tâche). Cette personne qui observe peut aussi se concentrer sur le «niveau émotif» de la communication entre les membres et rapporter le climat et le niveau d'énergie qu'elle a pu observer à différents moments. En fin de compte, la personne observatrice cherchera à communiquer aux autres ses observations de façon pertinente et aidante, en décrivant et rapportant des faits les uns après les autres, et ce, de façon dynamique.

En cercles — Observation

Une autre des façons de faire de l'observation dans un groupe est d'avoir un autre groupe autour de celui qui performe. On s'installe en quelque sorte en cercle autour du groupe de travail déjà formé en cercle.

Certaines discussions de groupe se prêtent bien à ce genre d'arrangement et la quantité d'observations ainsi possibles peut donner lieu, après le travail, à une séance de rétroactions fort intéressante. On peut organiser ces cercles de façon à ce que chaque personne du groupe de travail soit observée par une personne du cercle extérieur; on a alors des arrangements en paires. La rétroaction peut donc après coup se donner de façon personnalisée. Grâce à cet arrangement, on peut, après la discussion ou le jeu de rôles, inverser les rôles; les personnes du groupe extérieur deviennent alors le groupe de travail.

L'autre façon de procéder en cercles est que le groupe extérieur observe «en vrac» tout ce qui se passe dans le groupe de travail. Le danger est alors de n'enregistrer que l'action principale et de perdre ainsi des observations plus précises et plus individuelles importantes.

Le système des cercles, spécialement lorsque les rôles sont inversés après une discussion ou un jeu de rôles, fournit selon nous une compréhension qui favorise un bon climat de groupe. Il a le désavantage d'accentuer un peu trop le climat d'observation et peut-être de diminuer la spontanéité des personnes. Cependant, les personnes du groupe de travail, après quelques minutes, oublient habituellement qu'elles sont observées et sont concentrées sur leur propre interaction de groupe.

Vidéo — Observation

L'enregistrement vidéo d'une interaction de groupe est un moyen technique qui ne peut, bien sûr, être toujours utilisé. Mais, lorsque c'est possible, il fournit des observations et des rétroactions très stimulantes pour les membres d'un groupe. Si au cours de votre session vous pouvez disposer d'un tel matériel vidéo et d'une personne pour l'opérer pendant une de vos discussions ou un de vos jeux de rôles, l'écoute de cet enregistrement vous fournira sans nul doute des rétroactions sur vous-même et sur le groupe que vous ne pourriez pas obtenir autrement. Ce moyen crée un petit effet choc (quand même facile à surmonter) qui ne peut que vous rendre mieux conscient de votre style de communication.

Dans les institutions d'enseignement, ces appareils vidéo sont habituellement disponibles; n'hésitez donc pas à organiser une telle séance d'observation pour votre groupe.

SUGGESTIONS DE TÂCHES ET PROJETS

En plus de vos activités régulières de groupe, il existe une foule d'autres occasions où vous pouvez explorer la communication interpersonnelle. Votre animateur et vous-même pourrez donc choisir en temps et lieu certaines suggestions de tâches.

Journal personnel, journal de bord album

Il est possible que votre professeur ou animateur vous suggère de tenir un journal de ce que vous vivez sur le plan de votre communication interpersonnelle. Ce journal pourra contenir vos observations et vos impressions de votre vécu et de vos relations avec les autres. Même si nous n'avons pas refait explicitement cette suggestion à chaque chapitre, il peut être intéressant de le faire de façon continue.

Tel que décrit au premier chapitre, vous pouvez aussi modifier ce style de journal et l'adapter à vos goûts. Par exemple, vous pouvez enregistrer des événements vécus dans votre groupe pour vous en rappeler ou les analyser. Ou encore, vous pouvez monter un genre d'album, c'est-à-dire un cahier où vous faites des collages de photos, de citations, d'articles de journaux et de magazines, etc., et où vous y ajoutez des commentaires.

Par ces suggestions, nous voulons tout simplement vous inciter à amasser et conserver un matériel qui concerne votre vie psychologique et relationnelle et qui peut contribuer à mieux vous connaître.

Feuille d'appréciation personnelle

À la fin de chaque série d'exercices et de suggestions de tâches, vous retrouverez une feuille d'appréciation personnelle qui vous pose des questions sur vos propres comportements et ceux des autres autour de vous. Cette feuille est conçue pour vous aider à réfléchir non seulement sur ce qui se passe dans votre groupe, mais aussi sur votre communication dans la vie de tous les jours. On a constaté, chez ceux et celles qui les ont effectués, que ces exercices pouvaient ête utiles pour observer et intégrer leurs habiletés de communication. Comme nous l'avons déjà dit, nous sommes les seuls à pouvoir modifier notre style et nos habitudes de communication. Nous devons donc prendre certains moyens pour vérifier et contrôler les changements que nous tentons d'effectuer et les résultats que nous atteignons.

QUESTIONS DE DISCUSSION

Un des aspects originaux de cette partie est, à notre avis, qu'elle élabore et propose un grand nombre de questions et de sujets de discussion à faire en groupe. En outre, ces discussions attirent la plupart du temps l'attention sur les principes et les aspects de la communication présentés dans le volume et soulevés par les exercices. Elles ont donc comme fonction de vous aider à faire les liens avec la théorie d'une part et avec vos expériences réelles d'autre part.

Un des problèmes majeurs rencontrés dans l'apprentissage expérientiel est que, même si les exercices suggérés sont accomplis, les jeux de rôles sont exécutés, les situations problèmes sont « résolues » et que plusieurs autres activités accaparent les participants, l'objectif fondamental de toutes ces activités, jeux et exercices est négligé, soit le transfert d'apprentissage de l'expérience vécue en laboratoire aux comportements et aux attitudes de la vie de tous les jours. Il est fondamental de viser à ce que les apprentissages faits en laboratoire soient généralisés et intégrés dans la vie réelle. C'est pourquoi la partie de discussion dont nous parlons présentement devrait prendre du temps et ne pas être escamotée; les discussions après les exercices et jeux sont importantes; elles doivent être détaillées, fouillées et développées. Ces discussions doivent viser à faire ressortir et exprimer au maximum ce que les gens ont perçu, senti et compris dans le jeu ou l'exercice. La discussion est aussi un moment privilégié où les participants communiquent ce qu'ils ont découvert et non un moment où le professeur intervient pour tout expliquer. Les apprentissages les plus durables sont ceux que nous faisons par nous-même. En somme, il est important pour le groupe de se donner et de prendre une période de discussion après la réalisation de ces jeux et exercices.

Plusieurs autres questions et commentaires peuvent surgir en plus de ceux que nous amenons; votre curiosité est saine et nous espérons qu'elle sera encouragée. Les questions de discussion, en somme, ce sont plus que d'autres exercices à faire, ce sont d'après nous des aides directes à votre apprentissage de la communication. D'ailleurs, même si vous n'utilisez pas tous les exercices de cette section, ce qui est plus que probable, vous pouvez peut-être trouver intérêt à lire leurs démarches et directives pour vous arrêter à la discussion qui suit. Même en n'accomplissant que cela, vous réaliserez beaucoup de choses. En somme, le temps que vous investirez dans ces discussions en vaut la peine. Et, nul doute qu'il viendra enrichir les aspects dynamiques de votre communication interpersonnelle.

1

NOUS ET NOTRE COMMUNICATION

FEUILLE DE RÉTROACTION

Exercices

Suggestions de tâches

Feuille d'appréciation personnelle

FEUILLE DE RÉTROACTION (Chapitre 1)

1 Évaluez l'efficacité de la session de cette semaine pour vous.

  1   2   3   4   5   6   7   8   9   10
  Inefficace   Très efficace

2 Évaluez comment à votre avis les autres perçoivent la session de cette semaine.

  1   2   3   4   5   6   7   8   9   10
  Inefficace   Très efficace
  Commentaires:

3 Commentez votre contribution dans le groupe. Avez-vous trop parlé, pas assez?

4 Commentez les activités de votre groupe à la session de cette semaine. Qu'avez-vous aimé et moins aimé? Qu'est-ce qui a été utile pour vous et pourquoi?

5 Indiquez ici vos autres commentaires, critiques, questions, suggestions, etc.

EXERCICE 1-1
QU'EST-CE QUE LA COMMUNICATION? (Discussion)

Faites la liste de toutes les choses qui sont selon vous des façons de communiquer. Faites ceci d'abord individuellement et ensuite en petits groupes de six ou sept, puis comparez vos listes. Finalement, composez une liste que vous allez présenter aux autres sous-groupes de la classe. (Votre liste inclura sans doute des points comme «la parole», «les gestes», «le toucher», «les vêtements».)

Discussion

A Lorsque les listes sont comparées, les sous-groupes ou le groupe-classe peuvent discuter des éléments communs qui font des différents points des façons de communiquer.

B Classifiez les points en les écrivant sur un tableau pour que chacun puisse bien les voir et essayez de distinguer les points liés (1) au contenu et (2) au processus de la communication. Y a-t-il des points qui peuvent être placés dans les deux catégories?

C Discutez l'axiome: «On ne peut pas ne pas communiquer» en relation avec la liste de points que vous considérez être de la communication.

EXERCICE 1-2
FORCES ET FAIBLESSES DE MA COMMUNICATION (Discussion)

Dressez une liste d'au moins cinq comportements, habitudes ou tendances qui sont vos points forts ou forces de communication. Ensuite, écrivez quelques-unes de vos faiblesses de communication.

En petits groupes de quatre ou cinq, partagez vos listes de points forts. Une manière efficace et intéressante de faire cela est que chaque membre du sous-groupe communique à tour de rôle aux autres membres de son groupe une des forces qu'il a écrite sur sa liste et qu'on fasse alors une liste représentant le groupe. (Les répétitions devraient être notées, car dans les sous-groupes chacun devrait reconnaître les forces partagées par plusieurs membres.)

Refaites la même démarche à propos de vos faiblesses de communication.

Discussion

A Quelles similitudes retrouvez-vous entre les différentes listes de sous-groupes?

B Les gens peuvent-ils identifier les habitudes et les comportements qui leur sont utiles ou nuisibles?

C Les points, tels que listés, ont-ils surpris certaines personnes dans les sous-groupes? Quelqu'un a-t-il eu de la difficulté à lister des forces et à en parler aux autres de son sous-groupe? Y a-t-il des désaccords sur ce que certains avaient indiqué comme des faiblesses?

D Quelles sont les forces qui ont été mentionnées individuellement qui relèvent seulement de la personne elle-même? Quelles sont les forces qui dépendent également de la relation avec les autres?

E Quelles sont les faiblesses mentionnées qu'il est possible selon vous de neutraliser ou de modifier de manière à les transformer en forces?

EXERCICE 1-3
DYADES — POUR SE CONNAÎTRE (En mouvement)

1   Formez des paires dans le groupe. (Dans ce contexte et dans notre vocabulaire, c'est ce que nous appellerons dorénavant des dyades.)

2   Dites à votre partenaire ce que vous voulez à propos de vous-même, ce que vous acceptez et ce que vous jugez utile à cette étape-ci de communiquer aux autres gens du groupe pour qu'ils vous connaissent.

3   Obtenez une information similaire de votre partenaire dans la dyade.

4   Vérifiez avec votre partenaire le matériel qu'il vous communique (il peut être utile de prendre des notes ou de reformuler ce que votre partenaire vous dit) pour être certain que des éléments importants ne sont pas oubliés de part et d'autre et que vous vous comprenez bien mutuellement.

5   Quand le temps alloué pour ce travail en dyade est terminé, le groupe se reforme et chacun présente son partenaire. Vous n'utilisez alors que quelques phrases pour laisser savoir aux autres les éléments les plus importants concernant votre partenaire. (C'est ce qui s'appelle faire une présentation croisée.)

6   Variations:

   a   Au lieu de présenter votre partenaire au reste du groupe ou de la classe, vous vous joignez à une autre dyade qui vient de faire le même travail d'échange que vous. Alors vous présentez votre partenaire aux deux autres partenaires de cette dyade, votre partenaire vous présente et les deux personnes de l'autre dyade font de même.

   b   Communiquez à votre partenaire quelque chose que vous ne voulez pas qu'il communique aux autres et essayez d'obtenir de votre partenaire un genre de confidence équivalente, soit quelque chose qu'il n'aime pas rendre «public» mais qu'il accepte de partager en dyade. Ce peut être un surnom qu'on vous donne et que vous n'aimez pas, une performance dont vous êtes très fier ou autre chose d'encore plus personnel.

Discussion

A   Après les présentations de chacun au groupe, discutez du processus par lequel vous avez obtenu les informations sur votre partenaire, c'est-à-dire la façon dont vous avez conduit cette entrevue-rencontre.

B   La possibilité d'avoir un ou quelques observateurs peut aider à orienter la discussion vers les informations que les gens ont choisies pour se présenter et se faire connaître aux autres.

EXERCICE 1-4
QUI SAIT QUOI? (Projet de groupe)

Formez des petits groupes de quatre à sept personnes. Le but de cet exercice est de découvrir qui dans le groupe sait certaines choses et qui est capable de faire certaines choses. Autrement dit, il s'agit d'essayer de trouver les talents, les habiletés et les intérêts des membres du groupe. Pour chacune des situations suivantes, demandez aux membres d'amener de l'information sur leur propre habileté à réaliser les activités suggérées. D'un autre point de vue, il s'agit aussi de voir comment les membres se sentent par rapport à ces activités.

1 Un groupe qui organise une fête;

2 Un groupe qui résout un problème de logique difficile;

3 Un groupe qui veut faire une création collective de théâtre;

4 Un groupe qui se sert de matériel à dessin pour faire un exercice de relations interperson-nelles;

5 Un groupe qui organise la venue de conférenciers et qui doit rencontrer beaucoup d'autres gens et groupes pour faire cela.

Discussion

A Les besoins de communication dans un groupe sont nombreux et différents selon les situa-tions. Lesquels semblent nécessiter des habiletés cognitives et lesquels semblent nécessiter davantage d'habiletés relationnelles?

B Quel rang (de 1 à 5) donneriez-vous à ces activités si vous aviez à les classer? Choisissez celle que vous aimeriez le mieux; le moins; la deuxième en préférence; l'avant-dernière et, finalement, celle du milieu. Combien de personnes ont choisi chacune des activités comme leur premier choix? comme leur dernier choix?

EXERCICE 1-5
QUESTIONNAIRE POUR SE CONNAÎTRE* (Discussion)

Quelqu'un lira à voix haute les énoncés incomplets qui suivent. Vous aurez une minute pour com-pléter chacun des énoncés. Écrivez spontanément.

1 Je suis une personne _____

2 Je suis bien dans ma peau quand _____

3 Dans dix ans je voudrais _____

4 Ce collège est _____

5 Samedi soir prochain je voudrais _____

6 Mes trois personnages, héros ou vedettes préférées sont

    (a) _____

    (b) _____

    (c) _____

Discussion

A En petits groupes, discutez de vos réponses à ces énoncés. Allez au-delà de ce que vous avez écrit en parlant avec les autres du pourquoi de vos réponses.

B Après une quinzaine de minutes en petits groupes, tout le groupe peut discuter du genre d'in-formation qui a été échangée par les réponses données aux énoncés. Avez-vous davantage appris sur les activités ou sur les gens eux-mêmes? Cela suggère-t-il que nous parlons tou-jours de nous-même, même lorsque nous parlons d'autre chose?

*Adapté de Elwood Murray et al., Speech: Science-Art, Indianapolis, The Bobbs-Merrill Company, 1969.

EXERCICE 1-6
DONNER DES DIRECTIVES (Projet de groupe)

1 Formez de petits groupes de cinq à six personnes. À l'intérieur de chaque groupe ainsi formé, assignez une personne pour «prendre des directives»; celle-ci, au point de départ, ne participe pas au travail du groupe et doit même se retirer.

2 Vous devez élaborer une série de directives qui permettront la réalisation d'une tâche assez banale; nous vous suggérons effectivement de diriger et d'enseigner à la personne qui vient de se retirer *comment mettre son manteau* (ou son gilet). Pour ce faire, vous prenez d'abord dix minutes pour élaborer une série de directives que vous communiquerez oralement à la personne qui prendra les ordres. Vous devez faire comme si cette personne n'a jamais vu de manteau (ou de gilet) de sa vie, ne sait à quoi cela peut servir et, de surcroît, ne comprend aucun mot que vous utilisez pour nommer le vêtement. Cette personne sera complètement dépendante de ce que vous lui direz et elle ne fera rien de plus ou de moins que ce que vous lui direz.

3 Lorsque comme groupe vous avez l'impression de savoir exactement quoi dire pour que la personne puisse réussir la tâche avec succès, vous rappelez cette personne dans le groupe et vous lui donnez les directives en question. La personne qui prend les ordres et directives se tient debout à côté d'une chaise et un manteau est accroché au dossier de cette chaise. Commencez à lui dire quoi faire... en tenant compte des directives précédentes.

4 Variations à l'exercice:

a Utilisez un jeu de Lego et donnez les directives pour assembler un modèle relativement complexe que vous avez déjà choisi ou esquissé et pour lequel vous avez planifié et déterminé les directives qu'il vous faut donner à la personne pour qu'elle réussisse cet assemblage. (Il ne faut pas montrer de dessin ou de photo à la personne dirigée mais s'en tenir à des directives orales.)

b Donnez un crayon et du papier à la personne sous vos ordres et amenez-la à dessiner un objet ou une figure quelconque (quelque chose qui ne soit ni trop simple ni trop complexe). N'utilisez que des directives verbales; que chaque membre du groupe donne à tour de rôle une de ces directives, et ce sans la répéter.

c Dites (commandez) à la personne volontaire comment s'asseoir sur une chaise. Encore une fois, cette personne s'en tient uniquement aux directives qu'on lui donne, comme si elle ne connaissait pas les mots utilisés ou l'action à faire.

Discussion

A Lorsque vous donnez des ordres ou des directives à quelqu'un, quelles connaissances cette personne possède-t-elle selon vous? Dans votre langage, qu'est-ce qui peut être souvent mal interprété, d'après vous? Comment faites-vous pour comprendre clairement ce qui se passe dans un processus de communication?

B Si une personne veut délibérément faire des erreurs ou ne pas comprendre, est-ce que le langage habituel ou les attitudes sociales habituelles lui permettent de «mal communiquer»?

C Savez-vous quels sont les comportements et l'information que vous avez acquis par l'imitation de directives verbales tout aussi bien que non verbales?

D Lorsque les choses ne vont pas bien dans l'émission ou la réception de directives, quelle est la réaction prévisible des gens impliqués? Comment cela affecte-t-il la communication?

SUGGESTION DE TÂCHE 1-1
MOTS À VIVRE

Dans la tradition orale, le folklore et la sagesse populaire, de même que dans certains livres de citations ou de dictons, on retrouve plusieurs maximes, dictons ou épigrammes au sujet de la communication. «Le silence est d'or» ou «Les enfants devraient se taire» sont de ces genres de maximes. Par contre, plusieurs de ces dictons ont aussi leur contraire. Ainsi, on retrouve des choses comme: «Il faut parler pour se faire comprendre» ou «Laissez parler les enfants, la vérité sort de leur bouche» qui suggèrent évidemment l'opposé des deux premières.

1   À partir des sources et des références dont vous disposez (livres, fichier personnel, interviews avec d'autres, etc.), faites une liste de maximes ou dictons populaires à propos de la communication.
2   Essayez de voir si vous pouvez trouver des *opposés* à ces dictons populaires ou paroles sages et comparez avec votre première liste.
3   Collectionnez de telles maximes touchant la communication — spécialement celles qui ont un opposé. Jouez intérieurement avec ces maximes et dictons et voyez comment ils peuvent vous affecter vous et votre communication.
4   Expliquez pourquoi selon vous certaines maximes ont des opposés.

SUGGESTION DE TÂCHE 1-2
RÉSOLUTIONS DU NOUVEL AN

À partir de la connaissance actuelle que vous avez de votre propre communication, faites une liste des choses que vous aimeriez améliorer à propos de vos manières et habiletés à communiquer plus efficacement.

Rappelez-vous que vous êtes la seule personne qui peut faire quelque chose à propos de votre communication. Votre liste doit donc être limitée aux comportements ou aux activités sur lesquels vous pouvez exercer un contrôle.

Après avoir dressé cette liste, faites-en une autre où vous essayez de voir concrètement ce que vous pourriez faire pour améliorer ou modifier ces comportements ou activités en question. Cette liste devrait vous donner une idée des possibilités de changement: est-ce que cela vaut la peine de faire des efforts pour accomplir les changements souhaités dans votre première liste?

SUGGESTION DE TÂCHE 1-3
À L'AFFÛT

Écoutez certaines conversations entre des gens (les membres de votre famille pendant le souper, des étrangers dans un autobus, etc). Sans identifier les gens que vous avez écoutés, faites un bref résumé d'une de ces conversations dans laquelle vous n'étiez pas impliqué et tentez d'analyser celle-ci en fonction du principe de la poule et de l'oeuf. Comment en êtes-vous venu à vous intéresser à la séquence des échanges entre les gens que vous avez «épiés» et «observés»? Qu'avez-vous entendu et que croyez-vous avoir manqué dans le flot de cette conversation? Laissez-vous aller à spéculer sur les autres éléments d'information qui ont été échangés et comment ceux-ci ont pu affecter la communication.

À un autre niveau d'analyse de cette conversation, essayez aussi d'analyser le schéma de cette communication en fonction d'une relation d'égal à égal ou d'une communication où les partenaires ne communiquaient pas d'égal à égal.

SUGGESTION DE TÂCHE 1-4
JOURNAL PERSONNEL, JOURNAL DE BORD, ALBUM

Cette suggestion peut être un projet très intéressant pendant tout le temps que durera votre cours de relations humaines ou de communication interpersonnelle. En fait, cette suggestion, soit la rédaction d'un journal de bord ou de notes personnelles, est, croyons-nous, une bonne façon d'intégrer ce qui se passe pour nous dans un groupe. Il s'avère souvent très profitable et utile de mettre sur papier nos pensées, nos émotions, nos réactions, nos fantaisies, nos associations, lesquelles accompagnent notre travail, notre présence dans un groupe et nos interactions avec les autres.

1   Un *journal personnel* peut être la collection de différentes observations et impressions personnelles à propos de nous-même. Il peut contenir des observations et impressions à partir de nos contacts (ou de l'absence de contact) avec les autres. Il est composé de notes ou de brèves réflexions qui décrivent le genre de réaction ou de réponse (intérieure et extérieure) que nous avons face à notre environnement.

2   Le *journal de bord* est un peu différent du journal personnel. Effectivement, il vise à lister de façon plus précise les rencontres et les échanges faits pendant un laps de temps précis et les impressions que ces communications nous ont laissées. Il est plus factuel que le journal personnel mais, néanmoins, il peut inclure nos réactions et nos analyses de façon assez approfondie.

3   L'album (cahier créatif), pour sa part, est habituellement une collection de nos impressions face aux autres et de leurs habitudes de comportement envers nous. Des bandes dessinées, des coupures de journaux, des photos de revues diverses, etc., peuvent être utilisées pour retenir les pensées et actions de diverses autres personnes avec lesquelles nous nous sentons des affinités ou auxquelles nous voulons nous identifier.

Enfin, un cahier (ou journal) peut être un mélange des trois formules que nous venons de suggérer.

SUGGESTION DE TÂCHE 1-5
INTERVIEW

Rendez-vous au service d'orientation et de psychologie de votre collège ou université et interviewez des professionnels de ces services sur les difficultés et les types de problèmes de communications interpersonnelles qu'ils rencontrent dans leur travail auprès de leur clientèle étudiante.

Comment ceux-ci en arrivent-ils à s'assurer que leurs prescriptions, conseils ou directives sont clairement compris et suivis par ceux et celles qui les consultent? Rencontrent-ils des problèmes pour véhiculer leur information à certaines personnes? Est-ce que l'utilisation de certains termes techniques affecte leur communication et trouvent-ils nécessaire d'utiliser ces termes? Ces professionnels se fient-ils complètement à ce que les personnes leur disent et amènent comme information ou se basent-ils sur leurs propres observations, tests ou examens? Pourquoi? Comment obtiennent-ils de l'information? Est-ce que ceux et celles qui viennent les consulter peuvent toujours comprendre et répondre adéquatement à leurs questions?

Faites un bref résumé écrit de ces interviews et présentez ce résumé à votre groupe pour en discuter.

Une autre option est d'interviewer des personnes de l'extérieur du collège ou de l'université dans des domaines variés et qui utilisent souvent un langage ou une terminologie technique. Ainsi, les problèmes de communication qui pourront en ressortir seront possiblement différents et intéressants à connaître.

SUGGESTION DE TÂCHE 1-6
ESTIMATION DE MES HABILETÉS À COMMUNIQUER

Vos propres expériences de communication vous ont sans nul doute déjà fourni une grande quantité d'informations sur vos habiletés personnelles à communiquer. Votre perception de vous-même à cet égard influence fortement ce que vous faites et comment vous le faites. Dans cette tâche, nous vous suggérons de répondre aux trois questions suivantes:

1   Jusqu'à quel point suis-je efficace à communiquer dans une situation où je suis face à un grand nombre de personnes?
2   Jusqu'à quel point suis-je efficace à communiquer dans les petits groupes (comités, équipes de travail, etc.)?
3   Jusqu'à quel point suis-je efficace à communiquer dans une situation de face-à-face, seul avec une autre personne?

NOTE   Il est essentiel que vous répondiez à ces questions à partir de votre propre point de vue et non à partir de la façon dont vous croyez que les autres vous perçoivent. Vous n'avez pas besoin de demander à qui que ce soit une évaluation ou une perception de votre efficacité. Toutefois il pourrait être intéressant que d'autres lisent vos réponses à ces questions.

Prenez le temps de bien réfléchir avant de répondre à ces trois questions.

CHAPITRE 1
FEUILLE D'APPRÉCIATION PERSONNELLE

1 Racontez brièvement une de vos expériences de communication et quel en avait été le résultat.

2 Indiquez une relation que vous avez vécue avec quelqu'un et qui est:
a égale, et décrivez comment elle l'est;

b inégale, et décrivez comment elle l'est.

3 Connaissez-vous des situations où vous devez choisir un certain point pour commencer à communiquer (la question de la poule et de l'oeuf)? Donnez un exemple d'une de ces situations. À partir d'où commencez-vous à raconter cet événement, et jusqu'où remontez-vous dans l'histoire de cet événement? Dans une de vos relations avec quelqu'un, pouvez-vous identifier le dernier comportement ou la dernière interaction qui vous a marqué?

Votre nom _____

2

LA PERCEPTION:
L'OEIL DU SPECTATEUR

FEUILLE DE RÉTROACTION

Exercices

2-1	Un cas d'accident	Discussion
2-2	D'accord/Pas d'accord (liste de perceptions)	Projet de groupe
2-3	Premières impressions	Jeu
2-4	Combien y a-t-il de carrés?	Projet de groupe

Suggestions de tâches

2-1 Perception dans le domaine des arts
2-2 Coupures de journaux
2-3 Interview
2-4 Un incident de perception

Feuille d'appréciation personnelle

FEUILLE DE RÉTROACTION (Chapitre 2)

1 Évaluez l'efficacité de la session de cette semaine pour vous.

   1 2 3 4 5 6 7 8 9 10

   Inefficace   Très efficace

2 Évaluez comment, à votre avis, les autres perçoivent la session de cette semaine.

   1 2 3 4 5 6 7 8 9 10

   Inefficace   Très efficace

   Commentaires:

3 À ce moment-ci, jusqu'à quel point vous sentez-vous à l'aise dans votre groupe? Pourquoi?

4 Si vous ne vous sentez pas à l'aise et en confiance dans le groupe, pouvez-vous identifier pourquoi?

5 Vous êtes-vous senti à part des autres dans les activités de cette semaine? Si oui, avez-vous l'impression que d'autres l'ont remarqué?

6 Avez-vous à ce moment-ci d'autres commentaires, critiques, suggestions ou questions à exprimer?

EXERCICE 2-1
UN CAS D'ACCIDENT (Discussion)

Jean Hébert attend l'autobus pour se rendre à son travail. Pendant qu'il attend, il est témoin d'un accident impliquant une automobile bleue conduite par un jeune homme de dix-neuf ans et une automobile blanche conduite par une jeune femme de vingt-six ans accompagnée de deux enfants. Jean, un peu plus tard, arrive à son travail et décrit l'accident à son collègue, Harold.

« J'attendais à l'arrêt d'autobus lorsqu'à l'angle de la rue j'ai vu arriver assez rapidement une auto bleue. L'auto m'a semblé rouler assez vite. Le conducteur était un jeune gars d'environ dix-neuf ans qui fréquente probablement l'université et il était probablement en chemin pour s'y rendre. De toute façon, il ne devait pas tellement porter attention à sa conduite et à la route parce qu'il est entré en collision avec une autre voiture à un passage où il devait arrêter. Il a frappé le derrière de l'autre voiture et le coffre arrière de celle-ci a été passablement renfoncé. Le gars, lui, n'a eu aucune blessure mais la femme, elle, a été ébranlée et un des enfants est allé donner contre le pare-brise et s'est cassé une dent. Ça n'a pas été un accident grave, mais cela montre quand même jusqu'à quel point il faut être attentif et prudent au volant d'une voiture. »

Le collègue Harold entre chez lui le soir et raconte à sa femme cet accident.

« Jean a vu un gros accident ce matin. Il attendait l'autobus et un jeune étudiant fou est arrivé à toute vitesse dans la rue. Jean a dit qu'il allait à 90 km à l'heure au moins. Il devait être en retard à ses cours et complètement distrait. Il écoutait sans doute la radio ou de la musique sur un appareil-auto à cassettes. Une femme était arrêtée à l'intersection et il lui a carrément enfoncé le coffre arrière de son automobile sans même avoir le temps d'appliquer les freins. La femme est sortie de son automobile complètement hystérique. Un de ses enfants saignait beaucoup et avait des dents cassées. On devrait enlever le permis de conduire à des gars comme ça. S'ils ne peuvent faire plus attention au volant d'une voiture ils ne méritent pas d'avoir un permis. »

Comment la femme d'Harold réagira-t-elle le lendemain quand elle lira dans les faits divers du journal que dans cet accident la police a jugé que la femme en question voulait s'engager dans un virage interdit, qu'elle n'avait utilisé aucune signalisation pour indiquer ses intentions et qu'en fait elle aurait dû être dans l'autre voie pour céder le passage?

Discutez des implications de cette histoire.

EXERCICE 2-2
D'ACCORD/PAS D'ACCORD SUR CERTAINES PERCEPTIONS (Projet de groupe)

1 Indiquez si vous êtes d'accord ou en désaccord avec les énoncés listés plus bas. À gauche de la feuille, marquez un A si vous êtes d'accord et un D si vous êtes en désaccord avec l'énoncé.

2 Dans un deuxième temps, en groupe de 6 à 10 personnes, essayez d'atteindre un consensus pour chacun des énoncés. Indiquez le consensus du groupe à droite de la feuille.

Individuel		Consensus du groupe	
(A)	(D)	(A)	(D)

____ ____ **1** La perception d'un objet physique dépend davantage de l'objet lui-même que de la personne qui l'observe. ____ ____

____ ____ **2** La perception est primordialement un phénomène interpersonnel. ____ ____

____ ____ **3** Le fait que des hallucinations et des rêves peuvent être aussi vivaces dans l'esprit d'une personne que ses perceptions réelles à l'état d'éveil indique que la perception dépend très peu de la réalité externe. ____ ____

____ ____ **4** Les réactions à ce que nous percevons généralement dépendent de notre apprentissage et de la culture. ____ ____

____ ____ **5** Nous avons tendance à voir ce que nous voulons voir et ce que nous nous attendons à voir, indépendamment de la réalité. ____ ____

____ ____ **6** Étant donné la nature aléatoire de la perception, nous ne pouvons jamais dire la «vraie» nature de la réalité. ____ ____

____ ____ **7** Quoiqu'il puisse y avoir une réalité «extérieure», nous ne pouvons jamais vraiment la connaître. ____ ____

____ ____ **8** Par l'observation attentive et scientifique nous pouvons éliminer la nature aléatoire de nos perceptions. ____ ____

____ ____ **9** Les instruments scientifiques, quoiqu'ils améliorent les limites de nos perceptions humaines, ne la rendent pas plus réelle. ____ ____

____ ____ **10** Ce que nous percevons n'est rien de plus qu'une métaphore de la réalité. ____ ____

____ ____ **11** La perception est une réponse physique à une réalité physique. C'est lorsque nous commençons à parler et à vouloir communiquer nos perceptions que nous commençons à les déformer. ____ ____

____ ____ **12** Si nous faisons attention, nous pouvons voir le monde tel qu'il est. ____ ____

____ ____ **13** Nous réagissons à notre environnement à partir de ce que nous percevons de cet environnement et non à partir de ce que cet environnement est vraiment. ____ ____

Discussion

A Si vous n'êtes pas d'accord sur tous les points (ce qui est très normal), qu'est-ce que cela révèle de votre habileté à vous parler les uns aux autres de ce que vous «voyez» ou «entendez», et cela au-delà du fait que vous pouvez être à des endroits différents ou communiquer avec des personnes différentes? Est-ce que vos attitudes perceptuelles de base n'ont pas un effet sur ce que vous percevez et la façon dont vous percevez?

B Aviez-vous déjà pensé à ces idées sur la perception avant de répondre aux énoncés de l'exercice? Vous est-il venu de nouvelles idées en travaillant sur cette liste d'énoncés? Lesquelles?

C Puisque vous avez d'abord répondu individuellement à ces énoncés, avez-vous trouvé difficile de changer certaines de vos réponses lorsqu'est venu le moment de faire un consensus de groupe? Aurait-il été plus simple de discuter en groupe sans que vous ayez d'abord répondu individuellement? En d'autres termes, est-ce que dans la vie réelle vous participez à des groupes en ayant des idées préconçues? Que peut-il se passer objectivement dans un groupe lorsque plusieurs personnes ont des idées fermes, déjà établies d'avance? Lorsque des gens arrivent dans un groupe avec des idées préconçues et une manière déterminée de voir le fonctionnement du groupe, n'est-ce pas là ce que nous pouvons appeler des «agendas cachés»?

D Comment le groupe en est-il venu à se mettre d'accord sur les énoncés? Comprenez-vous bien maintenant ce que le terme «consensus» signifie? Si non, échangez encore sur la signification de ce terme et la façon dont un groupe de personnes peut l'envisager concrètement.

EXERCICE 2-3
PREMIÈRES IMPRESSIONS (Jeu)

Votre animateur ou animatrice vous distribue une feuille sur laquelle vous trouvez une description d'un individu. Lisez cette description et, de la liste de qualificatifs plus bas, sélectionnez ceux qui correspondent le plus à l'image et à l'idée que vous vous faites de cet individu. Choisissez un adjectif dans chaque paire de qualificatifs.

1	Généreux	Mesquin
2	Perspicace	Naïf
3	Malheureux	Heureux
4	Irritable	Bon caractère, bonne humeur
5	Humoriste	Maussade
6	Sociable	Asocial
7	Fiable	Non fiable
8	Populaire	Impopulaire
9	Arrogant	Modeste
10	Rude	Doux, humain
11	Belle allure	Repoussant
12	Stable	Instable
13	Frivole	Sérieux
14	Renfermé	Loquace
15	Égocentrique	Altruiste
16	Créatif	Borné, rigide
17	Fort	Faible
18	Malhonnête	Honnête

Discussion

A Vu les différentes perceptions, les vôtres et celles des autres, face à la personne décrite, quelles sont les implications de ces différences sur l'évaluation que nous faisons de nos proches?

B Avez-vous tendance à juger les autres sur la base de quelques caractéristiques habituellement significatives pour vous ou vous efforcez-vous de prendre plusieurs facteurs en considération avant d'évaluer et de vous faire une opinion sur quelqu'un?

C Y a-t-il des mots-clefs dans vos descriptions des autres, des mots que vous employez souvent, ou encore des mots qui dénotent pour vous un préjugé favorable ou défavorable envers
certains aspects des gens?

D Comment décririez-vous votre meilleur(e) ami(e) à vos parents? Comment décririez-vous
votre ennemi(e) ou quelqu'un que vous n'aimez pas du tout?

EXERCICE 2-4
COMBIEN Y A-T-IL DE CARRÉS? (Projet de groupe)

En travaillant individuellement, comptez le nombre de carrés que vous percevez dans le
diagramme plus bas. Lorsque vous avez terminé et inscrit le nombre de carrés que vous
percevez, joignez-vous à d'autres et comparez vos réponses, c'est-à-dire le total auquel vous arrivez. Après discussion, mettez-vous d'accord avec les autres sur un nombre.

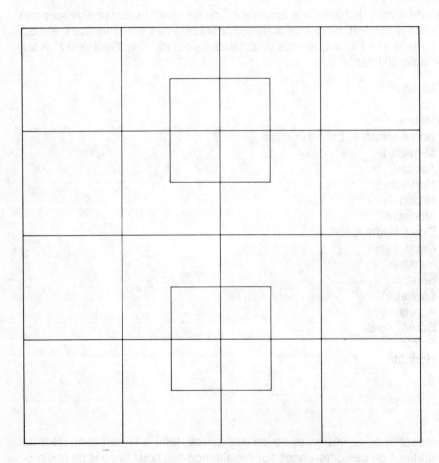

Discussion

A Si tout le monde n'a pas donné la même réponse du premier coup, comment expliquez-vous les différences? Les gens ont-ils tous la même conception des carrés ou voient-ils les mêmes objets de façon quelque peu différente?

B Si vous n'avez compté qu'une fois avant de donner votre réponse, votre nombre aurait-il été différent si vous aviez recompté deux ou trois fois? Que se passe-t-il lorsque vous prenez davantage de temps pour envisager un problème, un événement ou interagir avec une autre personne? Ne réussissez-vous pas alors à vous faire une idée plus complète et plus précise, n'approfondissez-vous pas ainsi vos relations avec les autres? En somme, quels sont les effets de vos premières impressions ou réactions face aux choses et aux personnes?

C Les définitions des choses (les carrés dans ce cas-ci) affectent-elles votre perception et peuvent-elles expliquer en partie les différences perceptuelles entre les gens?

SUGGESTION DE TÂCHE 2-1
PERCEPTION DANS LE DOMAINE DES ARTS

1   Il existe plusieurs films, romans ou pièces de théâtre où l'intensité dramatique repose presque entièrement sur des différences de perception. Nous pouvons penser à des films classiques comme *Douze hommes en colère, L'oeil du spectateur* ou à presque toutes les tragédies de Shakespeare ou aux comédies de Molière, etc. En fait, il y a une quantité énorme de productions artistiques qui peuvent vous servir ici. À vous de choisir. Lorsque vous aurez choisi une de ces pièces où les personnages ont des «différends perceptuels», faites-en le résumé et essayez de voir et de vous expliquer comment effectivement la perception de chacun des personnages devient le pivot central de l'action.

2   Lisez le texte «Différend au sujet d'un éléphant» au chapitre 2 et tentez de trouver un groupe de personnes que vous connaissez qui vivent actuellement le même type de problème par rapport à la définition d'une situation ou d'un objet. Imaginez un dialogue entre ces gens et comment ils généralisent leur perception partielle de la situation ou de l'objet.

SUGGESTION DE TÂCHE 2-2
COUPURES DE JOURNAUX

Amassez et examinez les comptes rendus d'un même événement par divers journaux. Essayez également de trouver des analyses ou différents rapports plus approfondis de ce même événement. À partir de ces sources et de votre point de vue, identifiez les barrières et les difficultés de communication présentes dans cette situation.

Préparez-vous comme si vous aviez à défendre un parti ou à juger de la situation en question.

SUGGESTION DE TÂCHE 2-3
INTERVIEW

Essayez d'obtenir une interview avec un artiste professionnel (peintre, sculpteur, musicien, etc.) pour connaître son point de vue sur «L'art comme moyen de communication». Enregistrez et communiquez aux autres les résultats de votre interview.

ou

Rencontrez un professeur pour parler avec lui de la façon dont il perçoit son rôle sur le plan de la communication dans une classe. Communiquez au groupe le résultat de cette rencontre.

Dans votre compte rendu de ces interviews, vous pouvez décrire dans quel contexte vous avez rencontré l'artiste ou le professeur en question et comment cela a pu affecter votre interview.

SUGGESTION DE TÂCHE 2-4
UN INCIDENT DE PERCEPTION

Repensez à ce qui vous est arrivé depuis une semaine; aux choses les plus banales comme aux choses les plus importantes, aux moments heureux comme aux moments plus tristes. Des choses insatisfaisantes de cette dernière semaine, est-ce qu'il y en a qui sont dues à une communication inadéquate? Si oui, est-ce que l'origine de ces difficultés pourrait se retracer dans des différences ou des distorsions perceptuelles entre vous et les autres impliqués?

Résumez et analysez brièvement sur papier les conséquences de ces différences ou distorsions perceptuelles sur vous-même et sur les gens impliqués.

Soyez prêt à parler d'un de ces incidents avec des gens de votre groupe et voyez comment votre «cas» peut ressembler à celui d'autres.

CHAPITRE 2
FEUILLE D'APPRÉCIATION PERSONNELLE

1   Racontez brièvement un événement qui vous est arrivé dernièrement et où une perception fausse de quelque chose vous a amené un désaccord ou un malentendu avec quelqu'un. Cet événement peut être assez banal, car c'est souvent en essayant de se mettre d'accord sur des choses très simples de la vie quotidienne que des perceptions erronées engendrent le plus d'agressivité interpersonnelle ou de malentendus.

2   Si vous reconnaissez qu'une différence de perception peut être à l'origine d'un problème entre vous et une autre personne, comment pouvez-vous amener l'autre à voir et aborder le problème sur le plan des *perceptions interpersonnelles*? Soyez précis.

3   Citez un incident récent où vous avez été mal perçu. Quel a été ou est encore le résultat de cette erreur? Cela s'est-il réglé ou peut-il se régler?

Votre nom _____

3

LE CONCEPT DE SOI: QUI SUIS-JE ?

Feuille d'appréciation personnelle

FEUILLE DE RÉTROACTION (Chapitre 3)

1 Évaluez l'efficacité de la session de cette semaine pour vous.

     1   2   3   4   5   6   7   8   9   10

Inefficace   Très efficace

2 Évaluez comment, à votre avis, les autres perçoivent la session de cette semaine.

     1   2   3   4   5   6   7   8   9   10

Inefficace   Très efficace

Commentaires:

3 En relation avec le thème de cette semaine, avez-vous eu à jouer des rôles que vous n'avez pas aimés? Si les gens vous ont assigné certaines « identités », comment vous sentez-vous et quelles sont vos réactions par rapport à ces identités que les gens vous ont assignées?

4 Avez-vous aimé travailler avec votre groupe? Pourquoi?

5 Avez-vous d'autres commentaires, critiques, questions, suggestions, etc.?

EXERCICE 3-1
« JE SUIS » (Projet de groupe)

Cet exercice répond à la question «Qui suis-je» de façon positive. Il est structuré de façon à permettre de se vanter et d'être fier de soi-même, ce que la société décourage habituellement. La plupart d'entre nous n'apprécions pas les fanfarons ou les vantards. La plupart d'entre nous ne sommes pas habitués à vanter nos accomplissements, nos bons côtés ou nos mérites. Pendant un moment, nous allons vous demander d'aller contre cette norme qui dit que les gens ne devraient pas se vanter eux-mêmes.

Le groupe peut se diviser en sous-groupes de quatre à six personnes, de façon à ce qu'il soit facile d'entendre tout le monde. La première chose à faire est de penser et de mettre sur papier cinq choses positives sur soi-même — non pas des choses que d'autres pensent de nous mais *que nous pensons de nous-mêmes*. Ce dans quoi nous réussissons bien, des habiletés dont nous sommes fiers ou certains de nos traits de caractère sont en fait des éléments qui peuvent nous définir d'un point de vue positif. Après quelques minutes où chaque membre du groupe a pu réfléchir et noter ainsi des aspects positifs de lui-même, un membre commence à communiquer aux autres un de ses points. Dans le sens des aiguilles d'une montre, tous les membres du sous-groupe à tour de rôle communiquent aux autres un de leurs points forts. Après un premier tour, on en fait un autre: chacun(e) communique toujours aux autres une de ses bonnes réalisations personnelles ou un des aspects qu'il trouve positif de lui-même (elle-même). Lorsque tous les membres ont ainsi communiqué au moins quatre ou cinq points, les membres de chaque sous-groupe se consultent pour choisir pour chacun(e) un point précis qu'on communiquera alors aux membres d'un autre sous-groupe ou du groupe entier.

Discussion

A   Est-il difficile de changer votre habitude qui est de ne jamais vous vanter? Comment vous êtes-vous senti quand vous avez pensé et relevé vos points positifs? Vous a-t-on appris, étant enfant, à être plutôt modeste et effacé par rapport à vos connaissances et vos habiletés?

B   Est-ce que le fait d'entendre les autres faire des énoncés positifs à propos d'eux-mêmes vous a facilité la tâche? Est-ce que cet exercice vous renseigne sur la façon dont les normes peuvent se changer dans la société?

C   Pourquoi la vantardise n'est-elle pas approuvée dans notre culture? Est-ce que toutes les cultures sont semblables là-dessus? En connaissez-vous qui au contraire favorisent et encouragent l'expression des succès personnels?

D   Si nous ne sommes pas censés faire état ouvertement et fièrement de nos succès ou de nos habiletés, comment pouvons-nous nous attendre à ce que les autres les connaissent? Y a-t-il un canal de communication ou une pratique spéciale qui permette aux autres de connaître nos succès et nos habiletés? Est-ce que la possibilité de se vanter plus ouvertement ne pourrait pas changer notre concept de soi et nous aider à développer de meilleurs sentiments envers nous-mêmes?

EXERCICE 3-2
SI VOUS ÉTIEZ... (Jeu de rôle)

Voici un exercice qui vise à vous faire assumer un rôle différent de ceux que vous jouez habituellement. Nous sommes tous à un certain degré assez conscients de la façon dont les rôles s'élaborent et de ce que nous attendons d'une personne dans une situation ou une relation donnée; voici votre chance d'essayer un nouveau rôle, c'est-à-dire d'agir comme une autre personne. Choisissez une des situations ci-dessous et jouez-en le rôle principal devant les membres de votre groupe. Parlez comme le ferait cette personne.

1 Le premier ministre du Canada souhaite la bienvenue au premier ministre d'un pays étranger à son arrivée à l'aéroport.

2 Vous venez d'être choisi athlète de l'année dans votre discipline. Vous vous avancez pour recevoir votre trophée et prononcer vos remerciements au microphone devant l'auditoire.

3 Vous êtes un romancier ou une romancière célèbre invité(e) au Salon du livre pour lancer et autographier votre dernier roman et faire un bref discours sur la façon dont vous en êtes venu(e) à obtenir un tel succès.

4 Voici un jeu de rôle pour deux personnes ou plus. Un parent vient d'apprendre que son enfant de 12 ans doit subir une opération chirurgicale grave et délicate aux yeux. Ce parent, plutôt que de laisser le médecin annoncer cette nouvelle à l'enfant, choisit d'assumer lui-même la situation. Une autre personne du groupe joue le rôle de l'enfant qui pose des questions, exprime ses peurs, etc.

5 Vous avez été choisi pour représenter et accueillir officiellement un groupe d'étrangers en visite d'affaires et vous prononcez l'allocution de bienvenue avant le repas au grand hôtel. (Les autres membres de votre groupe jouent les rôles de ces gens d'affaires.)

6 Vous devez faire l'introduction au discours du maire de la ville à l'occasion de l'ouverture des jeux intercités de la province.

7 Vous êtes un sportif professionnel célèbre (hockey, baseball, soccer ou autres) et vous êtes à votre ancien collège pour faire un discours et lancer une campagne de financement.

8 Voici un jeu de rôle pour deux personnes. Une personne joue le rôle d'un doyen de faculté ou de directeur de collège, lequel rencontre un leader étudiant afin de discuter de récents actes de vandalisme survenus dans l'institution. L'affrontement se produit.

9 Vous êtes un chef d'orchestre ou un metteur en scène célèbre qui rencontre ses musiciens ou ses comédiens pour la première répétition d'un grand spectacle.

10 Voici un jeu de rôle pour deux personnes. Une personne joue le rôle d'un avocat réputé qui vient de décider de se lancer en politique et l'autre, celui d'un annonceur de radio qui l'interviewe.

Discussion

A Le groupe examine si les jeux de rôles suggérés ont été joués de façon à correspondre aux attentes et à l'idée que les membres se faisaient de ces rôles. Échangez aussi vos idées quant à la manière que vous auriez adoptée pour jouer ces rôles différemment de ceux ou celles qui les ont joués. Pourquoi les différences?

B Où avez-vous puisé vos idées par rapport aux rôles que vous avez joués? Vous êtes-vous senti à l'aise dans ces rôles? Étiez-vous à l'aise d'observer les autres jouer un rôle?

C Identifiez certains des rôles que vous jouez à chaque jour et déterminez si vous avez besoin d'améliorer ou de pratiquer certains aspects de ces rôles. Que croyez-vous pouvoir ou devoir changer à l'intérieur de ces rôles?

EXERCICE 3-3
FENÊTRE DE JOHARI (Dyade/en mouvement)

(Reportez-vous au diagramme et à la discussion au chapitre 3.)
Commencez cet exercice seul en dressant une liste pour chacune des aires suivantes:

«Cinq choses que je connais de moi-même et que je suis certain que les autres connaissent et voient de moi» (aire libre);
«Cinq choses que j'aimerais que les autres connaissent ou voient de moi mais que je suis de prime abord certain qu'ils ne connaissent pas ou qu'ils ne voient pas de moi» (aire cachée);
«Cinq choses que je ne connais pas de moi de prime abord, mais que je crois que les autres pourraient m'aider à découvrir» (aire aveugle);

Quand vous avez terminé votre liste personnelle, trouvez un partenaire pour forme une dyade et comparez vos listes avec celui-ci ou celle-ci. Chacun de vous ensuite choisit un point plus important pour vous dans chaque catégorie et répond à la question:

«*Que puis-je faire pour aider les autres à me connaître davantage*
et pour moi-même me connaître davantage?»

Soyez précis dans votre réponse à cette question. Entraidez-vous à exprimer de quelle façon vous pourriez orienter votre communication interpersonnelle pour arriver à mieux vous laisser connaître et vous connaître vous-même.

S'il reste du temps, il peut aussi être intéressant et profitable de présenter et de communiquer *un de vos points personnels* au groupe, et d'engager ainsi une interaction à partir de ce point. Vous pouvez alors recueillir de l'information et des réactions de la part des autres.

Discussion

A En revoyant les quatre aires de la Fenêtre de Johari, il faut se rappeler que celles-ci varient en fonction des différentes relations ou situations. Notre fenêtre personnelle a des proportions différentes pour chaque aire selon le degré de confiance, d'ouverture et de maturité que nous avons atteint dans chacune de nos relations.

B Vérifiez les énoncés de «l'aire libre» pour voir comment les membres de votre groupe connaissent ou ne connaissent pas ce que les autres connaissent d'eux-mêmes. Vérifiez aussi si les «inconnus» le sont effectivement.

C Lorsque vous pensez à vous faire connaître des autres, quels moyens de communication avez-vous à votre disposition? Et lorsque vous voulez vous connaître davantage, comment procédez-vous pour obtenir une rétroaction des autres? Y a-t-il des normes sociales ou des difficultés particulières qui empêchent ce processus d'échanges?

D Dans votre groupe, y a-t-il des personnes qui vous connaissent davantage intimement? Quelles sont les personnes qui à votre avis ne savent rien ou ne vous connaissent absolument pas? (Et vice versa pour vous-même face à d'autres.)

E Comment l'ouverture des différentes aires peut-elle favoriser selon vous l'établissement de meilleures relations interpersonnelles? Est-il plus facile d'interagir avec les autres lorsqu'il y a partage des expériences? Pourquoi y a-t-il différents niveaux d'interaction entre les gens?

© McGraw-Hill, éditeurs

EXERCICE 3-4
VOUS ÊTES EXPERT(E) EN MOTIVATION (Discussion)

Dans les brèves histoires de cas qui suivent, vous retrouverez à chaque fois le besoin de motiver quelqu'un. Si vous voyez des moyens de motiver cette personne, expliquez-les. Décidez-vous par exemple de vous référer d'abord à une théorie de la motivation (Maslow, Hertzberg, etc.) et ensuite d'intervenir pour résoudre le cas? De quoi a besoin cette personne selon vous pour être motivée?

CAS 1 Suzanne arrive en retard à son travail depuis assez longtemps. Étant donné que plusieurs personnes du bureau dépendent d'elle pour travailler, ses retards nuisent au bon fonctionnement des autres et du bureau. En tant que supérieur(e) immédiat(e), vous savez pourtant que Suzanne a reçu une bonne augmentation de salaire il y a six mois en guise d'appréciation de ses bons services au bureau depuis trois ans. Vous voulez qu'elle soit plus ponctuelle ou au moins qu'elle arrive en même temps que les autres de la section dont elle est responsable. Que lui dites-vous?

CAS 2 Claude est commis-vendeur dans le rayon des sports d'un grand magasin où vous êtes agent de personnel. Vous avez reçu une plainte du service de comptabilité disant que les factures de Claude comportent souvent depuis quelque temps des erreurs et font ainsi perdre temps et argent au magasin. Claude a également été accusé par le chef de son rayon de manquer d'attention envers ses clients. Vous parlez à Claude de sa performance tout en voulant le conserver comme employé, car, depuis six ans, il a été un employé productif.

CAS 3 Vous êtes éditeur d'un quotidien et six journalistes travaillent pour vous; un de ceux-ci est assez âgé et presque à la retraite alors qu'un autre est très jeune et à peine sorti de l'école de journalisme. Tous les six sont des journalistes intelligents, bien informés, rapides à saisir les nouvelles et à rédiger leurs articles. Dans les dernières semaines toutefois, le journaliste le plus âgé de l'équipe, celui près de la retraite, a négligé son travail, n'a pas réussi à bien couvrir son secteur et n'a produit que des articles médiocres. Certes, ce dernier est près de la retraite mais il veut, lorsque sa retraite arrivera dans 18 mois, continuer à faire de la pige pour d'autres journaux et périodiques. Entre temps, il est aussi une excellente personne ressource pour montrer le métier et faire profiter de son expérience aux plus jeunes. En somme, vous voulez qu'il maintienne son rendement habituel pour l'opération du journal et pour lui-même.

Pour rendre les choses encore pires, Jacqueline, la jeune nouvelle, a elle aussi subitement perdu de l'intérêt pour son travail et n'a fourni que de piètres articles de reportage. Alors qu'au début de son engagement il y a un an sa productivité et la qualité de son travail étaient excellentes, celles-ci ont diminué à un point tel que vous avez l'impression qu'il ne vous reste que quatre journalistes sur six pour faire tout le travail.

Ces cas ont-ils des liens entre eux? Pour motiver ces deux personnes différentes ne devez-vous pas d'abord déterminer ce qui est advenu de leur intérêt et de leur motivation du départ? Quelle approche suggéreriez-vous pour les stimuler?

Discussion

A Si vous discutez de ces cas en petits groupes, est-ce que chacun de ces groupes amène des recommandations et des solutions différentes?

B Comparez ces recommandations d'un groupe à l'autre et essayez d'en venir à un accord sur l'approche et les solutions les plus efficaces.

C Au fur et à mesure de vos discussions et recommandations sur les différents cas, essayez de voir jusqu'à quel point ce que vous proposez est basé sur des stéréotypes touchant la façon dont les travailleurs et employés doivent être traités ou sur ce que sont habituellement les gens dans les emplois décrits. Du fait, par exemple, que ces descriptions étaient quand même brèves, est-ce que vous avez eu tendance à vous rabattre sur des images stéréotypées concernant ces gens? Examinez si dans la vie réelle vous ne prenez pas souvent des décisions basées sur des stéréotypes. Avez-vous tendance à attribuer aux gens des rôles typiques et conventionnels, ce qui vous amène à les traiter davantage selon le rôle que vous leur attribuez plutôt que comme des individus?

SUGGESTION DE TÂCHE 3-1
QUI VOUS A DIT QUOI? (Confirmation et négation de soi)

Cette tâche doit se faire d'abord par écrit et peut être ensuite utilisée comme point de départ d'une discussion de groupe. Effectivement, si vous travaillez avec d'autres sur cette tâche, il sera sûrement intéressant de noter comment les comportements par lesquels vous vous êtes senti confirmé et les situations où vous vous êtes senti nié peuvent avoir été aussi les mêmes chez les autres.

1 Essayez de vous rappeler un incident de votre enfance où vous avez reçu de l'attention, du support ou un compliment pour ce que vous aviez fait. Dans cette situation où vous vous êtes senti affirmé et confirmé, comment était votre estime envers vous-même? Est-ce que cet incident a encore des effets sur vous dans votre manière de ressentir le même genre de situation? Qui était la personne qui vous avait ainsi soutenu et confirmé dans votre action? Comment vous sentiez-vous face à cette personne?

2 Essayez de vous rappeler un incident de votre enfance où on vous a ignoré, c'est-à-dire où vous avez senti qu'on ne tenait pas compte de quelque chose que vous aviez à coeur. Quel fut l'effet de ce comportement sur votre estime personnelle? Ce comportement de négation de vous-même a-t-il encore des effets sur vous et sur votre manière d'envisager certaines choses? Qui était la personne qui vous a ainsi ignoré? Comment vous sentiez-vous et qu'avez-vous ressenti face à cette personne?

SUGGESTION DE TÂCHE 3-2
LES RÔLES QUE NOUS JOUONS

Dressez une liste la plus exhaustive possible des points, comportements ou attitudes que, selon vous, les gens attendent de vous dans le rôle *d'étudiant(e)*. Comment savez-vous si vous réussissez ou non dans ce rôle? Comment vous sentez-vous par rapport aux critères que vous utilisez vous-même pour vous évaluer?

Prenez un rôle que vous avez à jouer, autre que celui d'étudiant(e), et dressez encore une fois une liste aussi exhaustive que possible des comportements qui font partie selon vous de ce rôle. Si ce rôle en est un que vous jouez volontairement, dites pourquoi vous l'avez choisi. S'il en est un que vous êtes forcé de jouer, dites pourquoi et comment vous y êtes forcé.

SUGGESTION DE TÂCHE 3-3
RÉFÉRENCES LITTÉRAIRES

Trouvez un résumé écrit de l'histoire de *Pygmalion* telle que mise en scène au théâtre par George Bernard Shaw ou du *My Fair Lady* qui utilise la même histoire. Il est particulièrement intéressant pour nous dans cette histoire de remarquer que c'est un professeur de langue (Higgins) qui, en introduisant des changements au langage de la jeune fille, réussit à transformer celle-ci en «femme du monde» pour ainsi montrer que «le langage fait la personne».

Selon vous, cette histoire ne suggère-t-elle pas que nous pouvons devenir ce que nous croyons être? Discutez en groupe de «l'effet Pygmalion» et de la façon dont il est lié à d'autres comportements que nous pouvons anticiper.

SUGGESTION DE TÂCHE 3-4
CHANGEMENT DE RÔLES

Écrivez un bref essai à partir d'une expérience où on vous avait assigné un rôle dans lequel vous ne vous sentiez pas à l'aise, un rôle que vous vouliez changer ou même un rôle que vous ne vouliez pas jouer du tout. (Un exemple classique de ce genre de rôle est celui où, entre 16 et 20 ans, le jeune adulte est maintenu dans un rôle «d'enfant» par ses parents qui ne veulent pas ou qui ont de la difficulté à lui laisser prendre toute son autonomie.) Décrivez le rôle que vous auriez aimé jouer; le rôle que vous vous sentiez obligé de jouer; comment vous avez effectué des changements et jusqu'à quel point vous avez réussi à effectuer ces changements.

SUGGESTION DE TÂCHE 3-5
RÔLES DE TÉLÉVISION

Faites un bref rapport sur une émission de télévision que vous avez vue récemment en analysant les éléments suivants: (1) Parmi les comportements de ces personnages, lesquels ont fait que vous les avez aimés, pas aimés, trouvés ridicules ou que vous avez cru en eux? (2) Les personnages utilisaient-ils un langage non verbal particulier dans leur rôle? (3) Comment un auteur pour un roman de télévision fait-il pour réussir à établir la crédibilité de ses personnages?

CHAPITRE 3
FEUILLE D'APPRÉCIATION PERSONNELLE

1 Indiquez ici quelque chose que vous avez récemment découvert à propos de vous-même et comment cela s'est produit. Était-ce le résultat d'une rétroaction reçue de la part de quelqu'un?

2 Y a-t-il quelque chose que vous aimeriez dire à quelqu'un de votre groupe à propos d'un de ses comportements et que vous êtes certain que cette personne ne sait pas d'elle-même? Sans nécessairement dire ce que c'est ou qui est cette personne, pouvez-vous suggérer une manière de laisser savoir cette chose à cette personne?

3 Est-ce que votre motivation par rapport à votre groupe s'est modifiée depuis les dernières semaines de rencontre? Que peut-on faire pour augmenter la motivation de quelqu'un (peut-être vous) dans ce groupe?

Votre nom _____

ATTITUDES, CROYANCES ET VALEURS: QUI DEVRAIS-JE ÊTRE?

Feuille d'appréciation personnelle

FEUILLE DE RÉTROACTION (Chapitre 4)

1 Évaluez l'efficacité de la session de cette semaine pour vous.

    1   2   3   4   5   6   7   8   9   10

Inefficace   Très efficace

2 Évaluez comment à votre avis les autres perçoivent la session de cette semaine.

    1   2   3   4   5   6   7   8   9   10

Inefficace   Très efficace

Commentaires:

3 Avez-vous observé une ou des personnes silencieuses dans votre groupe? A-t-on fait quelque chose pour les encourager à parler et participer davantage?

4 Comment la présente appréciation vous est-elle utile? Pourrait-elle l'être davantage? Comment?

5 Devenez-vous plus à l'aise dans votre travail avec les autres personnes de votre groupe? Voudriez-vous changer de groupe ou préférez-vous rester avec les mêmes personnes?

EXERCICE 4-1
VALEURS, DISCOURS, COMPORTEMENT (Jeu de rôle)

En petits groupes, montez un sketch dans lequel vous tenterez de démontrer comment les valeurs, le discours et le comportement de quelqu'un peuvent être inconséquents. (Par exemple, un père qui dit à son fils de ne jamais tricher en classe mais qui, à certains moments, parle de la façon dont il réussit à frauder l'impôt sur le revenu.) Peut-être voudrez-vous monter cette pièce en deux actes: le premier mettra en place le personnage (son comportement et ses énoncés) et un deuxième acte verra ce personnage devenir inconséquent. Vous pouvez choisir toute situation tirée de votre expérience ou d'événements publics.

Discussion

A Est-il difficile d'identifier les vraies valeurs des gens à partir de leur discours?

B Est-il plus facile de voir les inconséquences des autres que les nôtres? Lorsque vous agissez différemment de ce que vous dites, vous est-il facile de réduire votre dissonance? Avez-vous tendance à vous expliquer, à vous justifier ou à rationaliser face aux autres?

C Dans votre sketch, est-ce que les observateurs ont pu reconnaître facilement les inconséquences du personnage? Êtes-vous assez familier avec les inconséquences entre valeurs, discours et comportement pour les reconnaître rapidement? En d'autres termes, pouvez-vous anticiper les situations où vous risquez d'en retrouver chez vous-même et chez les autres autour de vous? Quelle est votre habileté à prédire vos comportements et ceux des autres et est-ce que les autres peuvent prédire les vôtres?

EXERCICE 4-2
COMPORTEMENT INCONSÉQUENT (En mouvement)

Chaque membre du groupe met sur papier un incident où son comportement n'a pas été conséquent avec ses valeurs ou son discours et se prépare à présenter cet incident aux autres. Chaque personne décrit ensuite brièvement cet incident aux autres membres de son groupe en évitant d'en « analyser » les raisons. Un énoncé assez bref est habituellement suffisant. (Exemple: « J'ai fait campagne publiquement pour l'élection de X et je ne suis pas allé voter ».)

Discussion

A Êtes-vous capable d'identifier ces incidents dans votre vie où votre comportement est inconséquent par rapport à vos valeurs ou votre discours? Chaque personne peut intervenir sur ce sujet.

B Y a-t-il certains types de situations qui se répètent pour vous dans votre vie? Êtes-vous seul dans votre groupe à connaître le même genre d'inconséquences?

C Échangez vos points de vue sur les raisons de ces inconséquences. Retrouvez-vous en général les mêmes raisons d'une personne à l'autre pour « expliquer » celles-ci?

EXERCICE 4-3
INVESTISSEMENT ET COHÉRENCE PERSONNELLE (Discussion)

Pour vérifier votre investissement et votre cohérence personnelle face à une attitude ou une valeur importante pour vous, essayez d'identifier en groupe une ou deux situations communes qui susciteraient pour vous toutes les réactions suivantes:

1   Vous seriez curieux d'entendre ce qu'on vous dit d'une certaine personne et vous écouteriez vraiment plus attentivement. («Si on nous parlait de... nous serions vraiment attentifs»).
2   Vous seriez ennuyé d'entendre quelqu'un parler contre cette chose à laquelle vous croyez et à laquelle vous attachez une valeur importante.
3   Vous argumenteriez fortement et seriez même agressif si ce sujet était abordé de façon à vous contredire.
4   Vous iriez jusqu'à être violent physiquement sur ce propos ou cette valeur.
5   Vous risqueriez votre vie et seriez prêt à mourir pour cette cause.

Discussion

A   Étant donné que l'exercice précédent était un projet de groupe, avez-vous trouvé difficile de vous mettre d'accord sur les points qui étaient également importants pour tout le monde?
B   Sur quels genres de points avez-vous plus de facilité à vous mettre d'accord comme groupe: les points qui suscitent les réactions les plus fortes ou ceux qui suscitent moins de réactions? Pourquoi?
C   Est-ce que l'éventail de réactions présentées décrit vos réactions à des attaques contre vos croyances ou vos valeurs? Vous arrive-t-il d'entendre des commentaires sur des sujets qui ne vous intéressent absolument pas? Comment réagissez-vous alors?
D   Individuellement, y a-t-il des valeurs dans la société qui n'ont aucun intérêt pour vous? Que faudrait-il pour vous y intéresser?
E   Jusqu'à quel point vos réactions sont-elles liées directement à celles des autres? Dans le groupe, avez-vous été affecté par d'autres qui avaient le même point de vue que vous?

EXERCICE 4-4
CONSULTANT EN RELATIONS ETHNIQUES (Projet de groupe)

Vous avez été nommé pour siéger à un comité national sur les relations ethniques et raciales. Votre tâche est de faire des recommandations au bureau du premier ministre sur les manières de réduire les tensions raciales dans votre pays. Ce comité, formé de cinq ou six membres (autres personnes de votre groupe), se rencontre pour élaborer ses vues et préparer un rapport au premier ministre. Considérant que vous êtes des citoyens engagés socialement et intéressés à faire entendre votre voix au plus grand nombre de gens possible, préparez un plan d'action qui soit le plus étendu et le plus large possible. En plus, au fur et à mesure que vous élaborez ensemble ce plan, essayez de bien vous mettre d'accord sur les raisons qui motivent vos recommandations et sur ce que leurs conséquences peuvent être. Lorsque chaque sous-groupe a communiqué ses recommandations aux autres, vous pouvez analyser à travers les différentes suggestions quels sont les valeurs et les comportements que les groupes recommandent le plus souvent.

Discussion

A À travers vos recommandations, quelles valeurs sociales encouragez-vous ou attaquez-vous?

B Pensez-vous réellement que toutes les valeurs sont entièrement représentées par le discours ou les comportements des gens directement impliqués dans les problèmes ethniques ou certaines autres ne restent-elles pas cachées? En somme, y a-t-il des choses au sujet des tensions et préjugés ethniques et raciaux qui sont difficiles à reconnaître ouvertement et qui restent non avouées?

C Dans vos conseils au premier ministre, êtes-vous réaliste quant à l'influence et au pouvoir qu'il a de réaliser vos idées? Que sera selon vous le message (discours) de celui-ci lorsqu'il prendra connaissance de votre plan et de vos idées? Qu'est-ce qui sera et pourra être fait concrètement (sur le plan des comportements) par rapport à tout ceci?

EXERCICE 4-5
STÉRÉOTYPER — FORMATION D'ATTITUDES (Discussion)

Dans le chapitre théorique, nous avons avancé l'idée que stéréotyper est une manière commode de classer les choses ou les personnes à partir de caractéristiques communes, mais que cela se fait au détriment des caractéristiques individuelles de ces choses ou de ces personnes. En somme, nous nous servons davantage de ce que nous savons ou pensons d'une catégorie que des caractéristiques et différences individuelles. Cette façon de faire (stéréotyper) devient donc un raccourci, une façon de réagir sans avoir à faire l'effort de prendre des décisions face aux gens, aux choses et aux événements. Pouvez-vous voir la relation qui existe entre les stéréotypes et la formation des attitudes? Dépendez-vous d'attitudes fondamentales pour choisir vos comportements? Jusqu'à quel point êtes-vous d'accord avec l'énoncé qui dit qu'un stéréotype est en réalité une «attitude figée et rigide»?

Pour cet exercice, un groupe de quatre à six personnes se voit assigner un des sujets suivants qu'il présentera sous forme de discussion face aux autres. La démarche peut donc être de donner d'abord quelques minutes à chaque membre du groupe pour qu'il présente sa position ou ses vues personnelles sur le sujet, pour ensuite ouvrir la discussion entre les membres du groupe et enfin permettre aux autres personnes qui ne font pas partie du groupe proprement dit de poser des questions et d'intervenir.

1 Comment peut-on relier le problème des stéréotypes au système d'évaluation dans nos écoles actuelles? Comment réagissez-vous lorsque vous entendez des commentaires tels que: «C'est une excellente étudiante. Elle a toujours des A» ou «C'est un étudiant médiocre qui n'a que des D à son dossier»? Que sous-entendent ces remarques et quelles en sont les conséquences?

2 Pensez à un stéréotype quelconque que vous entretenez par rapport à un groupe religieux ou politique particulier. Essayez d'expliquer comment vous avez développé un tel stéréotype et comment il influence votre comportement envers les gens ainsi visés dans ce groupe. Décrivez avec précision les effets de ce stéréotype sur votre comportement.

3 Est-il possible de ne jamais classer un individu? Défendez votre point de vue. Utilisez si possible des exemples tirés de votre expérience personnelle.

4 Dressez une liste d'attitudes que vous avez déjà eues, ou que vous avez encore, et que vous considérez comme des stéréotypes. Comment se sont-elles formées? Pourquoi? Qu'est-ce qui vous les fait percevoir comme des stéréotypes?

Discussion

A Est-il difficile d'admettre que nous avons des stéréotypes? Évitez-vous de parler de certaines choses où vous pourriez être accusé d'avoir des partis pris ou des préjugés basés sur des stéréotypes?

B Est-il plus facile pour vous de parler du système d'évaluation scolaire que des valeurs religieuses? Pourquoi?

C Comment la présence des autres a-t-elle affecté votre participation à la discussion?

SUGGESTION DE TÂCHE 4-1
DICTON DE SAGESSE ET FOLKLORE

Dressez une liste aussi longue que vous le pouvez de dictons, proverbes, etc., qui mettent en évidence des comportements renfermant des inconséquences entre le discours et l'action. Vous pouvez retrouver ici, par exemple, des énoncés comme: «Faites ce que je dis, ne faites pas ce que je fais» ou «Il ne fait que parler de bataille» ou encore «Restez sobre, buvez Laurentide».

Vous pouvez partager cette liste avec d'autres et souligner les inconséquences présentées dans vos listes.

SUGGESTION DE TÂCHE 4-2
ÉCHELLES D'ATTITUDES

Rendez-vous à la bibliothèque et consultez différentes références (livres, revues, etc.) sur la mesure des attitudes. Choisissez une échelle d'attitudes, décrivez-la sur papier et essayez même de voir un type de recherche dans laquelle elle pourrait être utilisée. Dites ce que vous percevez comme étant les avantages et désavantages de cette échelle et expliquez comment les auteurs de cette échelle croient vraiment mesurer ce qu'ils veulent mesurer.

ou

Prenez des notes sur les méthodes de recherche concernant les attitudes, le genre de résultats obtenus par ces recherches, et faites une présentation orale sur ce sujet.

ou

Trouvez dans des magazines populaires, journaux et revues de vulgarisation psychologique des articles touchant le domaine des attitudes et croyances. Amenez-les dans votre groupe pour les discussions et interrogez votre professeur sur ce sujet avant de faire vous-même une présentation officielle dans votre groupe. Tentez de découvrir l'origine d'une de vos attitudes et encouragez les autres membres de votre groupe à faire de même.

SUGGESTION DE TÂCHE 4-3
LEURS ATTITUDES ET NOS ATTITUDES

Faites une description des valeurs et attitudes d'un groupe de gens que vous connaissez mais qui diffère de la description des valeurs et attitudes d'un groupe auquel vous vous identifiez.

Analysez les différences d'attitudes entre vos deux groupes et essayez de voir l'origine de ces différences. Ainsi, est-ce que l'autre groupe a des origines culturelles, un type d'éducation tout à fait différents du vôtre? Est-ce que cela permet de cerner et d'expliquer mieux vos différences? Soyez prêt à présenter verbalement une comparaison entre les valeurs et attitudes de ce groupe et celles du groupe auquel vous vous identifiez.

CHAPITRE 4
FEUILLE D'APPRÉCIATION PERSONNELLE

1 Avez-vous été confronté récemment à une situation où vous avez changé votre opinion sur une chose ou quelqu'un à partir de ce qu'une autre personne avait dit de vos valeurs ou de vos croyances? Racontez brièvement cette situation.

2 Si vous aviez des questions ou étiez perplexe quant à l'opinion de quelqu'un face à une de vos propres opinions, comment clarifieriez-vous cette situation?

3 Que veut dire le mot «hypocrite» pour vous?

Votre nom _____

5

LE LANGAGE: COMMENT TRADUIRE LES PERCEPTIONS EN COMMUNICATION

FEUILLE DE RÉTROACTION

Exercices

5-1 Qu'avez-vous voulu dire?   Projet de groupe

5-2 Conjugaisons irrégulières   Projet de groupe

5-3 Où ira l'argent?   Discussion/Jeu de rôle

5-4 Qui vous a compris?   En mouvement

Suggestions de tâches

5-1 Les mots et comment ils nous affectent

5-2 Définition

5-3 Minilangage

Feuille d'appréciation personnelle

FEUILLE DE RÉTROACTION (Chapitre 5)

1 Évaluez l'efficacité de la session de cette semaine pour vous.

     1   2   3   4   5   6   7   8   9   10

Inefficace   Très efficace

2 Évaluez comment à votre avis les autres perçoivent la session de cette semaine.

     1   2   3   4   5   6   7   8   9   10

Inefficace   Très efficace

Commentaires:

3 Quelque chose a-t-il interféré dans la bonne communication dans votre groupe? Y a-t-il quelque chose qui a nui à votre compréhension les uns des autres ou diminué l'efficacité de votre travail de groupe?

4 Avez-vous remarqué quelqu'un de très silencieux dans votre groupe?

5 Auriez-vous un exemple où un problème de communication a été créé à cause de l'utilisation différente d'un même mot par plusieurs personnes du groupe?

EXERCICE 5-1
QU'AVEZ-VOUS VOULU DIRE? (Projet de groupe)

Voici un exercice de définitions de termes. Il se fait assez bien en petits groupes de sept à neuf personnes. Une personne fait un énoncé susceptible d'être contesté par les autres à propos d'un événement actuel ou d'un point de vue philosophique ou politique. Les autres membres du groupe, de façon à créer un jeu, (1) lui demandent de définir tous ses termes et (2) définissent eux aussi ces termes, ce qu'ils y associent et les significations qu'ils leur donnent.

Évidemment, pour continuer à définir les termes et expressions employés en premier lieu on doit utiliser encore d'autres termes. Alors, à leur tour, ces mots deviennent sujets à des questions et des définitions. Rendue au point où la personne cible perd patience ou n'est plus capable de rien ajouter verbalement à ses définitions, d'autres prennent alors la relève pour faire une autre déclaration sujette à controverse et définissent leurs termes face aux autres.

Discussion

A En tant que personne qui essayait de définir les mots, quel était votre sentiment au fur et à mesure que les autres vous forçaient à définir et à redéfinir constamment vos mots? Y a-t-il certains mots que vous «savez» tout simplement?

B Le groupe lui-même est-il devenu impatient ou hostile envers la personne qui devait définir? Qu'est-ce qui a rendu les gens émotifs? Est-ce que l'on s'attend à ce que les autres définissent les mots et qu'ils leur accordent toujours les mêmes significations que nous?

C Comment savez-vous que les autres ont les mêmes définitions que vous si vous ne prenez pas le temps de poser des questions? Est-il vraiment plus poli d'écouter et de faire semblant de comprendre que de demander des précisions? Vous arrive-t-il souvent de sembler être d'accord sur la définition d'un mot alors que vous ne l'êtes pas?

EXERCICE 5-2
CONJUGAISONS IRRÉGULIÈRES (Projet de groupe)

À une émission de radio britannique, Bertrand Russell parla un jour de la conjugaison suivante:

> *Je* défends mes idées
> *Tu* t'obstines souvent
> *Il* est plus têtu qu'un âne

À partir de ce modèle, on ouvrit un concours et on demanda aux gens de faire parvenir d'autres conjugaisons du même genre. Voici quelques-unes des meilleures conjugaisons qu'on obtint:

— J'ai certains talents de leader. Tu es souvent porté à diriger les autres. Il veut mener tout le monde par le bout du nez;

— Je suis plutôt réservé. Tu es parfois distant avec les gens. Il est tellement sauvage;

— J'étais d'accord avec la suggestion du patron. Tu as rejoint les idées du patron. Évidemment, il a encore plié devant le patron;

— Je suis préoccupé. Tu es anxieux. Il est bourré de complexes;

— Je suis de nature sociable. Tu aimes être entouré. Il n'est pas satisfait tant qu'il n'a pas attiré toute l'attention sur lui;

— Je me suis probablement trompé. Tu t'es contredit sur ce point. Il nous a menti en pleine face;

— Je suis un fin causeur. Tu monopolises la conversation. Quel raseur!

— Je me sens seul à faire la tâche. Tu ne veux pas coopérer. Personne ne s'est proposé pour faire...

— Je n'ai plus le goût. Tu me fatigues. Il sabote tout ce que nous faisons;

— Je me sens intimidé. Tu es snob. Il ne me sourit jamais.

Dans votre groupe maintenant, complétez les énoncés suivants selon le modèle précédent et partagez-les avec les autres.

Je suis petit(e) et trapu(e)...
J'aime la fantaisie...
J'ai une morale ouverte...
J'aime la musique...
Je crois en l'honnêteté...
Je suis assez conventionnel...
Je ne crois pas à l'épargne...
J'ai besoin de beaucoup de sommeil...

Discussion

A Qu'est-ce que cet exercice révèle de votre façon de parler de vous-même comparativement à votre façon de parler des autres? Aimez-vous que vos comportements et attitudes soient toujours considérés positivement alors que peut-être vous mettez en doute les mêmes comportements et attitudes chez les autres?

B Lorsque vous parlez directement à une personne, vous est-il alors plus facile d'être «positif» que si vous parlez d'une tierce personne absente? Nos conversations et discussions en face à face n'ont-elles pas tendance à être moins critiques et évaluatives que celles faites lorsque les gens ne sont pas présents?

C Lorsque vous dites «il est» ou «elle est» pour décrire une personne, est-ce que cela renvoie à des comportements ou à des attitudes statiques et des qualités invariables? Ce verbe «être» ne limite-t-il pas nos descriptions des autres? Comment aveugle-t-il nos relations avec les autres?

D Est-ce qu'une conjugaison de verbes qui décrit les actions et comportements de quelqu'un n'est pas plus descriptive et exacte des gens qui nous entourent?

E Est-ce que la dynamique de nos comportements interpersonnels ne peut pas être modifiée par une conjugaison plus régulière des verbes?

EXERCICE 5-3
OÙ IRA L'ARGENT? (Discussion/Jeu de rôle)

Vous êtes président ou présidente d'un comité qui distribue des fonds à différentes organisations sociales et communautaires. Vous avez 10 000 $ à distribuer provenant de diverses donations individuelles. Parmi ces donateurs, cependant, quelques-uns ont spécifié à qui ils voulaient voir leur argent attribué. Ainsi Monsieur Piché a donné 500 $ en voulant avoir la certitude que ce montant irait au Centre d'information sur le cancer. Une autre personne a donné 200 $ mais a voulu être assurée que le montant irait à l'Association de protection de l'enfance du comté. Les autres fonds ne sont pas encore engagés. Vous avez une réunion avec les membres de votre comité pour décider comment répartir le montant global. Les organisations en question attendent une décision finale de votre part. Les demandes que vous avez déjà reçues — voir la liste ci-dessous — dépassent évidemment de beaucoup le montant global que vous avez à distribuer.

Association de protection de l'enfance — Cet organisme assiste et vient en aide aux parents abusifs et fournit une aide directe à leurs enfants. Leur demande est de 6000 $.

Centre d'information sur le cancer — Ce centre offre des services de détection, de références et d'information mais ne fait pas de traitement proprement dit. Leur demande est de 3500 $.

Scouts (Garçons) — La section locale et régionale est bien connue et très active. Leur demande est de 2500 $.

Guides (Filles) — Comme chez les garçons, l'organisation fonctionne bien et dessert bien le milieu. Leur demande est de 1500 $.

L'Orchestre symphonique — Leur dernière campagne de souscription n'a pas récolté suffisamment de fonds. De bons musiciens de l'orchestre risquent de perdre leur emploi. La demande est de 2000 $.

Drogue-Secours — Ce centre diffuse beaucoup d'informations auprès de toute la communauté sur les problèmes liés à l'usage des drogues et sert de premier dépannage auprès des jeunes aux prises avec un problème urgent d'intoxication.

Centre d'intervention et de prévention du suicide — Ce centre offre un service téléphonique d'aide aux personnes en difficulté. La demande est de 2000 $.

Centre d'aide aux personnes âgées — Ce centre fournit de l'information aux personnes âgées concernant leurs droits sociaux et légaux. L'organisation voudrait cependant prendre de l'expansion pour offrir d'autres services importants aux gens âgés de la communauté. Leur demande est de 3500 $.

1   Premièrement, travaillez seul et faites une répartition du montant global de 10 000 $. Soyez prêt à défendre votre répartition, c'est-à-dire les raisons qui motivent vos choix.
2   En petits groupes, essayez d'atteindre un consensus quant à la répartition aux différents centres et organisations. Lorsque vous arrivez à une certaine conclusion générale, rassemblez-vous avec d'autres groupes pour voir et comparer comment chacun a procédé.
3   Des jeux de rôles peuvent s'élaborer à partir des demandes des différentes organisations. On forme par exemple des petits sous-groupes qui représentent ces organisations et qui viennent plaider leur demande.
4   Lorsque les jeux de rôles sont terminés, on fait une autre répartition du montant global et on regarde si celle-ci est différente de la première, et comment les différentes interventions à l'intérieur des jeux de rôles et plaidoyers ont influencé le nouveau partage.

Discussion

A Jusqu'à quel point vous a-t-il été facile ou difficile de faire votre répartition personnelle à travers les différentes organisations? Est-ce qu'il y a des organisations avec lesquelles vous vous sentiez davantage d'affinités? Aviez-vous des organisations «favorites» ou «préférées»? Votre conscience sociale a-t-elle dicté vos choix? Pouvez-vous défendre vos choix?

B Dans la discussion de groupe vous a-t-il été facile de défendre et d'en rester à votre répartition? Est-ce qu'il y avait des organisations qui vous laissaient plutôt indifférents? Auriez-vous moins argumenté si au préalable vous n'aviez pas fait votre répartition personnelle?

C Est-ce que les répartitions sont différentes d'un sous-groupe à l'autre? Jusqu'à quel point? Pourquoi ces différences? Qu'est-ce que cela vous apprend des comités et des gens qui ont à accomplir un tel type de tâche?

D Après les jeux de rôles, est-ce que les opinions ont changé? Étiez-vous favorable à ces changements? Comment ces changements se sont-ils effectués? par une bonne argumentation? par vote de la majorité? par la logique? par manipulation émotive et affective?

EXERCICE 5-4
QUI VOUS A COMPRIS? (En mouvement)

Rappelez-vous une expérience relationnelle significative de votre passé c'est-à-dire une personne qui dans votre passé vous a mieux compris que d'autres. Il n'est pas nécessaire que ce soit une personne qui ait été près de vous pendant une longue période de temps ou qui a encore aujourd'hui beaucoup d'impact sur vous. Il est seulement nécessaire que ce soit une personne qui, pendant un certain moment, vous a bien compris et mieux que les autres personnes. Essayez de déterminer ce qui, de vous-même, de l'autre personne, de la situation ou de la combinaison des trois a rendu cette compréhension possible.

Mettez sur papier quelques notes à ce sujet pour être prêt à en discuter avec les autres. Cette discussion sera informelle et chacun pourra y partager son expérience.

Discussion

A Quel était le langage utilisé avec cette personne qui rendait la compréhension meilleure?

B Que saviez-vous l'un(e) de l'autre qui a pu favoriser et contribuer directement à cette meilleure compréhension? Aviez-vous vécu un événement ou quelque chose de spécial avec cette personne?

C Partagez vos réactions avec les autres quant aux situations et personnes avec lesquelles chacun s'est senti compris. Pouvez-vous identifier certains facteurs constants: âge? sexe? type de relation? facteurs externes?

D Quelle est l'implication de ces facteurs dans votre communication avec les autres? Pouvez-vous émettre une théorie à partir de ce que chacun(e) a rapporté? Cela vous donne-t-il des idées pour améliorer votre communication avec les autres? Lesquelles?

SUGGESTION DE TÂCHE 5-1
LES MOTS ET COMMENT ILS NOUS AFFECTENT

Si on écrivait un mot au tableau, croyez-vous que vous réagiriez à ce mot? Les mots sont-ils neutres? Peuvent-ils nous communiquer et faire surgir des émotions? Inscrivez dans les espaces appropriés ci-dessous au bout des descriptions les mots qui sont le plus susceptible de vous faire réagir de chaque manière décrite.

Quel est le plus beau mot que vous connaissez? _____

Quel est le mot qui communique le plus de douceur et de gentillesse? _____

Quel est le mot le plus laid, le plus affreux? _____

Quel est le mot le plus terrifiant? _____

Quel est le mot le plus acerbe, le plus méchant? _____

Quel est le mot qui exprime le plus un sentiment de solitude? _____

Quel est le mot qui suscite chez vous le plus de colère et d'agressivité? _____

Quel est le mot qui communique pour vous le plus de bonheur? _____

SUGGESTION DE TÂCHE 5-2
DÉFINITION

1   Les scientifiques utilisent le concept de définition opérationnelle dans leur travail. Quelle est la différence entre une définition opérationnelle et une définition du dictionnaire?
2   Dressez une liste de mots pour lesquels vous essayez de trouver à la fois des définitions opérationnelles et des définitions du dictionnaire. Comment les définitions diffèrent-elles? Quels sont les genres de mots qui suscitent le plus de définitions différentes?
3   Essayez de donner une définition opérationnelle d'un mot insensé et essayez ensuite d'utiliser ce mot dans des phrases de formes et d'intentions variées.
4   En groupe, exercez-vous à donner oralement différentes définitions de mots aux autres. Est-il plus facile pour vous de faire cela verbalement que de façon écrite?

SUGGESTION DE TÂCHE 5-2
MINILANGAGE

Dans plusieurs groupes sociaux, il existe un langage standard miniature qui est différent du langage utilisé couramment par la majorité. On retrouve dans ces minilangages des significations spéciales attachées à certains mots, des mots nouveaux ou des mots inventés en fonction de circonstances, d'événements ou d'objets. Dans votre milieu d'étude, collège ou université, il y a probablement plusieurs de ces petites phrases toutes faites, mots ou expressions à signification particulière. Voyez si vous pouvez identifier ces mots et expressions et les définir. Est-ce qu'il y en a que vous ne comprenez pas? Qu'est-ce qui peut causer cela? Est-ce qu'il y a des mots ou expressions que vous utilisez avec vos amis et que peut-être les autres ne comprennent pas? Comment cela affecte-t-il votre communication avec vos amis et avec les autres?

Une autre façon d'aborder ce sujet est de vous mettre en dyades et de travailler à identifier des mots et expressions que vous savez être uniques à certains groupes. Ce vocabulaire peut venir par exemple de groupes ethniques différents du vôtre, de groupes de personnes avec des intérêts particuliers ou autres.

Dans une situation ou l'autre, écrivez un bref essai dans lequel vous tentez de répondre aux questions déjà posées. Décrivez comment vous avez connu ce langage et quel effet cela a eu sur vous la première fois. Finalement, peut-être pouvez-vous aussi spéculer un peu sur votre façon d'être en relation (directe ou indirecte) avec ces gens qui utilisent un tel minilangage.

CHAPITRE 5
FEUILLE D'APPRÉCIATION PERSONNELLE

1 Pouvez-vous penser à des choses pour lesquelles il n'existe pas de mot? Donnez un exemple d'une chose pour laquelle il n'y a pas de mot?

2 Les mots signifient des choses différentes pour des gens différents. Donnez l'exemple d'un mot qui, à votre avis, a une signification très différente pour quelqu'un d'autre.

3 Pensez-vous parler un dialecte? Avez-vous l'impression que votre langage est « standard » ou « non standard »? Quand et avec qui utilisez-vous l'un ou l'autre?

Votre nom _____

6

LES PIÈGES SÉMANTIQUES:
COMMENT LES ÉVITER

FEUILLE DE RÉTROACTION

Exercices

Suggestions de tâches

Feuille d'appréciation personnelle

FEUILLE DE RÉTROACTION (Chapitre 6)

1 Évaluez l'efficacité de la session de cette semaine pour vous.

      1   2   3   4   5   6   7   8   9   10

Inefficace   Très efficace

2 Évaluez comment à votre avis les autres perçoivent la session de cette semaine.

      1   2   3   4   5   6   7   8   9   10

Inefficace   Très efficace

3 Avez-vous remarqué quelqu'un dans votre groupe qui fonctionnait plutôt par inférences alors que des observations concrètes étaient possibles?

4 Quels genres de prises de conscience avez-vous faits à partir des exercices de cette dernière session?

5 Faites ici vos commentaires sur les exposés théoriques que vous avez eus jusqu'à maintenant.

6 Avez-vous d'autres commentaires, questions, critiques, suggestions, etc.?

EXERCICE 6-1
LE TEST D'INFÉRENCES* (Jeu)
Directives

Ce test vise à vérifier votre habileté à penser avec *précision et attention*. Étant donné que vous n'avez probablement jamais fait un test de *ce genre* auparavant, vous obtiendrez un résultat plus bas si vous ne lisez pas *très attentivement* les directives.

1 Vous lirez une brève histoire. Prenez pour acquis que l'information donnée dans cette histoire est absolument *précise et vraie*. Lisez l'histoire attentivement. Vous pourrez revenir à l'histoire quand vous le voudrez.

2 Vous lirez ensuite certains énoncés concernant l'histoire en question. Répondez-leur en suivant l'ordre numérique. *Il est défendu* de retourner en arrière pour compléter ou changer vos réponses. Cela modifierait indûment votre résultat.

3 Après avoir lu chaque énoncé, déterminez si cet énoncé est:
   V: Sur la base de l'information présentée dans l'histoire, l'énoncé est *certainement vrai*.
   F: Sur la base de l'information présentée dans l'histoire, l'énoncé est *certainement faux*.
   ?: L'énoncé peut être vrai ou faux car, à partir de l'information présentée, on ne peut être certain. Si la moindre partie de l'énoncé est douteuse, indiquez « ? ».
   Indiquez votre réponse en encerclant V, F ou ? à la fin de l'énoncé.

Test d'essai — L'histoire

La seule automobile stationnée en face du 619 de la rue des Érables est une automobile noire. Les mots « Jacques M. Courville, M.D. » sont inscrits en petites lettres dorées sur la portière avant gauche de cette automobile.

Énoncés

1 La couleur de l'automobile stationnée en face du 619 de la rue des Érables est noire. Ⓥ F ?

2 Il n'y a aucune inscription sur la portière avant gauche de l'automobile en face du 619, rue des Érables.   V Ⓕ ?

3 Il y a quelqu'un de malade au 619 de la rue des Érables.   V F Ⓐ

4 L'automobile noire stationnée en face du 619 de la rue des Érables appartient à Jacques M. Courville.   V F Ⓐ

RAPPEL Vous répondez *seulement* sur la base de l'information présentée dans l'histoire. Évitez de répondre en fonction de ce que vous pensez qui peut s'être produit. Répondez à chaque énoncé l'un à la suite de l'autre (par ordre numérique) sans revenir en arrière ni changer une de vos réponses.

*Reproduit avec la permission de W. Haney, *Communication and Organizational Behavior*, Homewood, Ill., Richard Irwin, 1967, p. 185-186.

L'histoire

Un homme d'affaires venait à peine d'éteindre les lumières du magasin lorsqu'un autre homme apparut et demanda de l'argent. Le propriétaire ouvrit la caisse enregistreuse. Le contenu de la caisse fut vidé et l'homme partit en courant. On avisa promptement un policier.

Énoncés

1 Un homme est apparu après que le propriétaire eut éteint les lumières de son magasin.   V F ?

2 Le voleur était un homme.   V F ?

3 L'homme qui est apparu n'a pas demandé d'argent.   V F ?

4 L'homme qui a ouvert la caisse enregistreuse était le propriétaire.   V F ?

5 Le propriétaire du magasin rafla le contenu de la caisse enregistreuse
et partit en courant.   V F ?

6 Quelqu'un a ouvert la caisse enregistreuse.   V F ?

7 Après que l'homme qui demandait de l'argent eut raflé le contenu de la caisse
enregistreuse, il partit en courant.   V F ?

8 Quoique la caisse enregistreuse ait contenu de l'argent, l'histoire ne dit pas combien.   V F ?

9 Le voleur a demandé l'argent du propriétaire.   V F ?

10 Le voleur a ouvert la caisse enregistreuse.   V F ?

11 Après que les lumières du magasin eurent été éteintes, un homme est apparu.   V F ?

12 Le voleur n'a pas apporté l'argent avec lui.   V F ?

13 Le voleur ne demanda pas l'argent du propriétaire.   V F ?

14 Le propriétaire a ouvert la caisse enregistreuse.   V F ?

15 L'âge du propriétaire du magasin n'a pas été révélé dans l'histoire.   V F ?

16 Ayant pris le contenu de la caisse enregistreuse avec lui, l'homme sortit en
courant du magasin.   V F ?

17 Cette histoire porte sur une série d'événements dans lesquels trois personnes
seulement sont impliquées: le propriétaire du magasin, un homme qui a demandé
de l'argent et un policier.   V F ?

18 Les événements suivants sont inclus dans l'histoire: quelqu'un a demandé de
l'argent, une caisse enregistreuse a été ouverte, son contenu a été ramassé et un
homme s'est enfui du magasin.   V F ?

Discussion

A Prenez conscience de vos stéréotypes, postulats et inférences tels qu'ils se manifestent dans vos réponses à ce test. N'ayez pas peur de les reconnaître ouvertement dans le groupe pour fin de discussion et de comparaison avec les autres.

B Êtes-vous porté présentement dans cette discussion à argumenter pour absolument convaincre les autres que c'est votre interprétation des faits qui est la meilleure ou la seule bonne?

C Avez-vous l'impression que toute cette histoire est une sorte de « jeu-attrape » compliqué mais qu'en réalité les choses ne se passent jamais ainsi dans la vie de tous les jours ou croyez-vous que les événements peuvent être racontés et perçus aussi difficilement? Comparez le texte de cette histoire avec l'exemple du bureau de poste dans le chapitre théorique.

EXERCICE 6-2
QUEL EST SON NOM? (Jeu)
Essayez de démêler l'affaire suivante:

Un homme rencontre un jour dans la rue un ami qu'il n'a pas vu et dont il n'a pas entendu parler depuis dix ans. Après un bref échange, l'homme dit: «Est-ce ta petite fille?» et l'ami réplique: «Oui, je me suis marié il y a six ans».

L'homme demande alors à l'enfant: «Quel est ton nom?» et la petite fille répond: «C'est le même que celui de ma mère».

«Oh, dit l'homme, alors tu dois t'appeler Micheline».

Si l'homme ne savait pas qui son ami avait épousé, comment pouvait-il savoir le nom de l'enfant?

Discussion

A   Il y a plusieurs devinettes comme celle qui précède. Elles sont la plupart du temps simplement basées sur un postulat ou une inférence qui nous amène sur une fausse piste dans notre tentative de les résoudre. Vous avez sans doute trouvé le postulat de la présente devinette; trouvez-en une ou deux autres du même genre et discutez des subtilités sémantiques et des inférences qu'elles suggèrent.

B   Réussissez-vous à résoudre plus facilement ce genre de devinettes lorsque vous pouvez en parler avec d'autres personnes ou lorsque vous êtes seul? Pourquoi?

C   Les devinettes ne sont-elles que des jeux d'enfants ou peuvent-elles vous aider à comprendre ce que sont les inférences et nous aider à développer davantage notre sens de la logique?

EXERCICE 6-3
LES NEUF POINTS (Jeu)
Objectif: tracer une ligne qui passe par les neuf points.

Restrictions

1   Commencez avec votre crayon sur n'importe lequel des neuf points.
2   Vous ne pouvez tracer que quatre et seulement quatre lignes droites pour rejoindre les points, et ceci sans relever votre crayon du diagramme une fois que vous avez commencé.
3   Vous pouvez croiser des lignes avec votre trait mais vous ne pouvez pas repasser sur une ligne déjà tracée.

Discussion

A   Cet exercice est souvent utilisé pour démontrer comment il est possible d'être plus créatif et imaginatif. Dites ce que vous pensez de ce casse-tête et comment ce qu'il suggère pourrait être utile comme démonstration pratique dans un atelier (1) en arts, (2) en vente, (3) en affirmation de soi, (4) en musique ou (5) en photographie.

B Pour ceux et celles qui auraient déjà connu la réponse à ce casse-tête, essayez de voir si vous vous êtes davantage souvenu (1) du moyen pour résoudre le problème ou davantage (2) du principe impliqué dans la solution du problème.

EXERCICE 6-4
NOMMEZ ET UTILISEZ (Projet de groupe)

Un livre est fait pour être lu. Il peut cependant servir à autre chose. Faites une liste de tous les usages (autres que la lecture) que vous croyez possibles.

Lorsque vous êtes au bout de votre imagination personnelle, échangez et comparez votre liste avec d'autres membres du groupe. Dressez ensemble une liste des 25 meilleurs usages d'un livre autres que celui de lire.

Discussion

A Est-ce que le nom donné à un objet restreint notre pensée quant à cet objet?

B Est-ce qu'un livre a une qualité fondamentale et unique à un livre qui réduit ainsi notre pensée à propos des usages qu'on peut en faire? Peut-on adapter un livre à un usage déjà rempli par un autre objet de notre environnement?

C Essayez le même exercice avec le mot «brique» et voyez si vous ne trouvez pas des usages communs à une brique et un livre. Explorez ensuite les différences.

D Est-ce plus facile de trouver des idées en groupe ou individuellement? Discutez et situez-vous.

SUGGESTION DE TÂCHE 6-1
UTILISATION CRÉATIVE D'UN OBJET

Après avoir fait l'exercice 6-4, écrivez un bref texte où vous racontez comment quelqu'un que vous connaissez (ou vous-même) a adapté un objet à un tout autre usage que celui auquel cet objet était d'abord destiné. (Par exemple, quelqu'un qui avec un certain type de casseroles de cuisine s'est fabriqué une belle lampe ou de beaux pots à fleurs.) Retracez si possible le processus par lequel on arrive ainsi à l'utilisation créative d'un objet. À quel moment, après combien de temps, après combien d'essais et dans quel contexte est-il le plus facile d'ête créatif et imaginatif?

SUGGESTION DE TÂCHE 6-2
COUPURES DE JOURNAUX

Pour cette tâche vous devez comparer les faits, énoncés, jugements et inférences retrouvés dans le compte rendu d'un événement d'actualité d'un journal à ceux contenus dans l'éditorial du même journal.

Étape 1 Découpez un article qui relate un événement d'actualité (environ 500 mots). Soulignez en rouge toutes les informations factuelles (les énoncés qui pourraient être vérifiés par observations). Soulignez en bleu toutes les inférences (les énoncés effectués sur ce qui est inconnu à partir du connu). Soulignez en vert tous les énoncés qui, à votre avis, traduisent un jugement ou une évaluation (des expressions de valeurs).

Étape 2 Découpez un éditorial (environ 500 mots) et soulignez en rouge les énoncés d'informations factuelles, en bleu les énoncés d'inférences et en vert les énoncés de jugements ou d'évaluation.

Étape 3 Expliquez par écrit ce que vous découvrez en comparant le *nombre* de faits, d'inférences et de jugements. Quelles conclusions pouvez-vous tirer de cette comparaison?

Étape 4 Lisez ces deux textes à haute voix devant vos collègues; pour l'article d'actualité, essayez de garder votre ton de voix et vos inflexions (votre paralangage) le plus neutres possible; pour l'éditorial, au contraire, mettez-y le plus d'émotion et d'expressions non verbales possible.

SUGGESTION DE TÂCHE 6-3
FAITS ET POINTS DE VUE

Tôt ce matin, deux accidents ont causé de graves blessures à une jeune personne et un homme, ainsi qu'à trois adolescents.

1 Écrivez un compte rendu de ces accidents en inventant les noms, les lieux et les autres circonstances des accidents.
2 Écrivez un article de journal en faveur d'une campagne contre la délinquance juvénile. N'utilisez que des énoncés de faits (comme dans les comptes rendus précédents) pour

laisser vos lecteurs faire leurs propres jugements et leurs propres inférences. Les faits doivent être les mêmes que dans les premiers comptes rendus.

3   Écrivez un article de journal très critique concernant l'administration municipale de votre ville. Ici encore, n'utilisez que des faits se rapportant à un des deux accidents déjà décrits; ne changez que le «ton» de votre texte.

4   Dans une situation de jeu de rôle dans votre groupe, jouez le rôle d'une personne qui a été témoin d'un de ces accidents. Cette fois-ci, inventez les détails de l'accident au fur et à mesure que vous jouez ce rôle. Rendez votre «jeu» et vos énoncés plus dramatiques et communiquez aux autres ce que vous avez vu «réellement» tout en ajoutant beaucoup de détails supplémentaires. Comment est-il possible de faire cette description tout en respectant fondamentalement les faits?

SUGGESTION DE TÂCHE 6-4
RECOMMANDATIONS

1   Comment écririez-vous une lettre de recommandation pour un de vos voisins que vous n'appréciez pas tellement et qui vient de se voir offrir un emploi à l'étranger? Écrivez cette lettre en n'utilisant que des faits qui peuvent aider ce voisin à obtenir cet emploi. Analysez ensuite votre lettre en vous arrêtant à regarder ce que vous avez choisi de ne pas prétendre. Essayez de voir également quelle impression de votre voisin aura la personne qui recevra cette lettre.

2   Imaginez maintenant que la demande d'une recommandation pour votre voisin vous est faite directement par téléphone. Que répondez-vous à cet interlocuteur, par rapport au caractère et à l'intégrité de votre voisin? Écrivez ce dialogue téléphonique comme vous le concevez — les questions de l'employeur éventuel au sujet de votre voisin et vos réponses à cette personne.

3   Un club auquel vous appartenez veut trouver une quinzaine d'autres membres. Écrivez une lettre à un(e) ami(e) pour lui présenter les avantages d'appartenir à ce club. Lorsque vous avez terminé votre lettre, analysez par écrit quelles sont les inférences que votre ami(e) risque de faire suite à ce que vous lui dites.

CHAPITRE 6
FEUILLE D'APPRÉCIATION PERSONNELLE

1   Décrivez brièvement un incident récent qui vous est arrivé à vous-même ou à quelqu'un d'autre et dans lequel des inférences ou des jugements ont été présentés comme des faits.

2   Analysez brièvement une décision que vous avez dû prendre dernièrement en utilisant des postulats ou des inférences. (Cette décision peut être quelque chose d'assez important comme l'achat d'une automobile ou quelque chose de plus simple comme le choix d'un menu.)

Votre nom _____

L'ÉCOUTE:
Y A-T-IL QUELQU'UN?

FEUILLE DE RÉTROACTION

Exercices

Suggestions de tâches

Feuille d'appréciation personnelle

FEUILLE DE RÉTROACTION (Chapitre 7)

1   Évaluez l'efficacité de la session de cette semaine pour vous.

      1   2   3   4   5   6   7   8   9   10

Inefficace   Très efficace

2   Évaluez comment à votre avis les autres perçoivent la session de cette semaine.

      1   2   3   4   5   6   7   8   9   10

Inefficace   Très efficace

Commentaires:

3   Avez-vous remarqué des choses au niveau de l'écoute des gens entre eux qui ont pu interférer avec le travail du groupe?

4   Commentez votre propre style et vos propres attitudes d'écoute pendant les dernières rencontres.

5   Ajoutez vos autres commentaires et suggestions.

EXERCICE 7-1
ÉCOUTER (Jeu de rôle)

Dans votre groupe, préparez des situations de jeux de rôles où des personnes sont désignées pour écouter les personnes suivantes: (1) une personne âgée; (2) un enfant de 5 ans; (3) une personne très attirante de l'autre sexe; et (4) une personne très importante.

Jouez ces scènes de rencontre devant les membres de votre groupe. Utilisez n'importe quel contenu ou sujet de discussion. Le contenu lui-même est ici moins important que l'interaction.

Discussion

A Avez-vous remarqué des différences d'écoute selon les différentes personnes à écouter? Avez-vous remarqué certaines similitudes?

B Quelle généralisation pouvez-vous faire sur la manière dont les dyades ont accompli les rôles?

C Dans la mesure où vous avez plutôt observé les différents jeux de rôles dans votre groupe, comment vous êtes-vous senti par rapport aux personnes qui avaient les rôles d'écoute? Pouvez-vous vous «mettre dans la peau» alternativement de l'une et l'autre personnes dans ce genre de situation (soit dans la peau de la personne qui parle, soit dans la peau de la personne qui écoute)?

D Quelles ont été les «techniques» employées par les personnes à l'écoute qui faisaient sentir à l'autre qu'elles écoutaient attentivement et activement? Selon vous, ces techniques étaient-elles perceptibles pour la personne qui parlait? Cette personne ajustait-elle son discours en fonction des signes d'écoute qu'elle recevait?

E Dans les jeux de rôles, a-t-on mis l'accent à la fois sur le verbal et le non-verbal? Lequel de ces deux canaux de communication transmettait le mieux l'information à l'autre? Retrouve-t-on des comportements assez universels au niveau de l'écoute? Lesquels?

EXERCICE 7-2
COMPORTEMENTS ET HABILETÉS D'ÉCOUTE (Discussion)

L'exercice qui consiste à répéter et reformuler ce qu'une autre personne communique devant nous est probablement celui qui est le plus couramment utilisé pour développer le sens de l'écoute. C'est un exercice de base pour tous ceux et celles qui veulent aider les autres autour d'eux. Il peut cependant être au début assez «frustrant» à pratiquer. Effectivement, il n'est pas facile de répéter et de reformuler ce qu'une autre personne nous dit. Or, lorsque cette personne a parlé longtemps, il devient encore plus difficile de synthétiser ce qu'elle a dit. Dans une discussion de groupe, nous ne sommes pas habitués à redire et reformuler ce que l'intervenant précédent vient de dire, nous voulons plutôt apporter vivement notre contribution. Cet exercice modifiera un peu les règles habituelles, mais réussira sans doute à faire ressortir des éléments intéressants.

Directives aux membres de votre groupe

Votre tâche consiste à discuter n'importe lequel des sujets listés ci-dessous. Vous devez cependant suivre et respecter les règles suivantes. Chaque membre du groupe, avant de prendre la parole, doit d'abord *résumer dans ses propres mots* ce que le membre précédent (qui vient de parler immédiatement avant lui ou elle) a dit, et ce à la satisfaction de ce dernier ou de cette dernière.

Si le résumé semble incorrect ou incomplet à quiconque dans le groupe, un arbitre nommé au préalable par le groupe interviendra pour clarifier la situation. Lorsque quelqu'un résume vos propos, ne soyez pas trop facilement satisfait seulement pour le principe de faire avancer la discussion; tenez bien à ce que vos idées, votre intention et vos sentiments soient correctement reformulés.

Résumé des directives aux participants

1 Lisez les instructions et décidez du sujet qui sera discuté.

2 Votre travail consiste à faire en sorte que chaque personne participant à la discussion respecte les règles. Personne ne peut parler sans avoir au préalable résumé ce que la personne précédente a communiqué.

3 Si vous croyez que la reformulation est incorrecte ou incomplète, vous interrompez l'échange pour dissoudre l'incompréhension.

Sujets de discussion

A Les programmes sportifs sont très importants dans votre milieu d'étude.

B L'expérience sexuelle est nécessaire avant le mariage.

C Les évaluations traditionnelles devraient-elles être éliminées de l'enseignement? Pourquoi? Quelles sont les alternatives?

D Votre tâche de groupe est de mettre en ordre d'importance les énoncés suivants concernant le fonctionnement efficace d'un groupe. Vous indiquez « 1 » en face de l'énoncé qui vous apparaît le plus important pour l'efficacité d'un groupe, « 2 » devant le second en importance, et ainsi de suite jusqu'à l'événement descriptif le plus éloigné ou le moins important pour le fonctionnement efficace d'un groupe. Vous devez travailler à cette tâche en groupe. Vous pouvez vous organiser comme vous le voulez pour faire ce travail pourvu que le groupe au complet le fasse et qu'évidemment vous n'oubliiez pas de respecter les règles du jeu.

_____ Il y a une saine compétition entre les membres

_____ Chaque membre s'en tient au sujet et à l'objet de la rencontre

_____ Les membres se partagent les fonctions de leadership

_____ Le groupe évite les situations de conflit

_____ Chaque membre donne et reçoit des rétroactions

_____ Le leader propose un plan de travail à chaque rencontre du groupe

_____ L'agressivité est exprimée ouvertement

_____ Des sous-groupes informels s'établissent spontanément

_____ Les membres se sentent libres d'exprimer leurs sentiments négatifs

_____ Les buts du groupe sont connus de tous et formulés explicitement

_____ L'information est librement partagée entre les membres

_____ Les sentiments des membres sont respectés au fur et à mesure de l'accomplissement de la tâche

Discussion

A Jusqu'à quel point vous a-t-il été facile de vous plier aux règles et de reformuler avant de faire vos propres interventions?

B Avez-vous retrouvé une tendance chez les membres du groupe à raccourcir et à être plus précis dans leurs interventions au fur et à mesure que le sujet était discuté?

C Quels autres changements dans cette situation avez-vous remarqués, comparativement aux discussions habituelles? Écoutons-nous vraiment dans les situations normales?

D Est-ce que vous faites des apprentissages particuliers pour vous-même à partir de cet exercice? Pensez-vous que d'autres gens à l'extérieur de votre groupe auraient avantage à faire un tel exercice et modifier leur écoute en conséquence?

EXERCICE 7-3
À L'ÉCOUTE DES SENTIMENTS (Jeu de rôle)

L'écoute est sans nul doute (nous le verrons davantage au chapitre 10) liée au fait de confirmer une personne dans ce qu'elle est et d'être nous-mêmes reconnus et confirmés dans ce que nous sommes. Écouter et être écouté, c'est rechercher en quelque sorte une confirmation de soi-même et de l'autre. Faites un jeu de rôle (dialogue et action) avec les situations suivantes telles que vous les percevez spontanément. En même temps que vous jouez ces situations, essayez aussi d'être sensible à la façon dont l'attitude d'écoute (la vôtre ou celle d'un autre si vous n'êtes pas directement impliqué dans le jeu) influence ce jeu. Évidemment, lorsque nous parlons d'écoute, nous parlons ici d'une attitude où ce ne sont pas que les mots qui sont perçus et qui importent, mais aussi les sentiments sous-jacents.

Situation Trois personnes discutent d'un film. Choisissez un film que tous les membres du groupe ont vu. Une personne parle abondamment du film (des personnages, de l'histoire, de la mise en scène, etc.), alors qu'une autre écoute attentivement et activement. La troisième personne ne porte attention ni aux faits ni à l'information mais est attentive aux erreurs de langage, aux mauvaises prononciations, à la forme du discours et n'intervient que pour souligner ce genre d'erreurs et faire dévier le sujet. À la fin de ce jeu de rôle, vous demandez aux autres membres de dire comment ils réagissent face à cette troisième personne et ce qu'il aurait fallu faire pour rendre la communication plus efficace.

Situation Une famille est en train de souper — deux parents, trois enfants. Les enfants sont d'âge scolaire et fréquentent l'école. Le plus jeune veut raconter quelque chose qui lui est arrivé aujourd'hui. Personne ne porte vraiment attention à cet enfant et chacun l'interrompt pour demander de la nourriture, conter une histoire drôle, etc. En fait, le plus jeune n'obtient aucun renforcement ni incitation à raconter ce qui lui est arrivé.

Situation Un groupe de travail s'affaire à préparer une présentation devant les autres membres de la classe sur un sujet quelconque. Un des membres de ce groupe de travail apporte ses suggestions et ses idées, mais celles-ci ne sont pas écoutées par les autres membres de son équipe de travail. Quelques minutes plus tard, cependant, lorsqu'un autre membre amène les mêmes suggestions ou les mêmes idées, elles sont alors retenues par le groupe. Après ce jeu de rôle, essayez de voir comment le fait d'écouter ou non un participant peut influencer et affecter sa participation et son adhésion à l'équipe et comment l'écoute peut aider quelqu'un individuellement ou l'exclure indirectement.

Discussion

Les gens pensent souvent que la seule façon de vraiment se faire connaître des autres est de parler. Après ces exercices, voyez-vous mieux comment vous pouvez avoir un effet sur les autres à partir de la façon dont vous écoutez et leur portez attention? Vous rendez-vous compte jusqu'où peut s'exercer cette influence?

EXERCICE 7-4
LE PROCESSUS D'AIDE ET DE CONSULTATION (Discussion)

Directives pour la personne (P) ayant un problème. Choisissez une situation conflictuelle où vous rencontrez une certaine difficulté et pour laquelle vous aimeriez recevoir de l'aide. Cela devrait être une difficulté ou un problème qui vous préoccupe, qui est important pour vous et sur lequel vous avez déjà passablement réfléchi. Cela devrait être également quelque chose que vous voulez changer. En groupe de trois, vous aurez une dizaine de minutes pour présenter cette (difficulté, problème ou conflit) situation problématique, environ une vingtaine de minutes pour en discuter, et dix minutes avec chaque autre membre de votre triade pour revoir et compléter les feuilles de rétroaction.

Comme personne qui demande de l'aide, impliquez-vous dans cette discussion le plus librement et le plus authentiquement possible. Ne vous sentez pas obligé de le faire. Une fois que vous avez accepté d'être l'aidé(e), commencez par parler de votre problème à l'aidant qui conseille et ensuite à l'aidant qui questionne (effectivement, vos deux partenaires aidants joueront leur rôle un peu différemment) mais, fondamentalement, essayez de recevoir de l'aide des deux. Soyez attentif à leurs suggestions et à leurs idées. Réagissez ouvertement devant eux; exprimez-vous sur la façon dont leurs questions et suggestions vous aident réellement ou non et vous affectent. Essayez de bien leur faire comprendre votre problème, votre difficulté ou votre conflit personnel.

Essayez de voir si vos sentiments changent pendant que vous leur parlez et qu'ils interviennent chacun à leur manière. Notez à quel moment cela survient et en relation avec quelles interventions.

Directives à l'aidant qui conseille

1   D'abord, écoutez attentivement la situation conflictuelle telle que présentée par la personne (P).
2   Ensuite, essayez d'aider en intervenant de l'une et l'autre manières suivantes:
  a En *rappelant* et en décrivant une expérience similaire vécue par vous-même, quelqu'un

d'autre ou un personnage que vous avez déjà vu à la télévision. Dites ce qui avait été fait dans ce cas pour améliorer la situation conflictuelle ou le problème. Si P ne semble pas accepter ou comprendre le parallèle entre ce qu'il dit et ce que vous évoquez, expliquez-lui davantage.

b En lui *recommandant* point par point ou étape par étape ce qu'il devrait faire pour sortir de cette situation ou de ce problème. Si P ne semble pas accepter ou comprendre, continuez jusqu'à ce qu'il (elle) dise que vos recommandations lui sont utiles et l'aident.

Directives pour l'aidant qui questionne

1 D'abord, écoutez attentivement le problème tel que présenté par P et tel que perçu par l'autre aidant.

2 Votre tâche consiste ensuite à soulever des questions qui aident P à diagnostiquer mieux sa propre difficulté. Ne donnez pas de conseil et ne parlez pas de votre expérience personnelle ou de celle de quelqu'un d'autre. Approuvez P dans ce qu'il dit, ne le jugez pas, essayez de lui faire découvrir de nouveaux angles à son problème en lui posant des questions; non pas des questions réprobatrices ou accusatrices, mais des questions qui l'aident à explorer différentes facettes de son problème et d'en assumer la juste part de responsabilité. Vous réussissez à aider P si vous lui permettez de redéfinir sa situation ou son problème, ou de voir des facteurs différents de ceux qu'il a d'abord présentés.

Rétroaction du processus
Pour la personne ayant un problème

1 Comment vous êtes-vous senti pendant cette consultation?

2 Qu'ont fait les aidants qui vous ont aidé?
    L'aidant **a:**

    L'aidant **b:**

3 Qu'ont fait les aidants qui ne vous ont pas aidé?
    L'aidant **a:**

    L'aidant **b:**

4 Qu'ont fait les aidants pour vous aider à définir votre problème?

5 Idéalement, qu'auriez-vous voulu qu'il se passe dans cette consultation?

Rétroaction du processus
Pour l'aidant qui conseillait

1 Comment vous êtes-vous senti pendant cette consultation?

2 Qu'avez-vous fait qui vous semble avoir aidé la personne P?

3 Qu'avez-vous fait qui vous semble ne pas avoir aidé la personne P?

4 Qu'avez-vous fait pour aider la personne à décrire et définir le problème?

5 Idéalement, qu'auriez-vous aimé voir dans cette consultation?

Rétroaction du processus
Pour l'aidant qui questionnait

1 Comment vous êtes-vous senti pendant cette consultation?

2 Qu'avez-vous fait qui vous semble avoir aidé la personne P?

3 Qu'avez-vous fait qui vous semble ne pas avoir aidé la personne?

4 Qu'avez-vous fait pour aider la personne à décrire et définir le problème?

5 Idéalement, qu'auriez-vous aimé voir dans cette consultation?

SUGGESTION DE TÂCHE 7-1
QUI VOUS A ÉCOUTÉ?

Une tâche semblable vous a déjà été suggérée. Avec l'information et possiblement l'expérience que vous avez maintenant à propos des comportements et des styles d'écoute, écrivez un bref texte qui raconte votre expérience avec une personne qui vous a déjà bien écouté pendant une certaine période de temps; une personne qui a été souvent disponible et empathique envers vous. Décrivez ce que cette personne faisait concrètement pour vous communiquer son attention. Cette personne peut avoir été un(e) ami(e), un professeur, un parent ou quelqu'un d'autre. Décrivez aussi vos sentiments et réactions face à cette personne. Finalement, peut-être pouvez-vous amener quelques réflexions et commentaires sur la façon dont l'écoute joue un rôle primordial dans les relations entre les gens.

SUGGESTION DE TÂCHE 7-2
APPRENDRE À ÉCOUTER

Comme nous l'avons souligné au chapitre 11 de la partie théorique de ce volume, on ne rencontre dans les programmes d'études élémentaires, secondaires ou collégiales que très peu d'enseignement sur l'art d'écouter.

Supposant qu'un tel enseignement devrait être offert, serait-il utile aux étudiants et de quelles façons? Qui, particulièrement, devrait faire cet apprentissage?

Préparez un texte ou un discours dans lequel vous défendez et plaidez en faveur de la création de cours d'apprentissage à l'écoute interpersonnelle.

SUGGESTION DE TÂCHE 7-3
INTERVIEW

Interviewez un membre d'une profession dans laquelle le dialogue et l'écoute prennent du temps (médecin, avocat, psychologue, professeur, travailleur social, etc.). Dans votre interview, essayez de dégager avec cette personne l'importance qu'elle accorde à l'écoute et pourquoi. Prenez des notes de cet interview et faites un rapport à votre groupe.

SUGGESTION DE TÂCHE 7-4
OBSERVATEURS-OBSERVATRICES

Portez une attention particulière à la façon dont les membres de votre groupe s'écoucent les uns les autres. Comment faites-vous pour déterminer quand ceux-ci écoutent et quand ils n'écoutent pas? Que font-ils qui révèle ce comportement? Qui reçoit beaucoup d'attention et d'écoute et qui n'en reçoit pas? Comment remarquez-vous cela? Comment caractérisez-vous le comportement de ceux que l'on n'écoute pas? Les membres du groupe sont-ils sensibles à l'attention et à l'écoute qu'ils reçoivent? De ce que vous pouvez observer dans votre groupe, quels sont les comportements et attitudes de ceux et celles qui réussissent à obtenir plus facilement de l'attention et de l'écoute?

Faites un bref rapport de vos observations sur le plan de l'écoute interpersonnelle; d'une part sur la façon dont l'écoute se manifeste et d'autre part en donnant des exemples précis.

CHAPITRE 7
FEUILLE D'APPRÉCIATION PERSONNELLE

1   Avez-vous remarqué certains changements en vous-même pendant cette dernière session en ce qui a trait à votre style d'écoute? Est-ce qu'il y aurait une situation en particulier dont vous pourriez parler ici?

2   Si vous pensez immédiatement à vos trois meilleur(e)s ami(e)s et à leur manière d'écouter, leur style et leurs comportements à ce propos sont-ils différents? semblables? Comment?

3   Identifiez trois personnes qui dans votre vie (ou dans votre groupe actuel, si vous préférez) démontrent de l'habileté à bien écouter. Nommez-en trois autres qui à votre avis ne savent pas écouter.

+   _____   _____

    _____   _____

    _____   _____

Votre nom _____

8

LES TRANSACTIONS INTERPERSONNELLES: RÈGLES DU JEU

FEUILLE DE RÉTROACTION

Exercices

Suggestions de tâches

Feuille d'appréciation personnelle

FEUILLE DE RÉTROACTION (Chapitre 8)

1 Évaluez l'efficacité de cette session pour vous.

    1   2   3   4   5   6   7   8   9   10

Inefficace   Très efficace

2 Évaluez comment à votre avis les autres perçoivent la session de cette semaine.

    1   2   3   4   5   6   7   8   9   10

Inefficace   Très efficace

Commentaires:

3 Avez-vous dû assumer un rôle que vous n'aimez pas dans les activités de votre groupe de cette semaine? Si les gens vous ont quelque peu forcé à adopter certaines «identités», quelles réactions avez-vous eues?

4 Avez-vous eu du plaisir à travailler dans votre groupe? Comment et pourquoi?

5 Avez-vous d'autres commentaires, critiques, questions ou suggestions?

EXERCICE 8-1
CARACTÉRISTIQUES DES HOMMES ET DES FEMMES (Projet de groupe)

Cet exercice est basé sur de nombreuses recherches qui scrutent les attitudes qu'adopte la société nord-américaine face aux hommes et aux femmes et à leurs rôles. Cet exercice ne peut certes être aussi contrôlé qu'une recherche, mais si vous faites un effort pour rester ouvert et sensible aux énoncés et aux sentiments des autres, vous pourrez faire des prises de conscience intéressantes quant aux stéréotypes sexuels présents entre les gens.

Divisez la classe en deux groupes: les hommes d'un côté et les femmes de l'autre. Chaque groupe (travaillant indépendamment de l'autre) fait (1) une liste des principales caractéristiques des hommes dans notre société et (2) une liste des principales caractéristiques des femmes dans notre société. Lorsque les deux groupes ont terminé chacun leur liste, on transcrit ces quatre listes au tableau ou sur de grandes feuilles de façon à ce que chaque caractéristique soit bien lisible par toutes les personnes présentes.

Chaque groupe peut alors, s'il juge qu'il a été plus ou moins bien caractérisé par les membres du groupe de l'autre sexe, demander qu'on ajoute à sa liste trois caractéristiques ou qu'on en enlève trois. Par exemple, les femmes peuvent insister pour que les caractéristiques X, Y, Z soient enlevées aux listes des hommes et que trois autres caractéristiques y soient incluses. En somme il s'agit, en discutant, d'obtenir des listes qui forment une image « satisfaisante » pour l'un et l'autre groupes.

Après la discussion et la comparaison des listes, on discute des implications des rôles sexuels dans la communication.

Discussion

A En comparant les listes, demandez aux hommes s'ils considèrent que leurs caractéristiques sont meilleures que celles des femmes. Demandez aux femmes si elles perçoivent davantage et plus facilement les caractéristiques des hommes que les leurs. Demandez des comparaisons précises entre les listes pour bien vérifier si les caractéristiques sont vraies ou non.

B Sélectionnez dans chacune des quatre listes les points qui, en regard des valeurs sociales, sont positifs et ceux qui vous apparaissent négatifs. Certains points peuvent être plutôt neutres, c'est-à-dire ne prennent une valeur positive ou négative qu'en fonction du contexte et ne peuvent être déterminés de façon abstraite. Les points positifs sont-ils davantage liés aux hommes qu'aux femmes ou inversement? Quelles sont les implications de ces caractéristiques sur le concept de soi et le rôle sexuel que chacun(e) doit assumer?

C Quels genres de points ou de caractéristiques les hommes ont-ils demandé d'enlever? Lesquels ont-ils demandé d'ajouter? Mêmes questions pour les femmes. Retrouvez-vous un certain dénominateur commun entre les demandes et les objections des deux groupes? Comment les personnes se sont-elles senties dans l'échange et la comparaison avec l'autre groupe? Quelles ont été les raisons invoquées pour demander d'ajouter ou d'enlever certaines caractéristiques?

D Demandez à chaque groupe de sélectionner à partir des quatre listes cinq des caractéristiques les plus importantes de leur groupe. Les femmes choisiront les cinq points et caractéristiques qu'elles admirent et préfèrent pour les femmes, et les hommes feront de même en choisissant cinq caractéristiques qu'ils admirent et préfèrent pour eux-mêmes. Ces choix se font pour les femmes entre elles et les hommes entre eux, à moins que vous n'ayez amplement de temps pour que les deux groupes se mettent d'accord sur les cinq meilleures caractéristiques propres à leur groupe sexuel respectif. Après que chacun aura effectué ses choix, discutez des difficultés rencontrées pour se mettre d'accord, même entre personnes du même sexe. Enfin, croyez-vous que les gens de l'autre sexe seraient d'accord sur ces points?

EXERCICE 8-2
ÉCRIRE UNE DESCRIPTION D'EMPLOI (Projet de groupe)

Cet exercice se fait bien en petits groupes de sept à neuf personnes. Chaque groupe doit avoir une grande feuille sur laquelle il écrira une description d'emploi qu'il présentera aux autres. (Les descriptions peuvent aussi être écrites au tableau pour toute la classe.)

Identifiez dans les groupes (il y en a sûrement) les personnes qui portent un titre quelconque (garçon de table, vendeuse, moniteur de natation, secrétaire, etc.) pour lequel on peut faire une description d'emploi. Ensemble, faites les descriptions de ces emplois en incluant les points qui distinguent le contenu de cette tâche d'autres activités, c'est-à-dire ce que la tâche n'est pas. Présentez vos descriptions (une à la fois) aux autres.

Discussion

A Est-ce qu'il y a dans la description mention adéquate des habiletés nécessaires pour que seuls les gens qualifiés postulent l'emploi en question, ou la description est-elle vague au point où toute personne qui se sentirait compétente postulerait pour l'obtenir?

B La description est une carte verbale d'un territoire réel (l'emploi lui-même) et, comme dans la plupart des cartes ou représentations d'un territoire, on y perd sans doute des détails. Quel genre de détails ont été à votre avis mis de côté, oubliés ou non mentionnés et qui pourraient être importants dans la sélection d'une personne pour occuper cette fonction? Autrement dit, à l'interview d'embauche, quels autres éléments surveilleriez-vous et chercheriez-vous à trouver chez le candidat ou la candidate?

C Dans votre description, retrouvez-vous davantage de qualités personnelles et sociales que d'habiletés précises et concrètes? Pouvez-vous préciser ces qualités personnelles et sociales?

D Est-ce qu'il y a des éléments dans la description d'emploi qui pourraient donner à certain(e)s candidat(e)s le sentiment d'être rejeté(e)s? Est-ce qu'il y a des éléments exagérés ou trop mis en évidence? Quelle perception d'elles-mêmes doivent avoir les personnes qui postulent cet emploi?

EXERCICE 8-3
LE CAS DE ROBERT LACHANCE (Discussion)

Robert Lachance est en première année d'université et il doit suivre un cours obligatoire très difficile. Il a absolument besoin d'obtenir un B pour rester dans le programme mais, qu'importe son effort et son temps d'étude, il n'obtient jusqu'à présent aux évaluations hebdomadaires que des C et des D. Or une grande partie de l'évaluation globale est déjà entamée et ainsi dangereusement hypothéquée. Même après normalisation des notes par le professeur, Robert ne réussit pas à être dans la moyenne!

Après quatre de ces évaluations hebdomadaires partielles, Robert se plaint et parle de sa situation avec un autre gars de la classe. Ce dernier toise alors quelque peu Robert et décide de le mettre au courant de ce qui se passe dans le cours... Or il se passe que dans ce cours le professeur ne corrige pas lui-même ces mini-évaluations et qu'il a embauché un étudiant diplômé pour le faire. Cet étudiant a trouvé un moyen original de financer ses études; avant chaque examen hebdomadaire, il organise à partir de ce que lui sait d'avance des tests une petite « séance de renseignements » pour ceux et celles qui veulent bien lui donner 5 $ ou 10 $, selon que l'on veut quelques « tuyaux » ou les réponses au complet. À venir jusqu'à maintenant il a ainsi servi régulièrement de « consultant » à quinze personnes de la classe. L'ami conseille donc à Robert de joindre le groupe des initiés et son problème sera alors réglé!

Robert a un peu d'argent mais il n'est pas prêt à investir immédiatement dans l'affaire. En plus, il a clairement l'impression que tout cela n'est pas très éthique. Le professeur ne devrait-il pas être mis au courant? pense-t-il. Mais si les autres étaient mis à la porte et apprenaient que c'est lui le délateur! Mais encore, où est la justice pour lui et les autres dans cette situation?

Décidément c'est un beau casse-tête et toutes ces questions viennent à l'esprit de Robert. Il doit décider quoi faire assez rapidement sinon ce sera trop tard.

Si vous étiez Robert, que feriez-vous? Pourquoi? Essayez d'obtenir un consensus dans votre groupe et faites part de votre décision aux autres sous-groupes.

Discussion

A Si plus d'un sous-groupe a réussi à arriver à un consensus face à ce problème, est-ce que les avis et solutions sont les mêmes? Quelles sont les implications de ces divergences?

B Est-ce qu'il y avait un conflit de rôle en plus de la question éthique? Qu'est-ce que Robert voulait être? Comment se voyait-il? À quel rôle a-t-il donné priorité?

C Dans votre analyse du cas, vous vous êtes sans doute mis à la place de Robert, dans sa peau comme on dit, et alors vous avez sans doute également fait certaines hypothèses et pensé à la façon dont vous agiriez dans sa situation. Étiez-vous aussi conscient du rôle que vous avez joué en tant que membre de votre groupe dans la discussion de ce cas? Est-ce que les autres personnes de votre groupe ont eu une influence sur votre manière de réagir face à ce cas? Quelles sont les implications qu'il y a à appartenir à différents groupes qui peuvent nous influencer de différentes manières sur le même sujet?

EXERCICE 8-4
BRISER LES RÈGLES (Jeu de rôle)

Les membres du groupe doivent explorer ici la dimension du contact visuel dans la communication interpersonnelle, telle que discutée au chapitre théorique.

Pour ce faire, les membres du groupe (en formant des dyades) suivent les trois étapes (deux ou trois minutes chacune) de l'expérience suivante: a) dans la dyade, on se parle et on échange en regardant son partenaire dans les yeux; b) on ne se parle pas mais on regarde son partenaire dans les yeux; c) on se parle mais on ne se regarde jamais dans les yeux.

On peut en même temps, si on fait cet exercice debout face à face avec son partenaire, explorer différentes distances physiques, c'est-à-dire varier de quelques centimètres à quelques mètres la distance physique entre soi et son partenaire pour ainsi explorer les différents degrés d'intimité, d'harmonie d'une relation interpersonnelle.

Discussion

A Avez-vous avec votre partenaire senti les différences à chacune des étapes? Lesquelles? Comment vous êtes-vous adapté à la directive de chaque étape?

B Avez-vous déjà eu d'autres expériences qui vous ont sensibilisé à ces dimensions (regard et distance physique) de la communication interpersonnelle?

C Qu'est-ce que ces dimensions implicites de la communication vous communiquent des autres habituellement et que communiquez-vous vous-même par ce langage? Comment avez-vous appris ce langage?

EXERCICE 8-5
QUELLES PROFESSIONS ADMIREZ-VOUS (Projet de groupe)

La liste des professions ci-dessous fait partie de l'exercice que nous vous proposons dans les paragraphes qui suivent.

_____Écrivain
_____Journaliste
_____Officier de police
_____Banquier
_____Juge de la Cour suprême
_____Avocat
_____« Croque-mort »
_____Premier ministre de la province
_____Sociologue
_____Scientifique
_____Professeur à l'école primaire
_____Dentiste
_____Psychologue
_____Professeur de collège
_____Physicien
_____(À votre choix)

Cet exercice est une adaptation des données de recherche du National Opinion Research Center, telles que rapportées par R. Bendix et S.M. Lipset dans *Class, Status and Power* (New York, The Free Press, 1966). Quoique les préférences et le prestige liés à chaque occupation aient pu changer depuis le temps où le test a été administré, le principe est ici plus important que les données réelles.

Nous avons donc dans la liste ci-dessus une quinzaine d'occupations avec en plus un espace pour y ajouter le nom d'un autre métier, carrière ou profession de votre choix si vous le désirez. Mettez en ordre d'importance ces 15 ou 16 occupations d'après le prestige qu'on leur accorde selon vous dans notre société. Placez un 1 face à l'occupation qui selon vous, dans l'opinion des gens, détient le plus de prestige, et ainsi de suite. (Il peut vous être plus facile de marquer ensuite la 16e, puis de remonter à la 2e, d'aller à la 15e, et à la 3e, et de finir ainsi par le milieu.)

Après avoir fait ce travail individuellement, vous le refaites en petits groupes en essayant d'en arriver à un consensus de vos choix. Essayez de discuter chaque occupation le plus possible, plutôt que de vous mettre d'accord en votant l'ordre des occupations.

Finalement, comparez vos réponses à celles d'autres petits groupes et discutez.

Discussion

A Est-ce que tous les petits groupes sont d'accord? Si non, est-ce qu'il y a une raison ou une logique qui peut expliquer les désaccords? Comment s'est fait le consensus s'il y en a eu un et par quel moyen?

B Avez-vous eu de la difficulté à faire inclure votre choix personnel s'il ne figurait pas déjà dans la liste? Si ce choix personnel a été évalué plus bas, moins prestigieux par les autres, comment vous sentez-vous par rapport à cette évaluation?

C Le prestige est-il une valeur pour la majorité des gens? Est-il une valeur importante pour vous? Est-ce qu'il y a d'autres valeurs plus importantes et plus significatives pour vous dans le choix d'une occupation? Comment se sent une personne qui choisit une occupation peu prestigieuse socialement? Comment les parents en général (et les vôtres peut-être) réagissent-ils face au choix d'occupation de leurs enfants? Comment les enfants parlent-ils de l'occupation de leurs parents?

D Utilisez-vous des périphrases pour parler de certaines occupations? Par exemple, parlez-vous de «directeur funéraire» plutôt que de «croque-mort», de «conseiller en orientation», plutôt que d'«orienteur», de «préposé au nettoyage municipal» plutôt que de «vidangeur»? Si nous portons attention au titre d'un emploi, n'est-ce pas parce que nous nous identifions à un rôle et à une tâche plus particuliers?

E Regardez les offres d'emploi dans un journal pour examiner comment, à partir du titre de l'emploi, ce poste est décrit.

SUGGESTION DE TÂCHE 8-1
COMMENT SE CONDUIRE

Trouvez un livre du style *Le petit guide des bonnes manières* ou *Comment se faire des amis* ou un autre livre d'étiquette du même genre qui établit les façons de se comporter dans certaines situations. Choisissez certains passages précis et voyez si ces conseils sont bons en toutes occasions. Si non, écrivez vos commentaires et votre avis quant au comportement à adopter dans une telle situation. Faites en sorte que si une personne lisait vos avis, elle ne ressentirait que peu d'ambiguïté ou de conflit de rôle dans une telle situation.

1 Transcrivez un passage qui à votre avis clarifie et aide à réduire une ambiguïté ou un conflit de rôle.
2 Transcrivez un passage où on suggère quelque chose qui vous semble favoriser une ambiguïté de rôle.

SUGGESTION DE TÂCHE 8-2
CONCEPT DE SOI

Nous avons dit au chapitre 7 que pour arriver à une conception de soi, chaque personne se voit en relation avec les autres. Pouvez-vous expliquer brièvement cette idée? Quels sont les autres facteurs en jeu qui aident une personne à alimenter son concept de soi?

En dyade avec un partenaire que vous connaissez et avec lequel vous vous sentez à l'aise, partagez, communiquez les choses que vous aimez de vous-même. Ces choses peuvent être des caractéristiques personnelles, des comportements ou des activités que vous faites, etc. Aidez-vous l'un l'autre à exprimer les aspects positifs de vous-même — ces choses qui renforcent votre estime de vous-même. Travaillez ensemble à identifier le mieux possible ces qualités et ces comportements.

SUGGESTION DE TÂCHE 8-3
CHANGER SON CONCEPT DE SOI

Quels sont les aspects du concept de soi qui sont particulièrement difficiles à changer? Comment protégez-vous votre concept de soi et votre estime de vous-même? Pourquoi sentez-vous le besoin de les protéger ainsi? Répondez le plus concrètement possible en fonction de vous-même. Partagez et discutez avec d'autres de vos similitudes et de vos différences à ce sujet.

SUGGESTION DE TÂCHE 8-4
GROUPES DE RÉFÉRENCE

Les groupes de référence nous aident à déterminer si nous jouons nos rôles de façon adéquate ou non. Pouvez-vous confirmer cette idée par des exemples tirés de votre expérience?

Faites une liste des groupes que vous identifiez comme ayant de l'influence sur vous. Dans un deuxième temps, mettez ces groupes par ordre selon l'importance que vous leur accordez.

Enfin, par rapport au groupe le plus important pour vous, écrivez (1) pourquoi il l'est et (2) quelle quantité d'énergie vous mettez à entretenir des relations avec les gens de ce groupe.

Comme exercice de groupe il peut être sûrement intéressant de comparer vos listes de groupes de référence et de discuter de ceux qui occupent le premier rang.

CHAPITRE 8
FEUILLE D'APPRÉCIATION PERSONNELLE

1 Identifiez une relation où vous considérez que l'autre personne joue passablement le même rôle que vous. Décrivez comment vous agissez l'un envers l'autre et comment est votre communication.

2 Identifiez une relation où vous considérez que l'autre personne joue un rôle différent du vôtre dans cette relation. Décrivez comment vous agissez l'un envers l'autre et comment vous communiquez.

3 Donnez un exemple de « double message » que vous avez vécu ou pu observer dernièrement.

Votre nom _____

9

LA COMMUNICATION
NON VERBALE:
LES MESSAGES SILENCIEUX

FEUILLE DE RÉTROACTION

Exercices

Suggestions de tâches

Feuille d'appréciation personnelle

FEUILLE DE RÉTROACTION (Chapitre 9)

Cette feuille de rétroaction est différente des précédentes. Lisez bien les directives avant de la remplir.

Directives   Vous avez ci-dessous deux séries d'énoncés. Vous devez ordonner ces énoncés en vous rapportant à votre dernière rencontre de groupe (1 à 10: 1 énonce quelque chose de *très près* de ce que fut pour vous la dernière rencontre et 10 quelque chose de *très éloigné* de ce qui a été pour vous la dernière rencontre.)

   Dans le groupe:

_____Le climat était chaleureux et amical

_____Il y avait beaucoup d'agressivité

_____Les gens n'étaient ni impliqués ni intéressés

_____Chacun essayait de dominer et de contrôler

_____Nous aurions eu besoin d'aide

_____La majeure partie des discussions n'était par pertinente

_____Nous étions uniquement centrés sur la tâche

_____Tous les membres du groupe étaient polis et gentils

_____Il y avait beaucoup de frustration non exprimée

_____Nous avons travaillé sur notre processus de groupe

   Mon comportement:

_____Je me sentais chaleureux et amical envers quelques personnes

_____Je n'ai pas tellement participé

_____Je me suis concentré sur la tâche

_____J'ai essayé de faire participer tout le monde

_____J'ai pris le leadership

_____J'étais poli et gentil envers tout le monde

_____Mes suggestions et mes remarques étaient souvent hors de propos

_____Je suivais et je faisais comme les autres

_____J'étais irrité et mécontent

_____J'étais fâché et agressif

EXERCICE 9-1
PARALANGAGE (En mouvement)

Étudiez d'abord la liste des phrases ci-dessous en essayant d'imaginer comment elles peuvent être dites *différemment* pour signifier intentions ou sentiments différents. Formez des dyades que vous changerez après chaque phrase: cela vous permettra de travailler en face à face avec différentes personnes. Une personne A dans chaque dyade dit la phrase clef à la personne B et celle-ci doit deviner et comprendre ce que la personne A lui communique réellement. Par exemple, la première phrase dite par la personne A pourrait être: « Il y a des fleurs sur la table », mais le sentiment ou l'intention qu'elle y met varie pour exprimer de la surprise, de la colère, de l'admiration, de la curiosité, de l'amour, etc. La personne B doit donc bien deviner ce que la personne A communique et vérifier avec elle.

Vous travaillez donc comme personne A à exprimer de petites phrases avec différentes émotions et intentions (jeu, autorité, farce, demande, etc.) et, comme personne B, à bien deviner ce que l'autre veut dire. Échangez les rôles. Il s'agit, ne l'oubliez pas, de démontrer comment le ton de voix, les gestes et autres éléments de paralangage servent à indiquer nos sentiments ou intentions.

Nous vous suggérons les phrases suivantes mais vous pouvez en trouver d'autres:
« Sortez d'ici » (Sors d'ici)
« Reviens »
« Êtes-vous occupé? » (Es-tu occupé?)
« Qu'est-ce que vous voulez? »
« Il y a des fleurs sur la table »

Discussion

A Utilisez-vous un ton de voix différent avec les gens selon le statut qu'ils occupent par rapport à vous? Utilisez-vous un ton de voix différent selon ce que vous voulez — commander, séduire, convaincre, demander?

B Non seulement notre ton de voix révèle-t-il l'intention de la communication, mais aussi il révèle souvent le niveau de relation entre deux personnes. A-t-il été difficile dans l'exercice d'identifier les rôles pris par la personne A? Où avez-vous appris ces manières de parler? Si vous avez des défauts, est-ce qu'ils imitent les manières de parler de vos parents?

C Lorsqu'une phrase est difficile à saisir, est-ce parce que la personne s'exprime mal ou parce que la relation et le contexte sont ambigus?

EXERCICE 9-2
PREMIÈRE RENCONTRE (Jeu de rôle)

Jouez les rôles de deux personnes qui se rencontrent pour la première fois. Jouez ces situations devant les autres membres de votre groupe, une dyade à la fois, pour qu'ils puissent observer le verbal et le non-verbal. Comme acteurs et actrices, portez une attention particulière à vos comportements non verbaux pour pouvoir en discuter avec les autres après coup. Nous vous suggérons les situations suivantes: (1) deux étudiant(e)s se rencontrent pour la première fois après avoir appris qu'ils partagent la même chambre (ou qu'ils sont voisins de chambre) à la résidence du collège; (2) un gars et une fille dans un voyage organisé en autobus pour aller faire du ski; (3) deux personnes dans la salle d'attente d'un médecin; (4) une personne qui rencontre un vendeur pour acheter une automobile.

Discussion

A Quelle quantité d'informations a été échangée non verbalement comparativement à l'échange verbal? Quelle information était disponible à chacun par rapport à l'autre? Les acteurs ou actrices semblaient-ils porter attention aux indices non verbaux?

B Lorsque la rencontre est terminée, est-ce que chaque personne a spontanément quelque chose à dire de l'autre ou est-ce que plusieurs minutes sont nécessaires pour tirer des conclusions? Jusqu'à quel point les premières impressions sont-elles valables? Sont-elles plus valables si on tient compte à la fois du verbal et du non-verbal ou l'un l'emporte-t-il sur l'autre?

C En général, vous fiez-vous davantage à l'information verbale ou à l'information non verbale que vous recevez des autres personnes? Quel canal vous semble le plus fiable? Est-ce toujours vrai ou est-ce que l'opposé peut aussi être vrai?

EXERCICE 9-3
COMMENT DISCUTEZ-VOUS (Cercles)

Vous formez deux petits groupes égaux de quatre à six personnes. Un des petits groupes forme un cercle pour discuter et les personnes de l'autre sous-groupe s'assoient pour former un cercle extérieur. Le groupe du cercle intérieur entreprend une discussion sur un sujet quelconque alors que les personnes du cercle extérieur observent cette discussion en portant une attention particulière à tout le langage non verbal. Après une quinzaine de minutes on inverse la situation pour que le groupe qui était à l'extérieur continue la discussion sur le même sujet et que les autres deviennent observateurs. En troisième lieu, les deux groupes se mettent ensemble pour discuter de leurs observations.

Discussion

A Est-ce qu'il y a une ou des façons de communiquer à quelqu'un d'arrêter de parler sans lui dire verbalement de « se taire »? Inversement, est-ce qu'il y a une ou des façons d'encourager non verbalement quelqu'un à continuer de parler?

B Est-ce qu'il y a parfois des signes précurseurs non verbaux à une intervention verbale (toussotement, main levée, etc.)? Est-ce que ces signes peuvent varier en fonction de la situation et des gens impliqués?

C Quels autres signes non verbaux pouvez-vous reconnaître? Dans la discussion de tout à l'heure, avez-vous remarqué des signes non verbaux d'emphase, de question, de surprise, de désaccord, etc? Ces signaux étaient-ils perçus par les personnes impliquées dans la discussion?

D Comme membre du groupe de discussion étiez-vous davantage conscient de votre comportement non verbal parce que vous vous saviez observé? Avez-vous partiellement inhibé votre comportement? Avez-vous accentué votre perception des gestes, mouvements et postures des autres? Comment réagissez-vous au fait d'accorder toute cette importance au non-verbal et au paralangage?

EXERCICE 9-4
POIGNÉES DE MAIN (Jeu)

Chaque personne serre la main d'une autre personne en essayant de démontrer les attitudes suivantes:

1 Une poignée de main ferme et confiante;
2 Une poignée de main molle et sans conviction;
3 Une poignée de main automatique et inconsciente;
4 Une poignée de main très active et énergique;
5 Une poignée de main délicate et sensible;
6 Une poignée de main écrasante.

Discussion

A Avez-vous eu des difficultés à donner certaines de ces poignées de main? Pouvez-vous vous rappeler certaines personnes avec lesquelles vous avez déjà eu différentes poignées de main?

B Quels autres comportements étiez-vous porté à associer à ces différents types de poignées de main? Aviez-vous tendance à adopter un rôle quelconque en exprimant un type de poignée de main — un rôle qui vous semble lié à ce genre de poignée de main? Dans une poignée de main, voyez-vous autre chose que deux mains qui se touchent ou est-ce qu'habituellement il y a des postures, des mouvements, ou des expressions faciales qui accompagnent et renforcent spontanément ce geste?

C Dans notre culture, quelle est l'utilité d'une poignée de main? Jusqu'où peut aller la signification d'un tel geste? Comment avez-vous fait l'apprentissage des significations liées à ce geste et vous-même dans quelles circonstances et situations l'utilisez-vous?

SUGGESTION DE TÂCHE 9-1
AJUSTEZ VOTRE APPAREIL DE TÉLÉVISION

A Regardez une émission de télévision sans ouvrir le volume de son. Réussissez-vous à suivre ce qui se passe? Si vous regardez une comédie, comment faites-vous pour comprendre les blagues? Celles-ci sont-elles plus verbales que non verbales? Quel est le pourcentage de compréhension de cette émission, 40%, 90%? Écrivez un petit texte pour parler de vos réactions à cette expérience.

B Essayez l'expérience inverse. Avec le volume du son ouvert normalement, fermez les yeux ou tournez le dos à votre appareil de télévision. Mis à part le contenu de l'émission que vous réussissez à comprendre grâce à votre écoute, est-ce qu'il y a des éléments de paralangage et de non-verbal qui vous auraient aidé à mieux interpréter l'action (ou tout au moins à avoir davantage de plaisir à écouter cette émission)? Écrivez encore ici vos réactions et réflexions par rapport à cette expérience et quel pourcentage de cette émission vous croyez avoir réellement saisi?

C Dans un dernier texte, parlez et montrez comment nos systèmes de vision et d'écoute se renforcent mutuellement. Est-ce qu'il y a des situations où ils ne le font pas, c'est-à-dire où ils demeurent complètement indépendants l'un de l'autre? Trouvez des exemples.

SUGGESTION DE TÂCHE 9-2
ENREGISTREZ VOS SILENCES

Pendant une journée complète gardez un petit calepin sur vous et enregistrez les moments où vous êtes silencieux. Indiquez si possible ces moments dans une des catégories suivantes:

1 Silences dus à l'absence de personne à qui parler;
2 Silences dus à un moment d'indécision — vous ne savez pas quoi dire;
3 Silences intentionnels — vous choisissez de vous taire et de vous retirer en vous-même;
4 Silences qui traduisent une émotion — vous êtes triste, irrité, etc.;
5 Silences de concentration — vous travaillez à une tâche intellectuelle, vous réfléchissez à un problème précis;
6 Autres silences.

À la fin de cette journée, prenez du temps pour enregistrer vos réactions face à ces silences. Combien de temps avez-vous passé en silences de toutes sortes pendant cette journée? Quelles étaient les personnes autour de vous? Comment les silences vous ont-ils marqué; étaient-ils difficiles ou agréables?

SUGGESTION DE TÂCHE 9-3
VOTRE ESPACE PERSONNEL

Arrêtez-vous ici à réfléchir à la façon dont les espaces et l'arrangement des endroits où vous habitez et ceux où vous travaillez affectent vos relations interpersonnelles. Pourriez-vous effectuer des changements dans ces espaces et ces arrangements qui pourraient améliorer vos relations?

SUGGESTION DE TÂCHE 9-4
OBSERVATION DE GROUPE

Choisissez un groupe quelconque de votre campus et demandez-lui la permission d'assister à une de ses réunions pour l'observer. Précisez-lui que vous voulez observer sa communication non verbale. Enregistrez alors la place et la distance des gens entre eux, leurs postures, leurs mouvements, leurs expressions faciales, la direction de leurs contacts visuels, etc. Faites un rapport de ces observations.

SUGGESTION DE TÂCHE 9-5
INTERVIEW

Essayez de rencontrer un architecte ou un(e) spécialiste en décoration intérieure pour l'interroger sur sa façon de tenir compte (sa conceptualisation et sa concrétisation) de la communication humaine dans la réalisation de ses plans.

SUGGESTION DE TÂCHE 9-6
VOTRE PROPRE COMPORTEMENT NON VERBAL

Faites un inventaire des comportements et des moyens non verbaux que vous utilisez personnellement. Êtes-vous pleinement conscient(e) de ces comportements et de ces moyens? Comment les autres pourraient-ils vous aider à identifier davantage d'éléments de cette partie de votre personnalité et de votre communication? Comment pouvez-vous enrichir votre langage non verbal?

CHAPITRE 9
FEUILLE D'APPRÉCIATION PERSONNELLE

1 En gardant une distance suffisante pour ne pas entendre ce que disent les gens entre eux, observez un groupe assis dans un restaurant, une salle d'attente, etc. Décrivez les comportements que vous observez au niveau non verbal. À partir de ces observations, spéculez sur la conversation que vous croyez qu'ils entretiennent. S'entendent-ils bien? Quelle est leur humeur?

2 Dans vos observations du comportement non verbal des autres, avez-vous tendance à porter davantage attention: (a) aux regards et aux signes de tête; (b) aux postures et aux mouvements du corps; (c) au ton de voix? Ou, au contraire, êtes-vous habituellement porté à tenir compte de l'ensemble de la personne et du contexte? Tout cela est-il facile ou difficile pour vous?

3 Qu'avez-vous appris dans ce chapitre au sujet des silences et de la communication non verbale qui peut vous être utile immédiatement dans votre communication? Soyez précis.

Votre nom _____

10

LES CONFLITS INTERPERSONNELS: L'ART DE NÉGOCIER

FEUILLE DE RÉTROACTION

Exercices

Suggestions de tâches

Feuille d'appréciation personnelle

FEUILLE DE RÉTROACTION (Chapitre 10)

1 Évaluez l'efficacité de la session de cette semaine pour vous.

  1   2   3   4   5   6   7   8   9   10
Inefficace   Très efficace

2 Évaluez comment à votre avis les autres évaluent la session de cette semaine.

  1   2   3   4   5   6   7   8   9   10
Inefficace   Très efficace
Commentaires:

3 Listez les membres de votre groupe avec lesquels il vous est facile de communiquer. Pouvez-vous dire pourquoi?

4 Listez les membres de votre groupe avec lesquels vous trouvez difficile de communiquer. Pourquoi?

5 À ce jour, vous sentez-vous à l'aise dans ce groupe?

EXERCICE 10-1
GAGNEZ AUTANT QUE VOUS LE POUVEZ* (Jeu)

Le groupe se divise en quatre paires. Chaque paire rassemble deux «partenaires-collaborateurs»; les personnes supplémentaires seront observateurs. Les quatre paires seront disposées comme sur le schéma. Ainsi, le dialogue entre les paires sera possible tout en laissant la possibilité de discussions confidentielles entre les partenaires d'une même paire.

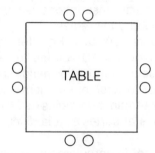

Variante: Eventuellement, un groupe de 12-15 personnes se divise en quatre triades.

Directives

Phase 1 Chaque paire prend connaissance des règles et du déroulement; les deux partenaires de chaque paire étudient cette feuille pendant cinq minutes afin de bien comprendre les règles.

Phase 2 Le groupe procède à dix tours de vote. À chaque tour, les paires disposent d'une minute pour faire leur choix (déroulement et règles sont indiqués plus bas). Durée: 30 minutes maximum.

Règles de l'exercice

1 Le titre de l'exercice est: «Gagnez autant que vous le pouvez». Gardez ce but en mémoire tout le long de l'exercice.

2 Vous pouvez discuter avec votre partenaire (mais non avec les autres paires, sauf dans le cas où cela vous est autorisé explicitement).

3 Entre partenaires et pour une paire, il ne peut y avoir qu'un seul choix à chaque tour.

4 Vous ne pouvez communiquer, sous aucune forme, votre choix à d'autres paires avant que cela soit demandé explicitement.

5 Vous devez suivre les instructions appropriées pour chaque tour, telles que décrites ci-dessous.

6 Les gains ou pertes de chacun des tours sont les suivants:
Si le choix global des quatre paires est...

...4X   chaque X perd 1 $
...3X + 1Y   chaque X gagne 1 $ et Y perd 3 $
...2X + 2Y   chaque X gagne 2 $ et chaque Y perd 2 $
...1X + 3Y   X gagne 3 $ et chaque Y perd 1 $
...4Y   chaque Y gagne 1 $

---

*Adapté de William Gellerman. In J. William Pfeiffer et John E. Jones, *A Handbook of Structured Experiences for Human Relations Training,* vol. III. La Jolla, Calif., Universities Associates, 1974.

7 Les tours 1, 2, 3, 4, 6, 7, 9 se déroulent de la façon suivante:
   a) discussion entre partenaires du choix à faire (soit X ou Y) pendant une minute:
   b) après une minute, chaque paire choisit un carton marqué X ou Y et lève la main pour montrer que le choix est fait;
   c) dès que chaque paire a levé la main, donc dès que tout le monde est prêt, les paires lèvent les cartons où est inscrit leur choix et l'on compte le nombre de X et de Y;
   d) chaque paire inscrit les résultats sur sa feuille de réponse;
   e) dès que tout le monde a terminé ses inscriptions, le tour suivant commence; le tout doit se faire rapidement et sans enfreindre les règles.

8 Les tours 5, 8, 10 sont des tours spéciaux. En effet, les gains ou les pertes sont alors multipliés par un facteur qui est 3 ou 5 ou 10 (voir feuille de réponse). Avant de commencer le tour, les paires ont le droit de discuter entre elles pendant trois minutes (pas plus). Après ces trois minutes, le déroulement est exactement le même que pour les autres tours.

9 L'ensemble des dix tours doit se terminer en moins de 30 minutes. À la fin du dixième tour, le groupe passe au calcul des gains et pertes et à la discussion.

NOTE   Il n'est pas permis de changer le déroulement ou les règles durant l'exercice.

GAGNEZ AUTANT QUE VOUS LE POUVEZ
Feuille de réponse

Tour n°	Temps de discussion	Discussion entre...	Facteur gain/perte	Votre choix	Choix du groupe ...X ...Y		GAIN $	PERTE $	DIFFÉRENCE $
1	1 min	... partenaires	1						
2	1 min	... partenaires	1						
3	1 min	... partenaires	1						
4	1 min	... partenaires	1						
5	3 + 1 min	... groupe + partenaires	3						
6	1 min	... partenaires	1						
7	1 min	... partenaires	1						
8	3 + 1 min	... groupe + partenaires	5						
9	1 min	... partenaires	1						
10	3 + 1 min	... groupe + partenaires	10						

GAINS OU PERTES

Discussion

A Vu dans la perspective d'un exercice portant sur les conflits, comment avez-vous négocié vos choix?

B «Gagnez autant que vous le pouvez» s'adressait-il à vous en dyades ou cela pouvait-il s'adresser à vous comme groupe?

C Est-ce que les rondes de discussion en groupe de huit ont permis d'améliorer votre stratégie et d'obtenir de meilleurs résultats ou l'inverse?

D Vu dans la perspective d'un exercice de confiance, que s'est-il passé entre vous sur le plan de l'intégrité et de l'honnêteté?

E Quels étaient les gains maximums pour le groupe? Si vous avez beaucoup perdu comme groupe, pourquoi? Quels ont été vos efforts de négociation?

F Est-ce qu'une plus grande communication aurait pu améliorer votre résultat de groupe?

EXERCICE 10-2
ALLOCATIONS DE RESSOURCES (Jeu de rôle)

Pour démontrer comment la rareté de biens et de ressources peut être source de conflit, essayez de monter en jeux de rôles les situations suggérées ci-dessous. Par biens et ressources, nous voulons dire des choses qui peuvent être concrètes comme des dollars, mais ce peut être aussi une chose subjective comme de l'amour, de l'attention. Il peut être intéressant de faire ces jeux de rôles en deux actes: le premier met en scène les éléments du conflit et le deuxième présente une solution ou l'amorce d'une solution du conflit.

1 Votre collègue d'appartement vous emprunte très souvent vos écouteurs Walkman et il a même commencé depuis quelque temps à le prendre sans vous demander la permission. Aujourd'hui, vous voulez vous en servir et vous constatez qu'il n'est pas là. Vous attendez votre collègue et vous vous préparez à lui parler quand il entrera.

2 Frère et soeur, vous voulez utiliser l'automobile familiale la même soirée. Devez-vous régler le problème en faisant appel à vos parents ou autrement?

3 Vous voulez vous acheter une moto. Votre père veut que vous épargniez votre argent pour payer vos études et autres frais.

4 Quatre membres de votre groupe de travail dont vous-même êtes en lice pour une promotion à un échelon et un niveau de salaire supérieurs, mais une seule personne peut obtenir cette promotion cette année. Les autres membres du groupe ont à prendre la décision quant à la personne qui sera promue.

Conseil

La résolution du conflit dans ces situations peut impliquer de l'évitement, de la négation ou de l'affrontement. Essayez de jouer ces différentes attitudes pour voir ce qu'elles provoquent. Identifiez bien le genre de conflit sur lequel vous travaillez et élaborez la meilleure méthode pour négocier ces conflits.

Discussion

A En utilisant les habiletés recommandées dans le chapitre, avez-vous eu tendance à être arrêté à l'étape de l'identification de la nature du conflit? Comment réagissez-vous à cette étape de passivité et de blâme?

B Les étapes recommandées ont une cetaine logique dans leur présentation et leur séquence. Avez-vous eu de la difficulté à suivre la séquence? Était-il difficile de rester centré sur la négociation du conflit?

C Voyez-vous plus clairement, maintenant, pourquoi nous insistons sur l'idée de négociation des conflits et pourquoi il est préférable d'abandonner l'évitement des conflits?

D Réussissez-vous à identifier le genre de conflit auquel vous avez affaire (conflit personnel; conflit interpersonnel; conflit organisationnel)? Pourquoi est-il utile d'identifier le type de conflit? N'est-il pas important de prendre conscience que tous les conflits n'ont pas la même origine, ne sont pas semblables et dès lors ne peuvent être traités de la même manière?

SUGGESTION DE TÂCHE 10-1
LES CONFLITS D'UNE SEMAINE

A Pendant une semaine, prenez note de tous les conflits que vous rencontrez, qu'ils vous semblent banals ou qu'ils soient importants. À la fin de la semaine, classez chaque conflit dans une des catégories suivantes: «Personnel», «Interpersonnel» ou «Organisationnel». Identifiez ensuite la catégorie où vous retrouvez davantage de conflits et essayez d'expliquer brièvement pourquoi.

B À partir de la même liste des conflits de la semaine, cette fois-ci classez chacun en fonction des catégories suivantes: (1) conflit dont je me suis occupé et que j'ai réglé; (2) conflit dont je m'occupe et qui trouvera sans doute une solution ou une issue bientôt; (3) conflit à long terme et probablement insoluble. Comment réagissez-vous face à chacune de ces catégories? Laquelle de ces catégories et lesquels de ces conflits occupent le plus de temps dans vos journées?

C Placez maintenant chaque conflit dans une des catégories suivantes: (1) conflit que vous avez évité et que vous essaierez d'éviter; (2) conflit en cours mais que vous essayez de diffuser, de nier ou de minimiser; (3) conflit auquel vous avez fait face ou auquel vous essaierez de faire face.

D Finalement, essayez de voir quels sont les conflits qui auraient pu être abordés et traités avec la méthode et les habiletés décrites au chapitre théorique.

SUGGESTION DE TÂCHE 10-2
CONFLIT, RÉALITÉ ET FICTION

Un des traits dominants en littérature est sans contredit la présence de conflits chez les personnages. L'intrigue d'une multitude de romans est ainsi fondée sur un conflit qui se développe et qui, ultimement, trouve une solution ou une issue quelconque. Trouvez dans la littérature que vous connaissez ou que vous aimez (cela peut aussi être un film ou une dramatique de télévision) une histoire où c'est essentiellement un conflit qui est à la base de l'intérêt que l'on peut porter à celle-ci. Étudiez et analysez dans ce conflit la présence des éléments positifs et des éléments négatifs et leurs effets.

SUGGESTION DE TÂCHE 10-3
QUE DEVEZ-VOUS SAVOIR?

Deux de vos amis sont assis avec vous et discutent des résultats de la dernière élection municipale. Vous découvrez que chacun, lors de cette élection, a supporté des candidats opposés et que, même si l'élection est terminée, chacun demeure amer et même agressif quant au résultat obtenu et à la façon dont la campagne s'est menée. Que pouvez-vous faire pour les aider à traiter leur conflit? De quelles informations avez-vous besoin pour intervenir auprès d'eux? Devez-vous choisir d'ignorer, de diffuser ou de les placer devant leur conflit? Jusqu'à quel point? Quels sont les avantages de chacun dans ce conflit?

En supposant que vous vouliez intervenir dans ce conflit pour rétablir un peu plus d'harmonie entre vos deux amis, essayez de répondre aux questions que nous venons de poser.

SUGGESTION DE TÂCHE 10-4
L'UN OU L'AUTRE—TOUT OU RIEN

Rappelez-vous ce que nous avons dit de l'attitude «globalisante» au chapitre théorique et trouvez des exemples d'énoncés «polarisés» qui en découlent souvent à la radio, à la télévision ou ailleurs. Faites-en une liste. Collectionnez les slogans tels que: «Mon pays — à la vie ou à la mort», Montréal — «La fierté a une ville», «Vous êtes avec moi ou contre moi», etc. Ne vous gênez pas pour inclure des slogans personnels ou familiers. Derrière chaque slogan il est fort possible d'identifier des gens qui sont d'un côté ou de l'autre. Identifiez donc ces groupes de gens et voyez comment et pourquoi ils se radicalisent autant.

Enfin, il vous est possible d'amener ces slogans dans votre groupe et de les discuter. Peut-être trouverez-vous là aussi des gens qui se situent d'un côté ou l'autre et vous pourrez ainsi travailler à régler les conflits!

SUGGESTION DE TÂCHE 10-5
HONNÊTETÉ

Quels sont d'après vous les avantages et les dangers à être honnêtes dans nos relations interpersonnelles?

Décrivez une situation où quelqu'un a beaucoup insisté pour que tout le monde (lui et les autres inclus) soit complètement ouvert à propos de tout. Est-ce que cela a compliqué la communication? Jusqu'à quel point? Est-ce qu'il y a une forme «pure» d'honnêteté que quelqu'un peut exiger de lui-même et des autres en tout temps, ou est-ce que l'honnêteté peut varier en fonction des situations, du contexte ou de l'information disponible? Réfléchissez et écrivez là-dessus.

CHAPITRE 10
FEUILLE D'APPRÉCIATION PERSONNELLE

1 Racontez brièvement ici un récent conflit où vous êtes sorti gagnant, perdant ou un autre conflit où vous et l'autre personne êtes sortis égaux. Qu'est-ce qui a contribué à amener ce résultat? Aviez-vous un certain contrôle sur ce résultat? Auriez-vous pu utiliser quelques-unes des idées et habiletés décrites dans ce chapitre?

2 Racontez un cas où, à partir de ressources limitées à partager, on a dû vraiment négocier un conflit. Décrivez les deux parties en cause, leurs méthodes et les résultats obtenus.

Votre nom _____

11

LES HABILETÉS
INTERPERSONNELLES

FEUILLE DE RÉTROACTION

Exercices

11-1 Prendre des risques — Discussion
11-2 Quand faire confiance — Jeu de rôle
11-3 Style affirmatif — Jeu de rôle/Discussion
11-4 Encourager les autres à dire la vérité — Jeu de rôle/Discussion

Suggestions de tâches

11-1 Querelle d'amoureux
11-2 Les relations interpersonnelles
11-3 Manipulation
11-4 Manipulation du consommateur

Feuille d'appréciation personnelle

FEUILLE DE RÉTROACTION (Chapitre 11)

1 Évaluez l'efficacité de la session de cette semaine pour vous.

    1   2   3   4   5   6   7   8   9   10

Inefficace   Très efficace

2 Évaluez comment les autres à votre avis apprécient la session de cette semaine.

    1   2   3   4   5   6   7   8   9   10

Inefficace   Très efficace

Commentaires:

3 Avez-vous remarqué certains comportements ou certaines attitudes défensifs chez les membres de votre groupe incluant vous-même? Comment se sont exprimées ces attitudes? Qu'est-ce qui semble les avoir provoquées?

4 Quels sont les comportements chez les membres de votre groupe qui vous ont particulièrement plu et rendu à l'aise cette semaine?

5 Quel genre de rôle avez-vous joué dans votre groupe cette semaine?

EXERCICE 11-1
PRENDRE DES RISQUES (Discussion)

En petits groupes, dressez une liste de situations où communiquer implique un risque. (Exemples: supporter ouvertement un candidat politique, parler de vos croyances religieuses, demander une permission, exprimer une crainte ou un sentiment pénible.)

Lorsque vous avez terminé votre liste, voyez pour chaque situation quel est le risque le plus sérieux, c'est-à-dire la pire chose qui puisse arriver dans cette situation. En d'autres termes, lorsque vous parlez de prendre des risques, de quels risques parlez-vous exactement, et si se révéler aux autres comporte certains risques, quelles en sont les pires conséquences?

Discutez de la relation entre l'ouverture de soi et le risque.

Discussion

A Si l'ouverture de soi implique de prendre des risques, quels sont ces risques? Est-ce que pour vous l'ouverture de soi vaut les risques encourus? Pouvez-vous être blessé émotivement?

B Est-ce qu'il vous a été facile de dresser une liste de situations impliquant un risque? Vous retrouvez-vous parfois dans ces situations? souvent? Que faites-vous, alors?

C Si vous avez tendance à toujours éviter les situations d'ouverture interpersonnelle, comment nourissez-vous et entretenez-vous vos relations avec les autres? Votre comportement est-il très différent de celui des gens qui recherchent les situations de contact et d'ouverture interpersonnels?

D Identifiez des situations où tout le monde était impliqué et ouvert. Ces situations étaient-elles très spéciales? En quoi différaient-elles des situations ordinaires?

EXERCICE 11-2
QUAND FAIRE CONFIANCE (Jeu de rôle)

Vous savez jusqu'à quel point nous avons tous tendance et comme il est facile de juger quelqu'un d'après l'apparence physique. Mais quels autres facteurs utilisons-nous pour décider de faire confiance ou non?

Dans votre groupe, élaborez une scène de communication où la question de la confiance est centrale. Cette situation peut être personnelle ou générale, assez banale ou très significative. Le meilleur matériel pour ce jeu de rôle provient sans doute de votre propre expérience de telles situations, même si, bien sûr, vous pouvez aussi retrouver dans l'actualité et les nouvelles une foule de situations où la confiance interpersonnelle est au centre du problème.

Pour ce jeu de rôle comme dans la vie réelle, soulignons-le, vous pouvez exprimer la confiance par l'expression de sentiments, mais aussi par d'autres moyens: un prêt ou un échange de matériel, par exemple.

Votre jeu de rôle peut faire appel aux mots, aux regards, aux gestes pour exprimer la confiance. Mari et femme, enfant et parent, professeur et étudiant sont toutes des relations où le développement de la confiance est important. Essayez de planifier un jeu de rôle basé sur ce thème à partir d'une situation qui vous rejoint et que vous avez le goût d'explorer en groupe.

À la fin de ce jeu de rôle, demandez aux observateurs de partager leurs impressions, d'évaluer l'enjeu de la confiance et leur degré de satisfaction face à la tournure des événements.

Discussion

A En plus de ce que vous venez de discuter, quelles autres idées avez-vous? Par exemple, est-ce que, selon vous, la quantité de confiance investie entre deux personnes est toujours proportionnelle à l'importance de ce qu'elles échangent?

B Par rapport au jeu de rôle que vous avez effectué, comment le verbal et le non-verbal ont-ils contribué à l'établissement de la confiance? Qu'avez-vous utilisé comme autre moyen de créer et de communiquer la confiance? Ces moyens vous sont-ils accessibles et familiers dans la vie quotidienne?

C Est-ce qu'il y a des gens dans le groupe qui ne sont pas d'accord avec le déroulement et la fin du jeu de rôle? Qu'apprenez-vous sur la confiance avec cette mise en scène?

EXERCICE 11-3
STYLE AFFIRMATIF (Jeu de rôle/Discussion)

Voici un exercice pour examiner comment quatre styles de communication peuvent en fait être remplacés par un meilleur. Dans le texte théorique, ces quatre styles et catégories de réponses étaient: (1) critique; (2) apaisant et non affirmatif; (3) intellectuel et rationalisant; (4) distrait et manipulateur. Un cinquième, que nous préconisons et qui semble plus efficace, est le style affirmatif.

En petits groupes, identifiez des cas de communication et des situations où les gens répondent habituellement de façon défensive. Faites ensuite un jeu de rôle en deux actes. Au premier, montrez comment la plupart des gens répondent agressivement, intellectuellement, etc. Au deuxième, essayez de démontrer comment le style affirmatif pourrait être plus approprié à cette situation.

Si vous n'avez pas le temps de jouer cette pièce en deux actes, discutez tout au moins des réponses possibles et appropriées à ces différentes situations.

Discussion

A Quand vous avez l'occasion de réagir différemment à différentes situations, avez-vous quand même tendance à réagir de la façon qui vous est habituelle? En d'autres termes, avez-vous des types de réponses et de communication qui sont difficiles à changer? Sont-ils toujours appropriés? Est-ce que vous êtes connu et reconnu par votre manière habituelle de répondre? Les gens sont-ils en quelque sorte habitués à vous voir agir et réagir d'une certaine manière? Est-ce que cela affecte en retour votre manière de répondre ou de réagir?

B Dans les cas ou situations sur lesquels vous avez travaillé, est-ce qu'il y avait des styles de réponse ou de communication plus efficaces que d'autres? Pourquoi?

C Est-il facile d'élaborer des façons plus affirmatives afin de faire face à certaines situations? Ce type de réponse prend-il plus de temps; demande-t-il plus de réflexion?

EXERCICE 11-4
ENCOURAGER LES AUTRES À DIRE LA VÉRITÉ (Jeu de rôle/Discussion)

Demander à quelqu'un de dire la vérité implique d'une certaine manière que nous ne croyons pas ce que cette personne dit ou que nous tenons à obtenir la vérité. Cette situation contient aussi une part de risque pour la personne qui doit dire la vérité.

Par exemple, l'enfant à qui nous demandons qui a cassé la vitre est dans une position risquée par rapport à nous si c'est bien lui qui a cassé la vitre. S'il y a une erreur dans un livre de comptabilité, la question: «Avez-vous vérifié ces livres attentivement?» est probablement plus qu'une simple demande d'information; la réponse à cette question par une phrase affirmative est ainsi un risque pour la personne qui a vérifié ces livres.

Dans votre groupe, essayez de trouver ce genre de question posée avec l'intention d'avoir une réponse vraie. Faites des jeux de rôles ou discutez des conséquences des différentes réponses possibles à ces questions. Vous est-il possible d'identifier des situations «sandwichs» ou des questions «sandwichs», c'est-à-dire où on mêle différentes informations et différents niveaux de questions et de réponses? Les réponses à ces situations et questions prennent souvent la forme «Oui, mais...»

Discussion

A Prenez-vous un contrat avec les autres lorsque vous leur demandez de dire la vérité, même à leur risque? Quelle immunité peut leur être assurée? Dans les tribunaux, on négocie parfois certains témoignages en échange d'une sentence adoucie. Comment trouvez-vous de tels arrangements?

B Avez-vous déjà été dans une situation où l'«honneur» était la seule façon acceptable et approuvée de traiter les relations? Quelle était votre appréciation de ce système?

C Dans les jeux de rôles, étiez-vous conscient des messages non verbaux faisant partie de la communication verbale? Portez-vous davantage attention aux détails dans les situations de risque et de confiance? Êtes-vous alors plus alerte qu'en situation ordinaire d'échange d'informations?

SUGGESTION DE TÂCHE 11-1
QUERELLE D'AMOUREUX

Vous venez juste d'avoir une sérieuse querelle avec votre ami(e). Comme résultat, vous annulez un projet de fin de semaine que vous deviez passer ensemble. La querelle portait sur le contrôle que vos parents exercent sur vous deux et votre relation; vous vous êtes échangé de petites « griffes » verbales quant à la présence et au rôle de vos parents dans vos affaires.

Vous êtes maintenant face à certaines personnes qui vous questionnent et à qui vous tentez d'expliquer pourquoi vous ne mettez pas à exécution votre projet cette fin de semaine-ci. Comment expliquez-vous la situation à:

1   Votre meilleur(e) ami(e);
2   Son (sa) meilleur(e) ami(e);
3   Vos parents;
4   Un partenaire de classe;
5   Votre vieille tante.

SUGGESTION DE TÂCHE 11-2
LES RELATIONS INTERPERSONNELLES

Tout le monde parle de relations humaines et interpersonnelles. Les jeunes sont accusés de s'embarquer prématurément dans des relations amoureuses mais font leur expérience quand même. Les vieux ont besoin de relations avec les autres mais sont souvent isolés. En fait, dans notre société, chacun est à la recherche de relations interpersonnelles significatives. Mais qu'est-ce qu'une « relation »? Quel est le rôle de la communication dans l'établissement et le maintien d'une relation? Comment évitons-nous les ruptures de communication qui détruisent nos relations? Suivons-nous certaines règles de communication dans nos relations? Lesquelles?

En gardant à l'esprit vos réponses aux questions précédentes, voyez maintenant quelles sont les différences dans les relations que vous entretenez avec les personnes suivantes.

1   Un(e) ami(e) de l'autre sexe;
2   Un(e) ami(e) du même sexe;
3   Un professeur féminin;
4   Un professeur masculin;
5   Un directeur pédagogique;
6   Vos anciens amis d'école primaire;
7   Vos parents;
8   Votre vieille tante;
9   Votre oncle alcoolique;
10 Votre employeur.

Pourquoi ces différences? À partir de vos réflexions sur ce que sont ces relations, croyez-vous qu'il existe une dimension centrale ou un dénominateur commun à toutes ces relations? Expliquez.

SUGGESTION DE TÂCHE 11-3
MANIPULATION*

La manipulation est souvent considérée comme une barrière à une relation « authentique ». Avez-vous l'impression que la manipulation est toujours malsaine? Peut-on et devrait-on avoir des relations authentiques avec tout le monde en tout temps?

Écrivez vos réflexions sur la manipulation, en incluant une analyse de vos propres attitudes à ce sujet.

SUGGESTION DE TÂCHE 11-4
MANIPULATION DU CONSOMMATEUR

Avez-vous déjà été berné par quelqu'un dans une affaire financière ou déçu par une publicité malhonnête? Rappelez-vous un de ces incidents et parlez-en avec les autres.

ou

Trouvez une autre personne dans votre groupe qui a connu une expérience semblable et parlez-en ensemble aux autres. Essayez de voir comment vous auriez pu prévenir cet incident.

ou

En dyade ou en triade, discutez de l'acte le plus décevant ou le plus malhonnête que vous avez connu. (Faites référence ici à la façon dont un message publicitaire ou personnel a pu vous induire en erreur.) Pourquoi la personne a-t-elle parlé ainsi selon vous? Comment avez-vous été affecté par ces incidents?

*Ndt La manipulation dont il est question ici consiste en des comportements plus ou moins conscients qui induisent les autres en erreur et faussent une relation.

CHAPITRE 11
FEUILLE D'APPRÉCIATION PERSONNELLE

1   Rappelez une situation où vous avez eu nettement l'impression que «l'information était le pouvoir». (Le pouvoir était maintenu par le contrôle de l'information.)

2   Racontez un incident où vous avez encouragé quelqu'un à dire la vérité mais où la situation a mal tourné.

3   Connaissez-vous quelqu'un de qui vous achèteriez une automobile d'occasion? Expliquez.

Votre nom _____

12

LA COMMUNICATION DANS LES GROUPES

FEUILLE DE RÉTROACTION (Chapitre 12)

Cette feuille de rétroaction est conçue pour vous permettre d'évaluer toutes les sessions, soit le cours dans son entier.

1 Évaluez comment toutes ces sessions ont été efficaces pour vous.

      1   2   3   4   5   6   7   8   9   10

Inefficaces   Très efficaces

Commentaires:

2 Quels sont les aspects de toutes ces sessions qui ont été les plus importants et qui ont eu le plus de valeur pour vous? Pourquoi?

3 Quels sont les aspects de toutes ces sessions qui ont été les moins importants et qui ont eu le moins de valeur pour vous? Pourquoi?

4 Vous êtes-vous senti toujours libre de participer à ce cours? Expliquez.

5 Avez-vous le sentiment que ce cours était intéressant et stimulant? Expliquez.

EXERCICE 12-1
D'ACCORD, PAS D'ACCORD — ÉNONCÉS SUR LES GROUPES (Discussion)

Cet exercice peut être une activité fort intéressante à faire et observer. En indiquant une réponse d'accord/pas d'accord qui constitue votre choix personnel, vous indiquez une préférence et vous vous impliquez face aux autres. Lorsque plusieurs facteurs sont impliqués pour faire un choix, comme c'est le cas dans la liste d'énoncés qui suit, il est difficile de prétendre avoir un point de vue parfaitement objectif. Ainsi nos sentiments personnels ne peuvent que teinter nos prises de position. En fait, nous devenons habituellement tellement impliqués par certaines de nos opinions que nous souffrons difficilement de les voir remises en question. Dans cet exercice, soyez attentif à la façon dont vous devenez personnellement impliqué lorsqu'il s'agit de discuter différents aspects de la vie de groupe.

1   Individuellement d'abord, dans la colonne de gauche, dites si vous êtes d'accord ou pas avec l'énoncé.
2   Discutez chacun des énoncés avec les autres membres de votre groupe jusqu'à ce que vous obteniez un consensus, pour lequel vous indiquez alors votre réponse dans la colonne de droite.

Nous vous rappelons qu'un consensus signifie que tous les membres d'un groupe décident ensemble d'une réponse commune. Certes un consensus total à chaque énoncé sera difficile à atteindre. Néanmoins, assurez-vous que tous les membres sont au moins partiellement d'accord avec la réponse du groupe. Voici quelques suggestions pour atteindre un consensus:

A   Évitez d'argumenter pour vos propres jugements individuels. Essayez d'aborder la tâche sur une base rationnelle.
B   Évitez de changer d'opinion seulement pour faire plaisir aux autres et éviter des conflits. N'appuyez que les idées avec lesquelles vous êtes au moins partiellement d'accord.
C   Évitez les techniques de «réduction», telles que les votes majoritaires ou les échanges de politesse.
D   Essayez de voir les divergences d'opinion comme des aspects positifs de la discussion plutôt que comme des obstacles.

Individuel (A) (D)			Consensus du groupe (A) (D)
—— ——	**1**	La première préoccupation d'un groupe devrait être d'établir un climat où tous se sentent libres d'exprimer leurs sentiments.	—— ——
—— ——	**2**	Dans un groupe où il y a un leader fort, chaque individu peut se sentir davantage en sécurité que dans un groupe sans leader.	—— ——
—— ——	**3**	Il y a souvent des occasions dans un groupe de travail où une personne doit faire ce qui lui semble correct, indépendamment de ce que le groupe a décidé de faire.	—— ——
—— ——	**4**	Il est parfois nécessaire d'utiliser une méthode autocratique pour parvenir à des objectifs démocratiques.	—— ——

___ ___ 5 Dans un groupe, il survient généralement un moment où on ___ ___
doit abandonner la méthode démocratique pour résoudre
des problèmes pratiques.

___ ___ 6 À long terme, il est plus important d'utiliser des méthodes ___ ___
démocratiques que de parvenir à des résultats donnés par
d'autres moyens.

___ ___ 7 Il est parfois nécessaire d'orienter les gens dans une direc- ___ ___
tion que nous croyons appropriée, même si ceux-ci s'y ob-
jectent.

___ ___ 8 Il est parfois nécessaire d'ignorer les sentiments de cer- ___ ___
taines personnes pour parvenir à une décision de groupe.

___ ___ 9 Un leader qui fait ce qu'il peut ne devrait pas être blâmé ou ___ ___
critiqué ouvertement.

___ ___ 10 La plus grande partie des tâches faites en comité et en petits ___ ___
groupes peut être mieux accomplie par une seule personne
responsable.

___ ___ 11 La démocratie n'a aucune place dans les organisations ___ ___
militaires, en particulier pendant une bataille.

___ ___ 12 Pour la majorité des gens il n'est pas possible d'améliorer ___ ___
leurs habiletés de communication et de participation à un
groupe.

___ ___ 13 On perd beaucoup de temps à considérer l'opinion de tout le ___ ___
monde avant de prendre une décision.

___ ___ 14 Dans un groupe qui veut vraiment accomplir quelque chose, ___ ___
le leader doit exercer un contrôle à la fois amical et très
ferme.

___ ___ 15 Quelqu'un qui n'aime pas la façon dont se déroule une ren- ___ ___
contre de groupe ou une réunion de comité devrait le
souligner ouvertement et tenter de modifier la situation.

___ ___ 16 Lorsque deux personnes membres d'un même groupe ne ___ ___
s'entendent pas, la meilleure chose à faire pour les autres
est d'ignorer cette difficulté et de continuer le travail en
cours.

___ ___ 17 Le meilleur climat de travail dans un groupe est celui où les ___ ___
sentiments et les idées demeurent non exprimés.

Discussion

A Dans cet exercice, croyez-vous avoir argumenté davantage du fait que vous avez répondu
d'abord individuellement? Vous arrive-t-il d'avoir un «agenda caché» ou un point de vue personnel bien arrêté en entreprenant une discussion? Dans ce cas-ci?

B Quel système avez-vous utilisé pour arriver à des consensus? Comment êtes-vous parvenu à
adopter des idées sans passer par la solution plus facile de procéder au vote?

C Par rapport à des idées et des principes dans lesquels vous êtes très impliqués, réussissez-
vous à écouter les autres? Quels sont les enjeux et problèmes où il est très difficile d'arriver à
un consensus? Le groupe est-il toujours le meilleur moyen de trouver des réponses à certains
problèmes? Pourquoi?

EXERCICE 12-2

D'ACCORD, PAS D'ACCORD — ÉNONCÉS SUR LE LEADERSHIP ET LE PROCESSUS DE GROUPE (Discussion)

Voici une autre liste d'énoncés qui, cette fois-ci, portent plus précisément sur les qualités du leadership. Ici encore, vous pourrez observer différentes réponses et différentes attitudes face au leadership et à la nature humaine en général. Comme observateur-observatrice ou tout en participant, vous pourrez aussi observer l'interaction du groupe et faire des apprentissages intéressants quant au fonctionnement d'un groupe.

1 Quelle est votre opinion sur les énoncés de cette liste? Indiquez si vous êtes d'accord ou en désaccord dans la colonne de gauche.

2 En petits groupes, essayez de parvenir à un consensus pour chaque énoncé. Lorsque vous avez atteint ce consensus, indiquez la réponse dans la colonne de droite.

Individuel (A) (D)		Consensus du groupe (A) (D)
—— ——	**1** La première tâche d'un leader est d'amener les autres à changer.	—— ——
—— ——	**2** Le leader le plus efficace est celui ou celle qui réussit à maintenir un climat émotif agréable en tout temps.	—— ——
—— ——	**3** Appliquer des règles et une discipline du droit de parole aux membres est la tâche du leader.	—— ——
—— ——	**4** Le leadership est un ensemble de fonctions à distribuer dans le groupe.	—— ——
—— ——	**5** Il y a très peu de progrès possible tant que chaque membre ne partage pas une partie de la responsabilité du leadership.	—— ——
—— ——	**6** La plupart des tâches d'un comité de travail sont mieux accomplies avec une personne qui a la volonté de les accomplir.	—— ——
—— ——	**7** Quand le leadership est efficace, les membres d'un groupe éprouvent peu de sentiments de dépendance envers le leader.	—— ——
—— ——	**8** À moins d'être l'objet de pressions de la part d'un leader, un groupe sera peu efficace.	—— ——
—— ——	**9** Dans une discussion, que le leader connaisse bien le sujet est plus important que ses habiletés à diriger une discussion.	—— ——
—— ——	**10** Un leader autoritaire est préférable à un leader qui laisse aller le groupe sans aucun contrôle.	—— ——
—— ——	**11** Il est impossible d'être absolument impartial dans une discussion.	—— ——
—— ——	**12** La plupart des discussions de groupe progresseront si on leur accorde suffisamment de temps.	—— ——
—— ——	**13** Pour diriger une discussion efficacement, un leader ne devrait jamais adopter un point de vue opposé à celui du groupe.	—— ——
—— ——	**14** Faire des résumés et des synthèses est la principale tâche d'un leader dans une discussion.	—— ——

Discussion

A Avez-vous de la difficulté à changer certaines de vos réponses personnelles? Auriez-vous été davantage ouvert à la discussion si vous n'aviez pas préalablement répondu de façon individuelle?

B Selon votre expérience, comment les gens se comportent-ils face au leadership? Le comportement des gens est-il en accord avec ce qu'ils disent dans cet exercice?

C Où et comment avez-vous acquis vos idées concernant les leaders et le leadership? Pouvez-vous identifier certaines idées nuisibles quant à l'exercice du leadership dans les groupes?

D Dans cet exercice, vos efforts pour arriver à un consensus à chaque point n'ont peut-être pas été constants et soutenus. Avez-vous court-circuité le processus par des votes, en exerçant des pressions sur certains membres...? Quel est le vrai résultat de ces procédés, selon vous?

EXERCICE 12-3
FONCTIONS D'OBSERVATIONS: FAÇONS D'OBSERVER L'INTERACTION D'UN GROUPE

Pour réaliser le présent exercice, vous pouvez partir du matériel d'à peu près n'importe quel autre exercice de discussion déjà suggéré dans cette partie du livre. Il s'agit ici de vous exercer à observer ce qui se passe dans une interaction de groupe et d'envisager différents points de vue et différentes manières d'organiser votre matériel d'observation.

Vous trouverez dans ce qui suit des directives concernant différents systèmes d'observation. Vous pouvez choisir un de ces systèmes et l'utiliser pour enregistrer une séance de travail ou un exercice de discussion quelconque. Essayez de choisir le système qui vous semble le plus utile pour la situation en question, pour le niveau d'interaction et le genre d'observations qui vous semblent pertinentes à faire et à enregistrer.

Pour cet exercice vous êtes seul, mais, à la fin de l'exercice ou de la séance, il vous faut prévoir que les autres voudront sans doute connaître vos observations. Il est possible aussi de rédiger un rapport d'observations. Dans un cas comme dans l'autre (rapport verbal ou écrit) vous pouvez utiliser soit une de ces méthodes ou un de ces systèmes de catégories, soit un mélange de différents catégories et systèmes. Toutefois, observer consiste habituellement, nous tenons à le souligner, à enregistrer et à rester le plus près possible des faits et non à interpréter, inférer ou évaluer.

Observations-A

Vérifiez les aspects suivants de la communication.

1 *L'atmosphère du groupe* Dans les échanges, retrouve-t-on de la coopération, de la bonne humeur entre les membres? Notez les indices concrets de ces comportements.

2 *Conflits* Pouvez-vous remarquer certains conflits (ouverts ou cachés)? Les dissensions sont-elles fréquentes et nombreuses? Notez ce qui déclenche les conflits et comment les gens réagissent.

3 *Coupures et ruptures de communication* Remarquez-vous des moments où les membres ne se comprennent pas entre eux? Remarquez-vous des moments où, quand certaines personnes amènent leurs idées ou leurs opinions, celles-ci ne sont ni acceptées, ni écoutées? Qu'est-ce qui empêche les gens de bien se comprendre? Notez les points précis de ces coupures et ruptures.

4 *Réduction de barrières (facilitation)* Certaines personnes contribuent-elles à réduire les barrières (naturelles ou artificielles) à la communication dans le groupe? Utilisent-elles de bonnes techniques pour aider à réduire ces barrières? Quels sont les effets de ces comportements de facilitation sur la communication du groupe?

5 *Rétroaction* Les membres du groupe font-ils usage d'un bon système de rétroaction? Comment donnent-ils et reçoivent-ils les rétroactions? Notez les rétroactions le plus fidèlement possible.

Observations-B

On peut observer plusieurs choses dans la communication d'un groupe. Cependant, l'aspect le plus facile à observer est sans doute la *quantité* d'interactions pendant une période de temps donnée. En d'autres mots, ce système vise à enregistrer le nombre des interactions pour chaque membre et pour les membres entre eux.

Un autre aspect qui peut être observé et enregistré par la même occasion est la *direction* des interventions, c'est-à-dire qui parle à qui. Le diagramme indique comment on peut enregistrer ces observations.

Dans ce cas-ci, *Jean* a parlé huit fois: quatre fois à Marie, trois fois à Suzanne et une fois à Jules. Pour sa part, on s'est adressé à lui huit fois.

Marie a parlé cinq fois: trois fois à Jean et deux fois à Suzanne. On s'est adressé à elle cinq fois. Elle a aussi fait une intervention qui ne s'adressait à personne en particulier mais au groupe en général.

Jules a parlé trois fois: deux fois à Jean, une fois en réponse à Suzanne. On s'est adressé directement à lui deux fois. Il a aussi fait une intervention qui semblait s'adresser à Marie mais on n'en est pas certain.

Suzanne a parlé à quatre reprises: deux fois directement à Jean, une fois à Marie et une autre également à Jules. On s'est adressé à elle six fois. Elle a également fait une intervention en direction de Pierre, mais ce n'était pas tout à fait direct et l'intervention ne s'est pas rendue.

Vous voyez aussi évidemment que *Pierre* n'a parlé qu'une fois pour s'adresser à Jean et que l'autre fois, il ne s'adressait à personne en particulier mais au groupe en général, ici représenté par un point au centre.

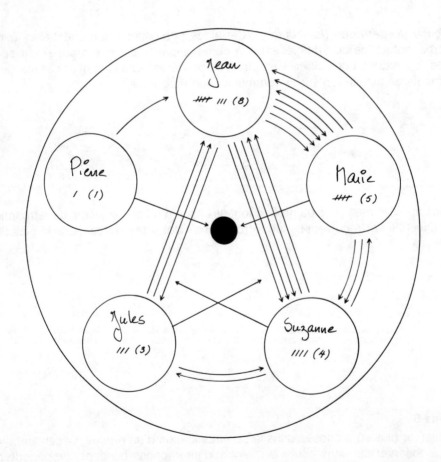

En résumé, le nombre de barres dans les petits cercles sert à indiquer le nombre de fois qu'une personne a parlé. Les flèches servent à montrer à qui les personnes se sont adressées. Lorsque la personne parle à tout le groupe, on dirige la flèche vers le centre du grand cercle. Enfin, lorsque l'intervention semble s'adresser à quelqu'un mais que le comportement verbal n'est pas clair, la flèche s'arrête à la moitié.

Ce type d'observation, on l'a dit, est assez facile à faire. L'aspect quantitatif et directionnel qu'il révèle aux membres du groupe, lorsqu'il leur est présenté clairement, peut modifier positivement certains comportements nuisibles au fonctionnement du groupe. Les membres seront certainement intéressés à recevoir ces observations et ces rétroactions. Comme observateur ou observatrice, ce type d'observation vous tiendra bien en éveil et vous aidera à mieux comprendre ce qu'est le réseau de communication dans votre groupe.

Observations-C

Une manière d'examiner un groupe est de porter attention au *contenu* sur lequel et avec lequel le groupe travaille, c'est-à-dire les sujets discutés et les tâches accomplies par les membres. Un autre niveau d'observation consiste à observer comment le groupe fonctionne avec ce contenu, c'est-à-dire ce qui se passe pour les membres au fur et à mesure qu'ils abordent différents contenus. Dans ce dernier cas on parlera d'observer le *processus*.

La plupart des problèmes de communication dans les groupes ne sont pas des problèmes issus du contenu mais de la manière dont les gens traitent le contenu, soit le processus de leur fonctionnement. Voici donc, sous forme de questions, quelques lignes directrices qui devraient vous aider à mieux suivre et saisir de tels processus. Nous avons concentré ces questions sous cinq aspects: (1) climat; (2) contrôle; (3) harmonisation; (4) agressivité; (5) apathie.

1 Est-ce que certaines personnes du groupe ont essayé de favoriser un climat amical et une atmosphère détendue? Quels ont été les comportements de ces personnes?
   a Raconter des histoires drôles;
   b Répondre aux commentaires des autres;
   c Encourager et renforcer les autres et leurs idées;
   d Accepter et être en accord avec les idées émises;
   e Autre — spécifiez.
2 Est-ce que certaines personnes ont contribué à ouvrir et élargir le réseau de communication en sollicitant la participation de certains autres? Si oui, quels ont été concrètement les comportements et les interventions de ces personnes?
   a Demander directement l'opinion d'une personne silencieuse sur le sujet discuté;
   b Exprimer au groupe que la participation pourrait être meilleure. Faire un appel à tous;
   c Aider un membre à s'exprimer en demandant aux autres de faire silence et d'écouter;
   d Autre — spécifiez.
3 Est-ce que certaines personnes ont essayé de réduire les désaccords et de négocier les conflits, s'il y en a eu? Quels ont été les gestes et comportements de ces personnes?
   a Proposer une médiation entre deux parties opposés;
   b Réduire la tension excessive par des mots d'humour et des taquineries amicales;
   c Suggérer un point de vue «objectif» au problème;
   d Autre — spécifiez.
4 Avez-vous remarqué de l'agressivité ou de l'hostilité dans le groupe? Si oui, comment cela s'est-il manifesté?

a Des critiques sur le sujet et la tâche ou sur les arrangements et les méthodes pris par le groupe ont été exprimées à plusieurs reprises;

b Des critiques s'adressant à certains membres ont été verbalisées;

c Des critiques touchant les idées et les opinions de certains membres ont souvent été émises.

d Certains membres du groupe ont été délibérément ignorés, agacés ou provoqués;

e Autre — spécifiez.

5 Avez-vous remarqué une certaine apathie dans le groupe? Comment cela s'est-il manifesté?

a Peu de gens ont parlé;

b La plupart des gens avaient l'air de s'ennuyer;

c Certaines personnes étaient souvent complètement en dehors du sujet à discuter ou de la tâche à accomplir;

d Les idées et suggestions émises n'étaient reprises par personne et ne recevaient que silence;

e Il y avait de nombreux silences embarrassants;

f Autre — spécifiez.

Observations-D

Les observations que nous vous proposons de faire sont peut-être un peu plus sophistiquées que les précédentes et nécessitent une certaine «évaluation». À une phase avancée du fonctionnement de groupe, il peut néanmoins être intéressant de cerner les membres de votre groupe, y compris vous-même, en rapport avec les rôles et les fonctions de groupe suivants. Essayez de voir pour chaque membre quel est le rôle qu'il (elle) joue le plus souvent et les fonctions qu'il (elle) remplit le plus souvent à l'intérieur du groupe. (Ces observations sont dans la lignée du système de Bales décrit au chapitre théorique.)

Rôles ou fonctions	Nom des membres
Rôles axés sur la tâche du groupe	
Amorce-contribue	
Recherche l'information	
Donne l'information	
Coordonne	
Évalue	
Résume	
Rôles axés sur le fonctionnement du groupe	
Encourage	
Harmonise	

Contrôle	
Normalise	
Participe	
Rôles axés sur soi	
Bloque	
Demande de l'attention	
Domine	
Évite	

Observations-E

1 Est-ce qu'il y a des comportements qui semblent davantage axés sur la satisfaction des besoins de certains membres plutôt que sur l'accomplissement de la tâche?
  a Qui agit dans ce sens et comment, précisément?

  b Quel est l'effet de ces comportements sur le groupe?

2 Est-ce qu'il y a des comportements qui semblent portés à aider le groupe à mieux fonctionner et les membres à mieux interagir entre eux?
  a Qui agit dans ce sens et comment précisément?

b Quel est l'effet de ces comportements sur le groupe?

3 Est-ce qu'il y a des comportements axés sur l'accomplissement de la tâche du groupe?
   a Qui agit dans ce sens et comment, précisément?

   b Quel est l'effet de ces comportements sur le groupe?

EXERCICE 12-4
LA NASA (Projet de groupe)
Voici un exercice de prise de décision en groupe. Comme groupe, vous devrez faire consensus sur la valeur relative de différents points.

Cela signifie que vous devez tous être d'accord sur l'importance à donner à chaque point, mais qu'en définitive vous ne parviendrez pas à être complètement d'accord. Vous devrez tout de même être *partiellement* d'accord avec le rang à accorder à chaque point. Ainsi, comme à chaque fois que nous parlons de faire consensus, nous vous rappelons les suggestions suivantes:

1 Évitez d'argumenter à partir de vos jugements individuels. Essayez de réaliser la tâche le plus rationnellement et le plus logiquement possible.
2 Ne changez pas d'idée uniquement pour faire plaisir aux autres, pour atteindre plus rapidement un consensus ou pour éviter tout conflit. N'appuyez que les idées et les décisions avec lesquelles vous êtes au moins partiellement d'accord.
3 N'évitez pas les conflits en utilisant le vote ou le marchandage (je suis d'accord avec toi sur ce point si tu es d'accord avec moi sur l'autre).
4 Essayez d'envisager les divergences d'opinions comme enrichissements à la discussion plutôt que comme des blocages à la prise de décision.

Directives
Vous êtes membres d'une équipe d'astronautes dont la mission était d'effectuer un rendez-vous avec le vaisseau-mère sur la surface éclairée de la lune. À cause de difficultés mécaniques, votre capsule spatiale a été forcée d'atterrir à quelque deux cent kilomètres du point de rendez-vous. Lors de l'atterrissage, la plupart de l'équipement de la capsule a été endommagé. Puisque la survie de votre équipe exige que vous rejoigniez le vaisseau-mère, les meilleurs points doivent être

choisis pour réussir le voyage de 200 km. On a énuméré ci-dessous 15 articles restés intacts après l'atterrissage. Votre tâche est de les placer par ordre d'importance avec comme objectif la réussite du voyage. Placez le numéro 1 à côté de l'article le plus important, le numéro 2 à côté du second en importance et ainsi de suite jusqu'à 15, le moins important. Vous avez 15 minutes pour effectuer cette phase de l'exercice.

_____ boîte d'allumettes
_____ concentré de nourriture
_____ 15 mètres de corde de nylon
_____ soie de parachute
_____ unité portative de chauffage
_____ deux pistolets de calibre 45
_____ une boîte de lait déshydraté
_____ deux bombonnes d'oxygène de 45 kilos
_____ carte stellaire (des constellations de la lune)
_____ radeau de sauvetage
_____ compas magnétique
_____ 25 litres d'eau
_____ torches de signalisation
_____ trousse de premiers soins comprenant des aiguilles hypodermiques
_____ récepteur-émetteur FM à énergie solaire

Directives pour compiler les résultats de l'exercice

Le secrétaire du groupe assumera la responsabilité de la compilation des résultats. Les individus devront:

1 compter la différence nette entre leurs réponses et les bonnes réponses. Par exemple, si la réponse était 9 et que la bonne réponse fût 12, la différence nette est 3. 3 devient le résultat pour cet article particulier;
2 faire le total de ces compilations pour un résultat individuel;
3 faire le total de tous les résultats individuels et diviser par le nombre de participants pour arriver à un résultat moyen individuel;
4 compter la différence nette entre les réponses du groupe et les bonnes réponses;
5 additionner les résultats pour avoir un résultat de groupe;
6 comparer le résultat moyen individuel avec le résultat du groupe.

	Erreurs:
0-20	excellent
20-30	bon
30-40	moyen
40-50	passable
au-dessus de 50	pauvre

Discussion

A A-t-il été facile ou difficile de suivre nos suggestions quant à la manière de travailler pour atteindre un consensus? Pouviez-vous éviter d'argumenter à partir de vos réponses personnelles et plutôt vous ouvrir aux idées des autres? Étiez-vous frustré d'avoir à changer certaines de vos réponses?

B Quels moyens le groupe a-t-il utilisés pour en arriver à un consensus sur chaque article?

C En compilant les résultats, est-ce que les réponses individuelles semblaient plus pertinentes et exactes que les réponses de groupe, comparativement à l'opinion des experts de la NASA? Que pouvez-vous conclure par rapport aux décisions de groupe? Prennent-elles plus de temps? Sont-elles plus exactes? Est-ce qu'il y a des occasions où le temps et l'exactitude s'équivalent et où le processus de décision de groupe est peu important? Comment décide-t-on d'utiliser une décision de groupe pour traiter un problème et quand doit-on décider d'utiliser ou non une telle méthode?

SUGGESTION DE TÂCHE 12-1
CHOISIR

À partir d'un petit groupe de six à douze personnes dont vous êtes membre (ou que vos pouvez observer facilement):

1 Faites une liste de ce que vous considérez comme les six principales caractéristiques de ce groupe.

2 Selon les perceptions et les observations que vous faites jusqu'à maintenant dans ce groupe, décrivez et schématisez le réseau des relations interpersonnelles sur le plan du rapprochement et de l'évitement entre les membres.

3 Maintenant, en utilisant les questions qui suivent, vous allez encore essayer de déterminer la même chose.

  a Quels sont les trois membres du groupe avec lesquels vous aimeriez le plus travailler à une tâche?

  b Quels sont les trois membres du groupe que vous aimeriez le plus inviter à une fête?

  c Quels sont les trois membres du groupe avec lesquels vous aimeriez le moins travailler?

  d Quels sont les trois membres du groupe que vous aimeriez le moins inviter à une fête?

4 Est-ce qu'il y a des différences lorsque vous comparez 2 et 3? Comment expliquez-vous ces différences?

SUGGESTION DE TÂCHE 12-2
LEADERSHIP

Croyez-vous qu'on ait besoin d'un leader autoritaire dans un groupe? (Oui ou non; pourquoi?) Pensez-vous qu'un tel leadership a des effets sur le moral d'un groupe? Quel genre d'effets? Rappelez-vous une situation où un leader disait aux autres quoi faire et décrivez comment les gens ont participé, comment les gens se sentaient par rapport au leader et face à la tâche à accomplir? Est-ce que tout le monde a besoin du même style de leadership pour travailler? Certaines personnes sont-elles plus efficaces avec un leader démocrate qu'avec un leader autoritaire et vice-versa? Est-ce qu'il y a des situations où un leadership autoritaire est plus efficace? moins efficace?

Répondez à ces questions en fonction d'un groupe que vous connaissez bien et dont vous êtes membre.

SUGGESTION DE TÂCHE 12-3
COMPÉTITION

1 On affirme souvent que la compétition stimule les individus et les groupes à fournir un meilleur rendement. Selon votre expérience, par exemple par rapport au système d'évaluation scolaire, est-ce que cela est vrai?
2 Dans quelles conditions les gens sont-ils le plus susceptibles de rivaliser et dans quelles conditions peut-on retrouver davantage de coopération entre les gens? Donnez des exemples.
3 Exprimez vos idées sur la manière dont les styles de leadership influencent la compétition ou la coopération. Tirez des exemples de votre expérience personnelle.

SUGGESTION DE TÂCHE 12-4
CONFORMISME

Pouvez-vous identifier les situations où vous avez tendance à vous conformer et celles où vous avez plutôt tendance à résister au conformisme? Quelles sont les différences entre ces situations?

Faites une liste des personnes dont vous respectez beaucoup les idées et les valeurs. Vous conformeriez-vous toujours à leurs décisions si elles vous le demandaient?

Essayez d'analyser vos propres comportements conformistes. Utilisez les noms et les titres des personnes qui pourraient vous diriger, celles qui ne pourraient pas vous diriger et les circonstances ou les situations dans lesquelles vous décideriez de suivre ou de ne pas suivre ces personnes.

CHAPITRE 12
FEUILLE D'APPRÉCIATION PERSONNELLE

1 Est-ce que ce chapitre et ces exercices ont modifié vos idées sur le fonctionnement des groupes? Si c'est le cas, dans quel sens et comment? (Soyez précis.)

2 Est-ce que ce chapitre et ces exercices ont modifié vos idées quant au leadership? Si oui, dans quel sens et comment? (Soyez précis.)

3 Est-ce que les observations suggérées dans cette partie laboratoire vous ont aidé à mieux percevoir ce qui peut se passer dans un groupe? Si oui, comment? (Soyez précis.)

Votre nom _____

INDEX

INDEX
DES SUJETS